《老龄文明蓝皮书 2023》编委会

主 任
王燕文

副主任
樊和平　林闽钢

委　员（按姓氏笔画排序）

卜　宇	王　锴	公永刚	叶南客	田　侃	朱　岷
刘　元	刘　云	刘大威	刘西忠	池　宇	孙　伟
贡旭敏	芮国兴	李　静	李荣锦	李程骅	杨　勇
吴剑卿	邱泽森	何可一	沙　勇	沙维伟	沈益锋
张　丽	张红军	张宏伟	张晶晶	陈友华	陈正邦
周　岚	周　颖	周铁根	郑晓红	赵　媛	胡学同
拜争刚	姚兆余	顾敏霞	高传胜	黄永春	黄建国
曹玉梅	鲁　翔	薛劲松			

Blue Book of Ageing-Responsive Civilization 2023

老龄文明蓝皮书 2023

老龄文明智库　编著

江苏人民出版社

图书在版编目（CIP）数据

老龄文明蓝皮书 . 2023 / 老龄文明智库编著 . -- 南京：江苏人民出版社，2024.4
ISBN 978-7-214-29072-4

Ⅰ . ①老… Ⅱ . ①老… Ⅲ . ①老龄产业—产业发展—研究报告—江苏— 2023 Ⅳ . ① D669.6

中国国家版本馆 CIP 数据核字（2024）第 072137 号

书　　　名	老龄文明蓝皮书 2023
编 著 者	老龄文明智库
责 任 编 辑	薛耀华
特 约 编 辑	王暮涵　贺银垠　朱云霏
装 帧 设 计	刘　俊
责 任 监 制	王　娟
出 版 发 行	江苏人民出版社
地　　　址	南京市湖南路 1 号 A 楼，邮编：210009
照　　　排	南京私书坊文化传播有限公司
印　　　刷	江苏凤凰新华印务集团有限公司
开　　　本	718 毫米 ×1000 毫米　1/16
印　　　张	25.75　插页　4
字　　　数	395 千字
版　　　次	2024 年 4 月第 1 版
印　　　次	2024 年 4 月第 1 次印刷
标 准 书 号	IBN 978-7-214-29072-4
定　　　价	108.00 元

（江苏人民出版社图书凡印装错误可向承印厂调换）

目 录

前 言

老龄文明窑湖共识 /001

第一部分
老龄文明理论前沿

积极应对人口老龄化与新时代老龄文明　　　　　　杜　鹏　李子洋/003
孝道的文化之重　　　　　　　　　　　　　　　　　　　　　樊　浩/016
老年福祉的多样性与迭代更新——基于老龄文明视角的考察　林闽钢/033

第二部分
老龄文明调查与研究

江苏与全国民众的养老意愿及其群体差异　　　　　　　　　龙书芹/047
江苏养老服务体系建设情况调研报告　　　　　　　沙维伟　林　莉 等/078
江苏医养结合专业人才短缺与对策研究　　　　　　许家仁　周建芳 等/096
江苏省老年中医药康养现状、问题及政策研究
　　　　　　　　　　　　　　　　　　　　　　　　朱　岷　郑晓红 等/114

江苏老龄人才队伍开发与建设研究　　　张宏伟　沙　勇　等 / 141
中国式现代化视域下的人口高质量发展研究　　陈友华　孙永健　等 / 158
智慧健康养老的建设与思考　　池　宇　吴　昕　等 / 183
包容性设计与老龄文明研究　　董玉妹　董　锋　等 / 201
老年学习与精神健康内涵界定及测度研究　　曹玉梅　赵　媛　等 / 218
个人养老金制度的网络讨论与舆情演化　　申　琦　蔡耀辉　等 / 233
矛盾情感和家庭照料：基于广东某农村卫生院的田野调查研究

邹　翔 / 252

关怀的限度：养老机构认知症照护的民族志研究　　吴心越 / 271
老龄生命质量、生活质量与现代老龄文明　　周　琛 / 298

第三部分

老龄文明国际研究

老龄化与老龄文明——来自德国的经验报告

［德］玛丽-露易丝·穆勒 / 313

超老龄社会日本的社会政策与社会工作　　［日］武川正吾 / 329
从关怀社区的起源看老龄文明的挑战和希望　　陈宏图 / 348
韩国老年人长期护理保险的局限及改善方案　　［韩］崔惠枝 / 352
关怀老龄家庭照护者的文明社会：欧洲比利时的现状

余玉善　许豪勤　等 / 364

第四部分

附录

老龄文明智库 2023 年集锦　　/ 377

前　言
老龄文明窑湖共识

2023年10月14至15日，来自中国、美国、加拿大、日本等国的300多位专家学者，相关领域的政府官员、企业家，集聚在江苏省宜兴市窑湖小镇，以"老龄化与老龄文明"为主题，进行了广泛而深入的学术交流与文化对话，达成了一些关于探索和建构"老龄文明"的重要共识。

一、我们的努力：探索和建构"老龄文明"

老龄化已经在全球范围内成为一个深刻而紧迫的议题，面对这场严峻的挑战，中国确立了积极应对人口老龄化的国家战略。首届老龄文明国际会议内容丰富饱满，集聚了众多专家学者的智慧和努力，聚焦于一个主题——探索和建构"老龄文明"。

"老龄文明"有以下三大要义：

第一，以"文明"看待老龄化；

第二，以"文明"进行老龄化社会的战略谋划和现实建构；

第三，使老龄化不仅"是"而且"成为"人类文明进步的重要体现。

二、"老龄文明"的理念：以"文明"看待老龄化

老龄化是世界范围内社会发展的重要趋势，是中国式现代化面临的长远而深刻的课题，更是具有文明史意义的重大人类进程。应对老龄化挑战，首先要秉承"积极"的文化心态和战略理念。必须实行由"问题意识"向"文明意识"的革命性转换，超越对老龄问题的文化焦虑和被动应对，从"老龄""老年人""老龄化"三个维度，"积极"建构"老龄文明"。

（一）"老龄文明"宣示对于生命进程中"老龄"的价值肯定和文化尊重

老龄不是"夕阳"，云端之上无"夕阳"，所谓"夕阳"只是地球人和太阳的距离。老龄不是生命的终结，而是生命的圆熟和完成，正如孔子所说的"七十而从心所欲，不逾矩"。老龄文明要求摆脱"夕阳心态"，进行生命的时间意识的再建构，拒绝把老年人从社会结构的权力中心驱逐出去，拒绝把老年人从社会生活的主场撤离到边缘地带。

（二）"老龄文明"宣示对于社会机体中"老年人"的意义肯定和文明建构

老年人不是文明剩余物，而是文明的创造者、传承者、负荷者。老龄文明期待建立自然生命与精神生命于一体的生命价值观，不仅充分肯定老年人在人生过程中曾经作出的文明贡献，以"回报"的伦理表达对老年人的文化尊重和现实关怀，而且以生命全程平等的意识，充分肯定并发挥进入老龄生命周期的老年人的价值尤其是精神价值，杜绝对于老龄生命的价值偏见和文化歧视，为人类社会提供具有坚韧绵延力的文明资源。

（三）"老龄文明"宣示对于"老龄化"的积极态度和积极战略

与其说老龄化使经济社会发展面临严峻挑战，毋宁说其为人类文明的凤凰涅槃提供历史机遇。危机还是时机关键在于应对老龄化时是否秉承"积极"的理念和战略。老龄化不是中国式现代化与人类文明的负面清单，而是新文明的摇篮。

三、"老龄文明"的集体行动：创造老龄化时代的社会文明

老龄文明不只是老年人的文明，也不只是对待老年人的文明，而是与老龄化的人类进程相匹配的社会文明的成果，是以文明创新为主题的社会行动。我们可以从科技、文化、制度、风尚诸维度，以"文明"为主题进行老龄化时代的文化谋划和社会建构。

（一）老龄文明期待建构真正的科技文明

科技发展为社会进步和老年人福祉不断注入活力，也给人类文明带来了风险。以电子为媒介的新型信息传播方式使老年人有沦为弱势群体的可能；人工智能、人类增强技术等为老年人照料提供更多的可能，也可能因此产生深刻的伦理风险。在强势的新兴科技面前，捍卫和坚守老年人的文明尊严，使科学技术成为老年人真正的福祉，是饱含伦理温度和人文情怀的社会文明的表现。

（二）老龄文明期待建构真正的人文关怀

老龄文明与传统文化密切相关。中国的老龄文明是植根于中华传统文化的现代化的社会文明。社会生活尤其是老年人的文化需求不只是文化生活或文化消费，而是安身立命的根本诉求。中国的老龄文明要求体现中国文化基因、尊重老年人的文化期待，并建构从养老模式、生活方式到终极关怀的理论体系和实践体系。

（三）老龄文明期待建构具有伦理情怀和文明境界的制度安排

老龄文明以提高老年人的生活质量和生命质量为追求，不仅让老年人"活下去"，而且让他们"活得好"，由此提升社会文明程度。老龄文明的社会，是"适老"的社会，也是"宜老"的社会，更是"怡老"的社会，即让老年人快乐幸福的社会。老龄文明拒绝"适者生存"的社会达尔文主义的线性进步观，拒绝把老年人捆绑在社会变化的腰带上，让他们只是跟跟跄跄地跟着时代行进。

（四）老龄文明期待建构人人共享的社会风尚

老龄文明的社会，不只是老年人的社会，也不只是关怀老年人的社会；老龄文明的社会，是人人共享的社会，是童车和摇篮、游乐场和养老院共存的社会，是少者怀之、老者安之的社会，是"老吾老以及人之老，幼吾幼以及人之幼"的社会，是既镌刻历史记忆又充满生机活力的社会。

四、"老龄文明"的追求：让老龄化"成为"人类文明进步的重要体现

老龄化不只是文明的过去时，更是文明的未来时。老龄文明是老龄化的积极追求和文化理想，它彰显并实现老龄化的人类文明史意义，通过创造性的努力，使老龄化不仅"是"而且"成为"人类文明进步的重要体现。

（一）老龄文明追求创造老年福祉的多样化

长寿社会的来临既挑战了传统社会的底层逻辑，也加快了新的战略框架和话语体系的出现。老年保障制度、智慧养老技术分别代表着工业社会的制度文明和信息社会的技术文明，是现代社会发展和老龄文明的基础。面对长寿社会所助推的多段就业常态化、终身学习常态化、带病生活常态化，需要对自主工作、自主学习和主动健康三大支柱进行整体战略升级，推动长寿社会下老年福祉的迭代更新。

（二）老龄文明追求创造社会文明的新形态

当社会结构中老年人口即将达到1/3时，社会及其文明的体质、素质、气质必将发生重大而深刻的变化。老龄文明不局限于反哺本能和回报良知的文明，不是在经济社会发展的匆匆行色中向老年人投去的敬意一瞥，也不是人口压力下社会财富大蛋糕的重新分配；老龄文明拒绝对老年人的任何形式、任何层面的偏见、无知和傲慢，呼唤并追求对老年人文明价值的彻底认知和集体行动。

（三）老龄文明追求创造社会文明史的新境界

老龄文明将老年人的智慧和力量作为整个文明极其珍贵的财富。老年人贡献的绝不是所谓回光返照的"余热"，而是他们一生智慧的结晶，是社会能量系统中最后也是最值得珍视的能量块。老龄文明是人类智慧和力量的"炼丹炉"，它将汇聚儿童生命的本真、中青年生命的活力、老龄生命的圆熟，孕育和开拓社会文明史的新境界。

在人类文明的宇宙中，如果说中青年人是蓝天，老年人就是蓝天上不可或缺的白云。没有白云，蓝天将失去其生动。面对老龄化，人类别无选择，要进行一场文明观的伦理革命，将"老龄化"推进为"老龄文明"，实施"老龄文明"的积极战略，开拓和建构人类文明史的新境界。

第一部分

老龄文明理论前沿

积极应对人口老龄化与新时代老龄文明

杜　鹏　李子洋

一、引言

19世纪以来，随着物质生活水平的提高，人均预期寿命不断延长，人类社会从年轻型社会跨入了新的社会形态——老龄社会，给社会带来全方位的冲击和影响。但人类社会以往创造的所有文化、所有文明形态都是基于年轻型社会产生的，当前社会心态同样停留在年轻型社会的传统思维定式上。因此，在人口老龄化程度持续加深、现有社会架构和公共政策愈发难以适应社会的发展乃至产生一系列老龄问题的背景下，社会要做出全面的改变：不是固守"大力发展养老服务"的一维逻辑，不是以改革生育政策为主要抓手推动"制度适应人口"，而是从社会形态理论和人类社会发展兴衰之道的高度重新定义老龄问题，从文明发展与进步的高度重新塑造老龄社会，构建与积极应对人口老龄化相适应的新时代老龄文明。

挑战推进社会变革，变革赓续文明新形态。在这一过程中，研究与老龄社会相契合的文明赓续、传承创新将会是长久的课题，其中必然会涉及以下问题：什么是老龄文明？为什么要建设新时代老龄文明？建设新时代老龄文明的基础和挑战是什么？如何建设新时代老龄文明？为了回答以上问题，本文从积极应对人口老龄化与文明进步的视角探讨老龄文明的概念内涵与基本特征，探究构建新时代老龄文明的重要意义，并从多角度分析推动老龄社会文明进步的现实路径。

二、为什么要建设新时代老龄文明

（一）积极应对人口老龄化国家战略的目标追求

发展是人类文明进步的基础，文明是发展的重要追求。积极应对人口老龄化作为未来我国在老龄工作领域长期实施的国家战略，是我国应对和治理老龄社会的行动总纲，其战略总目标是持续巩固积极应对人口老龄化的制度基础，财富储备日益充沛，人力资本不断提升，科技支撑更加有力，产品和服务丰富优质，社会环境宜居友好，经济社会发展始终与人口老龄化进程相适应，顺利建成社会主义现代化强国，实现中华民族伟大复兴的中国梦。简单来说，就是社会应对人口老龄化的物质基础丰富、制度规范完善、社会主流价值进步，与时代相适应的、契合老龄社会的现代老龄文明形态基本形成。

（二）与中国式现代化建设同频共振

当前，中国正处于人口老龄化不断加速与现代化建设稳步推进相叠加的新发展阶段，超大规模的老年人口、快速的人口老龄化进程、超高水平的人口老龄化程度与超级稳定的老龄社会形态共同构成了中国式现代化的一个基本面，老年人口的生存状况直接影响到全社会文明程度的提高和社会的稳定与发展。因此，实施积极应对人口老龄化的国家战略必然是中国式现代化建设进程中的重要战略之一，老龄文明作为积极应对人口老龄化的目标追求，也理应成为中国式现代化建设的目标之一。

（三）构成中华民族现代文明的重要组成部分

中华民族现代文明是中华文明的现代形态，是中国式现代化创造的人类文明新形态，这一新形态除了带有连续性、现代性等鲜明特点，还在人口要素上表现为与老龄社会相适应。人类社会传统意义上的文明或者当前现代化国家创造的文明都是在老年人口占总人口比例很低的情况下形成的,因此不可避免地使得当前人类文明的方方面面仍停留在年轻型社会的传统思维定势。①中国式现代化进程、中华民族现代文明的构建过程始终与我国超大规模的老年人口、快速的人口老龄化进程高度叠加,因此中华民族现代文明必须具备与老龄社会相契合的文明特征,而老龄社会的到来,同样是对中华文明乃至人类文明及其成熟度的考验。因此,老龄文明是我国在现代化进程中构建中华民族现代文明的重要组成部分,未来也会继续随着人口老龄化而变得更加重要。

三、建设什么样的老龄文明

理解老龄文明的概念与基本内涵,是研究与构建老龄文明的逻辑起点。那么,什么是老龄文明?

(一)老龄文明的概念缘起

首先,从词语组成上看,"老龄文明"是"文明"在老龄领域的分支概念。而"文明"一词本身意涵丰富,历史上曾有20多种对"文明"的定义②,目前尚未有统一的标准。但在以往的争论中,学界对"文明"概念已经形成了以下共识:一是从情态与价值观的角度,"文明"是从"野蛮"发展来的,是人类社会走向进步的表现,人类的目标就是不断追求文明。二是从事物发展状态的角度,"文明"既是人类社会发展的过程,也是人类社会发展的结果③。正如埃利亚斯在《文明的进程》一书中所言,文明是一个过程,至少是一个过程的结果,它指的是始终在运动、始终在"前进"的东西。三是从文明前进缘起的角度,新文明的兴起源于对挑战的回应。四是从具体内容看,

---

① 梁春晓、易鹏:《老龄社会研究报告(2019):大转折:从年轻社会到老龄社会》,社会科学文献出版社2019年版,第23页。
② 林剑:《文化与文明之辨》,《学术研究》2012年第3期。
③ 李剑鸣:《文明的概念与文明史研究》,《华中师范大学学报(人文社会科学版)》2016年第1期。

文明内容广泛，它既有物质的，也有精神的，既有政治的，也有经济的和文化的，大致可以分为物质文明和精神文明。①综上，文明的概念在基本层面上具有发展进步、历史演进、物质基础和社会结构等方面的内涵②。

其次，聚焦于老龄文明，当前学界直接关于"老龄文明"的讨论和定义还相对较少，现有的研究主要来自江苏省两届老龄文明大会与2023年出版的《老龄文明蓝皮书2022》。在书中，樊浩指出，老龄文明是一种对待老龄化的文化态度、体现老龄化战略理念的总体性话语，是当老年人在人口结构中达到一定比例后人类社会自力更生所期望建构和达到的文明③。这一定义阐释了构建老龄文明的社会背景、老龄文明应有的价值取向，但聚焦老龄化与老龄社会，其具体内容还可以进一步发展和完善。

（二）老龄文明的概念内涵

基于已有研究成果、积极应对人口老龄化的现实需要与建设中华民族现代文明的重要追求，本文将老龄文明定义为：一个社会在当前的历史条件下展现出的在人们变老、度过老年期、对待老年人和应对人口老龄化方面能够反映文明发展进步的物质基础、制度规范与社会价值的总和。

1. 物质基础

文明是实践的事情，其中物质生产实践处于决定性的地位④，因此构成了文明的内核和基础⑤，所以老龄文明也必然包含并建立在一定的物质基础上。在由人口老龄化与全球化、城市化、信息化、智能化等不同侧面交织形成的社会形态下构建老龄文明，决定了现阶段的老龄文明必然包含全球生产与跨国合作、智能制造与信息服务、城镇扩张与市场服务完善等物质基础。

---

① 孙秋云：《"文明"：内涵及其变迁——人文社会科学研究中一个重要概念的探析》，《华中科技大学学报（社会科学版）》2006年第2期。
② 马雪松：《制度文明概念的政治学释义》，《中共福建省委党校学报》2018年第3期。
③ 老龄文明智库编著：《老龄文明蓝皮书2022》，江苏人民出版社2023年版。
④ 李冉、刘文祥：《中国式现代化蕴含的独特文明观：思想渊源、丰富内涵、特点价值》，《南昌大学学报（人文社会科学版）》2023年第5期。
⑤ 马雪松：《制度文明概念的政治学释义》，《中共福建省委党校学报》2018年第3期。

2. 制度规范

在唯物史观视域下，制度是人类文明成果的集中体现，塑造了文明的外壳和形态[①]。就老龄文明而言，一个社会在人们变老、度过老年期、对待老年人和应对人口老龄化方面展示的制度规范，集中表现为社会通过制度架构配置给老年人的资源以及由此塑造的社会代际关系。

3. 社会价值

文明的精神灵魂与内核是文化，因此文化所代表的思想、情感、信仰和价值[②]同样是文明的重要组成部分。所以，从古代社会传承至今的孝道观念、现代社会的积极老龄观与健康老龄化理念、"不分年龄、人人共享"和孝亲敬老的老龄友好社会氛围等都是社会在对待老年人方面所形成的价值理念，是老龄文明的重要组成部分。

（三）老龄文明的基本特征

作为文明在老龄领域的分支，老龄文明兼具文明的共性和人口老龄化与老龄社会的特性，有以下几个基本特征。

1. 连续性与时代性

文明与野蛮相对，与此相应，老龄文明体现了老龄领域的社会进步，因此，在人类历史上，从社会有了关于老年人的进步观念、制度保障等开始，就有了相应的老龄文明。从古至今，从西方到东方，从"老吾老以及人之老"的孝亲敬老氛围、退休和养老保险等赋予老年人休息权利的现代社会保障制度到健康老龄化与积极老龄化的理念，老龄文明始终是在继承优秀传统文化、赓续古老文明的基础上形成的，具有突出的连续性。

然而，由于老龄文明涉及多角度的观察，受到经济社会发展水平的制约，受到人口要素变动的影响，所以每个要素的改变都会影响到老龄文明。当今时代的老龄文明，是在预期寿命有了大幅延长、老年人口急剧增长的人口背景下，由社会生产力迅猛进步带来的物质基础、社会保障，保护老年人权益、

---

① 马雪松：《制度文明概念的政治学释义》，《中共福建省委党校学报》2018年第3期。
② 周怡：《文化社会学发展之争辩：概念、关系及思考》，《社会学研究》2004年第5期。

推动老年人参与等各种完善的社会政策和制度规范,以及健康老龄化、积极老龄观、"不分年龄、人人共享"等社会价值共同塑造的。老龄文明与时代同频共振,具有鲜明的时代性与创新性,未来也必将继续与时俱进,不断发展完善。

2. 民族性与包容性

文明代表一个社会最广泛的认同,各种文明要素在时间和地域上的不均匀分布,产生了差异显著的各种文明。就老龄文明而言,它始终根植于自身传统文化与现实基本国情,具有典型的民族性。中国的老龄文明必然建立在孝亲敬老的传统文化与老年人口规模巨大的现实国情上。

但在保持民族性的同时,中华文明承认事物存在差异性,这决定其在与不同文明交往过程中依然持有开放包容的态度。因此,作为中华民族现代文明重要组成部分的老龄文明,其在构建过程中同样会吸收和借鉴人类优秀的文明成果,并在自身国情的基础上兼收并蓄。例如,老龄议题主流化、"不分年龄、人人共享"、老龄友好城市与社会等理念与制度在中国的传播和实践都展现了中华文明兼收并蓄的特点。

3. 体系性

文明是使人类脱离野蛮状态的所有社会行为构成的集合,具有丰富的内涵,呈现出鲜明的体系性。老龄文明作为一个社会在老龄领域反映文明发展进步的物质基础、制度规范与社会价值的总和,同样是一个包容广泛的体系性概念。例如,作为老龄社会物质基础的科技支撑与财富储备、促进代际和谐与再分配的制度规范、以积极老龄观为代表的价值理念等,都是老龄文明的重要组成部分。

4. 积极建构性

文明是社会的素质,是人类运用主观能动性改造自然、社会以及人本身的积极成果①。尽管文明的建构有人类社会形态演进过程中的"自力更生",但包括老龄文明在内的各种文明境界的最终达成或理想社会所期待的文明形

---

① 李冉、刘文祥:《中国式现代化蕴含的独特文明观:思想渊源、丰富内涵、特点价值》,《南昌大学学报(人文社会科学版)》2023年第5期。

态绝不是自然演进的结果,而是有赖于全方位的积极主动的行动建构。就当前中国老龄文明的建构而言,实施积极应对人口老龄化的国家战略就是举全国之力,推动各类社会行为主体共同构建老龄文明的社会行为。

四、建设新时代老龄文明的基础与挑战

在人类历史上,尽管现代意义上的老龄文明的产生与发展是一个相对晚近的历史进程[①],但是从社会进入文明时代开始,老龄文明的星星之火就已出现。在农业社会以孝亲敬老和积极看待老年期为核心的价值理念、工业社会以社会保障制度为核心的制度规范的基础上,现代中国构建了包含以智能化和全球化为核心的物质基础、以《中华人民共和国老年人权益保障法》(以下简称《老年人权益保障法》)为核心的制度规范体系以及以积极老龄观为核心的社会价值体系在内的当代老龄文明。

(一)发展基础

1. 物质基础:智能制造、全球产品与城市生活

物质基础是最能体现社会文明时代性的要素。当今时代,人口老龄化同全球化、城镇化、工业化、数字化一道构成了重塑人类社会的认知背景和基础力量,因此现阶段的老龄文明必然包含以上四个方面提供的物质基础。一是全球化时代下全球产品与服务的获取与享用;二是城镇化加速发展过程中越来越多的老年人开始在城市生活,社区代替行政村成为老年人主要生活和参与社会的单元,现阶段老年友好型社会的建设、适老化改造在城市的全方位铺开为老龄社会和老年人提供了便利的基础设施;三是工业化在全球的扩展,极大丰富了人们的物质生活,提高了全球尤其是第三世界国家应对人口老龄化的能力;四是人类社会进入数字化时代后,通过智能制造、物联网、云计算等新兴科技为老龄社会提供了新的科技支撑与技术赋能。

---

① 林闽钢:《老年福祉的多样性与迭代更新——基于老龄文明视角的考察》,《社会科学研究》2023年第6期。

综合来说，当今时代的老龄文明建立在物资相当充裕的基础上。具体到中国，老龄文明的物质基础是一个以数字化和信息化为核心，包含日益充沛的财富储备、不断提升的人力资本、丰富优质的产品和服务、宜居便利的社会环境等在内的丰富体系。

2. 制度规范：以《老年人权益保障法》为核心的涉老文明制度体系

老龄文明的制度规范，即社会向老年人分配资源所确立的制度体系。传统社会零星存在于少数国家的家庭养老"制度"①以及鳏寡赡养制度，是老龄文明制度规范的起源。当前，广泛分布于各国的真正现代意义上的老龄文明制度规范是老龄社会的保障制度。工业革命以来，劳动者仅依靠雇佣劳动为生、年老丧失工作能力和劳动机会的风险增加，与传统家庭保障能力减弱、土地保障功能几乎丧失之间的矛盾日益凸显，养老逐渐成为社会性问题。同时，工业化促进了生产力进步为社会提供了坚实的物质基础，因此以改善劳动者生存条件、消弭社会矛盾为目标的社会保险制度确立起来。随后，一批欧洲国家以及少数美洲和大洋洲国家均进行了社会保障立法。第二次世界大战后，包括中国在内的新兴发展中国家纷纷建立养老保障体系，为减少和有效预防老年期贫困作出了重要贡献。但20世纪80年代以来，随着人口老龄化进程的加快，数字化与全球化时代下零工经济、灵活就业等新就业形态的兴起，建立在工业化时期、年轻型社会基础上的现收现付的社会保障制度已难以适应社会发展，以建立基金积累制与多支柱保障、调整退休年龄、倡导灵活退休为核心的制度改革逐渐推行。

在此基础上，中国在现阶段形成了以《老年人权益保障法》、《民法典》涉老条款等法律制度为核心，包含政府老龄工作制度、老龄社会保障制度、老年优待制度、老年教育制度、退休与就业制度等一系列涉老制度在内的老龄文明制度规范。

3. 社会价值：以积极老龄观为核心的涉老社会价值体系

当代社会的价值体系是集大成之产物，在继承中创新，在包容中并蓄。

---

① 以法律形式确认家庭的赡养责任，例如《唐律疏议》所言："父母在，不远游，不别居，不异财"。

当代中国关涉老龄文明的社会价值既吸收了中华传统文化中孝亲敬老的传统，又接纳了西方社会看待老年人的理性传统。起源于文明初期——尧舜时代的"尊老尚齿"与老人崇拜，逐步发展为先秦时期孔子的"能养"、孟子的"尊亲"乃至更脍炙人口的"老吾老以及人之老"的孝慈伦理，最终演变成社会的道德准则[①]，至今仍是中国构建老年友好型社会的内化追求。起源于"轴心时代"——古希腊、古罗马的老龄社会价值集中体现于西塞罗的《论老年》一书，书中通过对"老年之所以被认为不幸的四大原因"的反驳，阐述了老年期同样可以通过"深思熟虑、性格、意见的表达"完成工作，感官快乐的丧失并不影响求知的乐趣，老年人的死亡是成熟后的自然现象等观点，某种程度上是积极老龄观中"积极看待老年生活"观点的古语表达。

在现代社会，国际社会先行一步的应对人口老龄化的探索，为中国提供了两次老龄问题世界大会中对老龄问题的深刻剖析、1999年《联合国老年人原则》中强调的"独立、参与、照顾、自我充实、尊严"理念、同年国际老年人年建设"不分年龄、人人共享的社会"的目标追求以及长期以来形成的健康老龄化与积极老龄化理念等值得借鉴学习的老龄文明理念与社会价值。中国也在与国际社会的交流互鉴中发展出富有民族性的文明理念，即习近平总书记在2016年中央政治局集体学习时提出的积极老龄观——"积极看待老龄社会，积极看待老年人和老年生活"。

综上，中国在现阶段已经建立了以构建"不分年龄、人人共享的社会"为核心目标，包含孝亲敬老的文化传统、积极老龄化和健康老龄化理念、联合国老年人原则等积极看待老年期的传统与当代的理念，最终形成了以积极应对人口老龄化和积极老龄观为核心内容的老龄文明。

（二）现实挑战

现阶段，在积极应对人口老龄化国家战略的指引下，我国社会基本形成了包含物质基础、制度规范与社会价值在内的与老龄社会相契合的文明框架，但是还面临着以下几方面的现实挑战。

---

① 周琛：《"老龄化时代"的伦理形态》，《学海》2016年第4期。

1. 物质发展的不充分和不均衡性有待改善

一方面，尽管中国已从"未富先老"阶段转向"老富基本协同"阶段[①]，但正如西方学者所言"人类已经走进一种'未经充分准备的生活'的非常时代"[②]，当前老龄化所展示出的"未备先老"仍是我国在应对人口老龄化过程中面临的严峻挑战，具体表现为应对人口老龄化的财富储备不充分，物质产品和服务供给内容有待充实、质量有待提高，以及市场化体系仍需完善等。另一方面，物质发展在城乡与区域间的不均衡性同样是我国在老龄社会必须应对的挑战，人口老龄化的"城乡倒置"程度进一步加深，中西部与东部地区的差距仍显著存在，适老化改造与数字化建设、智慧养老与用老平台等新兴服务在欠发达地区发展滞后，使得我国老年人口内部物质文明的享有程度存在差异，物质发展的不充分性与不均衡性亟待改善。

2. 制度规范的体系建设水平有待进一步提高

随着人口年龄构成的变化，中国社会事实上已经完成了从成年型社会向老龄社会的转型，但社会规范与制度体系的建设落后于社会转型的进程。一方面，从宏观社会老龄治理的架构看，老龄社会形态的演变之快决定了社会治理的短探索周期，70余年的新中国发展历程、40余年的人口老龄化进程，我国在成年型社会的制度规范体系尚未完全完善的背景下快速进入了老龄社会，诸如法律规范、社会准则等一系列老龄社会的规范体系尚未完全确立。另一方面，从涉老专项制度体系的架构看，当前中国涉老专项法律仅有《老年人权益保障法》，诸如社会保障制度的未来改革、长期护理保险制度的全国推广、延迟退休政策试点与推广的具体方案及其落实、年长劳动者的权益保护等制度规范尚未确立。

3. 以积极老龄观为核心的社会价值有待在全社会普及

进入21世纪以来，人口老龄化已经成为中国社会的常态，学界与政府对老龄问题及其应对、老龄观念等已经有较为科学、全面的认识，形成了包含积极老龄观在内的重要论断与著述。但是这些认识尚未完全被公众了解和

---

① 林宝：《对中国"未富先老"判断的新考察》，《人口研究》2023年第3期。
② 樊浩：《老龄化，还是老龄文明？》，《东南大学学报（哲学社会科学版）》2023年第1期。

接纳，有不少人对人口老龄化的现状与影响还存在认知误区，对人口老龄化持消极、悲观的态度，对自身在变老与度过老年期的过程存在诸多焦虑情绪，并以负担、压力的视角看待老年人，以成年型甚至年轻型社会的规范约束老年人，在此背景下，以积极老龄观为核心的社会价值有待在全社会普及。

五、如何建设新时代老龄文明

截至2022年底，中国60岁及以上老年人口规模已达2.8亿，占总人口的19.8%。老龄社会正在成为中国社会的新常态，日益被人们熟知，与老龄社会相契合的文明形态正在无形中被构建：物质基础更加坚实，制度体系更加完善，社会价值日益充实与深入人心。但是，距离社会所期待的理想型老龄文明形态还存在一定差距，需要全社会积极努力，共同构建与中国式现代化进程相协调的、与老龄社会发展阶段相契合的新时代老龄文明。

（一）积极推进中国式现代化，丰富社会财富储备，夯实老龄文明物质基础

积极稳步推进中国式现代化，通过扩大总量、优化结构、提高效益，实现经济发展与人口老龄化相适应。通过完善国民收入分配体系，优化政府、企业、居民之间的分配格局，稳步增加养老财富储备。健全更加公平、更可持续的社会保障制度，持续增进全体人民的福祉；健全以居家为基础、社区为依托、机构充分发展、医养有机结合的多层次养老服务体系，在数字化、城镇化与全球化的背景下，多渠道、多领域增加适老产品和服务供给，积极推进适老化改造，完善老龄产业市场体系，积极发展银发经济，从财富和服务两个方面夯实老龄文明的物质基础。

在扩大总量、提质增效的同时，更加注重解决区域、城乡发展的不平衡问题。一方面，通过实施区域协调发展战略与西部大开发、中部地区崛起等区域发展战略等，加快中西部地区发展，夯实各地区的物质根基，丰富老龄社会财富储备。另一方面，通过加快推进乡村振兴战略，加快农业转型升级，发展壮大农村产业，促进农村经济发展，增加应对人口老龄化的财富储备；

通过加强农村基础设施建设，提升农村养老服务能力，夯实老龄文明的物质基础。

（二）健全老龄社会各项法规政策，完善老龄文明制度规范

一是政府要在政策制定中发挥主导作用，积极制定发展战略，协调相关机构以提供便利，持续推进老年人教育、就业、社会参与、家庭支持等保障老年人法定权益、消除社会年龄歧视的各项社会政策与制度的发展完善，将老龄议题主流化理念融入政策发展全过程，积极作为，完善老龄文明制度规范。

二是在完善老龄文明制度体系的同时，要加快完善老龄社会的治理体系，切实以老龄社会之"制"推动中国特色老龄社会之"治"①。通过推进政府自我革新，提高涉老资源统一调配力度、理顺政府的老龄政策规划体系、建立政府老龄工作综合评估体制机制、优化部门协同和层级协同等，积极推进关涉老龄文明的制度体系在社会中的有效落实。

（三）守正创新，开放包容，充实与普及新时代老龄文明价值观念

第一，文明的连续性与时代性要求中国在构建新时代老龄文明时，守正创新，站在老龄社会新的历史起点上，继承以往文明基础，与时俱进，创新发展。随着社会实践不断深入，以"共治、共融、共建、共享"理念，面向全年龄、全人群持续丰富老龄文明的内核。第二，文明的民族性与包容性则要求中国在构建新时代老龄文明时，开放包容，汲取世界智慧，借鉴国际社会积极老龄化与健康老龄化的认知理念、老龄议题主流化的实践理念和"不分年龄、人人共享"的老龄友好型社会的目标追求等，通过交流互鉴，合作共享，繁荣自身，构建真正契合老龄社会、凸显社会进步的老龄文明。第三，价值观念与体系只有被全社会接纳与认同才能上升为社会的主流价值，成为社会成员的共同遵循。因此，在确保人口老龄化认知的科学性与先进性、代表文明发展前进方向的同时，要尽快搭建人口老龄化国情教育的体制机制，

---

① 杜鹏、王永梅：《改革开放40年我国老龄化的社会治理——成就、问题与现代化路径》，《北京行政学院学报》2018年第6期。

切实提高全社会的积极老龄观,使老龄文明价值体系深入人心。

作者:杜鹏,中国人民大学副校长、老年学研究所所长、教授;李子洋,中国人民大学老年学研究所博士研究生。

主要参考文献

1. 杜鹏,王永梅.改革开放40年我国老龄化的社会治理——成就、问题与现代化路径.《北京行政学院学报》2018年第6期

2. 樊浩.老龄化,还是老龄文明?.《东南大学学报(哲学社会科学版)》2023年第1期

3. 老龄文明智库编著.老龄文明蓝皮书2022.江苏人民出版社,2023

4. 李剑鸣.文明的概念与文明史研究.《华中师范大学学报(人文社会科学版)》2016年第1期

5. 李冉,刘文祥.中国式现代化蕴含的独特文明观:思想渊源、丰富内涵、特点价值.《南昌大学学报(人文社会科学版)》2023年第5期

6. 梁春晓,易鹏.老龄社会研究报告(2019):大转折:从年轻社会到老龄社会.社会科学文献出版社,2019

7. 林剑.文化与文明之辨.《学术研究》2012年第3期

8. 林闽钢.老年福祉的多样性与迭代更新——基于老龄文明视角的考察.《社会科学研究》2023年第6期

9. 马雪松.制度文明概念的政治学释义.《中共福建省委党校学报》2018年第3期

10. 孙秋云."文明":内涵及其变迁——人文社会科学研究中一个重要概念的探析.《华中科技大学学报(社会科学版)》2006年第2期

11. 周琛."老龄化时代"的伦理形态.《学海》2016年第4期

12. 周怡.文化社会学发展之争辩:概念、关系及思考.《社会学研究》2004年第5期

孝道的文化之重

樊 浩

一、引言:"点石成'金'"与"点石成'精'"

人要在这个世界上绵亘挺拔而屹立为"人"这个"类",需要两种基本能力:一是点石成"金",二是点石成"精"。一字之差,虽都是出神入化之功,却是物质与精神两立,前者创造物质世界,后者安顿自身,建构精神宇宙。现代性尤其市场经济赋予人类本能的最大附加值是"点石成'金'"。金钱拜物教之所以可能成为一种世俗宗教,不仅意味着对金钱以及追求金钱冲动的放任,而且隐含着一种信念——相信金钱。与之相伴的是,物质生活的进步可以秋风扫落叶般化解世间一切难题,只要经济发展了,一切问题都会迎刃而解。于是,万种风情的"人"的生活便为经济与科技所"绑架",人们学会了接受企业和技术进步提供和安排的一切。"变化",尤其像芯片那样目不暇接地不断换代成为世界的主题。人们在这个世界中学会的最大本领是转瞬即逝的"遗忘"与"抛弃",例如从iPhone 4、iPhone 5到iPhone 6,一年之内便可彻底地被遗忘,今天抛弃昨天,今天又被明天抛弃,人们生活在一个没有记忆甚至不容记忆的世界,一切都被"变化"驱逐。久而久之,在漫长的传统社会中形成的"点石成'精'"的能力便废退了。

简单地说,所谓"点石成'精'",就是赋予世界的一切以精神,并将世界融化于人的精神从而成为人的精神世界的质料和滋养的取向和能力,它将世界的一切当作人的精神的作品,也当作人的精神的"现象",由此追求并努力达到永恒。孔子的"天生德于予"是穷途末路之际的"点石成'精'",李白的"举杯邀明月,对影成三人"是孤独世界中的"点石成'精'"。"点石成'精'",是一种信念,是一种智慧,更是一种人从动物界分离出来就开始以精卫填海的毅力养育的能力。"精"不只是与物质相对应的精神,而且是价值,是永恒,是不朽。因为这种智慧与能力,人便与世界融为一体,建构自己强大的精神宇宙。当然,在那些物资匮乏的时代,也常常内蕴着某种画饼充饥式的无奈,如庄子的《逍遥游》。人类在进化的同时,往往伴随着退化。现代性、市场经济奇迹般催生了人类"点石成金"的天赋,与此同时,"点石成'精'"黯然退场。于是,这个世界不仅祛魅,而且缺乏人文灵性,缺乏彻底的智慧,只剩下可怜的知识和令人眩目的"黄黄的金子"。关于孝道以及对孝道在中国文明体系中的地位的理解,便是典型案例。

如果以一句话还原"孝"在中国文明体系中的地位及其现代命运,那就是孝道的文化之重。一方面,它在文明体系中"举足轻重";另一方面,它在现代社会,尤其是老龄化与独生子女邂逅的当代中国又"不堪重负"。然而,无论如何,在当今中西交汇的文明天平上,中国文化的顶层设计和终极关怀,到底是"中"或是"西",孝道又确实具有"一砣压千斤"的文化之"重"。

二、文化重托:对于"不朽"的期许与承诺

现代伦理关于孝的文化理解的最大误区,一言蔽之,在于"道"与"德"的离析。理论上,只把孝当成一种"德",没有也无法达到"道";实践上,只提倡孝之"德",不能洞察"道"的伦理智慧和伦理境界。"道"之不存,"德"将焉附?于是,现代中国社会必然遭遇孝的文化危机。

中国哲学将"道德"视为一体,便意味着道与德的相分相合。老子的《道德经》,上篇为《德经》,下篇为《道经》,实为"德道经",已经隐喻"道"高于"德",是"德"的根源,所谓:"道生之,德畜之,物形之,势成之。

是以万物莫不尊道而贵德。"①"故失道而后德，失德而后仁，失仁而后义，失义而后礼。"② 这从正反两个方面诠释了道与德的不同智慧境界，道为尊，德为贵。"孝德"与"孝道"分别指向道德品质和伦理境界，彼此相互关联，形成孝的完整道德哲学结构，于是孝便不只是一种"德"，更是一种"道"。有待追问的是：孝到底是何种"道"，因何成为"道"？

在人类文明上，孝道的产生到底具有何种精神哲学意义？孝的观念，德的观念，礼的观念，是中国人的精神尤其是伦理精神中最早产生的一批重要观念，它们在精神发展史上的地位如此重要，乃至可以说是"元观念"。一般认为，孝的观念产生于殷周之际，它的产生需要两大条件，一是基于血缘而产生的"亲亲"关系，二是家庭经济的形成，以及以此相关的家庭成员间权利义务关系的出现。③ 这种历史主义的解释指证了孝产生的客观基础，但无法解释孝观念的诞生的巨大精神史意义，也难以彻底地解释，孝为何在中国，也唯有在中国，才发展成为一种最具范型意义的"道"，即所谓"孝道"？

雅思贝尔斯曾经说过，在轴心时代，人类产生了一种重大觉悟，相信人类可以在精神上将自己提高到与宇宙同一的高度，几乎同时诞生了一些金岳霖所说的"最崇高的观念"，在希伯来是上帝，在印度是佛，在中国就是"道"。"道"是达到普遍和永恒，在精神上与宇宙同一和往来的最高概念，"道生一，一生二，二生三，三生万物"。"道可道，非常道。"④ 关于"孝道"的研究，不仅要说明孝是何种"道"，更重要的是要指证孝到底如何让人达到"道"。也许，有两种假设可以为经验与理性所承认。一是孝是人类区别于动物、使人最终从动物界分离出来的重大标志，"人猿相揖别"，走向"人道"或"人"之"道"；二是孝是中国文明区别于西方文明的最重要的元色之一，在中国也只有在中国，孝才成为通向"道"即终极的必由之路。孝作为人类区别于动物的精神史意义也许无须辩证。在动物界，不乏父母哺育子女的慈爱，有时这种慈爱丝毫不逊色于人类，甚至达到超越人类的感天动地的地步，然而，无论动物

---

① 《道德经》第五十一章。
② 《道德经》第三十八章。
③ 参见沈善洪、王凤贤《中国伦理学说史（上）》，浙江人民出版社1985年版，第56页。
④ 《道德经》第四十二章、第一章。

学还是人类学的研究都未能提供一种否证——唯有子女对父母的反哺,才是人类独有的伦理,是人类进化过程中具有里程碑意义的精神事件。原始社会初期并无表征子女对父母所谓孝的义务,在食物资源紧缺的条件下,年迈的父母甚至成为子女的食物,我们可以谴责这一行为的野蛮,也可以为这种基于本能的行为辩护,还可以有另一种解释,这是父母为子女也是为自身血脉的延续所做的最后和最高的牺牲,他们以自己的血肉之躯为子女献上"最后的晚餐"。然而,难以解释的是,在原始社会至今的漫长历史演变中,物资稀缺从来就与人类相伴,应对稀缺的"最后的晚餐"为何被同样感天动地的孝道代替?精神史的图景向两个方向展开。一方面,父母以不同形态为子女奉上慈爱的"最后的晚餐",无论是老人的隔代抚养还是年轻人"啃老",相当意义上都是父母的最后奉献;另一方面,人类的精神延展在觉悟中改变了航向,由黑格尔所说的"直向的善"走向"反向的善",在继续行进中不断回归自己生命的根源,走向孝的反哺之道。可以说,慈爱是生命的自我行进,孝敬是生命的家园回归。回归的动力,是追求无限与不朽的终极觉悟和终极关怀,其要义是由孝达"道",将孝由"德"推进为"道"。

在基于人类自然生命的伦理情感中,"孝"与"慈"是"同行异情"的两种基本的实体性伦理,共同缔造和捍卫生命的无限进程。"慈"是一种本能情感,但又是一种实体性情感。因其自然属性,它坚韧而强大;因其实体性,它具有浓郁深厚的伦理意蕴。人类生命的延续需要两大再生产,即人种的再生产与物质生活资料的再生产,后者服务并服从于前者。婚姻是人类延续的最具决定意义的环节,正因为如此,它是人类最基本也是通过数千年培育所形成的最强大的一种伦理能力。婚姻与动物本能的根本区别,在于它不只是诉诸自然冲动,而是由一个男人和一个女人在"失去自我而又获得自我"的爱情中建构家庭的伦理实体性。正如黑格尔所说,家庭是精神的直接的实体性,它"以爱为其规定,而爱是精神对自身统一的感觉"。婚姻的基础不只是出于本能的"情",而是基于伦理的"爱"之"情"。"爱"的真谛是什么?一言蔽之,是不孤立,不独立。"所谓爱,一般说来,就是意识到我和另一个人的统一,使我不专为自己而孤立起来"。爱有两个环节,一是"我不欲成为独立的、孤单的人,我如是这样的人,就会觉得自己残缺不全";二是"我在另一个人身上找到自己，即获得了他人对自己的承认，而他人反过来对我亦同"。① 前者是个别性的扬弃，后者是实体性的获得，于是伦理与精神便成为婚姻家庭的两个文明要素，伦理指向普遍性或实体性，精神是达到实体性的必由之路。"伦理是本性上普遍的东西,这种出于自然的关联② 本质上也是一种精神,而且它只有作为精神时才是伦理的。"③ 在婚姻中，夫妇双方的实体性的人格化存在就是子女，子女不仅是父母的共同缔造物，而且是夫妇关系实体性的体现和确证，子女使夫妇最终成为一体，所以被称为"爱情的结晶"。父母对子女的慈爱或怜爱，本质上是一种自爱，但这种"自爱"之"自"，已经不是男人或女人的任何一方，也不只是对自己缔造物或生物性作品的爱，而且是对夫妇共同实体的爱，由此这种自爱便具有伦理性，实体性指向使慈爱超越自然本能而具有伦理意义。子女是夫妇关系的人格化结晶，在子女的成长中，自十月怀胎到一朝分娩，再到哺育和抚养其长大成人，这种夫妇关系的实体性越来越"远离"自己，而成为一种独立的生命存在，在这个意义上，慈爱总是带有某种伦理性的悲怆，只能在关于子女成长过程的回忆反刍中不断寻找慰藉和温馨。

然而，子女对父母的孝敬与父母对子女的慈爱相比，必定已经是一种启蒙和自觉，其要义在于：子女意识到父母是自己生命的根源，自己在父母生命的枯萎中成长，于是慎终追远，反本回报。孝敬之"敬"本质上是给生命根源也是生命家园献上的伦理敬畏和心灵鞠躬，而所谓"孝"，在词源上就是由"子"与"老"的会意而成，由此与"攵"组合而成的"教"，明白无误地标示着它是教化和启蒙的开端，隐喻"孝"是人类生命进程的第一次也是最重要的一次重大觉悟，是对人的动物性本能的根本意义上的超越。"慈爱"与"孝敬"，某种意义上都具有"体爱"的内核，是基于血缘关系的同体之爱，但"孝敬"具有更为浓郁乃至更为彻底的伦理和精神意义，是伦理精神发展过程中的第一个里程碑。

---

① 以上均见[德]黑格尔《法哲学原理》，范扬、张企泰译，商务印书馆1996年版，第175页。
② 此处指家庭。
③ [德]黑格尔：《精神现象学》下卷，贺麟、王玖兴译，商务印书馆1996年版，第8页。

第一部分　老龄文明理论前沿

人与动物相同，有生必有死，生命短暂，唯有时间永恒。宇宙间之所以存在"时间"这种让一切"有"回归于"无"的不可逃脱的终极力量，也许根本上源于空间的有限性。时间是让一切存在不能同时在场的宇宙智慧，万物只能当其"时"、在其"时"，由此空间便可以呈现其"空"，这便是时间与空间的辩证法。然而，与其他自然存在不同，人也许是世间唯一意识到自己必然会死亡的动物，"向死而生"是人类生命的真谛，所谓"四十而不惑，五十而知天命"，相当程度上就是因意识到生命有限而产生的觉悟和智慧，于是如何"不死"便成为人类的终极课题，由此产生对永恒和不朽的终极价值、终极关怀的终极追求。在文明体系中，达到永恒与不朽有两种智慧形态，就是宗教与伦理，或者说宗教型文化与伦理型文化。宗教通过此岸与彼岸的二分为此岸众生设计和指引了一个彼岸世界，永恒与不朽就是回归上帝、佛祖、安拉等终极实体。这样便可以理解，康德哲学为何必须借助上帝存在的预设才能最后完成道德与幸福统一的至善之境，因为灵魂不朽的时间超越只有在上帝那里才能完成，即便穿越一切、"先天地生"的黑格尔的绝对精神，最后也要在宗教中呈现。宗教所达致的生命永恒的中国文学表达，就是《西游记》中孙悟空在生死簿上将自己的名字划去，它犹如现代电脑技术中的根目录清除，由此孙悟空逃出时间之域，百劫而不死。

伦理型文化呈现出另一种智慧风情。它是超越俗世的智慧，在个体性的"人"与实体性的"伦"的统一中达到永恒与不朽，这便是"人伦"的哲学真谛和文化魅力所在。在中国文化中，"伦"既是世俗的普遍实体，如家庭、社会、民族、国家，又具有终极实体的意义。也许是为突显其终极性，中国文化才悬置和预设了一个以无用求大用的"天"，"天道远，人道迩，非所及也"[①]，隐喻了"天"的终极意义及其悬置地位。在入世的伦理型文化中，"不朽"通过三条路径实现：立德、立功、立言，所谓"三不朽"。"立德"即通过德性修炼达到"伦"的普遍实体，所谓"同心同德"意味着超越个别性达到"同"的普遍性，而"仁者无敌"的真谛是因为爱人而与所有人在一起，最终达到人的实体，摆脱相对而成为绝对，于是便"无敌"或"无对"。"立功"即通

---

① 《左传·昭公十八年》。

过建功立业而千古流芳,"万里长城今犹在,世人不见秦始皇",这句诗应当反说为"世人不见秦始皇,万里长城今犹在",看到长城,人们便自然想起秦始皇,于是秦始皇便因修筑长城之功而"不朽"。"立言"即著书立说,它以文字的形态使人的思想与灵魂永远在场。

然而,"三不朽"有一个致命局限:它们只是精英的专利,普通百姓难以企及。按照丹尼尔·贝尔的理论,文化是为人类生命过程提供解释系统,以帮助他们超越生存困境的一种努力。一种文化如果不能帮助所有人超越生存困境,就不可能成为大文化。中国的伦理型文化之所以两千多年来能与宗教型文化分庭抗礼、比肩而立,最大的秘密在于它以家庭为本位,在俗世的血缘神圣性基础上建立起伦理世界的精神大厦。正如梁漱溟先生所言,中国文化以伦理为本位,伦理本位的根本是家庭本位。血缘文化、家庭本位为芸芸众生开放了一条通达不朽的世俗道路。孟子云:"不孝有三,无后为大。"为何在所有不孝之中,"无后"即没有儿子是对父母和祖先最大的不孝?由父氏社会转型而来的当前的人类文明,多以男性为家族生命的正宗和血脉符号,这种子嗣文化提供了一种愿景:对任何人而言,即便不能立德立言立功,但只要子孙不绝,不仅自己,而且祖先和整个家族的血缘生命便可以延绵无疆。这种伦理智慧用现代科学的话语表达就是:在子孙的身上,流淌着祖先的血液。孔子虽然遗世两千多年,然而在其第七十六代孙孔令辉身上依然清晰地跃动着他的DNA,由此孔子即便不是孔圣人,也已经永恒不朽。相反,如果"无后",那便不仅堵绝了父母而且堵绝了整个家族及其祖先通向不朽之路,是家族血脉的中绝,因而是最大的不孝。这种孝道智慧当今虽然早已过时甚至被唾弃,但无论如何,它以自然神圣性诠释了孝如何从"德"提升为"道"。"孝"之为"道",根本上在于对永恒不朽的承认和希冀,具有与宗教相通甚至相同的文化意义。在宗教型文化中,永恒不朽是"永远活在上帝手中";在中国的伦理型文化中,永恒不朽是"永远活在人们心中"。"上帝手中"和"人们心中"标示此岸与彼岸的两种不朽的终极关怀与终极智慧,于是,孝之为"道",不仅是子女对父母和祖先的一种行为态度,而且是对他们永恒不朽的承认和承诺,孝之"德"只是这种承认和承诺的现象形态与行为表达。对父母和祖先而言,孝是终极价值;对子女而言,孝是终极关怀。这种终极关怀,不只是有生之年赡养和"色难"的世俗侍奉,而是对"永远活在我们心中"的终极承认和终极承诺,无论是逝世时的"哭丧",还是回归家族坟墓的安葬,都是这种承认和承诺的礼仪呈现。正如黑格尔所说,死亡是人的生命的最后完成和最高形态,家庭的任务是使死亡从一个自然事件成为伦理事件。中国文化的哲学智慧与伦理信念是"死而不亡者寿"。死是必然,永远的追求是如何达到"不亡"。"死"是肉体在世俗世界中的消失,"亡"意味着在精神世界中的退场或被遗忘,"永远活在人们心中",是伦理世界中的永恒不朽或所谓"不亡"。孝之为德,在于其世俗性;孝之为道,在于其走向永恒不朽的超越性。在这个意义上,"孝道"比"孝德"具有更为彻底的终极关怀意义。

三、文化重负:独生子女邂逅老龄化背景下的伦理"超载"

综上,在中国文化及其传统中,孝道承载着具有终极意义的文化重托,这就是在生生不息的生命之流中对不朽的期许与承诺。对父母而言,它是不朽的文化期盼;对子女而言,它是对使父母生命不朽的文化承诺。由于父母子女的代际延续是生命之流的单元,因而这种文化重托便超出血缘关系,泛化为对普遍意义上人的生命(包括人类生命永恒不朽)的期许和承诺,具有与宗教型文化相通的终极关怀意义。然而,进入现代社会,尤其是独生子女与老龄化相遇的现代中国社会,这种文化重托的传续却遭遇前所未有的危机,这种危机用一句话概括就是:"超载"老龄化下的孝道失落。它表现为两方面:延传压过孝道,世俗取代超越。

老龄化是现代中国最重要的国情之一,不仅未富先老,而且几亿中国人一同进入老龄进程。然而,最严峻的课题不是未富先老,因为以往几千年的中国比当今贫弱得多,老龄问题却没有这般严峻;也不是全民进老,因为老龄化在日本等国家同样存在。最严峻的中国问题和中国国情是独生子女遭遇老龄化。文明史上这种前所未有的"美丽邂逅",使得数千年伦理型文化以家庭为基石所构筑和绵延的坚固长城可能在风雨中飘摇,其集中表现是因家庭在文化功能上的"超载"而导致人的终极关怀的自然安全系统的颠覆性解构。解构的后果,不只是此岸生活世界可能遭遇危机,而且是通往彼岸的不朽之路可能被堵塞甚至中断,其最深刻的问题不是家庭和社会对老龄化的世俗"超载",而是孝道的文化失落。

人们往往对独生子女背景下"2+8"的家庭前景(即一对小夫妻赡养双方两代八个老人)忧心忡忡,也对多元文化激荡下的孝道现实充满忧虑。然而,无论客观调查还是理论思辨都发现,关于子女孝敬的期待和批评远没想象中的热烈和激烈,当今中国社会似乎在父母与独生子女之间达成了某种伦理上的谅解备忘录。精神现象学还原的社会镜像是:不是对孝敬没有期待,而是难以期待;不是没有问题,而是根本就很少预期;不批评,是因为难期待、无预期。这不是一种伦理上的宽容,而是一种心理上的放弃。独生子女将家庭血脉延传的压力和危机推到空前的程度,这种压力可以用"如临深渊,如履薄冰"概之。在这种背景下,血脉延传的现实诉求大大压过文化存续,对子女未来的深深忧虑相当程度上迫使父母放弃对子女履行伦理义务的诉求。于是出现一种普遍的吊诡现象:一方面,对子女在生活上百般呵护宠爱;另一方面,在学业上极度严苛,试图将他们"武装到牙齿"。当下的中国社会似乎陷入某种不对等的伦理关系之中:只是父母对子女尽慈爱,而不期待子女对父母尽孝心。面对老龄化,在伦理上可歌可泣的中国父母已经悄然开始了一场世俗自救:与宠物为伴,忍受空巢孤独;义无反顾而又抱憾吞泪地走进养老院,永远告别以自己心血筑成的家园;等等,都是这场自救运动的开始。一切的一切,都源于对独生子女家庭文化"超载"的现实承认与无奈面对。独生子女家庭是一场充满不确定性的空前的社会试验,它使"独一代"在血缘关系中沦为伦理上的单子,因而在以家庭为自然安全系统的中国文明中,他们的未来便可能面临许多不确定。面对这种不确定,"独一代"的中国父母在无尽的奉献中选择了放弃,不只是放弃诉求,而是放弃期待,宁愿独自承受更加不可确定的未来。这是一种彻底的放弃,它似乎是一种代际伦理关系上的不公正,然而它的至不公正却是它的至公正,它的放弃正是它的获得。对这种不公正的欣然接受和倾力造就,正是对独生子女时代家庭的文化"超载"的伦理应急,以及对家庭血脉传承的热切期盼。对于父母对独生子女的未来生活周到得几乎令人唏嘘的安排,有人说这已经不是使孩子赢在起跑线,而是一下送进终点,因为对那些优越的"二代们"来说,他们的一生似乎都不需要为物质担忧也不再需要奋斗了。这些行为应被当作面对家庭"超载"而产生的对未来不确定的过度反应,以及父母在代际伦理关系中的神圣放弃。

然而,无论如何,放弃出于无奈和无助。当放弃的不只是世俗生活,而是具有终极意义的不朽诉求时,便标示着文化危机的生成。进入老龄化时代,独生子女家庭所面对的不只是世俗生活上的"超载",更深刻的是文化传承上的"超载"。在物质财富已经十分丰富的今天,老年人的生活水平无疑已经得到很大提高,物质焦虑远远少于传统社会。然而,生活与生命的内核不在于数量,而在于质量。正因为如此,学者们提出老年人的生活质量、生命质量和死亡质量的三大质量问题。在中国,这三大质量问题都与孝道的伦理密切相关。在过去,虽然物资稀缺,然而能享受到"含饴弄孙"的天伦之乐,一个孙、一颗糖,幸福在矣,人生足矣;在今天,宠物在手是某种富有的象征,然而人兽呓语填补的是一种彻底的孤独,全民养宠物宣示的是一种全社会的寂寞,当很多人都只能与宠物对话时,即便宠物的主人未老,这个社会已经老了。"质量"难题潜隐的不是物质危机,而是文化危机。独生子女使血脉丰富的家庭细胞瘦化为伦理上的单子,在核心家庭中,"独一代"很难获得伦理上的体验和滋养,不只是兄弟姐妹以及由此延伸形成的枝繁叶茂的宗法系统的教化和支持,而且是多子女家庭在物质上或多或少的稀缺,至少因家庭财富分配而产生的伦理感和道德感。没有稀缺就没有价值,所谓"物稀为贵";更重要的是,一个没有稀缺的环境所培养的是对挫折和苦难的苍白承受。幸福和快乐不仅源于富足,而且源于对不幸和不快的承受,也许,这就是当今社会物质生活水平提高,但幸福感和快乐感下降的重要原因,在相当程度上,不幸福、不快乐不是因为不满足,很多情况下是因为日常生活中小小的不惬意所产生的困扰。

如果说财富的享受携带伦理气息,那么,财富的创造和分配则相当程度上是一个伦理问题和道德问题。黑格尔曾经说过,家庭财富的伦理意义,是使个人的私心转化为对共同体的伦理关怀。而在财富的分配中,不仅存在公正的伦理问题,而且存在义利取向的道德问题。家庭中父母对待子女的公正与一般公正不同,它遵循的不是市民社会中的平等原则,而是宗法原则和差异原则。人们常发现,无论在中国还是西方,长子往往获得优先的财产继承权,理由很简单,长子在父母离世后将被赋予替代性的伦理义务,所谓"长兄如父"。而父母对那些生活上相对贫困的子女给予更多关注和帮助,体现的正是罗尔斯津津乐道的差异公正原则。基于以上原因,几乎在任何文化中,家庭都成为伦理的第一个世俗策源地。全国性大调查的结果表明,在今天的中国社会中,家庭作为伦理策源地的地位并未改变,因为家庭血缘关系依然是位居第一位的对人生具有根本意义的关系,父母和家庭依然是伦理道德的第一影响因子和养育场所。然而,家庭对子女伦理道德的最大影响是责任感和义务感的培育,以及由此产生的反哺的伦理情愫和伦理能力。在漫长的家庭生活中,子女获得一种特殊的伦理体验,眼看自己的生命在父母生命的枯萎中成长,自己成为他者,父母渐渐成为背影,朱自清的《背影》便呈现了这一伦理上的心路历程,于是产生反本回报的伦理意识和伦理冲动,从而走上"孝"之"道",在孝道中,父母的生命以及祖先的生命获得了永恒与不朽的超越性意义。

家庭具有如此重要的伦理功能,孝道对人的生命具有如此重要的伦理意义,以至于孝成为对生命最后和最高的献礼。然而,面对独生子女邂逅老龄化所产生的家庭"超载"的严峻课题,当今中国社会的现象学图景是延传压过孝道,家庭危机尤其是血脉延传的危机压力和忧患意识压过关于孝的伦理诉求。在传统社会,"百善孝为先",然而调查发现,在当今最重要德目的选择中,孝敬虽然具有重要地位,但已经不在"新五常"之列,只有那些贫困的农村家庭的受查对象才会提出"孝"的要求。这是一次悲壮的伦理退出与文化和解。有待探讨的是,为什么愈是在农村、愈是贫困的家庭,愈是提出孝的诉求,而那些富裕的城市家庭似乎已经将孝敬遗忘?根本原因在于,在物质条件丰富的今天,"孝"似乎已经有了世俗替代,这就是物质条件。然而,误读和误区正是从这里发生。

如果说延传压过孝敬是从主观方面导致孝道的失落,世俗取代超越则是从客观方面使这种失落成为现实。在现代性背景下,面对"超载"老龄化的巨大压力,人们很容易将生命的终极关怀仅仅理解为养老问题,而现代化进程所积累的物质财富与技术手段使世俗取代超越成为可能。这是一个终极关怀世俗化的过程，也是将生命的终极诉求压制到最低程度的过程。这一世俗过程已经开始，它在解决"超载"老龄化的诸多现实问题，进而提升老龄生活质量的同时，也可能因对超越性的世俗取代而降低生命质量。世俗取代超越的根源和结果是孝道的失落，这种失落从三个方面发生：孝道失需，孝道失用，孝道失能，最后孝道失传。

面对独生子女所致的"超载"老龄化，人们将自救的目光从家庭转移到社会，出现诸多乐观主义的展望，并为之开始行动，最典型的有经济自足论、社会保障论、科技万能论等。经济自足论认为，刚刚步入老龄化的父母大都有足够的至少有基本的经济能力让自己安度晚年，可以在经济上不依赖子女。社会保障论认为现代社会尤其独生子女时代，养老应当是一项社会义务，理由很简单，社会既然以独生子女的形式解构至少严重弱化了家庭，就应当也必须为老人建立"第二家庭"，于是养老院、护理院便在市场经济的推动下悄然兴起，由此分担了子女的养老压力。科技万能论试图通过各种科技手段及时为失能老人提供帮助，以解决其无子女在身边所遇到的种种困境。诚然，以上经济、社会、科技手段，都是为已经被弱化的家庭提供帮助的功能替代，然而即便它们可以替代一切，唯独不能提供基于血缘的、具有终极意义的伦理关怀。这种世俗替代很容易导致一种假想和假象：孝道可以退场，至少可以部分退场。因为经济自足，所以孝道失需；因为社会保障，所以孝道失用；因为科技万能，所以孝道失能。失需、失用、失能，最后结果是孝道的失传。之所以将这种世俗替代称为假想和假象，是因为它们所替代的只是家庭的世俗功能，其作为伦理关怀的终极意义及其超越性无论如何丝毫没有被替代，也不可能被替代。一个典型事实是：在众多养老方式中，一般老人首选居家养老，其次是社区养老，最后才是养老院养老。三者的最大区别不在于物质，而在于伦理，在于与"家"的伦理距离。中国文化中的"家"，涵盖英文中的 house、home 和 family，而 family 才是"家"的内核所在。居家养老的精髓是在家庭伦理实体中老去，在目睹子女的成长和代际绵延中安然而释然地与世界告别，这种告别是一种"再见"，因为它相信不仅将来会在另一个世界与家庭成员重新相聚，而且因为看到自己的生命在子女身上延传，因为看到子女以孝敬方式所表达的对生命血脉的敬畏，坚信自己的生命在子女、在生生不息的血脉绵延中永恒不朽。可以想象，如果失去家庭尤其是子女以孝敬所表达的伦理关怀，所谓居家养老无异于动物恋窝式的不智。

这种情形提醒人们，当时代为养老提供了经济、社会、科技等方面的种种更为便利的客观条件时，伦理不能退场，孝道不能退场。然而，如果只有"点石成'金'"的伎俩，缺乏"点石成'精'"的文化诉求和文化能力，不仅老年人可能最后沦为市场的赌注，而且社会本身也可能陷入巨大的文化风险之中。因为经济、社会、科技所提供的条件，在分解独生子女家庭"超载"老龄化的巨大压力的同时，也可能瓦解社会的伦理凝聚力，它所提供的功能替代的假象，很容易被当作对孝道的文化替代，进而消解社会的孝道意识和孝道能力。独生子女家庭已经使"独一代"成为伦理上的单子，而孝道的失落和失传将使老年人成为伦理上的"弃子"，于是这个庞大的生理上的弱势群体只能任凭市场经济和市民社会"宰割"，沦落至与原始时代的食老人之风相差无几，只是"食"的主人和方式不同而已，就像动物的角斗与人类的战争区别只在于组织化程度和使用武器的能力一样。面对"超载"的严峻现实，家庭的世俗功能可以被替代，但孝道不可被替代，因为它关乎终极价值和终极关怀。必须捍卫孝道！

四、文化重任：如果没有孝道，文化将会怎样？

孝道在文明体系中承载着生命的终极关怀的文化重托，然而在现代社会，面对独生子女邂逅老龄化的严峻情势，孝道一方面在血脉传承的"超载"重压下黯然退场，另一方面又在文化自救中试图在经济、社会和科技中寻找替代。至此，不得不严肃追问：在中国文化中，孝道还有未来吗？在这个变化得只剩下"变化"的当今世界，孝道是否已经成为中国社会温馨的集体记忆，只被当作历史遗存或文化遗产供人们回忆？

也许人们会因对生命的悲悯而发出对孝道的呼唤，然而，如果认为孝道只是对年岁的礼赞，只把它当作生命走向终点时的祈祷，那将大大遮蔽它对中国文明巨大而深刻的意义。如果只把"孝"当作被时间之手慈悲地慰留于青春时代的人们的德性要求，而不能提升至"道"的灵境，那么，它最终将被当作老年群体居功自傲的唠叨，在大度一笑中转身放就被遗忘。孝道在中国社会、中国文化的重大转型中正面临深刻变化，这种变化在"超载"老龄化的际遇中可能迎来新的拐点，存续还是毁灭，千钧一发还是一念之差，在于回答一个重大问题：如果没有孝道，文化将会怎么样？

人们的思考往往易被正在发生的事情缠绕，关于孝道的忧患常常发轫于"如果没有孝道，老人将会怎么样？""如果没有孝道，中国将会怎么样？"诸如此类的疑问。这些基于时需的问题意识固然重要，但它只是将孝道当作救急救需的工具理性，一旦发现简洁的解决之道便难逃被冷落的宿命，难以进入文化大智慧和文明体系的顶层设计。孝道之于中国文化、中国文明的意义在于：如果没有孝道，文化将被改变！

任何文明、任何文化都有自己的顶层设计，处于文化与文明顶端的最后最高的存在便是终极，只有智慧和信仰才能达到。这种顶层设计是文化的终极价值，因而往往成为终极忧患并在文明进程中遭遇终极批评。在西方，宗教完成文化的顶层设计，所以西方人的终极忧患和终极批评便是陀思妥耶夫斯基在《罪与罚》中的那个著名追问："如果没有上帝，世界将会怎么样？"中国文化在伦理中完成顶层设计，所以自古以来中国人的终极忧患便是："世风日下，人心不古。"人们往往将它解读为保守主义的文化诅咒，其实它正是在历史长河中以终极批评的方式所体现的对作为"世风"的伦理、"人心"的道德的终极价值的一如既往的集体关注。如果一种批评延续数百年甚至上千年，那么这种批评已经不是批评，而只能说是关注，关注不是缘于不满，而是因为它内在的具有根本意义的价值。在家庭本位的伦理型文化中，伦理道德从哪里诞生？"百善孝为先"。"先"不只是时序，而是孝作为德性根源的意义。礼与仁分别是儒家伦理与道德的核心，仁的要义是爱人，仁从哪里开始？孔子一言概之：亲亲。按照礼的伦理要求，"亲亲"之中"以孝为本"。也许，这便是"百善孝为先"的学理根据。孝的优先地位，不能简单解读为"父为子纲"的保守传统，而是内蕴着生命的终极关怀和伦理启蒙的文化意义。在这个意义上，孝道，不只是孝之德，而是孝之道；不仅关乎老人，关乎时需，更重要的是关乎文化存续。一旦孝道被彻底地颠覆，中国文化将因重心的位移和顶层设计的调整而改变自己的航向，也许我们可以用"文化转型"这个中性词乐观而坦然地面对，但因它内在的终极意义，绝不可低估这一转型所导致的严峻课题。已经显露的迹象和事实是：如果伦理型文化中以孝道为内核的终极关怀缺场，人们便可能并且事实上已经到宗教中去寻找最后的慰藉和归宿。当今中国悄然升温的宗教热，虽然原因很复杂，但与孝道的解构有着深刻关联，至少对老年人来说是重要原因之一。在这个意义上，孝道存续又深刻地关乎文化安全。在这个以"开放"为绝对价值观的时代，也许这种"文化安全"意识显得不合时宜或小题大做，在"文明的冲突"的西方理念和西方战略下，文化确实存在被"全球化"的高度风险，而一旦文化被"化"，民族也就被"化"。于是，捍卫孝道，就是捍卫文化，就是捍卫文化安全。人们常说"家国情怀"，实际上，中国文化和中国人还有另一种更高的情怀，这便是"天下情怀"，所谓"身家国天下"，"天下"是家的阴极和国的阳极之上的太极，是一种文化情怀。传统中国文化将"亡国"与"亡天下"相区分，前者是易姓改号的改朝换代，后者是伦理道德沦丧而导致的文化坠落。在这个快速变化的时代，孝道承担着文化承续的重任，它被颠覆之日，也就是中国文化彻底改变航向之时，改变的将不只是文化气质，而且是文化的根源动力与源头活水。在当今中国，孝道在文化上可谓任重而道远，故"士不可以不弘毅"。

在漫长的历史演进中，中国文化传统曾几经冲击，尤其是自近代中西文化碰撞之后，五四运动提出"打倒孔家店"的口号，标志着中国文化发展进入新的拐点。十年"文化大革命"，几乎使文化的传统进程自我中断；而四十多年的改革开放则使中华传统文化在外来文化的冲击和文化自新中受到欧风美雨前所未有的洗礼。一个多世纪以来中国文化所受到的冲击之大之深，乃至有的学者惊呼，世界上没有一个国家像中国这样对自己的传统反复涤荡，力求摧廓殆尽。但一个多世纪之后，西方学者又发现，20世纪的中国虽然伤痕累累，但中国的家庭传统依然强大，于是感叹，家庭传统才是中国文化真正的"万里长城"。当今中国，在独生子女遭遇老龄化的"超载"重压下，美国华裔学者通过田野调查发现，中国正悄然兴起一种"新家庭主义"。① 调

---

① 阎云翔：《中国新家庭主义的兴起》，凤凰网，http://culture.ifeng.com/a/20170619/512759000.shtml。

查发现,"独一代"的"80后""90后"已经与"70后"不同,一方面,他们受到父母更为集中的情感关注和物质关爱,他们的未来充满设计和期望,在比较心和竞争心的压力下,他们对父母产生欠债般的孝心;另一方面,生活的重压,使他们更加依赖父母的人脉和物质条件,所谓"啃老"就是它的世俗表达。于是,家庭关系的重心又一次转移到纵向的代际关系,婚姻关系反而退居其次,也许这是当今不婚不育族普遍产生的重要原因。在中国,几乎所有重要的政策和制度都与伦理传统深度相关,比如饱受争议的遗产税制度。对伦理型的中国文化来说,遗产税从来就不只是一个简单的经济问题,也不只是一个代际公正问题,而是事关终极关怀的伦理问题。西方文化的制度安排,是为保障同代人的平等,通过严苛的遗产税制度,力图将同代人还原到基本相同的起跑线上。然而,当试图效法这一制度安排时,切不可忽视西方文化的顶层设计和西方人的终极关怀是在宗教,在如上帝的终极实体中实现。入世的中国文化则不同,终极关怀和对不朽的终极追求在家族血脉的延传中实现。在血脉延传中,遗产是一个最重要也最基本的物质载体,所谓"有恒产者有恒心"。遗产不能被看作一般意义上的父母的遗赠,更不是子女的不劳而获,它是生命的代际记忆的纽结,在这个意义上,遗产具有巨大而深刻的精神意义。西方的遗产税制度在中国移植的最大难题不是制度安排,而是文化设计或文化生态,如果不能在终极关怀和不朽诉求方面找到文化替代,这种舶来的遗产税制度就不可能在中国施行。可以发现,在独生子女邂逅老龄化的"超载"重压下,中国社会正在造就一种新的家庭团结,并在这种新的家庭团结下重新集结。这种新的家庭团结有多重形态,年轻人在脱离家庭和集体后重新向家庭回归的"啃老"是一种形态,父母对孙辈鞠躬尽瘁式的隔代抚养是一种形态,父母一代的兄弟姐妹重新走到一起形成养老互助社是一种形态,长寿时代迈入老龄的父母对祖父母一代的相送也是一种形态,而朋友、同事之间抱团养老则是进入老龄之后在社会中建立"第二家庭"的尝试。中国社会似乎正站在传统家族主义的尾巴梢上眺望一种新的家庭主义,独生子女时代居家养老的选择,准确地说,"明知不可为而为之"的企求,正是这种新家庭主义发出的令人悲悯的集结号。这一切,会唤醒和催生已经或受伤、或被冷落的孝道记忆和孝道文化本能。也许,在当今的中国,纵然生民已老，社会已老，唯孝道应不老，因为孝道与中华文化同在，与中华文明同在。关键在于，必须自觉地复苏它、呵护它和捍卫它。因为它关乎每一个人的未来，关乎中华文化与中华文明的未来。

作者：樊浩，系樊和平笔名，东南大学人文社会科学学部主任、资深教授，教育部"长江学者"特聘教授，老龄文明智库学术委员会主任委员。

主要参考文献

1. 梁漱溟．中国文化要义．学林出版社，1987
2. 黑格尔．法哲学原理．范扬，张企泰译．商务印书馆，1996
3. 黑格尔．精神现象学．下卷．贺麟，王玖兴译．商务印书馆，1996
4. 沈善洪，王凤贤．中国伦理学说史（上）．浙江人民出版社，1985

老年福祉的多样性与迭代更新

——基于老龄文明视角的考察

林闽钢*

一、研究缘起

面对全球人口老龄化的加速发展，2002 年，联合国在第二次老龄问题世界大会上发布的《政治宣言》中提出"积极老龄化"（Active Ageing），推动形成积极老龄观的全球共识，并在《马德里老龄问题国际行动计划》中设计出相应的行动方案加以推广和实施。[①] 在理念上，积极老龄化倡导将"以需求为基础"转变为"以权利为基础"，将老年人从一个被动目标转变为一个主动目标[②]，视老年人为未来社会发展的参与者。在战略上，确立提升老年人生活质量的目标，聚焦健康、参与、保障等领域，全方位实施相关社会政策[③]，健康、

---

* 本文刊发于《社会科学研究》2023 年第 6 期。

① United Nations，Report of the Second World Assembly on Ageing，https://www.un.org/en/node/88803.

② World Health Organization，Active Ageing: A Policy Framework，https://apps.who.int/iris/handle/10665/67215.

③ World Health Organization，Active Ageing: A Policy Framework，https://apps.who.int/iris/handle/10665/67215.

参与和保障构成了积极老龄化战略的老年福祉的三大支柱。至此，以"成功老龄化"为内核的积极老龄化在国际社会开辟了一条应对人口老龄化的新思路，并演变成为一种政策行动体系。

积极老龄化已有三十多年的政策实践，取得了明显的政策效果，对各国社会政策的制定产生了深远的影响。但目前对积极老龄化的反思存在明显不足，主要的批评意见沿着两条主线展开：一是对不同国家和地区的积极老龄化的实践及经验的反思，如欧盟是最主动推动积极老龄化的地区组织，有关欧盟积极老龄化的研究文献最为集中[1]；二是选取某个角度对老龄化战略进行反思，如积极老龄化被认为过度关注老年人本身，被狭隘的经济理性和工具理性主义主导。[2] 总体来看，一方面没有把积极老龄化战略放在历史进程中，缺乏对积极老龄化战略的总体性考察；另一方面缺乏对个体终生的老龄化过程及其环境的综合性考察。[3] 在本文看来，更为重要的是，长寿社会的来临，不可避免地挑战着传统社会的底层逻辑，这将会加速新的战略框架和话语体系的出现。

鉴于此，必须借助整体论的视角对老龄化进行研究：首先，对老龄化的本质进行描述和解释；其次，解决人口老龄化所带来的微观和宏观问题。[4] 本文聚焦如何突破积极老龄化战略的局限性，力图从老龄文明的整体性视角出发[5]，涵盖伦理观、发展战略、制度和技术基础。以老年福祉为中心，从终

---

[1] United Nations Economic Commission for Europe, Active Ageing Index Analytical Report, https://unece.org/DAM/pau/age/Active_Ageing_Index/ECE-WG-33.pdf.

[2] ［英］艾伦·沃克、朱火云：《从概念到政策：积极老龄化再认识》，《社会保障评论》2023年第3期。

[3] Liam Foster, Alan Walker, "Active Ageing across the Life Course: Towards a Comprehensive Approach to Prevention", *BioMed Research International,* Article ID 6650414, 2021, pp.1-11.

[4] ［波兰］兹比格纽·渥兹涅克：《老年社会政策的新视野》，陈昫译，社会科学文献出版社2019年版，第74页。

[5] 樊和平教授最先从伦理学角度对"老龄文明"进行了论述，参见樊浩《老龄化与老龄文明》，载老龄文明智库编著《老龄文明蓝皮书2022》，江苏人民出版社2023年版，第1—32页。本文以老龄文明作为研究视角编著，力图从总体性、综合性来突破积极老龄化视角的局限性。

生的老龄化过程出发,基于老年人所处的历史和现实条件来重新认识长寿时代人类社会的新动能和新形态。

二、老龄文明视角下老年福祉的多样性

老龄文明作为社会变革和社会转型的产物,是人类发展进步的体现。回顾人类发展历史,在历经了农业社会,向工业社会、信息社会转变之后,分别产生了工业社会、信息社会的老年福祉的标志性产物。

(一)工业社会的老年福祉:以老年保障制度为标志

从历史进程看,老龄文明的产生与发展是一个相对晚近的历史进程,这与人类社会的人口城市化和人口老龄化历程密切相关。在 19 世纪大规模的工业化之前,世界各地人口平均寿命不超过 40 岁。大多数人生活在农村,家庭养老是主要方式,社会养老问题并不突出。随着工业化、城镇化的发展,劳动人口失去了土地和基本的生产工具,必须在工业或其他行业就业赚取工资以维持基本生活,雇佣劳动者逐渐成为社会阶层的主体。与此同时,以往作为家庭或个人风险的年老、疾病、失业、工伤等问题,开始演变为一种社会性的群体风险,一旦人们步入老年就很难再继续就业,相应地其生活来源就会中断,遭遇贫困等各种社会风险。在工业社会中后期,第一次出现大规模人口老龄化的现象,老龄保障问题获得了重视。

19 世纪末 20 世纪初,工业化使许多国家的生产力得到了巨大的提高,也为由国家提供老年保障做了充分的准备。发达国家先后建立社会养老保障制度,实现了老年人皆享养老金。在第二次世界大战以后,发展中国家也纷纷建立社会养老保障体系,为有效减轻和防止老年贫困提供了有力支撑。至今,针对所有老年人提供基本养老金被认为是社会保护地板层(social protection floor)的组成部分。① 从世界范围来看,各国为老年人提供的制度

---

① 国际劳工组织:《世界社会保障报告 2010—2011》,人力资源和社会保障部社会保障研究所译,中国劳动社会保障出版社 2011 年版,第 67 页。

保障，主要包括养老保障、公共卫生与医疗保障、住房保障、社会救助、长期照护、社会福利等，除此之外，还有权利保障，即在满足老年人生存的物质需求的同时，还维护了老年人的尊严，确保其在生活各个方面都享有机会平等的权利。

回顾老年保障制度的发展过程可以发现，老龄社会保障制度作为现代工业经济和社会发展的产物，与原始社会中以"弃老"和"杀老"来保持人类的生存和繁衍能力相比，老年保障的制度化是应对老年阶段各种风险的社会安全网，有力促进了社会平等和社会进步，是社会文明的标志和老龄文明的基础。

（二）信息社会的老年福祉：以智慧养老技术为标志

当人类进入信息社会，物联网、大数据、云计算、人工智能等新一代信息技术的发展，给人类社会带来了巨大进步，也给老龄社会提供了重要技术支撑，减少了老年人对人和物的依赖，帮助了老年人实现身体的延伸和扩展，增强了老年人的外部控制力和内部控制力。特别是现代技术对老年个体的内外部赋能，模糊了"老"和"非老"的界限，通过技术创新与传统服务供给相融合，让老年人在现代科技助力下找回个体独立性，获得连续性生活，全面提升老年群体的福祉。

衰老是生物随着时间的推移自发产生的一种必然过程。人类个体老化过程表现为身心的整体衰退所导致的外部控制力和内部控制力两方面能力的下降：前者是指身体机能，包括行动力、感知力和脑力的下降；后者是指自身情绪和态度的消极与低落，以及社会参与能力的衰减等。从技术赋能视角来看，智慧养老技术的作用主要体现在以下方面：第一，利用智能设施设备，帮助老年人实现身体的延伸和扩展，增强老年人的外部控制力。一方面，通过工具性的服务帮助老年人增强外部控制力，即利用智慧化技术和设备，如智能轮椅、智慧手环等，弥补老年人因身体衰老造成的行动能力不足；另一方面，通过健康训练、康复理疗等方式帮助老年人延缓年龄增长对外部控制力带来的冲击。第二，运用综合服务的手段，以优势视角去挖掘老年人自身的潜能，增强老年人的内部控制力。一是直接运用智慧化的手段，如陪伴式机器人、现代娱乐设施、以互联网为基础的娱乐和通信等手段辅助老年人缓解孤独感,让老年人获得生活的乐趣;二是通过智慧化平台,连接线下资源,如专业社会工作服务、心理服务、生活服务等,通过直接服务来提振老年人的生活信心,释放其内心的紧张与焦虑等,从而实现老年人内部控制力的增能。①

在信息社会中,信息技术与传统养老服务的融合发展,丰富了养老服务产品的供给,提高了养老资源利用效率,为传统养老产业智慧化转型升级提供了动能。信息技术与传统养老服务融合发展的路径主要表现在以下方面:第一,"技术+老年人",以老年人的服务需求为核心,以先进信息技术开发和使用为前提,通过服务老年人的产品的智能性、信息感知网络的覆盖程度、信息的挖掘深度等技术的应用,识别老年人服务需求,监测老年人服务变化,促进老年人从服务的"被动接受者"转变为服务的"主动营造者"。第二,"技术+服务",以技术重塑养老服务流程,从优化养老服务到整体服务价值再造,有效驱动养老服务从"碎片化运作"向"整体性治理"转变。近年来,国内外出现了各种养老服务智慧化平台,类似养老服务"淘宝"初步兴起。第三,"技术+社会",在传统居家、社区和机构的养老服务模式基础上,发展不同应用场景的智慧化养老服务,如居家智慧化养老服务、社区智慧化养老服务和机构智慧化养老服务,并探索智慧化养老服务的整合供给模式,从而提高养老服务的便捷性和准确性,及时、有效地满足老年群体的多样性需求,在更高层次上实现老者颐养天年。②

与老年保障制度不同,智慧养老技术在本质上是通过技术对老年个体的内外部赋能、对养老服务和管理的渗透,通过发展不同应用场景的智慧化养老服务,使养老资源得到进一步整合和延伸,实现对老年人主体性的肯定以及老年群体价值的回归。总之,智慧养老技术与老年保障制度,分别从技术支持和制度保障两个方面构成了积极老龄化战略的基石。

---

① 王锴、林闽钢:《增能视角下我国智慧化养老服务的转型升级》,《理论月刊》2019年第9期。
② 林闽钢、王锴:《智慧化养老的技术赋能和服务转型》,《新华日报》2023年3月14日。

三、长寿社会下老年福祉的再考察

（一）长寿社会助推三个领域的新变化

长寿社会是21世纪全球必须面对的新社会形态。联合国人口司《世界人口展望2022》报告显示，1950年世界人口平均预期寿命为46.5岁，到2000年提高到66.5岁，仅半个多世纪全球人口平均预期寿命增长了20岁。2021年世界人口平均预期寿命已超过71岁，预计到2050年世界人口平均预期寿命将达到77.2岁。① 伴随着20世纪后期人口出生率、死亡率的"双减"，许多发达国家人口平均预期寿命已超过80岁，其人口年龄结构已率先迈入长寿社会。

长寿时代最突出的特点就是百岁人生的来临。"长命百岁"这种变化究竟意味着什么？2016年，英国伦敦商学院教授琳达·格拉顿（L. Gratton）和安德鲁·斯科特（A. Scott）推出《百岁人生：长寿时代的生活和工作》，在世界范围内引起了巨大反响。该书断言，长寿是我们能享受到的最好的礼物之一，今天一个出生在西方国家的孩子有至少50%的概率活到105岁以上，② 以往对于人生的规划变得不再适应，需要从根本上重新设计人生——我们的全部生活都将被重组，以适应这破天荒的长寿。长寿化正在改变以往的经济结构、社会形态和生活方式。

长寿社会的到来改变了传统社会的底层逻辑——生命的尺度，过去是"人活七十古来稀"，现在是"人活九十不稀奇"。长期使用的人口年龄划分标准不再合理，导致传统的老年人管理方法不再适用。长寿社会将助推三个领域的新变化的常态化：

第一，多段就业常态化。长寿社会带来了多段人生，带来了灵活性、多样化的生活和就业方式。在传统工业社会中，生命历程通常划分为三个阶段，即教育—就业—退休。随着人们寿命的延长，传统的三阶段模式无以为继③，

---

① United Nations, World Population Prospects 2022, https://population.un.org/wpp/.
② ［英］琳达·格拉顿、［英］安德鲁·斯科特：《百岁人生：长寿时代的生活和工作》，吴奕俊译，中信出版集团2018年版，第3—4页。
③ ［英］琳达·格拉顿、［英］安德鲁·斯科特：《百岁人生：长寿时代的生活和工作》，吴奕俊译，中信出版集团2018年版，第347页。

逐渐转换为"教育→参加工作→受教育→再参加工作→再受教育"的多阶段、多选择的人生模式。如果说青年学习、中年工作、老年退休三阶段人生模式是线性的延伸式,多阶段人生模式则是非线性的组合式,人生第二舞台的学习、就业和生活跟第一舞台同样重要,同样令人神往。此外,国外的调查和研究进一步发现,除了因为生计原因需要继续工作,大多数接近传统退休年龄的人实际上并不想退休,具体表现为老年人普遍保持参与社会生活的积极性,他们更关注就业的灵活性和职业转换、兼职或创业的机会。① 因此,在长寿社会中,如何充分发挥出老年人参与劳动的积极性,如何制定出一系列政策确保实现老年人工作转换的灵活性,对老年人福祉至关重要。

第二,终身学习常态化。传统工业社会中,人们的教育基本是一次性地阶段式完成的——从幼儿园、小学到中学、大学。长寿社会的学习则是贯穿于整个人生,从连续性的学习走向间隔性的学习、终身化的学习。一是传统的人生三大阶段——教育、就业、退休即将改变,取而代之的是大家将会不断在工作和学习之间切换,以适应社会和身份转换的需要,这意味着终身学习不再是一个选择,而是人生发展策略的一部分,也不再只是和年长者相关。从终身学习来看,老年期是人生命历程的一个阶段,与其他年龄段没有本质区别。二是学习机会曾经一直集中于生命的前20年,增加生命后20年的学习机会和时间,不仅能使老年人获得新的知识和技能,更重要的是能让其保持自我意识、身份认同和感知生命的意义,使他们更好地融入社会生活。

第三,带病生活常态化。老年人是慢性病患病率和发病率最高的人群,特别是各种非遗传性慢性病导致的健康损失并不会短期内致人死亡,而是与人长期共存。老年人群慢性疾病的带病生活、多病共存现象是全球公共卫生领域存在的普遍性问题。② 值得注意的是,近20年来平均预期寿命的延长主要是缘于带病生存时间的延长。在长寿社会中,更多疾病将与高龄老人共存,带病生存成为长寿社会的普遍现象。正如古人所言"人言病压身,往往延寿

---

① WHO, World Report on Ageing and Health, https://www.who.int/pub lications/i/item/world-report-on-ageing-and-health.

② WHO, World Report on Ageing and Health, https://www.who.int/pub lications/i/item/world-report-on-ageing-and-health.

纪"①，患病不见得是坏事，从另一个角度看，它能提醒人们注意保健、及时止损，享受长寿之乐。为此，推动老年群体从传统的以疾病为中心转变为以人为中心进行健康管理。在带病生活常态化下，老年健康最好的测量指标不是身体的病理改变或某项指标的变化，而是高龄阶段身体功能的维持和适应能力的维护。老年人应最大限度地保持自我功能状态，提高生活质量。②

（二）长寿社会的老年福祉战略的三大支柱

面对长寿社会的来临，要实现2002年的《政治宣言》、《马德里老龄问题国际行动计划》以及《积极老龄化：政策框架》中所提出的目标——将老年人从一个被动目标转变为一个主动目标，将建设一个不分年龄、人人共享的社会的愿景变为现实，不仅仅是重复现有工作或做得更好，而是需要进行系统性的改变和新的行动框架。

长寿社会背景下的第二代老年福祉战略需要覆盖多样的老年人口并解决未来发展的动力问题，需要超越"健康""参与""保障"三大架构和发展取向。在理念上，充分发挥出老年人的自主性，从被动需要到主动应对；在价值上，以老年人为中心，从以就业为中心的工具理性到以老年人本位主义为中心的转变；在政策上，最大限度实现老年人参与的综合福祉，从以社会政策供给为主向以开发老年人潜能为主的转变。

第一，在多段就业常态化下，强化自主工作取向。自主工作是一个全新的劳动就业概念，首先是自主选择退休方案，实现退休政策的个性化。在长寿社会中，判断劳动者的潜在生产力和就业能力时，年龄不是可靠的指标，需要取消"一刀切"的法定退休年龄，建立健全弹性退休制度，在设定退休年龄区间的前提下，由个人综合自身情况和养老金需求，自主选择适合自己的退休年龄和养老金领取方案，采取养老金调整机制，强化对个人自主选择"延迟退休"的有效激励。其次是创造自主劳动就业机会。在许多行业中，

---

① 出自宋代程俱的《自宽吟效白乐天体》，人寿以十二年为一纪，故称寿数为"寿纪"。
② 林闽钢：《长寿社会的来临与积极老年保障体系的建构》，《中国财经报》2023年7月25日。

老年人依然可以发挥重要作用，比如教育、医疗、艺术、研究等领域，他们的经验和专业知识具有很高的价值。通过设计多段就业的保障措施，为有意愿继续工作的老年人提供更多的机会和平台，让他们继续为社会作出贡献。同时也支持老年人在无法胜任常规工作后，有机会开展他们力所能及的劳动，老有所为地积极融入社会生活。

第二，在终身学习常态化下，强化主动学习取向。主动学习是老年人积极生活和工作状态的重要标志，首先，主动学习是一种更积极、更主动、更经济的养老选择。面对日益变化的生活环境，终身学习能为老年人持续赋能，以适应社会变革和新生产技术的发展，帮助老年人超越自我局限，克服老年人的能力短板，使其保持良好的生活和工作状态，促进老年群体的能力回归和价值重建。其次，从老年人个体来讲，许多人都有学习的需求和兴趣，互联网、大数据、人工智能等信息技术快速发展，过去传统的老年人学习和教育方式也因数字化生活的改变产生了相应变化。积极回应时代的技术变革和老年人的现实生活痛点，引领老年人提升智能素养、弥合"数字鸿沟"，在信息社会提高老年人学习的便利性，使得老年人主动学习的效率更高、效果更好，使新兴技术成为促进老年人社会融入的重要渠道。

第三，在带病生活常态化下，强化主动健康取向。健康是老年人能够完成他们认为重要的事情所必须具备的根本属性和整体属性。主动健康是从全生命周期视角发展和维护老年健康生活所需的功能的过程。一方面，将预防的理念与行动策略贯彻到医疗卫生政策之中。早预防、早干预是应对老龄化带来的各种疾病的最有效策略，包括从预防、管理、医疗、照护、康复到临终等全过程。以预判趋势、消除诱因、化解风险为思路，促进医疗保障政策的变革。例如以德国和日本为代表的长期护理保险制度，经过多年发展转向强调预防工作，将被动应对服务转为主动预防服务，创设护理预防体系，设置预防型护理服务。这样不仅能减少失能人群的数量，提高老年人晚年生活的质量，还能降低长期护理保险的运营成本。另一方面，充分推进互联网、大数据、人工智能、云计算等新一代信息技术在健康管理中的运用，以健康失衡状态的动态辨识、健康风险评估与健康自主管理为主攻方向，重点突破人体健康状态量化分层、健康信息的连续动态采集、健康大数据融合分析、个性化健身技术等核心问题，推进预防、养老、康复、护理、医疗一体化的老龄服务体系建设，为主动健康提供强大的科技支撑。

（三）长寿社会下老年福祉的迭代发展

在长寿社会背景下，第二代积极老龄化战略以老年保障制度、智慧养老技术为基础，构建自主工作、自主学习和主动健康三大支柱，共同促进长寿社会老年福祉的迭代发展。

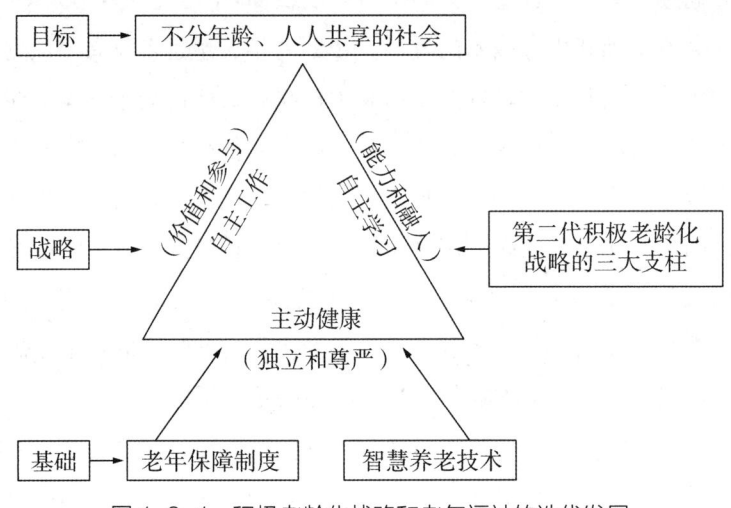

图 1-3-1　积极老龄化战略和老年福祉的迭代发展

第二代积极老龄化战略是在第一代积极老龄化战略上迭代发展起来的，两者在本质上都属于积极老龄化发展的产物，在理念上都是以"不分年龄、人人共享的社会"为目标，将老年人视为一个主动目标，视老年人为未来社会发展的参与者。不过，两者在以下方面还存在一些不同之处。

第一，如果说第一代积极老龄化战略还处在推动老年人从一个被动目标转变为一个主动目标的过程之中，第二代积极老龄化战略则更有条件突出老年人的主动性，将其贯穿于工作、学习和健康三大领域，形成自主工作、自主学习和主动健康新三大支柱和发展面向，迭代出第二代老年福祉。

第二，如果说第一代积极老龄化战略中健康、参与、保障构成三大支柱，保障的作用还是发展性的，到第二代积极老龄化战略中，老年保障制度与智慧养老技术共同构成第二代积极老龄化战略的基础，老年保障的作用已成为基础性存在。

第三，长寿社会老年福祉所包含的内容将更加丰富、价值将更加多元。自主工作使老年人在社会中得以独立和获益，从根本上体现其社会价值，实现持续性的社会参与。自主学习是保持能力的最好方式，通过不断学习提升自己的素质、发展自己的能力、满足自己的爱好，使老年人能够增长知识、陶冶情操、拓展能力，也是让老年人融入社会的最好方式。主动健康体现出独立和尊严，重点是让老年人保持独立性，通过维持其身体功能并维护其适应能力体现出尊严。

第四，第二代积极老龄化战略，包括自主工作、自主学习和主动健康的新三大支柱和发展面向，借鉴欧盟从社会政策层面推动积极老龄化战略的经验，从中可以拟定九个行动领域。为便于今后监测和评估第二代积极老龄化战略的推进和实施情况，还可以在对这九个行动领域形成共识的基础上，设计相应指标，确定权重，构建长寿社会老年福祉发展指数。

表 1-3-1　第二代积极老龄化战略及其行动领域

支柱	优先行动领域	特别行动领域
自主工作	多段就业政策支持体系 弹性退休制度	老年人自主就业评估和管理
自主学习	终身学习规划 增加老年人学习机会和时间的方案	帮助老年人跨越"数字鸿沟"
主动健康	预防、筛查和健康风险评估 预防、养老、康复、护理、医疗一体化	个性化健康管理

未来中国也将面临前所未有的长寿时代，这是可以预见到的新国情、新变局与新发展。老年人口比例提高与平均预期寿命延长共同塑造着中国人口与社会经济发展的新动能，其复杂性和多样性也一定远超目前的经验和研判。在这个意义上，需要超前研究，需要用老龄文明的视角立足长远和全局来看待长寿社会带来的新问题、新挑战，通过升级积极老龄化战略，激发不

同老龄群体的发展活力,释放长寿红利,共建美好的长寿社会,走出一条积极应对人口老龄化的中国特色道路。

作者:林闽钢,南京大学社会保障研究中心主任、教授,老龄文明智库首席专家,教育部"长江学者"特聘教授。

主要参考文献

1.[英]艾伦·沃克,朱火云.从概念到政策:积极老龄化再认识.《社会保障评论》2023年第3期

2. Liam Foster, Alan Walker.Active Ageing across the Life Course: Towards a Comprehensive Approach to Prevention. *BioMed Research International*. Article ID 6650414, 2021, pp.1-11

3.[波兰]兹比格纽·渥兹涅克.老年社会政策的新视野.陈昀译.社会科学文献出版社,2019

4.国际劳工组织.世界社会保障报告2010—2011.人力资源和社会保障部社会保障研究所译.中国劳动社会保障出版社,2011

5.王锴,林闽钢.增能视角下我国智慧化养老服务的转型升级.《理论月刊》2019年第9期

6.林闽钢,王锴.智慧化养老的技术赋能和服务转型.《新华日报》2023年3月14日

7.[英]琳达·格拉顿,[英]安德鲁·斯科特.百岁人生:长寿时代的生活和工作.吴奕俊译.中信出版集团,2018

8.林闽钢.长寿社会的来临与积极老年保障体系的建构.《中国财经报》2023年7月25日

第二部分

老龄文明调查与研究

江苏与全国民众的养老意愿及其群体差异

龙书芹

国家统计局的数据显示,截至2022年末,全国60周岁及以上人口共2.8亿人,占总人口的19.8%,而2000年,该群体仅为1.3亿,占比为10.1%;2000年到2022年,全国65周岁及以上人口从8821万人增长到2.09亿人,占总人口的比例从7%上升到14.9%。我国是目前世界上老年人口最多的国家,且老年人口正呈现快速增长的趋势。"十四五"时期是我国从轻度老龄化进入中度老龄化的过渡期,也是我国应对人口老龄化的窗口期,实施积极应对人口老龄化国家战略对当下"未备先老"的中国老年人口现状至关重要。充分了解中国民众的养老观念、养老意愿以及他们的担忧和困境,深入探究其群体差异性,是实施积极应对人口老龄化国家战略的重要前提,因此了解当下中国人的养老意愿具有重要的现实意义和战略意义。

一、文献综述和研究假设

国内学术界对养老意愿的研究聚焦于养老意愿的状况、变化趋势和影响因素,取得了丰厚的成果,为各地养老政策制定和实践提供了理论支撑。一般认为，养老意愿是指人们对养老行为所持的看法和态度①②，但不同学者对养老意愿的界定各有侧重。有些学者侧重于"让谁养"，这主要涉及养老责任问题，关注养老究竟要靠谁的问题，靠自己（包括老伴）、靠子女还是靠政府（包括集体）。③④ 有些学者侧重于"在哪养"，即居住意愿及相应的养老模式，研究老年人愿意在家里自己养老、跟子女居住养老还是在养老机构养老，与之相应的养老模式就是家庭养老、社区居家养老和机构养老。⑤⑥ 还有些学者侧重于"养什么"，这主要涉及养老的内容，这一点无论是从法律层面还是学理层面，已基本达成一致，即养老的内容包括经济供养、生活照料和精神慰藉。⑦⑧ 现有研究结果显示，我国老年人的养老意愿仍以家庭养老为主，机构养老意愿较低，⑨⑩ 且在过去20多年中，人们对家庭养老、机构养老的养老意愿并没有随时代变迁而有所变化。⑪

在养老意愿的群体差异研究方面，有学者运用横断历史元分析的方法分析了2000—2018年的养老意愿及其变化趋势，发现老年人的养老意愿在性

---

① 陶涛、刘雯莉：《独生子女与非独生子女家庭老年人养老意愿及其影响因素研究》，《人口学刊》2019年第4期。
② 纪竞垚：《我国家庭养老观念的现状及变化趋势》，《老龄科学研究》2016年第1期。
③ 李建新、于学军、王广州等：《中国农村养老意愿和养老方式的研究》，《人口与经济》2004年第5期。
④ 凌文豪、郝一潼：《老年人对政府养老责任的认知及影响因素研究》，《社会保障研究》2022年第1期。
⑤ 易成栋、任建宇：《中国老年人居住意愿满足程度及其影响因素》，《中国人口科学》2019年第1期。
⑥ 李海荣、石玉堂：《我国老年人口养老居住意愿的影响因素分析——一项基于CLHLS数据的实证检验》，《重庆理工大学学报（社会科学）》2020年第12期。
⑦ 朱冬梅：《养老服务需求多元化视角下的社会组织建设》，《山东社会科学》2013年第4期。
⑧ 成志刚、卢婷：《乡土社会中家庭养老格局的嬗变：女儿养老的"崛起"》，《湖南社会科学》2021年第4期。
⑨ 纪竞垚：《我国家庭养老观念的现状及变化趋势》，《老龄科学研究》2016年第1期。
⑩ 韩景怡等：《河南省农村老人养老意愿及影响因素分析》，《中国农村卫生事业管理》2019年第3期。
⑪ 顾囡囡、朱秀媛、王军永：《基于横断历史元分析的中国老年人口家庭养老意愿及变迁研究》，《中国农村卫生事业管理》2022年第12期。

别、年龄、受教育程度、经济状况、婚姻状况、子女状况等诸多维度都可能产生显著差异,且存在显著的城乡差异①,而家庭规模、子女状况等会对人们的养老方式和养老主体选择产生显著影响②。

综上所述,由于学者们对养老意愿的界定不同,操作性定义更是有较大差异,且数据来源多样,绝大多数研究的研究对象是某个社区、城市或地区的老人,鲜少有全国性数据,因此,虽然国内关于养老意愿研究的成果丰硕,但对中国民众的养老意愿尚没有比较一致的结论,研究成果之间缺乏有效的对话,且基于全国性样本的研究阙如。因此,本研究拟基于全国性调查数据来研究中国民众的养老意愿及其群体性差异,并跟江苏的调查结果进行比较。根据已有研究,本文提出以下研究假设:

研究假设1:中国民众的养老意愿存在显著的性别差异。

研究假设2:中国民众的养老意愿存在显著的年龄差异。

研究假设3:中国民众的养老意愿存在显著的学历差异。

研究假设4:中国民众的养老意愿因经济状况的不同而呈现差异。

研究假设5:中国民众的养老意愿因家庭规模的不同而呈现差异。

研究假设6:中国民众的养老意愿因子女状况的不同而呈现差异。

研究假设7:中国民众的养老意愿存在有显著的城乡差异。

研究假设8:中国民众的养老意愿在诸维度上的群体差异在全国和江苏呈现出不一样的规律。

人们的养老意愿除了跟上述因素有关外,还受一些文化观念的影响,譬如孝道观念、养老观念等,因此,本文进一步提出如下研究假设:

研究假设9:中国民众的文化观念在诸因素对养老意愿的影响中起调节作用。

---

① 张莉、陆华杰:《中国老年人养老意愿变迁研究》,《晋阳学刊》2023年第3期。
② 纪竞垚:《中国老年人的养老意愿:现状、趋势及群体性差异——基于三期中国老年社会追踪调查数据》,《老龄科学研究》2022年第7期。

二、数据和变量测量

（一）数据来源

本研究所使用的数据来自2022年全国伦理与道德发展状况调查和江苏伦理与道德发展状况调查，该调查由江苏省道德发展智库和江苏省委宣传部文明办共同组织，由北京大学中国国情研究中心负责调查的组织实施。为解决流动人口的覆盖偏差问题，本研究采用"GPS/GIS辅助的地址抽样"（GPS/GIS Assistant Area Sampling）方法，以单元格内人口数为规模度量（Measure of Size），按照分层、多阶段的概率与规模成比例（probabilities proportional to size，PPS）的方法进行选取。

全国调查的对象为拥有中国国籍的、在全国被抽中的区县内居住满6个月的18—65岁的居民（港澳台居民除外），全国实地调查共抽取了13522个符合调查资格的住宅单位，完成了8712个有效样本，有效回答率为64.4%。江苏调查的对象为拥有中国国籍的、在江苏省南京市和12个地级市（以下简称"设区市"）内居住满6个月的18—65岁的居民（港澳台居民除外），江苏实地调查共抽取了6761个符合调查资格的住宅单位，完成了4145个有效样本，有效回答率为61.3%。

（二）变量测量

1. 因变量：养老意愿

养老意愿是指人们对养老行为的态度和看法。学术界虽然对其界定没有异议，但形成了诸多测量维度。本研究主要从以下几个方面对养老意愿进行测量：

（1）理想的养老模式

测量题目为"您认为理想的养老方式是怎样的？"答案选项为：1. 在自己家找保姆养老，2. 与子女同住养老，3. 社区居家养老（社区托老所、日间照顾中心、专业养老服务机构上门照护），4. 养老院养老，5. 朋友结伴互助养老，6. 入住专门的养老社区养老，7.（候鸟式）旅游养老，8. 医疗与养老服务一体化的机构养老，9. 与子女在同一个小区分开居住养老。由于选项较多，在建立模型时，将选项进行重新赋值：1和9重新赋值为1，命名为自我养老;2仍赋值为2,命名为家庭养老(与子女同住养老);3和6赋值为3,命名为社区居家养老;4和8赋值为4,命名为机构养老;5和7赋值为5,命名为新型养老。

(2)特定养老方式的意愿程度

本研究还询问被访者对以下养老方式的意愿:"我老了以后,与儿子同住养老","我老了以后,与女儿同住养老","我老了以后,愿意到养老机构养老","父母独立生活,子女经常看望,社区养老专业服务机构上门照护"。选项分别为:1.非常不愿意,2.不太愿意,3.一般,4.比较愿意,5.非常愿意。

2. 自变量

本研究的核心自变量主要是两大类,一类是个人特征,另一类是家庭特征。

个人特征主要包括性别、年龄、学历、经济状况和户籍。性别被设置为虚拟变量,男性=1,女性=0。年龄和学历为定距变量,其中学历用受教育年限来测量。个人的经济状况用个人的月均收入来测量,将个人月均收入分为"999元及以下""1000—1999元""2000—3999元""4000—5999元""6000—8999元""9000元及以上"几个层次。户籍也是虚拟变量,其中城市户口(非农户口)=1,农村户口(农业户口)=0。

家庭特征主要包括家庭经济状况、家庭规模、婚姻状况和子女状况。家庭经济状况用家庭年收入来测量,分为"1.9999万元及以下""2万—3.9999万元""4万—5.999万元""6万—7.9999万元""8万—9.9999万元""10万—19.9999万元""20万元及以上"几个层次。婚姻状况为虚拟变量,已婚=1,其他=0。家庭规模用当前同住人口数来测量。子女状况则分别测量了儿子数量和女儿数量。

3. 调节变量

本研究的调节变量主要涉及观念因素,包括养老观念和关于孝道的一些观念。

(1)养老观念

测量题目为"您认为老年人养老应该由谁负责?",答案选项为:1.老人自己,2.子女,3.政府,4.老人原工作单位,5.政府、子女、老人三者均摊。在模型中此变量被设置为虚拟变量。

（2）孝道观念

测量题目为"尊老孝老是中华民族传统美德，应该大力提倡"，具体选项为：1.完全不同意，2.不太同意，3.比较同意，4.完全同意。"身为子女应该亲自照顾父母，才是尽孝的表现"，"应该为父母举行葬礼和祭祀祖先，这是子女尽孝道的义务"，具体选项为：1.完全不认同，2.不太认同，3.既非不认同也非认同，4.比较认同，5.非常认同。另外，"您认为孝顺父母的最好方式？"这一问题既能反映出孝道观念的变迁，也和养老密切相关，其选项为：1.最大可能遵循父母意愿；2.按照子女实际情况给父母提供最好的生活；3.定期探访或电话交流，给予父母最大可能的精神慰藉；4.照料父母的生活。

由于因变量和调节变量涉及的问题较为复杂，将在数据分析部分详细解析，因此在此只列出核心自变量的描述性统计结果。

表 2-1-1 核心自变量的描述性统计

		百分比/均值（标准差）	备注
个人特征		—	—
性别	女	51%	以女性为参照类
	男	49%	
年龄		10.75（3.889）	—
受教育年限		43.17（12.984）	—
个人月收入	999元及以下	14.8%	—
	1000-1999元	12.3%	
	2000-3999元	26.6%	
	4000-5999元	24.9%	
	6000-8999元	14.1%	
	9000元及以上	7.4%	
城乡	农村	51.1%	以农村为参照类
	城市	48.9%	

（续表）

		百分比/均值 （标准差）	备注
家庭特征		—	
家庭年收入	1.9999万元及以下	6.7%	—
	2万-3.9999万元	8.6%	
	4万-5.9999万元	11.5%	
	6万-7.9999万元	15.6%	
	8万-9.9999万元	19.8%	
	10万-19.9999万元	27.1%	
	20万元及以上	10.8%	
婚姻状况：未婚及其他		18.7%	以未婚及其他为参照类
已婚		81.3%	
家庭规模		3.11（1.236）	—
儿子数量		0.8（0.572）	—
女儿数量		0.62（0.622）	—

（三）分析方法

由于本研究的因变量分别为定类变量和定序变量，因此拟采用多分类logistic模型和序次logistic模型进行数据分析，同时还运用了交互分类、T检验等方式对江苏和全国民众的养老意愿、养老观念进行了比较。

三、数据分析结果

（一）基本状况

1. 养老意愿的基本状况

（1）理想的养老模式

人们的理想养老方式已经呈现出多样性，且江苏和全国存在显著差异

（卡方检验和各个相关系数均为显著）。就江苏而言，自我养老的意愿占比最高，为33%，其次是家庭养老（与子女同住养老），比例为28.1%，排第三位的是社区居家养老（24.1%）。从全国的情况看，家庭养老的比例最高，为37%，其次是自我养老（24.7%），排第三位的也是社区居家养老（22.9%）。

就江苏和全国的比较而言，江苏自我养老的意愿占比（33%）远高于全国（24.7%），而江苏家庭养老意愿的占比（28.1%）远低于全国（37%），江苏和全国社区居家养老、机构养老、新型养老（互助养老、旅游养老）的意愿方面没有显著差异。人们对理想养老方式的选择及比较具体见表2-1-2。

表2-1-2 理想养老方式的选择及比较（江苏 VS 全国）

	江苏	全国		江苏	全国
在自己家找保姆养老	11.4%	9.2%	自我养老	33.0%	24.7%
与子女在同一小区分开居住养老	21.6%	15.5%	家庭养老	28.1%	37.0%
与子女同住养老	28.1%	37.0%	社区居家养老	24.1%	22.9%
社区居家养老	20.5%	19.9%	机构养老	7.8%	7.5%
入住专门的养老社区	3.6%	3.0%	新型养老	7.0%	7.9%
养老院养老	3.7%	2.7%	合计	100%	100%
医疗与养老服务一体化的机构养老	4.1%	4.8%	—	—	—
朋友结伴互助养老	4.2%	4.7%	—	—	—
（候鸟式）旅游养老	2.7%	3.2%	—	—	—
合计	100%	100%			
$X^2=159.32$ df=9 sig.=0 $\phi=0.111***$			$X^2=143.06$ df=4 sig.=0 $\phi=0.106***$		

备注：** 表示 $p<0.05$，*** 表示 $p<0.01$。

（2）对各养老方式的意愿强度

虽然民众表达了比较强烈的自我养老的意愿，但随着年龄的增长，很多老人将处于半失能、失能的状态，自我养老的模式将难以为继，家庭养老或是社会养老将是人们不得不面对的选择。调查结果显示，此时人们的首选是社区居家养老，其次是跟儿子同住养老，排第三位的是跟女儿同住养老，而养老机构是最后的不得已的选择，人们的意愿最低。

就江苏和全国的比较而言，人们对这四种养老方式的意愿既有差异，又有相同点。T 检验的结果表明，江苏和全国在与儿子同住养老、机构养老、社区居家养老这三方面的意愿都存在显著差异。具体表现为，江苏民众选择社区居家养老（均值为 3.64）、机构养老（均值为 2.92）的意愿显著高于全国民众，全国民众选择社区居家养老和机构养老的均值分别为 3.58 和 2.77，江苏民众选择与儿子同住养老的意愿（均值为 3.41）显著低于全国民众（均值为 3.52）。而江苏和全国相同之处主要是两方面，一方面表现为江苏和全国这四种养老方式的意愿排序是一致的，另一方面在选择与女儿同住养老方面，江苏民众和全国民众的意愿强度没有显著差异，前者均值为 3.13，后者均值为 3.1。具体如表 2-1-3 所示。

表 2-1-3 江苏与全国各养老方式意愿强度的比较

	江苏	全国	T	df	sig.
我老了以后，与儿子同住养老	3.41	3.52	-5.673	6944.429	0.000
我老了以后，与女儿同住养老	3.13	3.1	1.463	5837.473	0.144
我老了以后，愿意到养老机构养老	2.92	2.77	6.904	8099.099	0.000
父母独立生活、子女经常看望，社区养老专业服务机构上门照护	3.64	3.58	3.374	8532.913	0.001

2. 养老观念的基本状况

（1）养老责任主体

养老责任主体关注的是养老由谁负责的问题。在中国传统中，家庭责无旁贷地担负了养老的责任，所以至今家庭仍然是最基本的养老责任主体，但随着中国民众平均预期寿命的延长和社会变迁，中国的家庭养老资源已处于极度匮乏的状态，人们的养老观念亟须转变。关于养老责任主体的观念能在很大程度上折射出中国民众养老观念的转变。

调查结果显示，民众对养老责任主体的选择已经呈现出非常多元化的倾向，且江苏和全国存在显著差异。子女虽然仍是排名第一的责任主体，但只比"政府、子女、老人三者均摊"的占比稍高,这两者是最主要的养老责任主体,两者比例之和超过6成,排名第三位的选择则是养老责任在于老人自己。值得注意的是,经过40多年的改革开放,计划经济的影响已经消退,只有4.8%的人认为应该由老人原工作单位来承担养老责任。

从江苏和全国的比较而言,子女责任上,江苏民众的选择比例(31.8%)显著低于全国民众(比例为38.3%),江苏民众选择"老人自己"的比例(26.8%)显著高于全国民众(比例为20.2%),而江苏和全国在政府责任、老人原工作单位责任方面的选择占比没有显著差异。具体见表2-1-4。

表2-1-4 养老责任主体及比较(江苏 VS 全国)

	江苏	全国
老人自己	26.8%	20.2%
子女	31.8%	38.3%
政府	5.6%	4.4%
老人原工作单位	4.8%	4.8%
政府、子女、老人三者均摊	31.0%	32.3%
其他	0.0%	0.1%
合计	100.0%	100.0%
X^2=98.646 df=5 sig.=0 ϕ=0.088***		

备注:** 表示 p<0.05,***p<0.01。

(2)孝的观念

随着社会发展,中国传统文化中孝顺的内涵和外延发生了改变,调查结果也验证了这一点。对于孝顺父母最好的方式,江苏有53.5%的民众选择了"最大可能遵循父母意愿",而全国民众选择这一选项的只有35.9%;29.5%的江苏民众选择"按照子女实际情况给父母提供最好的生活",全国调查中,这一比例为36.4%。如果说这两个选项代表了传统文化中孝顺的含义,则江苏有83%的人仍认同传统的孝顺观念,而全国调查中,这一比例为72.3%。具体如表2-1-5所示。

表 2-1-5 江苏与全国孝顺父母最好的方式的选择及其比较

	江苏	全国
最大可能遵循父母意愿	53.5%	35.9%
按照子女实际情况给父母提供最好的生活	29.5%	36.4%
定期探访或电话交流，给予父母最大可能的精神慰藉	12.4%	18.1%
照料父母的生活	4.6%	9.3%
其他	0.0%	0.3%
合计	100.0%	100.0%
X^2=394.89 df=4 sig.=.000 φ=0.175***		

备注：** 表示 p<0.05，*** 表示 p<0.01。

从另一个方面的测量也表明，传统孝道在中国民众心中仍占主流地位，对各种观点的认同均值都超过平均数，并且江苏民众的均值都显著高于全国，表明江苏民众对传统孝道的认同高于全国水平。具体如表 2-1-6 所示。

表 2-1-6 江苏与全国对传统孝道的认同及其比较

	江苏	全国	T	df	sig.
尊老孝老是中华民族传统美德，应该大力提倡	3.22	3.16	4.944	12784	0.000
身为子女应该亲自照顾父母，才是尽孝的表现	3.45	3.38	4.046	12852	0.000
应该为父母举行葬礼和祭祀祖先，这是子女应尽的孝道	3.79	3.63	10.192	8420.383	0.000

3."好的老年生活"

"好的老年生活"与养老生活最重要的条件排序有一定相似性，在"好的老年生活"中排前三的是家人的陪伴、健康的身体、衣食无忧，而养老生活最重要的条件前三则为子女的陪伴和关怀、无忧的物质生活、专业的医疗和康养服务。整体上，江苏民众和全国民众的选择没有显著差异。具体见表2-1-7。

表 2-1-7　江苏与全国对"好的老年生活"的认知及其比较

"好的老年生活"	江苏	全国	养老生活最重要的条件	江苏	全国
健康的身体	57.1%	54.8%	专业的医疗和康养服务	31.0%	31.3%
衣食无忧	49.6%	49.2%	无忧的物质生活	50.0%	50.4%
家人的陪伴	57.9%	56.1%	子女的陪伴和关怀	56.7%	60.7%
老有所为，生活充实	29.9%	32.3%	高质量的生活照料	28.2%	24.4%
与亲朋邻居愉快交往	24.5%	22.4%	丰富的精神文化生活	14.0%	14.7%
有适合自己居住的地方	22.2%	21.5%	保持正常社会交往，有人倾听倾诉	6.6%	5.5%
儿孙绕膝，享受天伦之乐	12.5%	19.0%	N	4145	8709
医疗和康养设施完备	9.8%	13.70%	—	—	—
生活环境舒适、出行购物便捷	1.60%	5.4%	—	—	—
N	4145	8709			

通过进一步分析可以发现，当前中国老年人养老生活中最缺乏的东西恰恰是养老生活中最重要的条件，这一点在江苏和全国都呈现出相同的特征。以江苏为例，在认为"高质量的生活照料"在老年生活中最为缺乏的群体中，有73.9%的人认为"高质量的生活照料"是养老生活中最重要的条件；在认为"充足的经济保障"在老年生活中最为缺乏的群体中，有65.5%的人认为"无忧的物质生活"是养老最重要的条件；在认为"子女的陪伴和关怀"在老年生活中最为缺乏的群体中，有79.1%的人认为"子女的陪伴和关怀"最重要；在认为"专业的医疗和康养服务"在老年生活中最为缺乏的群体中，有55.8%的人认为"专业的医疗和康养服务"最重要。老年人的精神慰藉、对社会关心和尊重的需求则综合体现在子女的陪伴与关怀、社会交往和专业的医疗与康养服务中。具体见表2-1-8。

表 2-1-8 养老生活中最重要和最缺乏的条件

	养老生活中最重要的条件	养老生活最为缺乏的条件					
		高质量的生活照料	充足的经济保障	子女的陪伴与关怀	专业的医疗和康养服务	精神文化生活	与亲戚朋友的交往和心理倾诉	社会的关心和尊重
江苏	高质量的生活照料	73.9%	33.7%	19.2%	19.5%	16.4%	9.1%	12.0%
	无忧的物质生活	53.3%	65.5%	52.6%	36.4%	36.2%	24.0%	27.0%
	子女的陪伴与关怀	30.9%	53.5%	79.1%	47.2%	39.6%	39.4%	44.0%
	专业的医疗和康养服务	20.0%	25.3%	24.6%	55.8%	40.6%	32.0%	27.0%
	丰富的精神文化生活	8.2%	9.8%	9.1%	17.5%	39.0%	25.7%	28.0%
	保持正常社会交往，有人倾听倾诉	1.7%	2.9%	2.0%	5.6%	7.2%	55.4%	49.0%
	N	475	991	1409	676	318	175	100
全国	高质量的生活照料	61.1%	24.4%	16.8%	22.3%	16.5%	12.9%	24.5%
	无忧的物质生活	41.3%	66.4%	47.7%	39.1%	34.6%	29.0%	36.7%
	子女的陪伴与关怀	38.0%	57.0%	79.3%	43.0%	44.4%	52.2%	44.4%
	专业的医疗和康养服务	27.9%	25.9%	26.6%	60.5%	32.0%	31.7%	31.1%
	丰富的精神文化生活	16.4%	11.2%	10.4%	17.9%	51.2%	29.6%	23.0%
	保持正常社会交往，有人倾听	3.8%	3.9%	4.6%	5.6%	7.8%	28.5%	23.5%
	N	894	2649	3270	1110	387	186	196

（二）养老意愿的群体性差异

1. 理想养老模式的群体性差异

由于理想养老模式的变量是一个定类变量，因此采用多分类 logistic 模型来探索人们理性养老模式的影响因素及群体差异；模型中的观念因素是调节变量，因此模型中需要加入若干交互项。为了避免模型过于冗长，一方面将收入、学历、年龄等作为定距变量放入模型，另一方面最终模型中删除了所有不显著的交互项，只保留了所有主效应和有显著影响的交互项。另外，为了将江苏和全国进行对比，本研究分别用江苏和全国数据建构了模型，理想的养老模式被重编码成5个类别，因此建了4个模型，这4个模型都以机构养老作为参照组。具体如表2-1-9和表2-1-10所示。

表2-1-9 理想养老模式的影响因素及群体差异（多分类 logistic 模型-1）

	自我养老/机构养老		家庭养老/机构养老	
	江苏	全国	江苏	全国
Intercept	10.937	−5.732	12.513	−6.895
城乡（城市=1）	1.084	1.307	2.644*	2.608***
性别（男性=1）	−2.642**	0.095	−2.153*	1.482*
婚姻状况（已婚=1）	−2.62	2.408	−1.624	4.538***
年龄	−0.121	−0.047	−0.098	−0.048
受教育年限	0.009	0.012	−0.306	−0.5***
个人月收入	1.005*	−0.409	0.706	−0.505
家庭年收入	−0.852	0.746***	−0.612	1.261***
同住人数	−0.758	−0.487	−0.498	−0.468
儿子数量	−0.235	0.563	−0.244	−0.003
女儿数量	0.082	1.624**	−1.101	0.343
提倡敬老孝老	−4.202***	1.548*	−2.985**	3.062***
亲自照顾父母才是尽孝	−1.191	−0.173	0.256	1.087
祭祀祖先、安葬父母，这是子女应尽的义务	1.171	0.497	−1.002	−0.653
家庭年收入×提倡敬老孝老	0.32***	−0.075	0.216	−0.19***
城乡×提倡敬老孝老	−0.812***	−0.191	−0.778***	−0.243
性别×提倡敬老孝老	0.235	−0.295	0.266	−0.504***
婚姻状况×提倡敬老孝老	0.105	−0.311	0.103	−0.903***

（续表）

	自我养老/机构养老		家庭养老/机构养老	
	江苏	全国	江苏	全国
家庭年收入 × 亲自照顾父母才是尽孝	0.108	−0.102**	0.048	−0.108**
城乡 × 亲自照顾父母才是尽孝	−0.074	−0.101	0.057	−0.342**
年龄 × 亲自照顾父母才是尽孝	0.022*	0.01	0.009	0
受教育年限 × 应该祭祀祖先安葬父母，这是子女尽孝应尽的义务	0.025	0.006	0.045	0.082***
性别 × 应该祭祀祖先安葬父母，这是子女尽孝应尽的义务	0.552**	0.239	0.442**	0.19
婚姻状况 × 应该祭祀祖先安葬父母，这是子女尽孝应尽的义务	0.938***	−0.415	0.641**	−0.561
年龄 × 应该祭祀祖先安葬父母，这是子女尽孝应尽的义务	−0.017	0.009	0.003	0.022**
X^2	822.57***	1241.202***	822.57***	1241.202***
伪 R^2	0.248	0.201	0.248	0.201
N	2892	5395	2892	5395

备注：* 表示 $p<0.1$，** 表示 $p<0.05$，*** 表示 $p<0.01$。

从表 2-1-9 和表 2-1-10 可以看出，人们对理想养老模式的选择有显著的城乡差异，以机构养老为参照类，城市居民比农村居民更倾向于家庭养老，但自我养老、社区居家养老和新型养老的倾向没有显著的城乡差异，且江苏和全国都呈现出一致的规律。

人们对理想养老模式的选择有显著的性别差异，主要表现为：江苏女性比男性更倾向于自我养老、家庭养老乃至新型养老而非机构养老，而江苏民众在社区居家养老和机构养老的选择方面则没有显著的性别差异。在全国数据中，男性更倾向于家庭养老而非机构养老，在自我养老、社区居家养老和新型养老相比机构养老的选择上，没有显著的性别差异。简而言之，江苏女性更倾向于自我养老、家庭养老和新型养老，而全国调查中男性更倾向于家庭养老。

江苏民众对理想养老模式的选择在不同的婚姻状况之间没有出现显著差异，婚姻状况对理想养老模式选择的影响仅出现在全国数据中，表现为：处于已婚状态的人更倾向于家庭养老和社区居家养老而非机构养老，在自我养老和新型养老与机构养老的对比方面则没有差异。

年龄对理想养老模式选择的影响仅出现在社区居家养老和机构养老的对比中，但在江苏和全国数据中呈现了不一样的影响。在江苏数据中，年龄的系数为负数，说明江苏民众年龄越大，越倾向于选择机构养老而非社区居家养老；在全国数据中，年龄的系数为正数，说明全国民众年龄越大，越倾向于选择社区居家养老而非机构养老。

受教育年限对理想养老模式选择的影响表现为：在全国民众中，受教育年限越长的人首选社区居家养老，其次是机构养老，最后是家庭养老，而受教育年限对江苏民众的选择没有显著影响。

个人月收入对理想养老模式选择的影响仅仅出现在江苏数据中，表现为月收入越高的人越倾向于选择自我养老而非机构养老。而家庭年收入则对全国民众和江苏民众的选择都有显著影响，在全国民众中，家庭年收入越高的人越倾向于自我养老、家庭养老而非机构养老，在江苏民众中，家庭年收入越高的人越倾向于机构养老而非社区居家养老。

在家庭因素方面，同住人数和儿子数量对江苏民众和全国民众理想养老方式的选择都没有显著影响；女儿数量对江苏民众的选择没有影响，而在全国民众中，女儿数量越多的人越倾向于自我养老而非机构养老。

在观念因素方面，提倡敬老孝老对江苏民众和全国民众的各种选择都有显著影响，但根据江苏和全国数据，其产生的影响不同。在江苏数据中，提倡敬老孝老的系数都是负数，说明越提倡敬老孝老传统的江苏民众越倾向于机构养老而非自我养老、家庭养老、社区居家养老和新型养老。在全国数据中，系数都为正数，说明越提倡敬老孝老传统的全国民众越倾向于自我养老、家庭养老和社区居家养老而非机构养老。"亲自照顾父母才是尽孝"观念对江苏民众选择理想养老模式的影响不显著，对全国民众的选择产生了显著影响，表现为越认同该观点的人越倾向于社区居家养老、新型养老而非机构养老。"应该祭祀祖先安葬父母，这是子女尽孝应尽的义务"这一观点，仅对全国民众的选择产生了显著影响，表现为越同意该观点的人越倾向于选择机构养老而非新型养老。

表 2-1-10　理想养老模式的影响因素及群体差异（多分类 logistic 模型 -2）

	社区居家养老/机构养老		新型养老/机构养老	
	江苏	全国	江苏	全国
Intercept	17.644	−11.854	15.176	−2.129
城乡（城市=1）	2.04	−1.197	2.259	−1.113
性别（男=1）	−0.282	−0.245	−2.772**	0.568
婚姻状况（已婚=1）	0.16	3.733**	0.348	2.214
年龄	−0.145*	0.098**	−0.136	−0.032
受教育年限	−0.034	0.608***	−0.143	0.144
个人月收入	0.128	−0.486	−0.418	−0.391
家庭年收入	−1.286**	0.161	−0.358	0.107
同住人口数	0.21	−0.114	−0.135	−0.144
儿子数量	−1.037	−0.115	−0.675	−0.05
女儿数量	−0.463	0.367	−1.328	1.225
提倡敬老孝老	−5.224***	2.641***	−2.802*	2.153**
亲自照顾父母才是尽孝	1.387	2.436***	−1.567	1.731*
应该祭祀祖先、安葬父母，这是子女尽孝应尽的义务	−0.434	−0.198	−0.297	−2.373**
城乡 × 提倡敬老孝老	−0.142	0.119	−0.379	0.502**
性别 × 提倡敬老孝老	−0.094	−0.348*	0.704**	−0.42*
婚姻状况 × 提倡敬老孝老	0.014	−0.658**	0.175	−0.666
年龄 × 提倡敬老孝老	0.054***	−0.02**	0.027	−0.004
受教育年限 × 提倡敬老孝老	0.089*	−0.103***	0.065	−0.015
家庭年收入 × 提倡敬老孝老	0.203*	−0.065	0.04	−0.129**

（续表）

	社区居家养老/机构养老		新型养老/机构养老	
	江苏	全国	江苏	全国
家庭年收入 × 亲自照顾父母才是尽孝	0.075	−0.053	0.124	−0.117*
教育年限 × 亲自照顾父母才是尽孝	−0.127***	−0.092***	−0.048	0.018
婚姻状况 × 亲自照顾父母才是尽孝	−0.608**	−0.08	−1.055***	0.214
年龄 × 亲自照顾父母才是尽孝	−0.001	−0.019**	0.03*	−0.002
家庭年收入 × 应该祭祀祖先安葬父母，这是子女尽孝应尽的义务	0.089	0.071	−0.098	0.191***
性别 × 应该祭祀祖先安葬父母，这是子女尽孝应尽的义务	0.375*	0.377**	0.243	0.155
婚姻状况 × 应该祭祀祖先安葬父母，这是子女尽孝应尽的义务	0.557*	−0.384	0.814*	−0.243
X^2	822.57***	1241.202***	822.57***	1241.202***
伪 R^2	0.248	0.201	0.248	0.201
N	2892	5395	2892	5395

备注：* 表示 $p<0.1$，** 表示 $p<0.05$，*** 表示 $p<0.01$。

观念因素对上述因素的影响调节作用比较复杂，因此本研究分别按照江苏和全国数据来分析每个观念的调节作用。

（1）"提倡敬老孝老"观念的调节作用

就江苏数据来看，自我养老、家庭养老和社区居家养老模型中，家庭年收入的主效应为负数、交互项的系数都为正数，这一结果说明，"提倡敬老孝老"这一观念会削弱家庭年收入对因变量的负向影响，即家庭年收入越高的江苏民众原本倾向于选择机构养老而非自我养老、家庭养老和社区居家养老的意愿将因"提倡敬老孝老"观念的增强而削弱。在自我养老、家庭养老模型中，城乡的主效应为正数，交互项为负数，说明江苏城市居民原本倾向于选择自我养老、家庭养老而非机构养老的意愿会因为"提倡敬老孝老"观念的增强而削弱。在新型养老模型中,性别的主效应为负数,交互项为正数,说明江苏居民原本倾向于机构养老而非新型养老的意愿会因为"提倡敬老孝老"观念的增强而削弱。在自我养老、新型养老模型中,年龄的主效应为负数,交互项为正数,说明年龄越大的江苏居民越倾向于选择机构养老而非自我养老、新型养老的意愿会因"提倡敬老孝老"观念的增强而削弱。在社区居家养老模型中,受教育年限的主效应为负数,交互项为正数,说明受教育年限越长的江苏民众越倾向于选择机构养老而非社区居家养老的意愿会因为"提倡敬老孝老"观念的增强而削弱。

在全国范围来说,在家庭养老、新型养老模型中,家庭年收入的主效应为正数,交互项为负数,说明家庭年收入越高的民众越倾向于选择家庭养老、新型养老而非机构养老的意愿会因为"提倡敬老孝老"观念的增强而削弱。在新型养老模型中,城乡的系数为负数,交互项为正数,说明城市居民选择机构养老而非新型养老的意愿会因"提倡敬老孝老"观念的增强而削弱。在家庭养老、新型养老模型中,性别的主效应为正数,交互项为负数,说明男性选择家庭养老、新型养老而非机构养老的意愿会因"提倡敬老孝老"观念的增强而削弱。在社区居家养老模型中,性别的主效应为负数,交互项也为负数,说明男性选择机构养老而非社区居家养老的意愿会因"提倡敬老孝老"观念的增强而增强。在家庭养老、社区居家养老模型中,婚姻状态的主效应为正数,交互项为负数,说明处于已婚状态的人选择社区居家养老、家庭养老而非机构养老的意愿会因"提倡敬老孝老"观念的增强而削弱。在社区居家养老模型中,年龄、受教育年限的主效应都为正数,交互项都为负数,说明年龄越大、受教育年限越长的人选择社区居家养老而非机构养老的意愿会因"提倡敬老孝老"观念的增强而削弱。

(2)"亲自照顾父母才是尽孝"观念的调节作用

就江苏数据来看,在社区居家养老模型中,受教育年限的主效应为负数、交互项也为负数,说明受教育年限越长的人越倾向于选择机构养老而非社区居家养老的意愿会因"亲自照顾父母才是尽孝"这一观念的增强而增强。在社区居家养老、新型养老模型中,婚姻状况的主效应为正数,交互项为负数,说明处于已婚状态的人选择社区居家养老、新型养老而非机构养老的意愿会因"亲自照顾父母才是尽孝"这一观念的增强而削弱。在自我养老、新型养老模型中，年龄的主效应为负数，交互项为正数，说明年龄越大的人越倾向于选择自我养老、新型养老而非机构养老的意愿会因"亲自照顾父母才是尽孝"这一观念的增强而削弱。

在全国范围的自我养老、家庭养老、新型养老模型中，家庭年收入的主效应为正数，交互项为负数，说明年收入越高的民众越倾向于选择自我养老、家庭养老、新型养老而非机构养老的意愿会因"亲自照顾父母才是尽孝"这一观念的增强而削弱。在社区居家养老模型中，受教育年限的主效应为正数，交互项为负数，说明受教育年限越长的人越倾向于社区居家养老而非机构养老的意愿会因"亲自照顾父母才是尽孝"这一观念的增强而削弱。在家庭养老模型中，城乡的主效应为正数，交互项为负数，说明城市居民选择家庭养老而非机构养老的意愿会因"亲自照顾父母才是尽孝"这一观念的增强而削弱。在社区居家养老模型中，年龄的主效应为正数，交互项为负数，说明年龄越大的人越倾向于社区居家养老而非机构养老的意愿会因"亲自照顾父母才是尽孝"这一观念的增强而削弱。

（3）"应该祭祀祖先、安葬父母，这是子女尽孝应尽的义务"观念的调节作用

就江苏数据而言，在自我养老、家庭养老、社区居家养老模型中，性别的主效应为负数，交互项为正数，说明江苏女性居民选择自我养老、家庭养老、社区居家养老而非机构养老的意愿会因"应该祭祀祖先安葬父母，这是子女尽孝应尽的义务"这一观念的增强而削弱。在自我养老、家庭养老模型中，婚姻状况的主效应为负数，交互项为正数，说明处于已婚状态的人选择机构养老而非自我养老、家庭养老的意愿会因"应该祭祀祖先安葬父母，这是子女尽孝应尽的义务"这一观念的增强而削弱。在社区居家养老、新型养老模型中，婚姻状态的主效应和交互项均为正数，说明处于已婚状态的人选择社区居家养老、新型养老而非机构养老的意愿会因"应该祭祀祖先安葬父母，这是子女尽孝应尽的义务"这一观念的增强而增强。

在全国范围的新型养老模型中，家庭年收入的主效应和交互项均为正数，

说明家庭年收入越高的人越倾向选择新型养老而非机构养老的意愿会因"应该祭祀祖先安葬父母，这是子女尽孝应尽的义务"这一观念的增强而增强。在社区居家养老模型中，性别的主效应为负数，交互项为正数，说明女性选择社区居家养老而非机构养老的意愿会因"应该祭祀祖先安葬父母，这是子女尽孝应尽的义务"这一观念的增强而削弱。在家庭养老模型中，受教育年限、年龄的主效应均为负数，交互项也均为正数，说明年龄越大或受教育年限越长的人越倾向于机构养老而非家庭养老的意愿会因"应该祭祀祖先安葬父母，这是子女尽孝应尽的义务"这一观念的增强而削弱。

2. 各种养老意愿选择的群体差异

养老意愿包括与儿子同住养老意愿、与女儿同住养老意愿、机构养老意愿和社区居家养老意愿，这些意愿都是1—5分的定序变量，因此采用了序次 logistic 回归模型。具体如表2-1-11和表2-1-12所示。

表2-1-11 各种养老意愿选择的群体性差异（序次 logistic 回归模型-1）

	与儿子同住养老意愿		与女儿同住养老意愿	
	江苏	全国	江苏	全国
[D19A1 = 1]	−3.596	−3.858	−5.319	−4.592
[D19A1 = 2]	−0.721	−1.164	−2.117	−2.09
[D19A1 = 3]	1.575	0.606	0.185	−0.204
[D19A1 = 4]	3.386	2.231	1.678	1.62
性别（男=1）	0.14*	0.176***	0.019	0.141**
城乡（城市=1）	0.027	−0.22***	0.037	−0.152**
婚姻状况（已婚=1）	0.509***	−0.29**	0.215	−0.477***
年龄	0.016***	0.013***	0.004	0.002
受教育年限	0.015	−0.059***	−0.039**	−0.071***
个人月收入	−0.063*	−0.055**	−0.042	0.015
家庭年收入	−0.047	−0.033*	−0.037	0.014
同住人口数	0.337***	0.278***	0.225***	0.065***
儿子数量	0.224**	0.284***	−0.163*	−0.239***

（续表）

	与儿子同住养老意愿		与女儿同住养老意愿	
	江苏	全国	江苏	全国
女儿数量	0.067	0.117**	0.168**	−0.014
"提倡敬老孝老"观念	0.033	0.007	0.149**	−0.096**
"亲自照顾父母才是尽孝"观念	0.089*	0.12***	0.025	0.071**
"应该祭祀祖先、安葬父母，这是子女尽孝应尽的义务"观念	−0.239***	−0.056	−0.36***	−0.008
X^2	154.49***	451.13***	105.48***	148.73***
伪 R^2	0.071	0.093	0.053	0.034
N	2297	4964	2111	4667

备注：* 表示 $p<0.1$，** 表示 $p<0.05$，*** 表示 $p<0.01$。

（1）与儿子同住养老意愿

在江苏和全国模型中，"提倡敬老孝老"观念都对与儿子同住养老的意愿没有显著影响，会对这一养老意愿产生影响的因素有：

第一，性别、年龄、个人月收入、同住人口数、儿子数量、"亲自照顾父母才是尽孝"观念在江苏和全国的模型中都显示出对与儿子同住养老意愿的显著影响且影响方向一致。具体表现为：男性比女性更愿意与儿子同住养老，年龄越大的人越愿意与儿子同住养老，个人月收入越高的人越不愿意与儿子同住养老，同住人口数或儿子数量越多的人越愿意与儿子同住养老，越赞同"亲自照顾父母才是尽孝"观念的人越愿意与儿子同住养老。

第二，婚姻状态在江苏和全国模型中都显示出对与儿子同住养老意愿的显著影响，但影响的方向相反。在江苏模型中，此项系数为正数，表明处于已婚状态的江苏居民更愿意与儿子同住养老；而全国数据中，已婚的民众反而更不愿意与儿子同住养老。

第三，城乡、受教育年限、家庭年收入、女儿数量在江苏模型中没有表现出对与儿子同住养老意愿的显著影响，在全国模型中则表现出其显著影响。

在全国数据中,农村居民比城市居民更愿意与儿子同住养老,受教育年限越长或家庭年收入越高的人越不愿意与儿子同住养老,女儿数量越多的人越愿意与儿子同住养老。

第四,"应该祭祀祖先、安葬父母,这是子女尽孝应尽的义务"观念在全国对与儿子同住养老意愿没有显著影响,在江苏则表现出其有显著影响且系数为负数,表明越是赞同这种观点的人越不愿意与儿子同住养老。

(2)与女儿同住养老意愿

在与女儿同住养老意愿的影响因素模型中,个人月收入、家庭年收入、年龄等变量在江苏和全国模型中都没有显示出对女儿同住养老意愿的显著影响。产生影响的因素有:

第一,性别、城乡、婚姻状况、"亲自照顾父母才是尽孝"观念在江苏模型中都没有对这一意愿产生显著影响,在全国模型中则对这一意愿产生显著影响。具体表现为:全国的男性比女性更愿意与女儿同住养老,农村居民比城市居民更愿意与女儿同住养老,已婚的民众更不愿意与女儿同住养老,越赞同"亲自照顾父母才是尽孝"观念的人越愿意与女儿同住养老。

第二,女儿数量、"应该祭祀祖先安葬父母,这是子女尽孝应尽的义务"观念在全国模型中没有对这一意愿产生显著影响,仅在江苏模型中对这一意愿产生显著影响。具体表现为:女儿数量越多的江苏居民越愿意与女儿同住养老,而越赞同"应该祭祀祖先安葬父母,这是子女尽孝应尽的义务"观念的人越不愿意与女儿同住养老。

第三,受教育年限、同住人口数、儿子数量在江苏和全国模型中都对与女儿同住养老意愿产生了显著影响,且影响的方向一致。具体表现为:受教育年限越长的人越不愿意与女儿同住养老,同住人口数越多的人越愿意与女儿同住养老,儿子数量越多的人越不愿意与女儿同住养老。

第四,"提倡敬老孝老"观念在江苏和全国模型中都对与女儿同住养老的意愿产生了显著影响,但产生的影响相反。在江苏模型中,越赞同"提倡敬老孝老"观念的人越愿意与女儿同住养老,在全国模型中,越赞同"提倡敬老孝老"观念的人越不愿意与女儿同住养老。

表 2-1-12　各养老意愿的群体性差异（序次 logistic 回归模型 -2）

	机构养老意愿		社区居家养老意愿	
	江苏	全国	江苏	全国
[D19A3 = 1]	−3.432	−3.807	−8.024	−3.451
[D19A3 = 2]	−1.608	−2.007	−5.553	−1.684
[D19A3 = 3]	−0.345	−0.703	−3.087	0.147
[D19A3 = 4]	1.233	1.486	−0.929	2.494
性别（男=1）	−0.096	−0.102*	0.057	−0.049
城乡（城市=1）	0.127	0.082	0.245***	0.188***
婚姻状况（已婚=1）	−0.185	−0.736***	−0.043	−0.127
年龄	0.006	−0.01***	−0.022***	−0.01***
受教育年限	0.125***	0.056***	−0.131***	−0.005
个人月收入	−0.01	0.046**	−0.088**	−0.035
家庭年收入	−0.002	0.111***	0.015	0.075***
同住人口数	−0.132***	−0.161***	−0.023	−0.122***
儿子数量	−0.116	−0.269***	−0.091	−0.098*
女儿数量	−0.222***	−0.225***	−0.269***	−0.076
"提倡敬老孝老"观念	−0.08	−0.195***	−0.231***	0.115***
"亲自照顾父母才是尽孝"观念	−0.289***	−0.213***	0.125***	−0.03
"应该祭祀祖先安葬父母，这是子女尽孝应尽的义务"观念	−0.183***	−0.037	0.088*	0.214***
X^2	329.69***	595.43***	184.46***	148.25***
伪 R^2	0.114	0.111	0.072	0.031
N	2868	5370	2732	5168

备注：* 表示 $p<0.1$，** 表示 $p<0.05$，*** 表示 $p<0.01$。

（3）机构养老意愿

在机构养老意愿的影响因素模型中，城乡这一变量在江苏和全国模型中都没有对民众的机构养老意愿产生显著影响。对其产生影响的因素有：

第一,受教育年限、同住人口数、女儿数量、"亲自照顾父母才是尽孝"观念在江苏和全国模型中都对民众的机构养老意愿产生显著影响且影响方向一致。具体表现为:受教育年限越长的人越愿意选择机构养老,同住人口数或女儿数量越多的人越不愿意选择机构养老,越赞同"亲子照顾父母才是尽孝"观念的人越不愿意选择机构养老。

第二,性别、婚姻状况、年龄、个人月收入、家庭年收入、儿子数量、"倡导敬老孝老"观念对江苏居民的机构养老意愿都没有产生显著影响,但对全国居民产生显著影响。具体表现为:全国居民中,女性比男性更愿意选择机构养老,已婚的民众更不愿意选择机构养老,年龄越大的人越不愿意选择机构养老,个人月收入或家庭年收入越高的人越愿意选择机构养老,儿子数量越多的人越不愿意选择机构养老,对"倡导敬老孝老"观念越赞同的人越不愿意选择机构养老。

第三,"应该祭祀祖先安葬父母,这是子女尽孝应尽的义务"观念在全国模型中没有对民众的机构养老意愿产生显著影响,在江苏模型中对江苏居民的养老意愿产生了显著影响,表现为越赞同该观念的人越不愿意选择机构养老。

(4)社区居家养老意愿

在江苏和全国模型中,性别、婚姻状况对人们的社区居家养老意愿都没有显著影响。对其产生影响的因素有:

第一,城乡、年龄、"应该祭祀祖先安葬父母,这是子女尽孝应尽的义务"观念在江苏和全国模型中都对民众社区居家养老意愿产生显著影响,且产生了方向一致的影响。具体表现为:城市居民比农村居民更愿意选择社区居家养老,年龄越大的人越不愿意选择社区居家养老,越赞同"应该祭祀祖先安葬父母,这是子女尽孝应尽的义务"观念的人越愿意选择社区居家养老。

第二,"提倡敬老孝老"观念在江苏和全国模型中都对民众社区居家养老意愿产生显著影响,但产生了相反的影响。越赞同该观念的江苏居民越不愿意选择社区居家养老,而越赞同该观念的全国居民越愿意选择社区居家养老。

第三,受教育年限、个人月收入、女儿数量、"亲子照顾父母才是尽孝"

观念在全国模型中都没有对民众社区居家养老意愿产生显著影响，但在江苏模型中对其产生了显著影响。受教育年限越长、个人月收入越高或女儿数量越多的江苏居民越不愿意选择社区居家养老，而越赞同"亲自照顾父母才是尽孝"观念的江苏居民越愿意选择社区居家养老。

第四，家庭年收入、同住人口数、儿子数量在江苏模型中没有对民众社区居家养老意愿产生显著影响，但在全国模型中对其产生了显著影响。家庭年收入越高的人越愿意选择社区居家养老，同住人口数越多或儿子数量越多的人越不愿意选择社区居家养老。

四、研究结论

数据模型基本证实了前述的所有研究假设，只是各因素所影响的对象及影响方向各有不同。本文有如下主要发现：

（一）传统孝道思想仍占据主导地位，但孝顺的内涵已经发生改变，且有相当比例的民众不再认可家庭是养老的唯一承担者，认为国家和社会应该发挥其作用

传统孝道在中国民众心中仍占据主流地位。对于"提倡尊老孝老""亲自照顾父母才是尽孝""应该为父母举行葬礼和祭祀祖先，这是子女尽孝道的义务"等观念，大多数中国民众仍然持认同态度，其认同均值都超过了平均数。对于孝顺父母的最好方式，超过七成的民众仍认同传统文化中的孝顺；在经济供养方面，有近六成的民众认为家庭仍然是老人养老的第一责任单位。同时，有四成左右的人认为老人的养老责任需要政府、老人、子女甚至老人的原单位共同承担。这些统计结果说明当下中国仍然有比较坚实的家庭养老的基础，传统的家庭养老观念依旧根深蒂固。

但是，可以用"孝而不顺"来概括当下中国民众对孝顺的理解和行动表现。有一至二成的中国民众认为孝顺父母的最好方式是"定期探访或电话交流，给予父母最大可能的精神慰藉"，也有相当比例的人认为孝顺就是"照料父母生活"，这显示孝顺的内涵已经悄然发生改变。

（二）理想的养老居住方式已呈现出多样化的特征，家庭养老仍然是人们的首选，机构养老意愿不足，社区居家养老是家庭养老之外的更好选择

在理想的养老方式上，家庭养老仍然是人们的首选，且与儿子同住的意愿最强烈。在家庭养老资源匮乏的情况下，社区居家养老的意愿（超过二成）远高于机构养老。而到机构养老似乎是人们不得已而为之的下下之选，选择比例不足8%。

（三）"好的老年生活"就是衣食无忧、身体健康，精神上有慰藉、儿孙绕膝、老有所为，这些是养老生活的重要条件，也是当前老年人的养老生活最缺乏的东西

中国民众在"好的老年生活"、养老生活的重要条件以及最缺乏的条件上的倾向呈现出高度的一致性，且江苏和全国范围也没有显著差异。子女的陪伴与关怀、无忧的物质保障、高质量的生活照料以及专业的医疗和康养服务，既是当前养老生活最需要的，也是当前的老年人最缺乏的。这些需求应该是我国养老服务体系顶层设计和政策实施的出发点，要给老年人提供好的老年生活，政府、家庭、社会缺一不可。完善的养老保障和福利体系是国家的责任；提供精神慰藉和生活照料的责任主体本来应该是家庭，但在家庭养老资源不足、养老压力过大的情况下，需要社会养老资源的辅助；专业的医疗和康养服务则需要国家与社会各界的共同努力。

（四）"养儿防老"观念在农村更加根深蒂固，且在全国民众中体现得更为明显

在城乡差异方面，江苏和全国的城市居民都比农村居民更倾向于家庭养老而非机构养老；在意愿强度上，城市居民比农村居民更愿意选择社区居家养老。不仅如此，在全国数据中，农村居民比城市居民更愿意与儿子同住养老，也更愿意与女儿同住养老，这充分说明"养儿防老"观念在农村更加根深蒂固，并且在全国民众上体现得更为明显。

（五）男性的养老意愿比女性更加传统，且在全国模型中体现得更为明显

在江苏，女性更倾向于自我养老、家庭养老和新型养老，男性更愿意与儿子同住养老；在全国范围内，男性更倾向于家庭养老，更愿意与儿子同住养老，也更愿意与女儿同住养老，而女性更愿意选择机构养老。

（六）已婚的民众更不愿意选择机构养老，且在全国民众中体现得更为明显

婚姻状态对江苏民众养老意愿的影响仅仅体现为已婚的江苏居民更愿意与儿子同住养老。而在全国模型中，婚姻状态不仅显著影响了人们对理想养老方式的选择，也影响他们对各养老方式的意愿强度，表现为：已婚的人更倾向于家庭养老和社区居家养老而非机构养老；在意愿强度上，已婚的全国民众更不愿意选择机构养老，也更不愿意与女儿同住养老。

（七）年龄越大的人越倾向于家庭养老而非社会养老，而年龄对社会化养老意愿的影响在江苏和全国并不一致

在江苏和全国民众中，年龄越大的人越愿意与儿子同住养老，且越不愿意选择社区居家养老和机构养老。但不得已要选择这两种社会养老方式时，江苏和全国出现了差异：年龄越大的江苏民众越倾向于选择机构养老而非社区居家养老，而年龄越大的全国民众，越倾向于选择社区居家养老而非机构养老。

（八）人们的受教育年限是影响其社会化养老意愿的重要因素，且江苏和全国基本一致

在全国和江苏民众中，受教育年限越长的人越不愿意与女儿同住养老，越愿意选择机构养老。同时，在全国民众中，受教育年限越长的人对养老模式的选择意愿强度是社区居家养老＞机构养老＞家庭养老，且受教育年限越长的人越不愿意与儿子同住养老，这充分显示出人们的受教育程度对社会化养老意愿存在显著影响。

（九）个人经济能力对江苏民众养老意愿的影响更大，整体的家庭经济能力对全国民众养老意愿的影响更大

个人经济能力对全国民众养老意愿的影响仅仅表现在影响其与儿子同住养老和机构养老的意愿上，而个人经济能力不仅影响江苏民众对理想养老方式的选择，还影响其与儿子同住养老和社区居家养老的意愿。对于全国民众而言，其个人经济能力越强，选择与儿子同住养老的意愿越弱，选择机构养老的意愿越强。对于江苏民众而言，其个人经济能力越强，在理想养老方式上更倾向于自我养老而非机构养老，同时，个人经济能力越强，与儿子同住养老的意愿越弱，社区居家养老的意愿也越弱。

整体的家庭经济能力对江苏民众的影响仅仅表现在对理想养老方式的选择上，即家庭经济能力越强的民众越倾向于机构养老。而在全国数据中，家庭经济状况则不仅影响其对理想养老方式的选择，还影响其与儿子同住养老意愿、机构养老意愿和社区居家养老意愿。家庭经济能力越强的民众，越倾向于选择自我养老和家庭养老而非机构养老，但就意愿强度而言，家庭经济能力越强的民众选择与儿子同住养老的意愿越弱，选择机构养老和社区居家养老的意愿越强。

在经济能力对养老意愿的影响上，全国和江苏的一致之处在于：经济能力越强的民众与儿子同住养老的意愿越弱，且都对与女儿同住养老意愿没有显著影响。

（十）同住人口数和子女数量对家庭养老意愿影响显著，儿子给予家庭养老的底气更足，女儿似乎更能促进自我养老而非机构养老

同住人口数越多的人越愿意与儿子或女儿同住养老，越不愿意到机构养老，也越不愿意选择社区居家养老（仅全国）。儿子数量越多的人，越愿意与儿子同住养老，越不愿意与女儿同住养老，也越不愿意选择机构养老和社区居家养老（仅全国）；女儿数量越多的人越愿意选择机构养老和社区居家养老。另外，在全国模型中，同住人口数及子女数对人们理想养老方式的选择的影响主要表现为，女儿数量越多的人越倾向于选择自我养老而非机构养老。

（十一）观念因素对理想养老方式的选择主要起负向调节作用，养老观念的改变将有助于养老模式的缓慢改变

无论江苏还是全国，在理想养老模式的选择上，观念因素确实会对上述诸因素的影响有显著的调节作用，且无论主效应的影响是正向还是负向的，交互效应绝大多数都是负数，说明观念因素起到负向调节作用，即人们的孝道观念和养老观念会对上述诸因素的影响起到削弱作用。鉴于目前人们对养老模式的选择仍然以自我养老和家庭养老为主，那么观念因素的调节作用有可能会缓慢推动人们的理想养老方式向社区居家养老和机构养老转变。

作者：龙书芹，东南大学人文学院社会学系副教授，江苏道德发展智库研究员。

主要参考文献

1. 成志刚,卢婷.乡土社会中家庭养老格局的嬗变:女儿养老的"崛起".《湖南社会科学》2021年第4期

2. 顾囡囡，朱秀媛，王军永.基于横断历史元分析的中国老年人口家庭养老意愿及变迁研究.《中国农村卫生事业管理》2022年第12期

3. 韩景怡等.河南省农村老人养老意愿及影响因素分析.《中国农村卫生事业管理》2019年第3期

4. 纪竞垚.我国家庭养老观念的现状及变化趋势.《老龄科学研究》2016年第1期

5. 纪竞垚.中国老年人的养老意愿：现状、趋势及群体性差异——基于三期中国老年社会追踪调查数据.《老龄科学研究》2022年第7期

6. 李海荣，石玉堂.我国老年人口养老居住意愿的影响因素分析——一项基于CLHLS数据的实证检验.《重庆理工大学学报（社会科学）》2020年第12期

7. 李建新,于学军,王广州等.中国农村养老意愿和养老方式的研究.《人

口与经济》2004年第5期

8.凌文豪,郝一潼.老年人对政府养老责任的认知及影响因素研究.《社会保障研究》2022年第1期

9.陶涛,刘雯莉.独生子女与非独生子女家庭老年人养老意愿及其影响因素研究.《人口学刊》2019年第4期

10.易成栋,任建宇.中国老年人居住意愿满足程度及其影响因素.《中国人口科学》2019年第1期

11.张莉,陆华杰.中国老年人养老意愿变迁研究.《晋阳学刊》2023年第3期

12.朱冬梅.养老服务需求多元化视角下的社会组织建设.《山东社会科学》2013年第4期

江苏养老服务体系建设情况调研报告

沙维伟 林 莉 叶翔宇

江苏是经济大省，也是人口大省。截至2023年底，全省60周岁及以上户籍老年人口2043万，占户籍人口总数的26.09%，高出全国4.92个百分点。推动养老服务高质量发展，解决广大老年人急难愁盼问题，事关发展全局，事关民生福祉，事关繁荣稳定。2023年7月5日至7日，习近平总书记在江苏考察，强调江苏必须在保障和改善民生、推进社会治理现代化上走在前列，对包括养老服务在内的民生保障工作提出明确要求。江苏省委、省政府高度重视养老服务工作，全省各级民政部门以深入开展学习贯彻习近平新时代中国特色社会主义思想主题教育为契机，认真落实省委、省政府相关决策部署，坚持走在前、做示范，打响了"苏适养老"服务品牌。江苏养老服务整体工作水平处于全国领先地位，连续多年在民政部重点工作综合评估中受到表扬。

一、江苏养老服务发展基本情况

我国实施积极应对人口老龄化国家战略，确立了加快建设"居家社区机构相协调、医养康养相结合"的养老服务体系的发展定位。2013年，国务院出台《关于加快发展养老服务业的若干意见》，明确了发展养老服务业的方向路径和主要任务。近年来，江苏结合实际，形成了原居享老、社区安老、机构颐老"三位一体"的养老服务发展格局。

（一）立足"原居享老"，为家庭养老提供必要支持

家庭是养老的最基本单元，在老年人生活中发挥了不可替代的作用。一是推广家庭养老床位。该模式由南京市率先探索创设，主要针对没有入住养老机构意愿的失能、半失能老年人，通过对老年人家中特定区域进行"类机构"改造，由养老服务机构派员定期为居家老年人提供生活照护、康复护理等专业化服务，把床位建在家，把服务送上门。目前，江苏全省已建成家庭养老照护床位2万张（具体情况见表2-2-1）。二是购买居家上门服务。主要面向经济困难以及高龄、空巢、独居等老年人群，通过购买专业服务、组织上门服务，为老年人提供助洁、助浴、助餐、助急、助医、助行等多项服务。江苏全省居家上门服务覆盖330万人，占户籍老年人口的17%（具体情况见表2-2-2）。三是开展家庭适老化改造。主要针对老年人家中的卫生间、卧室、厨房等高频活动区域，通过增设坡道、安装扶手、配置适老家具和康复辅具等方式，破除老年人身边的"障碍""棱角"，有效提高老年人自主自立能力和居家安全性。2020年至今，江苏全省高质量完成了近14万户老年人家庭的适老化改造任务（具体情况见表2-2-3）。四是助力家庭赋能。开展失能老年人家庭成员照护技能免费培训，推广"喘息服务"，支持失能老年人短期入住养老机构获得专业照护，解决家庭成员的燃眉之急。

表2-2-1 江苏家庭养老照护床位建设情况一览表

年份	床位建设数量（万张）
2020年	0.48
2021年	1.4
2022年	1.47
2023年	2.0

表 2-2-2　江苏居家上门服务情况一览表

年份	上门服务人数（万人）	服务人数占比（%）
2018 年	150.8	8.4
2019 年	229.0	12.5
2020 年	240.0	13.0
2021 年	290.0	15.6
2022 年	300.0	15.4
2023 年	330.0	17.0

表 2-2-3　"十四五"期间江苏家庭适老化改造情况一览表

年份	适老化改造数量（万户）
2020 年	3.1
2021 年	3.3
2022 年	3.6
2023 年	4.3
合计	14.3

（二）倡导"社区安老"，为连接资源提供支撑平台

"十四五"以来，江苏各级民政部门积极推动构建社区"15 分钟养老服务圈"，发挥社区支撑家庭养老的重要作用，让养老服务触手可及。一是解决老年人"一餐热饭"。针对老年人"就餐难"问题，因地制宜采用中央厨房、长者食堂、商户挂牌、流动餐车、上门配送等形式，为社区老年人提供便捷的助餐服务。全省共建成老年助餐服务点 8145 家，2023 年助餐服务覆盖 92.04 万人、约 2204 万人次，发放助餐点建设、运营补贴以及老年人助餐补贴 2.12 亿元。二是满足老年人"就近服务"。"十四五"以来，全省共建成标准化城市街道综合性养老服务中心 493 家（具体情况见表 2-2-4），具备日间照料、短期托养、文娱活动、康复护理等功能；建设社区嵌入式养老服

务机构和服务站点1.8万个，覆盖85%的社区，同时积极推广银发顾问、互助养老等服务模式。通过缩短服务半径、畅通服务渠道，为老年人提供"家门口"的养老服务。三是提供老年人"有效看护"。聚焦高龄、独居、空巢老年人居家安全，推动各地依托基层组织和社区网格，采取上门探视、电话语音、视频连线、邻里互助等方式开展重点老年人定期探访关爱服务，防范冲击社会道德底线的极端事件。

表2-2-4 "十四五"期间江苏城市街道综合性养老服务中心建成情况一览表

年份	累计建成中心数量（家）	累计街道覆盖率（%）
2021年	237	45.0
2022年	377	72.1
2023年	493	94.3

（三）推动"机构颐老"，为刚需老人提供专业服务

养老机构既承担着为刚需老年人提供持续性、专业化照护的服务功能，也是养老服务产业发展的重要载体。全省共有在业养老机构2235家，床位40.8万张，入住15万人。一是保障兜底服务。对于有入住养老机构意愿且经济困难的特困、高龄、独居、空巢等老年人，发挥公办养老机构优势，优先提供住养服务。全省养老机构共入住特困供养、低保、低保边缘等民政保障对象3.8万人。二是强化失能照护。对于失能、半失能老年人，引导其入住护理型养老机构，接受专业化的长期照护服务，减轻家庭照料负担，提高老年人生活质量。护理型床位占养老机构床位总数的68%（具体情况见表2-2-5），50%以上的入住对象为失能老年人。部分养老机构设有认知障碍照护专区，提供有针对性的照护干预服务。三是拓展品质养老。积极回应"老有颐养"新期待，引导社会资本适度建设面向中高端需求群体的养老机构，以及类地产性质的持续照料型养老社区（CCRC），提供品质化、个性化的养老服务。关注老年人的社会参与和精神文化需求，在满足老年人老有所学、老有所为、老有所乐等方面提供多样化关爱服务。

表 2-2-5　江苏护理型床位发展一览表

年份	护理型床位数（万张）	机构床位占比（%）
2018年	22.9	54.0
2019年	25.1	61.0
2020年	25.3	63.8
2021年	25.7	65.0
2022年	26.2	67.0
2023年	27.7	68.0

二、主要做法及成效

近年来，在江苏省委、省政府正确领导下，全省民政部门持续发力，聚焦解决千万老年人急难愁盼问题，养老服务实现跨越式发展。服务对象由特困供养老人"小众"向社会老人"大众"延伸，服务供给由政府"单挑"向市场"共担"拓展，服务方式由以机构为支撑向居家、社区、机构融合发展转变，基本构建起具有江苏特色的养老服务体系，为解决中国式养老问题提供了江苏路径。主要采取了五个方面的举措：

（一）完善养老服务顶层设计

江苏连续多年将养老服务列入省委常委会工作要点、省委深改委工作要点、省政府工作报告，纳入高质量发展监测指标和民生实事内容。2022年，颁布修订后的《江苏省养老服务条例》，为养老服务高质量发展提供法制保障。在全国较早建立省养老服务联席会议制度，高位统筹推进养老服务体系建设。省政府出台《关于加快发展养老服务业 完善养老服务体系的实施意见》等7个文件。省民政厅联合相关部门制定《关于推动农村养老服务高质量发展的指导意见》《江苏省居家社区养老服务能力提升三年行动工作方案（2022—2024）》等80余项政策，涵盖基本养老服务、居家社区能力提升、农村养老设施建设、要素保障、综合监管等养老服务各领域、各环节。民政部将南京大城市养老服务等一批先进经验向全国推广。

（二）提升养老服务供给能力

"十四五"以来，江苏省级财政投入养老服务体系资金 27.8 亿元，其中 2023 年安排 9.4 亿元（具体情况见表 2-2-6）。制定基本养老服务指导目录，实行清单化管理、项目化推进。高龄老年人尊老金和经济困难老年人养老服务、护理补贴制度实现全覆盖。2023 年，发放 80 周岁以上老年人尊老金 24.7 亿元，惠及 280 余万老年人；发放经济困难老年人养老服务、护理补贴 1.5 亿元，惠及 10.12 万老年人。按照人均用地不少于 0.2 平方米的省级标准（国家标准为不少于 0.1 平方米），分区分级规划设置养老服务设施，积极推动居家社区养老服务设施建设"四同步"（同步规划、同步建设、同步验收、同步交付）。南京、无锡、徐州、南通、扬州入选"十四五"全国居家和社区基本养老服务提升行动项目地区，江苏是全国入选地区最多的地区之一。健全县乡村三级农村养老设施网络，建成运营县级失能失智特困人员集中供养中心 129 家、标准化农村区域性养老服务中心 236 家，建设示范性乡村互助养老睦邻点 1043 个。实现长期护理（照护）保险制度设区市范围全覆盖，减轻了失能人员及其家庭经济负担，扶持带动了养老服务机构运营发展，促进了医养资源配置效率提升。

表 2-2-6 江苏省级财投入养老服务体系建设一览表

年份	江苏省级财投入资金（亿元）
2018 年	8.3
2019 年	8.8
2020 年	8.8
2021 年	9.0
2022 年	9.2
2023 年	9.4
合计	53.5

（三）加强养老服务人才队伍建设

率先形成人才培养激励的系统性、制度化安排，对通过职业技能等级认定的在岗养老护理员，给予 500—5000 元不等的一次性岗位补贴；对在省内连续从事养老护理岗位工作满 5 年的普通高校和职业院校毕业生给予一次性入职奖励，最高标准达到每人 6 万元，为全国最高标准。民政部与省政府建立全国唯一的高层次专业化养老服务人才培养协作机制，江苏省民政厅与南京中医药大学共建全国首家本科起点的养老服务与管理学院。省内共有 83 所高职、中职院校和技工学校开设养老服务相关专业。实施康养人才培训提升行动，开展养老护理员"大练兵""大比武"，"十四五"以来全省累计轮训养老护理员 40 余万人次，12 万人次取得养老护理员职业技能等级证书。省政府将养老护理赛项纳入江苏技能状元大赛，引领养老服务领域"赛技能、筑匠心"。江苏还在全国率先建立养老护理专业技术职称体系，打通养老护理职业上升通道，实现了养老服务人才建设的重大突破。

（四）统筹养老事业和产业发展

江苏现有养老相关注册企业 4.1 万家，较 2021 年增长 56%，数量居全国第一（具体情况见表 2-2-7）。"十四五"期间，认定省级养老服务高质量发展示范企业 36 家，给予服务业政策支持。2019 年起，实施城企联动普惠养老专项行动，共争取中央预算内投资近 4.86 亿元，建设普惠性养老床位近 2.5 万张，带动社会投资超过 40 亿元。推动组建省康养产业发展集团，与民营企业优势互补，深度布局养老服务产业。连续 12 年举办江苏国际养老服务博览会，已成为长三角地区乃至全国具有较大影响力的养老服务专业展会。

表 2-2-7　江苏全省养老相关企业发展趋势表

年份	养老相关企业数量（万家）
2021 年	2.6
2022 年	3.7
2023 年	4.1

（五）提高养老服务监管效能

江苏成立省级养老服务标准化技术委员会，发布一批省级地方标准。入选全国养老机构等级评定先行先试省份，全省等级养老机构占比超过 70%，其中五级养老机构 38 家。制定养老服务市场失信联合惩戒对象名单管理实施办法，规范养老服务市场秩序。深入开展非法集资隐患排查整治和打击整治养老诈骗专项行动。率先完成国务院交办的养老机构消防审验任务，妥善化解历史遗留问题，提升养老机构本质安全水平。

三、存在问题和主要短板

随着江苏人口老龄化进程加速和经济社会发展，当前养老服务发展面临的主要问题是老年人日益增长的美好生活需要与不平衡、不充分的服务供给之间的矛盾，与"走在前、做示范"的要求还有一定差距。主要体现在五个方面：

（一）体制机制不够健全

养老服务工作涉及多领域、多部门，在部门协同、政策衔接、资源整合方面还存在一定的制度性壁垒。政府、市场、社会、家庭、个人的责任边界尚未完全厘清，政府缺位、越位、错位的现象不同程度存在，市场、社会和家庭的作用未得到充分发挥。实务界和理论界对于教育、医疗、养老三大公共服务的基本认识存在争议，社会层面对养老服务期望值高，但政府对养老服务投入远不如教育、医疗。养老领域涉及非法集资、养老地产社区、老年旅游、保健品消费欺诈等方面的部门监管职责还需进一步明晰。

（二）供需适配不够精准

机构辐射社区、社区支撑家庭的养老服务供给总量不足，与老年人实际需求匹配度还不高。在老年助餐服务方面，全省共建成助餐点8145家，约占城乡社区总数的40%；"十四五"以来累计助餐服务覆盖92.04万人，约占高龄老年人口的33%，仍有拓展空间。目前居家上门服务和社区服务以提供生活性照料服务、社区文娱活动等内容为主，高龄、失能老年人家庭需求较大的居家照护、康复护理等专业化服务和社区嵌入式护理型养老机构服务供给不足。少数优质养老机构"一床难求"与多数养老机构床位闲置现象并存。总体而言，机构养老需求释放不充分，其中既有传统观念和支付能力的制约，也有供需结构矛盾的深层次原因。"十三五"时期政策导向侧重养老机构床位量的扩张，部分地区养老机构规划建设系统性不强，建设选址、床位规模有的偏离了实际需求。高龄老人和失能老人对机构住养需求高，有的低收费养老机构护理型床位少，护理人员层次低，缺乏专业化照护能力，而有的优质养老机构收费普遍较高，与老年人心理预期不符。

（三）地区发展不够均衡

从区域看，苏中、苏北本地劳动力流出多，常住人口老龄化率高于苏南地区，而养老机构设施供给明显低于苏南，具体表现之一就是苏南、苏中、苏北地区养老机构床位总数分别为17.11万张、9.11万张、13.48万张（具体情况见表2-2-8）。从城乡看，乡村人口老龄化率高于城镇10个百分点以上（具体情况见表2-2-9），但乡村养老机构大多存在设施不完善、专业人才短缺、服务水平不高等问题。随着城市化进程发展，农村"空心村"现象普遍，大量留守老人养老服务需求日趋凸显。

表2-2-8 江苏全省养老机构床位分布表

设区市	养老机构床位数（张）
南京	44164
无锡	41936
徐州	43709
常州	23586
苏州	49915
南通	54441
连云港	12128
盐城	35867
扬州	23389
镇江	17846
泰州	20407
宿迁	21181
淮安	19742
合计	408311

表 2-2-9　第七次人口普查江苏城乡老年人口数量及结构

	总人口数（万人）	老年人口数（万人）	老龄化率	其中													
				60-64岁		65-69岁		70-74岁		75-79岁		80-84岁		85-89岁		90-94岁		95-99岁		100岁及以上	
				数量（万人）	占比	数量（万人）	占比	数量（万人）	占比	数量（万人）	占比	数量（万人）	占比	数量（万人）	占比	数量（万人）	占比	数量（万人）	占比	数量（万人）	占比
乡村	2250.56	715.99	31.81%	164.29	7.3%	197.51	8.78%	143.83	6.39%	97.25	4.32%	62.5	2.78%	35.38	1.57%	12.23	0.54%	2.69	0.12%	0.31	0.01%
城市	4026.93	695.99	17.29%	197.36	4.9%	191.46	4.75%	128.35	3.19%	79.55	1.98%	54.44	1.35%	30.9	0.77%	11.15	0.28%	2.47	0.06%	0.31	0.01%
镇	2197.31	438.68	19.96%	116.26	5.29%	122.2	5.55%	82.49	3.75%	54.82	2.5%	35.07	1.6%	19.33	0.88%	6.77	0.31%	1.55	0.07%	0.19	0.01%
全省	8474.8	1850.66	21.83%	477.91	5.64%	511.17	6.0%	354.67	4.18%	231.62	2.73%	152.01	1.79%	85.61	1.01%	30.15	0.36%	6.71	0.08%	0.81	0.01%
城镇	6224.24	1134.67	18.23%	313.62	5.04%	313.66	5.04%	210.84	3.39%	134.37	2.16%	89.51	1.44%	50.23	0.81%	17.92	0.29%	4.02	0.06%	0.5	0.01%

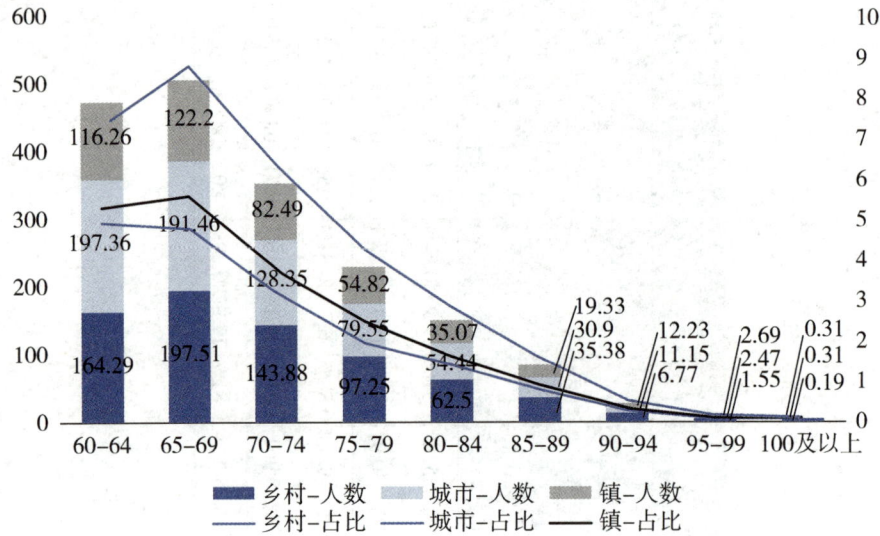

图 2-2-1　第七次人口普查江苏分城乡老年人口数量及结构

（四）医养结合不够充分

江苏 80 周岁以上高龄老人近约 300 万人，失能、半失能老人超过 150 万人，与老年人不断增长的健康养老服务需求相比，老年医院、护理院和综合性医院老年医学科等老年医疗服务机构总量还需增加。医养结合服务向社区、居家延伸不够，老年人需求较大的社区康复服务供给不足。2022 年全省老年人体检覆盖率在 70% 左右，社区健康管理服务水平有待提高。

（五）产业发展不够有效

养老产业的概念、定位不够清晰，产业发展统计工作制度还未有效建立。养老产品用品研发相对滞后，品牌化、规模化的养老服务龙头企业数量偏少。民营养老机构具有投资大、周期长、利润低、风险高等特点，在不计算土地成本的前提下，建设一张护理型养老床位平均投入为 18 万元左右，在保持稳定入住率基础上回报周期一般在 12—15 年，超出酒店、母婴、教培等行业 3—5 年周期。总体入住率未达预期。

四、发展形势分析

（一）人口结构呈现新趋势

从老年人口增长率看，预计到"十四五"末，江苏60周岁以上户籍老年人将超过2200万人，占人口比例达到28.9%（预计全国为21%）；到"十五五"末，江苏老年人口总数将超过2700万人，老龄化率超过34%（预计全国为26%）；到21世纪中叶，预测江苏人口老龄化率将达到40%（预计全国为35%）（具体情况见表2-2-10）。从人口出生率看，2016—2022年，江苏新生儿总量从77.96万人逐年下降到44.5万人（具体情况见图2-2-2），2023

表2-2-10 江苏全省户籍60周岁以上老年人口增长情况预测表

年份	老年人口总数（万人）	60周岁以上老年人口占比
2024年	2167.49	27.63%
2025年	2263.88	28.88%
2026年	2358.17	30.10%
2027年	2432.57	31.07%
2028年	2538.84	32.44%
2029年	2630.39	33.62%
2030年	2719.41	34.75%

图2-2-2 江苏全省出生人口趋势分析图

年江苏新出生人口40.92万人,创历史新低。分母变大,分子变小,老龄化率将加速加深。从区域差异看,"七普"数据显示乡村地区老龄化率达到31.81%,高于城镇地区13个百分点;常住人口老龄化率最高的南通(30.95%)和最低的苏州(18.11%)比例相差超过12个百分点(具体情况见表2-2-11)。老年人口存在城乡倒挂、南北倒挂的现象。

表2-2-11 江苏全省各设区市常住老年人口老龄化率一览表

设区市	常住人口老龄化率
南京	20.53%
无锡	21.17%
徐州	21.04%
常州	21.44%
苏州	18.11%
南通	30.95%
连云港	21.75%
淮安	24.27%
盐城	28.87%
扬州	27.11%
镇江	25.19%
泰州	29.29%
宿迁	20.32%

(二)养老需求展现新特征

一是居家社区养老服务需求持续增加。据抽样调查分析,居家老年人对于助医、精神文化和助洁服务的需求较高,需求率分别达到31.9%、22.6%和17.3%,其次助餐、助浴需求率分别在10%左右。"七普"调查数据显示,全省接近1/5的家庭是空巢老年人家庭(即一个家庭中所有常住人口都是60周岁及以上的老年人),总量约583.47万户、931.52万人,其中80周岁及以上的空巢老年人约占 15.7%，这部分老年人对于定期上门服务、探访关爱和防范化解居家安全风险的需求越来越迫切。二是养老照护需求增长迅速。据统计，全省人均预期寿命达到 79.96 岁，但平均健康寿命为 68 周岁，老年人有超过 10 年的"带病生存期"。随着高龄、失能老年人的不断增加，对于失能照护、康复护理、临终关怀等专业化服务需求将明显增加。而养老服务队伍的总量和专业化程度还不足，一线养老护理员和中高端养老管理人才均存在一定缺口。三是健康老年人服务需求多元。全省 2000 多万老年人中，大部分属于健康活力老年人，这部分老年人对于老年教育、老年旅游等"享老"需求不断增加。据抽样调查统计，全省 14.2% 的老年人一年旅游 1—2 次，20% 左右的老年人仍通过继续工作"发挥余热"，因此需要在做好老有所养的同时，进一步引导老有所乐、鼓励老有所为。

（三）产业发展面临新机遇

一是消费需求持续增长。2013 年全省地区生产总值跃升至 12.82 万亿元，人均达 15.03 万元，居全国各省、自治区之首。随着生活水平不断提高，广大老年人的服务需求正从保障生存型消费向品质生活型消费转变，特别是众多刚刚或即将进入老年的"60 后"，具备更丰厚的财富储备、更积极的消费观念，对养老服务的需求呈现多样化、个性化的趋势。二是产业规模持续扩大。据不完全统计，2018 年全国仅老年人照护市场规模就达 3000 多亿元，到 2030 年将达到 2 万亿元（江苏约占全国市场总量的 10%），可以带动养老护理服务、养老产品用品、养老设施设备、老年健康养生等关联业态发展。银发经济贯穿生产、流通、分配、消费全过程，涉及面广、产业链长，可以拉动 5—7 倍上下游相关产业消费，将成为经济增长新动能。三是有力带动居民就业。全省现有各类养老服务机构从业人员约 10 万人。养老产业吸纳就业容量大、弹性高、方式灵活，近年来发展迅速的居家上门服务、家庭照护床位、居家适老化改造等服务模式也催生了一批养老服务企业和从业队伍。

五、工作思路和对策措施

积极应对人口老龄化，统筹推进养老事业和产业发展，既是"国之大者"，也是"民之要事"，是提高老年人生活品质、增进民生幸福的现实需要，是促进家庭和谐进而促进社会和谐的必然要求，是提振实体经济、促进经济高质量发展的重要途径。江苏将坚持以习近平新时代中国特色社会主义思想为指导，强化积极老龄化理念，进一步完善体制机制，增强服务能力，优化服务供给，提高服务质效，着力打造更高质量的"苏适养老"服务品牌，为全省老年人带来稳稳的幸福，描绘好"强富美高"新江苏现代化建设新篇章的温暖底色。

在总体思路上，以养老服务供给侧结构性改革为主线，围绕养老事业政府主导、养老产业政府引导，重点把握好"促、去、降、补、优"五方面要求。一是促增长，增加"家门口"养老服务、医养结合服务供给；二是去空置，按需调整和增加机构护理型床位，提升失能照护能力；三是降成本，降低养老服务投入成本和交易成本；四是补短板，发展居家上门专业服务、普惠性服务和农村养老服务；五是优质量，健全标准体系，强化综合监管，协同推进老年友好型社会建设。

（一）聚焦"统资源"，凝聚部门联动合力

充分发挥省养老服务联席会议、"一老一小"工作协调小组等议事协调机构作用，强化养老服务体系建设工作统筹。党的二十届二中全会审议通过的《党和国家机构改革方案》和十四届全国人大一次会议审议批准的《国务院机构改革方案》，强化了民政部门推进老龄事业发展的重要职责。省民政厅将积极承担机构改革后统筹推进老龄事业工作的职能，将养老服务体系建设作为积极应对人口老龄化国家战略的重要支撑，加快形成党政领导、部门协同、综合系统的养老服务体系建设格局。

（二）聚焦"扩总量"，完善服务设施规划布局

引导各地在编制地方国土空间总体规划时，根据本地区经济社会发展水

平、人口结构、老龄化发展趋势，因地制宜提出养老服务设施用地的规模、标准和布局原则，"十四五"末全省养老机构床位数保持在40万张以上。落实养老服务配套设施用房同步规划、同步建设、同步验收、同步交付机制，推动各级民政部门纳入本级规划委员会。指导各地开展城乡居住区养老服务配套设施摸底核查，全面摸清存量现状，对于核查中发现的不符合标准的养老服务设施配套，通过行政执法、设施置换、执行罚款等方式整改到位。根据中央和省关于支持存量设施改建养老机构的部署要求，指导各设区市出台存量设施改建养老机构工作指引。积极推进培训疗养机构改革，鼓励有条件的国有企业将教育培训或疗养休养的闲置设施改造为养老机构。引导国有企业发挥自身优势，通过加大养老服务领域基础设施投资、参与公办养老机构改革等方式，与民营企业实现优势互补。鼓励基层医疗卫生机构利用富余床位开办非营利性医养结合机构，对符合条件的参照护理型养老机构标准给予建设运营补贴。

（三）聚焦"调结构"，优化分层分类服务供给

大力发展居家社区养老，每个城市街道至少建有1个标准化综合性养老服务中心，在街道、社区、小区形成衔接有序、功能互补的"15分钟养老服务圈"。结合老年人助餐服务需求，依托现有养老服务设施提升改造一批、依托有条件的养老机构开放一批、依托有资质的餐饮服务主体挂牌一批以及在老年人口密集地区新建一批，争取到"十四五"末老年助餐点总量达到1万家左右。普及社区"银发顾问"制度，为有需要的老年人提供政策咨询、信息查询、供需对接、资源连接等服务。坚持宜公则公、宜民则民，稳妥推进公办养老机构体制机制改革。针对高龄、失能老年人的刚性照护需求，重点发展护理型养老机构，争取到"十四五"末护理型床位占比达到70%以上，增加认知症照护床位1万张以上。引导社会资本适当建设面向中高收入老年人的高端养老机构，满足老年人品质化、个性化养老服务需求。加快推进养老机构等级评定，健全与评定结果挂钩的政策扶持体系，争取到"十四五"末通过等级评定的养老机构占比超过70%。

（四）聚焦"保基本"，完善基本养老服务体系

重点聚焦老年人因经济状况不佳、身体状况受限，面临家庭和个人难以应对的失能、残疾、无人照顾等困难时的基本生活和照料需求，按时更新实施基本养老服务目录清单。指导各地开展有需求的老年人综合能力评估，推动基本养老服务供给精准化。通过政府购买服务等形式支持高龄和经济困难老年人接受基本养老服务，争取到"十四五"末全省居家上门服务老年人占比不低于18%。建立健全公办养老机构入住综合评估和轮候制度，保障经济困难家庭中失能、残疾、空巢、独居老年人以及80周岁以上高龄老年人优先入住。积极有序拓展长期护理保险制度，为解决失能、失智老年人长期照护服务需求提供制度保障。

（五）聚焦"促普惠"，增加养老服务要素保障

省级财政根据地区人口老龄化、高龄老年人数量、经济发展水平等因素，足额安排养老服务体系建设资金预算并每年适当上浮，重点向苏中、苏北地区倾斜。省本级和地方各级社会福利事业彩票公益金用于支持发展养老服务的比例不低于55%。全面落实养老服务机构水电气热、税收、行政性收费等优惠扶持政策，将老年助餐点等服务设施列入居家社区养老服务设施清单并实施"有进有出"动态管理，推动养老服务降本增效。鼓励建设主要为中低收入老年人提供基本养老服务的普惠型养老机构，发展改革部门、民政部门加快推进普惠型养老机构签约认定工作，财政补贴资金重点向普惠型养老机构倾斜，让更多老年人住得上、住得起、住得好。鼓励各地制定养老服务整体解决方案，兑现支持"政策包"，保持养老服务价格合理稳定，让利于老人。

（六）聚焦"补短板"，提升农村养老服务能力

打造县乡村三级功能衔接的服务网络。县级层面，重点发挥县级失能、特困供养机构的主力军作用，为失能、特困人员提供集中供养兜底服务，为低收入家庭的失能人员提供价优质优的照护服务；乡镇层面，重点发挥乡镇敬老院支点作用，因地制宜转型升级，增强区域性养老服务中心综合功能，向社会老人开放空余床位，并拓展覆盖周边的居家上门、助餐助浴、康复辅

具租赁等综合性养老服务功能；村居层面，重点发挥村级互助养老服务设施的前沿阵地作用，整合现有资源建设农村睦邻点、幸福小院等，解决农村老年人就餐有着落、生活有人管、互助有组织、服务有场所等问题，并作为实施空巢、留守、高龄、失能老年人关爱巡访制度的载体。鼓励引导连锁化、品牌化养老服务企业拓展农村社会化养老服务，给予相应资金、政策倾斜。

（七）聚焦"强基础"，强化养老服务人才支撑

支持省内职业院校和普通高校开设更多养老服务相关专业，鼓励养老服务机构与院校合作设立实习实训基地。推广"物业＋养老""家政＋养老""护理＋养老"模式，鼓励执业护士、家政服务员、健康管理师等取证入职养老护理员，拓展养老服务人才来源渠道。大力推进养老护理员职业技能等级认定，省本级开展养老护理员技师、高级技师认定工作。开展养老护理专业技术职称评审，吸引更多高层次人才投身养老服务发展。支持和引导养老服务机构建立基于岗位价值、能力素质、业绩贡献的薪酬分配制度。定期选树"最美养老护理员"，强化正向宣传引导，提升养老服务职业尊崇感和社会认同度。

（八）聚焦"高品质"，协同推进老年友好型社会建设

引导广大老年人践行积极老龄观、健康老龄化理念，营造全社会友好关爱老年人的浓厚氛围。配合教育部门加快市县层面老年大学建设，推动老年大学向乡镇（街道）、社区延伸，探索养老服务机构与老年人学习场所共建共享模式。配合人社部门制定老龄人力资源开发利用的鼓励政策，健全老年人就业保障机制。配合发展改革部门实施"智慧助老"行动，协助老年人跨越"数字鸿沟"。配合住建部门推进与老年人密切相关的公共服务设施和居住小区无障碍改造，为老年人提供安全、便利、舒适的生活环境。

作者：沙维伟，硕士，主任医师，南京中医药大学、徐州医科大学硕士研究生导师，老龄文明智库养老模式与养老服务体系研究专业委员会首席专家；林莉，江苏省民政厅养老服务处处长；叶翔宇，江苏省民政厅养老服务处副处长。

江苏医养结合专业人才短缺与对策研究

许家仁　周建芳　刘世晴　李咏阳　蒋丽娟　尚柯　顾刘宝　杨俊

医养结合是将医疗卫生服务与养老服务相结合，面向居家养老、社区养老和机构养老的老年人，在提供日常生活照料的同时，提供老年人所需的医疗卫生相关服务。随着我国人口老龄化速度的加快和老年人口规模的大幅增加，失能、部分失能老年人口也在不断增加，老年人的医疗卫生服务需求和生活照料需求叠加的趋势越来越显著，健康养老服务需求日益强劲，有限的医疗卫生和养老服务资源以及彼此相对独立的服务体系远远不能满足老年人的需要，迫切需要为老年人提供医疗卫生与养老相结合的服务。为此，国务院印发了《关于加快发展养老服务业的若干意见》（国发〔2013〕35号）和《关于促进健康服务业发展的若干意见》（国发〔2013〕40号）等文件开始明确要求将医疗卫生服务和养老服务相结合。在2015年，国家卫生和计划生育委员会、民政部等九部委办局联合发布了《关于推进医疗卫生与养老服务相结合的指导意见》（国办发〔2015〕84号），要求进一步推进医疗卫生与养老服务相结合。在《"十四五"国家老龄事业发展和养老服务体系规划》中，将"深入推进医养结合"作为重点任务之一，要求开展医养结合能力提升专项行动，依托社区卫生服务中心、乡镇卫生院或养老服务机构、特困人员供养服务设施（敬老院），利用现有资源改建一批社区（乡镇）医养结合服务设施，重点为失能、慢性病、高龄、残疾等老年人提供医养结合服务，并着力构建包括健康教育、预防保健、疾病诊治、康复护理、长期照护、安宁疗护的综合连续、覆盖城乡的老年健康服务体系。

在医养结合服务供给中，老年医学相关的临床医生、护士、康复医师/治疗师等医务人员和养老护理员是重要的人力保障和服务基础。为此，本研究在2023年11月先后对江苏5家不同性质的养老机构进行实地调研，对230家养老机构负责人、437名养老护理员和187家医养结合机构的医务人员进行匿名在线问卷调查，并结合第七次全国人口普查（后文简称"七普"）关于老龄人口数据的分析与预测结果，对江苏医养结合人才需求与短缺情况进行评估，在描述医养结合人才建设现状和个案研究的基础上，为医养结合人才建设提出研究建议。

一、江苏医养结合人才需求与短缺情况评估

60岁或65岁以上的老龄人口，并不一定是被"养老"人口，他们只有在慢病状态，特别是在失能失智导致生活不能自理而需要健康照护时才会产生对医养结合服务的需求。为此，本研究通过对七普江苏数据的分析，首先描述和预测江苏人口老龄化情况，并基于老龄人口的健康分布特征，评估老龄人口的健康照护需求，进而研判医养结合人才的短缺情况。

（一）江苏人口老龄化及老龄人口健康状况

1. 江苏人口老龄化形势

江苏是全国最早（1986年）进入老龄化的省份之一。根据统计公报数据，2022年末，全省60岁及以上常住人口达到1974万人（居全国第二位），占常住人口总量的23.18%，高于全国3.38个百分点，较2021年末上升1.03个百分点。

根据历次人口普查数据，纵横向对比并总结江苏人口老龄化的现状与发展趋势，主要存在以下主要特征。一是规模大。根据第七次全国人口普查（2020年）数据，江苏有60岁及以上人口1850.53万人，65岁及以上人口1372.65万人，两个统计口径的老年人口数量都是位于全国第二位，仅次于山东省。

二是增速快。图 2-3-1 给出了江苏历次人口年份间的 65 岁及以上、80 岁及以上和 100 岁及以上的老龄人口的年均增长率的情况，可以看出，江苏老龄人口的比例，在第三次人口普查（1982 年）以后一直呈现增长的趋势，且高龄人口的增长速度更快，江苏的人口老化速度不仅加快了，而且高龄化的趋势也越来越明显，意味着对医养结合的服务有更高的需求。三是区域分布差异大。表 2-3-1 给出了江苏各设区市的总体人口老龄水平和城乡人口老龄化水平分布情况。从地区分布看，江苏人口老龄化水平最高的地区为南通市（22.67%），其次是泰州市（22.01%），两市均已经进入重度老龄化社会。老龄化水平最低的地区是苏州市（12.44%），比南通市低了 10.23 个百分点。而从城乡分布看，乡村人口的老龄化水平均超过城镇人口。其中，二者差值超过 10 个百分点的设区市为：南京（10.76）、常州（10.12）、南通（14.33）、淮安（12.82）、盐城（14.70）、扬州（17.02）、镇江（12.61）和泰州（16.45），差值最小的是宿迁（2.64）。

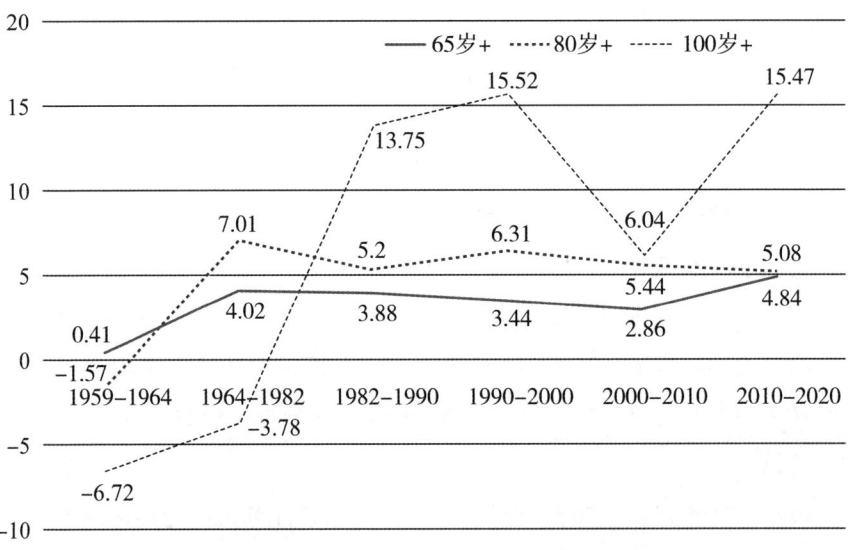

图 2-3-1　江苏历次人口普查常住老年人口的年均增长率

第二部分 老龄文明调查与研究

表 2-3-1 江苏各设区市人口老龄化水平（%）

	总体	城镇	乡村
南京市	13.70	12.28	23.04
无锡市	14.65	13.32	21.09
徐州市	14.72	12.27	19.39
常州市	14.88	12.56	22.68
苏州市	12.44	10.77	19.90
南通市	22.67	18.43	32.76
连云港市	14.63	12.19	18.53
淮安市	16.42	12.02	24.84
盐城市	19.88	14.60	29.30
扬州市	19.99	15.06	32.08
镇江市	17.51	14.92	27.53
泰州市	22.01	16.75	33.20
宿迁市	13.56	16.75	19.39
全省	16.20	13.09	24.68

注：表中人口老龄化水平为65岁及以上人口占对应总人口的比例，根据江苏省全国第七次人口普查数据计算而得。

2. 江苏老龄人口健康状况

江苏老年人口健康特征主要表现在：一是生活不能自理老年人口基数大。根据七普的10%抽样的长表调查结果，江苏60岁及以上的老年人口对自己的健康自评情况为："健康""基本健康""不健康但生活能自理""不健康、生活不能自理"的老年人占比依次为61.17%、29.31%、7.54%、1.98%，推至全部老年人口，江苏约有36.64万人的生活不能自理，这一数字不到官方估计的江苏失能、失智的老年人口数[①]的1/3，更多属于中重度的失能老年人口。二是老年

---

① 《江苏省老年事业发展报告（2021年）》数据显示，2020年江苏失能、失智的老年人超过135万人。

人口慢性病患病率较高。根据省卫健委的信息，全省60岁以上老年人患有慢性病比例为77.4%，80岁以上高龄老人患慢性病比例达85.3%。老年慢性病具有隐匿性、病因病情复杂、发病率高，且具备多系统多器官病变、疗程长、治愈率低、对疾病后续发展过程及结果的判断和估计差、个体化等特点。三是老龄人口健康状况区域差异较大。从地区比较看，苏州的老龄人口中生活不能自理的对象占比最低(1.33%)，而南通和宿迁的比例接近苏州的两倍，分别为2.60%和2.65%。从城乡比较看，大多数地市的乡村老人生活不能自理的占比更高一些。南通市的乡村老人中生活不能自理的比例已经达到2.90%。总体而言，各地市中，根据自评健康状况，南通市的医养结合服务需求总量明显高于其他地区。

表2-3-2 江苏各设区市老年人口中生活不能自理对象所占比例（%）

	总体	城镇	乡村
南京市	2.13	2.08	2.36
无锡市	2.07	2.06	2.11
徐州市	1.97	1.97	1.96
常州市	1.99	2.00	1.98
苏州市	1.33	1.33	1.33
南通市	2.60	2.38	2.90
连云港市	1.90	1.70	2.12
淮安市	2.07	1.87	2.27
盐城市	1.94	1.74	2.12
扬州市	1.47	1.34	1.62
镇江市	1.82	1.78	1.90
泰州市	1.87	1.83	1.90
宿迁市	2.65	2.52	2.78
全省	1.98	1.89	2.14

（二）江苏医养结合人才需求与短缺评估

考虑到江苏的医养结合服务正处于发展期，2023年刚刚实现了长期失能护理保险制度的全面覆盖。为此，研究基于两方面的信息对江苏医养结合人才的需求与短缺情况进行评估：一是基于全省的医养结合机构数量的评估；二是基于人口预测数据的养老护理员评估。

1. 基于全省医养结合机构数据的评估

根据省卫生健康委统计数据，截至2023年9月，全省医养结合机构合计976家。其中，两证齐全的医养结合机构共869家（占比89%），纳入医保定点的医养结合机构736家（占比75%）。医疗床位约7.6万张，养老床位约13.6万张。共有医疗卫生服务人员约4.1万名，养老服务人员约2.9万名，养老护理员约2.0万名。多数机构人员配备未能达到国家民政局基本建设标准要求。以护理院为例，截至2023年9月，全省共有护理院303家，医疗卫生服务人员约1.9万名，总床位8.75万张，医疗床位4.51万张。执业（助理）医师3263名，护士8624名，养老护理员10757名。对照《护理院基本标准（2011版）》，达到"每床至少配备0.8名护理人员"的50张床位及以上的机构60家，占比19.8%。未达标机构缺少护士1.40万人。达到"注册护士与护理员之比为1∶2—1∶2.5"的50张床位及以上的机构121家，占比12.4%。

2. 基于七普数据的养老护理员需求评估

因老年人口的失能情况与年龄高度相关，而江苏的老年人口又处于高龄化发展的阶段。研究利用七普的江苏分年龄人口数据、老年人口健康自评数据和江苏省第七次全国人口普查"人口预测"课题的人口预测中方案数据，对江苏的轻、中度失能老年人口和重度失能老年人口的规模进行了估测，进而对照民政部行业标准《养老机构岗位设置及人员配备规范》（MZ/T187—2021）的最低配置要求②，按照每12位轻、中度失能老年人口配一名护理员、每5位重度失能老年人口配一名护理员的配置标准，对江苏当前和未来一段时间内的医养人才的需求情况进行了估测。目前，江苏的养老护理员数量最

---

① 《江苏试点六年，今年全面推广长护险，让失能人员家庭"喘口气"》，《新华日报》2023年9月24日。

② 按照《养老机构岗位设置及人员配备规范》的要求，养老护理员配备比例为：部分自理老人1∶8—1∶12；完全不能自理老年人1∶3—1∶5。

低需求数接近 25 万，但江苏目前养老护理员仅 6 万人左右。①考虑到目前仅仅是按照养老机构的最低标准进行估测，实际还存在中高端的养老机构人员配置需求，上门失能护理服务的效能降低需求引发人数增加等问题，这个需求缺口更大。江苏对养老护理员的需求估测结果具体见表 2-3-3。

表 2-3-3 江苏养老护理员需求估测　　　　单位：人

年份	轻度失能老年人口数	中度失能老年人口数	重度失能老年人口数	养老护理员需求数
2020	1623503	282886	248076	208481
2025	1944718	343250	303423	251348
2030	2375467	428944	377847	309270
2035	2752818	506952	466189	364885
2040	3030465	570139	559071	411864

二、医养结合人才建设现状描述

（一）高频出台系列政策，多方位育才留才

一是加大育才支持，提升人才质量。努力造就一支素质优良、技能精湛的养老服务人才队伍，是打造供给高质量、普惠高水平、享老高品质的"苏适养老"服务体系，满足广大老年人专业化养老服务需求的强基工程。近年来，江苏形成了学历教育、实习实训、职业培训"三位一体"的养老服务人才培养模式，职业化、规范化、专业化的养老护理人才队伍日渐壮大。2021年，江苏省民政厅与南京中医药大学合作共建全国首家本科学历起点的养老服务与管理学院，目前共有在校本科生 526 人、研究生 66 人；全省 83 所中高职和技工院校开设养老服务相关专业，在校学生超 5.8 万人；优化养老护理员评价制度，3 年来，会同有关部门联合评估备案 147 家社会化职业技能

---

① 任欢、苏雁：《让养老服务人才有奔头有劲头》，《光明日报》2023 年 10 月 6 日。

等级认定机构，超过11万人次获得养老护理员职业技能等级证书，人才建设步入了快车道。江苏各地全方位加强养老服务人才培养培训，人才发展举措从"有没有"向"好不好"转变。盐城市每年举办养老护理培训师、老年人能力综合评估师、养老服务膳食师和养老护理员、职业技能等级认定督导员、职业技能等级认定考评员"三师三员"培训；南通市将"居家养老照护"列入职业技能培训合格证书目录，组建专家库，编写培训大纲和教材，形成一整套高标准的居家养老照护培训体系；徐州市规范养老服务从业人员职业行为，从仪表着装、服务流程、服务标准等方面予以规范，为老年人提供更加优质、更加贴心的服务。

二是专项福利与待遇，诚心留住养老人才。养老服务行业，尤其是一线服务人员，不仅工作强度大，职业上升通道不畅，而且薪资待遇不高，社会认可度也不高。近年来，江苏聚焦长期以来的痛点问题，在完善职业技能等级认定、打通晋升渠道、提高薪资待遇等方面提供了实实在在的福利。2021年，多部门联合印发了《关于加强养老服务人才队伍建设的实施意见》（苏民养老〔2021〕17号），制定养老护理员一次性岗位补贴、入职奖励、特殊岗位津贴等一揽子激励制度。2021年以来已发放各类津补贴4000余万元，惠及1.5万余名养老服务人员；尤其是2023年7月发布的《江苏省养老护理专业技术资格条件（试行）》（苏职称〔2023〕42号），在全国率先建立起养老护理专业技术职称体系，打破了养老服务人才成长的"天花板"。各地也多措并举，着力破除人才使用、评价、支持、激励等体制机制障碍。南京市将养老服务人才纳入积分落户办法，从事养老服务工作每满一年，可增加积分10分；淮安市做优服务保障，对表现优秀、家庭困难的养老护理人员进行帮扶救助，2022年共支出帮扶资金7.6万元；连云港市对符合相关规定、连续从事养老护理工作满2年且仍在岗工作的，按学历水平给予2万—4万元的一次性入职奖补。

（二）成效初显，更多人才逐渐聚力"苏适养老"

目前，江苏已建成二级以上老年医院66家，二级以上公立综合医院设置老年医学科比例达80%，累计建成护理院303家，约占全国总数的1/3，老年医院、护理院数量均居全国第一。城乡联动创新建设133家社区医院，基层医疗卫生机构以服务老年人为主的床位数超过4万张。此外，全省已建成老年病科、康复科等服务老年人的基层特色科室378个。全省共有各类老年医疗卫生专业技术人员6万余人，在医养结合机构工作的有3.2万人。省政府与民政部共建高层次养老人才培养项目，"十四五"以来全省累计轮训养老护理员37.2万人。

1. **医养结合机构医生人才方面**

根据医护问卷调查数据，被调查医生平均年龄为35.9岁，60岁以上的执业（助理）医生占15.64%；文化水平以大专以上居多（占比84.36%）；收入情况以每月8000元以下为主（占比70%）。从事本职工作时间以10年以上为主（占比51.67%）；绝大多数为正式员工（占比92.22%）。被调研医生基本能够胜任机构服务人员的工作，但绝大多数医生仍认为需要来自医院的培训帮助。所有医养结合服务机构都会对医生进行岗前专业知识评估考核，仅进行一项考核的机构占20.57%，大多数机构都进行2项及以上的考核。92.2%的医生认为需要培训，70.92%的医生最希望任职的医养结合服务机构能够提供到专门培训机构进行培训的机会。全部医生都需要医院提供带教帮助，最受欢迎的带教方式是现场教学，71.63%的医生希望医院提供现场教学的带教方式。医生最希望获得的专业知识帮助是关于常见病、多发病的诊治服务（占比79.43%）；医生最希望获得的是冠心病相关的专科知识（占比64.54%）。执业（助理）医生最看重的三个因素依次是离家近、工作氛围、薪资待遇。

2. **医养结合机构护士人才方面**

根据医护问卷调查数据，被调查护士基本为女性（占比95.2%），平均年龄34.18岁，超过半数已婚（占比52.07%），学历以大专、本科为主（占比65.91%），收入以2000—5000元为主（占比61.04%），工作时长以1—5年居多，职称以初级职称为主，高级职称护士比重小，绝大多数为正式职工（占比94.18%）。被调研护士大部分认为自己能够满足医养结合服务机构的服务需求，超过半数护士认为需要带教帮助。护理操作检查是医养结合服务机构护士岗前资格证明中比率最高的检查方式，85.54%的护士岗前接受2项及以上的资格审查，接受一项资格检查的护士仅占 14.46%。医养结合服务机构的护士最希望机构能够组织短期岗前集中培训（占比 64.06%）；59.24% 的护士希望获得依托医院提供的带教帮助，67.80% 的护士最希望通过现场教学的方式获得医院的帮助；70.85% 的护士最希望获得常见病、多发病的诊治服务相关的知识；81.69% 的护士希望能够提升急救相关的护理医疗技术。

3. 医养结合机构护理员方面

根据护理员问卷调查数据，被调查护理员中女性占比达 85.4%，平均年龄为 52.31 岁，婚姻状况以已婚居多（占比 89.83%），文化水平以初中及以下学历为主（占比 73.97%），平均受教育年限为 8.5 年。护理员以养老护理员为主，医疗护理员占比低。养老护理员人数占比为 98.07%，医疗护理员仅占比 7.93%。护理员多数是正式员工（占比 90.49%），持证率达 80.45%，初级护理员占 57.99%。当前护理员一般每周同时照顾 6—8 个老人，与期待较为一致。机构护理员从业时间以 1—5 年为主（占比 49.27%），平均从业年限为 4.48 年。护理员当前收入水平以 2000—5000 元为主（占比 76.6%），照顾失能或失智老人的护理员占九成以上（占比 90.49%），单纯照顾自理老人的护理员占比仅为 9.51%。被调研护理员超过半数希望依托医院提供带教帮助，绝大多数护理员希望带教帮助以现场教学的形式进行。医养结合服务机构的护理员最希望得到的专业知识帮助是日常生活护理，最希望得到提升的三项技能是老年人常见病照护、老年康复相关照护、急救技能，最希望接受训练的方式是养老机构组织的短期岗前集中培训。超过 88.77% 的护理员认为医养结合服务机构的养老服务需要专业人才。

4. 医养结合机构其他人员方面

根据机构负责人问卷调查数据，过半的机构（占比 53.52%）尚未配置营养师。被调研机构共有 33 名营养师，其中 32 人持有资格证书，未持有资格证书的营养师仅 1 人。近半数的机构（占比 47.89%）未配置康复师。被调研机构共有 60 名康复师，其中 93.33% 的康复师持有资格证书。

表 2-3-4　机构各类职工规模分布情况

特征	规模	机构数（个）	构成比（%）
营养师人数	有	33	46.48
	无	38	53.52
康复治疗师人数	0人	34	47.89
	1—5人	36	50.7
	5人以上	1	1.41
社工人数	0人	35	49.3
	1人	27	38.03
	2人	5	7.04
	3人	4	5.63

（三）人才问题依然是制约医养结合发展的关键瓶颈

尽管目前江苏已经初步建立起养老人才建设的创新政策体系，以多方面举措力图化解难题，并且初显成效。但是，目前江苏仍然存在巨大的医养结合专业人才缺口，分析其原因，可以归纳为三方面：

1. 引人困难

主要表现为虽有医护等专业人才应聘，但多为刚刚毕业的、大专学历和尚未取得执业（助理）医师资格的人员，这部分人在招聘市场上的首选是医疗机构，但因找不到期望工作，才来养老机构。少量已经有工作经验的医护人员应聘养老机构，主要是从私立医院或西部地区跳槽而来，想摆脱原有机构的绩效压力或地区整体发展环境差的问题。总体而言，应聘人才质量尚未达到机构期望，人才梯队难以建立。而护理人员的应聘者往往就很少，机构直接招聘大多面临无人应聘的局面，更多需要依靠中介机构，且基本不作年龄、学历、既往经验和执业资质等要求。即便如此，大多数机构仍然存在招人困难的问题，不少人即使应聘，也在15天左右的试用期内因接受不了工作内容而走人。由分析可知，引人困难的主要成因有社会认可度低、人才培养未跟上、医护人才自身短缺和多点执业仍存在障碍等。研究认为目前省级和地市级出台的人才政策定位有待调整、吸引力仍然不足、力度也有待加强。

2. 用人不畅

主要表现是员工职业成就感和行业归属感不高，职业忠诚度低。员工很少以工作为荣，访谈中，多位护理员表示感觉自己的工作低人一等，甚至不愿意和家人、朋友说自己的职业和工作内容。医护人员也认为在护理院不能很好地学以致用，工作内容非常局限和单一，既有的知识和技能不能充分发挥，也很难学习到新的知识和技能。同时，由于大多数养老机构没有人才梯队和多团队工作的支撑，面对老年人病情复杂、发展迅速等特点，工作压力也往往比较大。同时，由于老人及其家属的信任危机，医护人员也面临权威性缺乏、老人依从性差等问题，职业成就感远不及医疗机构的工作人员。医养结合机构的组织模式和人才建设方式、政策的引导方向和人才的培养方面都要据此进行调整。

3. 留不住人

用人不畅还引发了留不住人的问题。主要表现为人员流动性大，离职率高。使得机构一方面用高强度工作应对人员短缺的局面，另一方面在增加薪资提升运营成本和老人的低消费欲望与低购买力之间不断权衡，部分机构也因此以低质量、甚至是不规范的医养服务供给作为权宜之计。目前医养结合机构留不住人的主要成因在于：薪资待遇过低、护理工作又脏又累、工作强度过大、工作时间长等等，更深层次的原因在于养老行业整体发展不景气与不成熟。医养结合机构的管理思维、政府的督导和社会氛围等方面都要因此而作出积极的转变，养老行业的高质量发展更是迫在眉睫。

三、江苏医养结合人才建设成功个案研究

在江苏积极探索医养结合人才队伍建设的过程中，各地结合自身优势资源取得了不少实践突破，形成诸多富有特色的典型案例，对未来推进医养结合高质量发展更具鲜活的指导意义。为此，本研究选取一家医疗机构运营的非营利性养老机构——南京江宁沐春园护理院，以及一家公建民营医养一体化发展的营利性养老机构——南通市北养老院作为典型案例，剖析其特色做法，并在全省范围内推广其成功经验。

（一）南京江宁沐春园护理院

南京江宁沐春园护理院（江宁区社会福利中心）成立于2015年12月，由南京市江宁区政府投资建设，江苏省老年病医院（江苏省省级机关医院）全面运营管理的非营利性机构。院区总占地面积5.39万平方米，总建设成本2.58亿元，开放床位684张，其中医疗床位（护理院资质）212张，是省医保、市医保、市长期护理险服务机构，在院老人510人左右，床位使用率90%以上。沐春园护理院总体布局分为住养区（自理老人）、颐康区（半失能）、护理区（失能、失智老人）及综合服务区，"医康养护"一体化管理，形成了以医养结合、老年康复、慢病管理、失能失智照护、安宁疗护等为特色的服务品牌，获得国家卫健委"全国医养结合典型经验""全国医养结合示范机构"及江苏省民政厅"江苏省五级养老机构"等称号，在服务规模、品牌影响力方面有一定的示范效应。

沐春园护理院目前有职工302人，医、护（包括护理员）、技各类专业人才配备充足，队伍基本稳定。其中医生30人（含多点执业15人）、护士59人、护理员121人、康复治疗师5人、医技2人。调查时点，沐春园护理院的人员基本满编，仅分别缺医生1人、护理员1人。招人方面基本能满足需求，困难相对较小。但人才流动性也成为机构发展的制约因素之一，以2023年为例，至11月中旬，机构有13名护理员、4名医生和2名护士辞职。护理员辞职的主要原因是无法适应工作，而医生护士辞职的主要原因是个人有更好的发展机遇和家庭原因。

沐春园护理院在专业人才队伍上相对于一般养老机构来说是相对稳定和相对配比较高的机构。机构目前不仅能有很高位的床位使用率，而且能保持盈亏平衡，其在人才建设方面的主要经验有：一是搭建高效稳固的运营管理团队。运营管理团队由医院派出，包括主要管理人员和医护技骨干，成为护理院专业、特色、口碑的重要保证。二是重视人员分层级培训。每年选派骨干参加老年医学人才培训、老年专科护士培训（包括安宁、老年、营养、糖尿病、伤口等专科护士）及各类继续教育，提供员工参加培训、教学、成长的机会和平台。三是建立较为完善的职业激励机制。在职务职称晋升、绩效分配、福利待遇上，向一线专业人员倾斜。与所有员工规范签订劳动合同，缴纳五险一金，保障正常休息。明确管理架构，在用人上以内部晋升为主，给予员工职业上升通道。

四是建立多院融合共建模式。护理院与南京医科大学护理学院、南京中医药大学、江苏卫生健康职业学院等院校建立科教合作关系，积极引领医养结合标准化、规范化建设，全面促进医养结合学术研究和人才培养。五是聘请与重用已退休专家。聘请有经验的退休老主任、老专家，开展查房、质控，总体把关医疗护理质量，同时承担带教年轻人的职能。退休专家的使用，不仅降低了机构的用人成本，而且提升了机构的人才质量，稳定性也相对较高。

（二）南通市北养老院

市北养老院是公建民营的营利性养老机构，为上海申丞医疗投资控股有限公司连锁经营的医养结合机构之一。集团公司目前主营业务有医疗机构、养老机构和居家养老服务组织。目前该集团构建了机构、社区、居家一条链式养老服务体系，探索创新医养结合型护理院、流动护理站、嵌入式"长者之家"、居家式上门服务养老模式。市北养老院的院区位于南通市崇川区，占地面积2.3万平方米，建筑面积约1.85万平方米，开设床位700多张，目前在院老人390名。设置综合内科、康复中心、老年健康管理中心、认知训练中心、中医养生馆、检验科、超声影像科、临终关怀科等十余个科室，毗邻社区卫生服务中心，是目前南通市规模较大的护理及养老型机构。机构全方位提供生活照护、医疗支撑、康复理疗、营养餐饮、娱乐活动、情感慰藉、安宁照护等专业化服务。获得江苏省卫健委"医养结合示范机构"及江苏省民政厅"江苏省五级养老机构"等称号。

市北护理院目前在职员工257人，其中医生29人、护士61人、护理员87人、康复12人，目前机构也基本不缺编。机构运营与发展面临的挑战之一是人员流动频繁的问题。2023年，截至11月中旬，医生离职人数2人（离职原因：1人想考公立医院、1人考到了社区卫生服务中心），护士离职人数6人（离职原因：1人想考公立医院、1人想回户籍地发展、2人找到更好的工作单位、2人不适应本院工作内容），技师离职人数1人（离职原因：不适应工作内容），护理员离职人数9人（离职原因：需要回家照顾家人、需要回家帮忙带小孩、个人身体原因）。

为留住人才，机构的主要做法有：一是资源向一线倾斜。为让一线工作人员更有获得感、集体感和成就感，机构一方面注重员工的福利待遇，在每个节日都发放员工福利，春节、中秋等节日在岗员工都会有节日现金红包，每位员工有生日福利。另一方面，给予医护人员在机构内更高的显性地位，开会时医护主管坐第一排，其他中层、楼栋护士长坐后排。同时，该机构的医护人员比行政管理人员的工资待遇更高，以副主任医师和护士主管为例，他们的收入约比中层管理者多3万—4万元/年。二是待遇留人。机构给每位员工都按要求缴纳"五险一金"，从护理员的访谈可以看出，这是吸引他们继续工作的重要原因之一。同时，机构为员工提供院内免费宿舍和一日三餐，既方便他们的工作（特别是12小时工作制的护理员工作），也节省其生活开销。三是实施护理员转介绍奖励机制。因护理员年纪较大，大多无法使用网络招聘渠道应聘。机构在依靠中介招聘的同时，采用现金奖励的方式激励老护理员，奖励护理员介绍新人入职。因是熟人转介，新人入职前对工作性质有更多的心理准备，新人对机构也更有信任感，且用老护理员带教新员工，培训效果更佳，留住率相对较高。四是注重情感留人。企业建立员工和管理者思想联络通道，关注员工日常心理状态，践行"员工愉色，老人愉色"的运营理念和"比家更温暖"的后勤保障宗旨，在劳保用品、劳动防护器材、职业体检、文化活动方面多从员工的需求角度着想，不吝啬。各部门在定期召开工作会议的同时，及时了解员工所思、所想、所愿，待员工如家人。建立实施婚丧嫁娶拜访制和生病住院慰问制，增进单位与员工的感情交流。

四、江苏医养结合人才建设对策与建议

针对在医养结合人才方面的巨大缺口和主要人才建设瓶颈问题，汲取个案机构的经验做法，对江苏的医养结合人才建设工作提出如下对策与建议：

（一）转变年轻偏好理念，创新人才政策和引人思路

无论是从现行政策还是机构管理来看，都有较为强烈的年轻人才偏好。现行政策中，养老护理员补贴政策要求补贴对象的年龄小于50周岁，工伤保险的年龄也仅限于法定退休年龄，人社就业培训政策也将老年再就业对象

排除在外,刚刚出台的《江苏省养老护理专业技术资格条件(试行)》的潜在受惠对象也以年轻群体为主。而从企业来说,年轻人体力好、技能学习快、用工风险低、潜在的用人时间可能更长等也是其产生年轻偏好的原因。但从现实用工和养老相关专业的毕业生就业流向看,年轻人不肯入、待不住、留不住是不争的事实,这是多方原因所致且短期内无法彻底改变。因此,政策和用人单位要更多看到中老年劳动力在目前养老行业的贡献和他们的从业优势,善待并吸引他们更多从事医养结合服务。建议:一是改革养老护理员补贴政策。将已经超过 50 岁的养老护理员同样纳入补贴对象,消除这类对象感受到的年龄歧视与不公平感,促进有能力者继续从事护理员工作。二是改革人力资源与社会保障相关制度。不以年龄设限工伤保险,而以健康状态作为前提设置保险范围。三是出台退休医护人才到医养结合机构激励政策。支持机构用好退休专业人才,鼓励退休专业人才继续社会参与,发挥个人价值。四是加强对照护老人的奉献与爱心的宣传。养老服务人员,特别是养老护理人员,不仅从事着超强度的工作,要处理老人大小便、褥疮等,而且还常常面对死亡、衰弱与失智,极易产生心理和生理不适。从事一线养老服务,不仅要有很好的体力,还需要有很强的爱心和心理承受能力。但他们的奉献和爱心,不仅没有得到社会的广泛认可,反而遭到社会的歧视。政府需要加强干预,通过社会表彰、行业宣传等措施转变大众观念。

(二)畅通渠道,用好医养结合专业人才

与医疗健康服务不同,养老服务的产业和事业发展还处在起步阶段,行业形象、行业标准和行业规范都还有待完善。目前医养结合发展中的专业人才晋升渠道、培养渠道和使用渠道仍不够通畅,一定程度上也造成了目前引不进人和留不住人的局面。建议:一是畅通晋升渠道。宣传江苏已经实施的最新临床医疗和护理人才政策,促进基层管理者和专业人才对政策的熟悉度。改革现有政策,在医养结合机构工作的医生、护士,可参照在乡镇卫生院、社区卫生服务机构工作人员评价标准,参加相应专业的卫生专业技术资格评审。对医养结合机构专业技术人员取消论文、科研和职称外语的要求,重点评价其基层医疗服务能力和水平,鼓励满足条件的专业人员申请高等级专业资格和职称。激励

机构将职称级别和专业等级与岗位和收入挂钩。二是畅通培训渠道。由民政和卫生部门牵头，建立联合培养平台与机制，促进专业医疗机构为中小医养结合机构和有意愿到养老机构工作的个人提供培训。提供更多慕课教学、线上培训、专家深入机构现场教学等灵活培训机制。三是畅通使用渠道。一方面继续放宽多点执业许可，促进更多医生、护士、康复等医疗专业人才的多点执业。另一方面，将符合一定标准的医养结合机构纳入基层卫生机构管理范畴。四是畅通多元共建渠道。通过企业税收减免、校企共建基地补偿等政策优惠和财政资助，鼓励企业与职业院校、养老机构合作，共建养老护理培训基地，扩大培训规模。鼓励企业设立养老护理人才培养专项基金，培育养老护理市场和行业品牌，鼓励社会慈善组织加大对养老护理人才培养支持力度。

（三）改善用工环境，以福利待遇留住人才

待遇过低、工作强度过大和职业成就感低，是目前医养结合机构留不住人的主要原因。要留住人才，改善用工环境与提高福利待遇是根本。目前养老服务行业存在需求端低消费意愿和能力与供给端高质量发展成本提升的矛盾，仅靠市场的自我调节机制难以改变局面，存在市场失灵的可能。为此，需要政府介入，力争有效化解矛盾，形成良性循环，促进形成高质量发展对消费信任和消费意愿的双提升局面。建议：一是借助等级评定机会，促进养老机构完善薪酬制度和落实社会保险福利待遇。建立基于岗位价值、能力素质、业绩贡献的工资分配机制，科学评价技能水平和业绩贡献，强化工资收入分配的技能价值激励导向，促进医养专业人才薪酬合理增长。二是宣传良性发展机构的人才建设举措，形成行业示范。通过典型案例总结与宣传，对目前已相对形成的制度留人、待遇留人、感情留人、环境留人等经验进行总结与分析，通过案例机构的管理者宣讲、现场考察等方式进行广泛宣传，形成行业示范效应。三是加强政府监督，促进市场良性发展。对降低服务标准、超强度用工、不落实"五险一金"社会保障待遇、做假账等行为的机构加强监督、严厉打击，减少不良机构恶意竞价机会，以可持续发展的供给价格，形成需求端的合理消费预期和供给端的高效成本管理与服务提供，促进市场良性发展。

作者：许家仁，江苏省老年医学学会会长，中国老年医学学会副会长，博士，教授，主任医师，博士生导师，江苏省老龄事业发展研究会副会长；周建芳，南京邮电大学社会与人口学院副院长，博士，教授；刘世晴，江苏省老年病医院副院长，硕士，主任护师；李咏阳，南京江宁沐春园护理院院长，主任护师；蒋丽娟，江苏省老年健康服务指导中心办公室副主任，硕士，副研究员；顾刘宝，江苏省老年病医院临床流行病学研究室副主任，博士，副主任中医师；杨俊，江苏省老年病医院副院长，主任医师。

指导：邱泽森，江苏省卫生健康委员会副主任，江苏省老龄工作委员会办公室常务副主任，硕士，老龄文明智库老年医养与生命质量研究专业委员会首席专家。

主要参考文献

1.《江苏省老龄事业发展报告（2021年）》，2021年9月30日

2.《关于进一步推进医养结合发展的指导意见》，2022年7月18日

3. 任欢，苏雁.让养老服务人才有奔头有劲头.《光明日报》2023年10月6日

4. 康蕊.医养结合对养老机构经营状况的影响.《北京社会科学》2023年第11期

5. 王亦冬，乔适，远航等.基于政策工具视角的医养结合服务政策对比分析.《中国卫生经济》2023年第11期

6. 刘瑞韫，陆方，刘羽佳.政策工具视角下医养结合机构医生相关政策分析.《卫生经济研究》2023年第11期

7. 胡秀丽，陈成文.从"医养结合"看居家医疗服务的政策选择.《江西社会科学》2023年第10期

8. 江苏试点六年，今年全面推广长护险，让失能人员家庭"喘口气".《新华日报》2023年9月24日

江苏省老年中医药康养现状、问题及政策研究

朱岷 郑晓红 高静 汪海波

中医药学凝聚着深邃的哲学智慧和中华民族几千年的健康养生理念及其实践经验。当前，人口老龄化已成为世界各国共同面对的难题。随着我国人口结构老龄化程度不断加深，长寿不健康问题日益凸显。1990年，世界卫生组织首次提出"健康老龄化"理念。健康是保障老年人独立自主和参与社会的基础，是老龄文明的基石。大力发展中医药健康养老服务，树立积极老龄观、促进健康老龄化是协同推进健康中国战略和积极应对人口老龄化国家战略的必然要求，也是深入贯彻习近平总书记"把积极老龄观、健康老龄化理念融入经济社会发展全过程"重要指示的生动实践。

一、现状及问题

（一）研究设计

发展中医药健康养老服务，必须掌握和尊重老年人的意愿，以老年人的需求为导向。当前老年人健康养老的现状如何？存在哪些问题？老年人的需求到底有哪些？什么样的需求又最为迫切？这些需求是否得到了有效满足？种种问题亟待深入调研。带着这些问题，历经预调研、三轮专家意见征集，

不断修正完善,形成调研问卷。调查问卷共有62个问题,包含单选题、多选题,涵盖基本信息、身心健康与社会适应、中医药预防、康复和养生、疾病与接受中医药治疗、中医药资源保障等6大板块,以期较为全面、深入地了解和把握江苏省老年人中医药康养现状、问题及需求。

1. 数据来源

自2023年7月1日至10月30日,课题组组织了400余名志愿者作为调查员,经过培训后,在课题组的指导下深入农村、社区,面向江苏省13个设区市60周岁及以上老年人,由调查员面对面开展问卷调查。本次调查共完成1250份问卷,其中有效问卷1172份,有效回收率为93.76%。

2. 分析方法

运用Python语言的scipy包进行数据整理与分析。方法包括:一是统计描述,采用频数和百分比统计关键项和因素。二是关联性分析,利用Pearson相关系数研究高频率项之间的关联性。三是归因性分析,运用结构方程模型(Structural Equation Model, SEM)计算不同项之间的因果关系。采用t检验方法进行统计学分析,以P值小于0.05作为判断差异具有统计学意义的标准,P值小于0.05,则具有显著性差异。

3. 调研对象基本信息

1172名调研对象中,男性520人(占比44.40%)、女性652人(占比55.60%),地域分布在南京(247人,占比21.1%)、南通(207人,占比17.7%)、无锡(108人,占比9.2%)、泰州(97人,占比8.3%)、苏州(96人,占比8.2%)、徐州(86人,占比7.3%)、常州(69人,占比5.9%)、盐城(60人,占比5.1%)、扬州(58人,占比4.9%)、镇江(49人,占比4.2%)、宿迁(37人,占比3.1%)、连云港(30人,占比2.6%)、淮安(28人,占比2.4%)等13个城镇,基本信息见表2-4-1。

表 2-4-1 调研对象基本信息

分类		人数	占比/%	分类		人数	占比/%
性别	男	520	44.40	居住情况	与配偶同住（不含子女）	555	47.40
	女	652	55.60		与子女同住（不含配偶）	155	13.24
年龄	60—64 周岁	255	21.76		与配偶及子女、子孙同住	315	26.90
	65—74 周岁	658	56.14		独居	113	9.65
	75 以上	259	22.10		养老机构	22	1.90
文化程度	未受教育	225	19.20		其他	11	0.91
	小学	362	30.90	户口所在地	城镇	457	38.99
	初中	281	24.00		农村	715	61.01
	高中/技校/中专	201	17.20	经济来源	退休金/工资/社会养老保险	815	69.50
	大专	46	3.90		子女、亲属提供	508	43.30
	本科及以上	56	4.80		个人储蓄	517	44.10
婚姻状态	未婚	11	0.90		房租、股份或其他经营收入	101	8.60
	已婚/同居	936	79.90		政府/他人捐助	19	1.60
	离婚/分居	30	2.60		商业养老保险	30	2.60
	丧偶	195	16.60		其他	27	2.30
职业	机关事业单位	169	14.40	月平均收入	3000 以下	275	23.46
	公有制企业	180	15.40		3000—5000 元	232	19.80
	非公有制企业	117	10.00		5000—8000 元	209	17.83
	个体工商户	104	8.90		8000—15000 元	227	19.37
	自由职业	120	10.20		15000 元以上	211	18.00
	农民	467	39.80	医保类型	城乡居民医疗保险	792	67.60
	其他	15	1.30		城镇职工医保	263	22.40
子女数量	0	28	2.40		公费医疗	49	4.20
	1	440	37.60		商业医疗保险	47	4.00
	2	443	37.80		无医疗保险（全自费）	60	5.10
	3	174	14.80		其他	40	3.40
	3 个以上	87	7.40		—	—	—

（二）结果与分析

1. 调研对象身心状况

对1172名调研对象的身心健康得分进行统计。图2-4-1各维度显示了所有调研对象相关指标上的平均得分。其中，健康状况、生活情况、饮食情况、视力情况和听力情况的得分越高表示越好，而情绪低落、跌倒情况和行走困难的得分则越低越好。

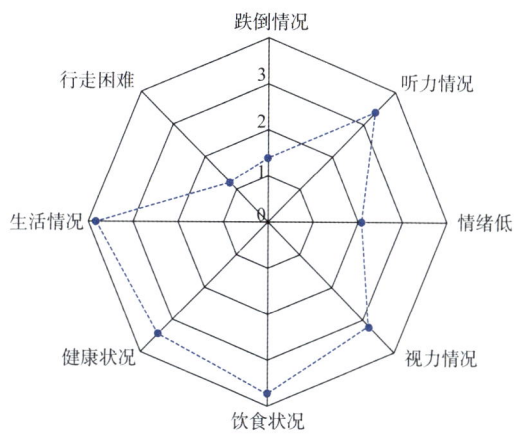

图2-4-1 调研对象身心状况各维度均值得分

综合来看，老年群体的整体状态较好，除了情绪指标。这提示老年人的心理健康问题要引起高度关注。《黄帝内经灵枢集注》云，"修身养生，治国治民，总在调养精气神三者"。和心少念、导引节护的积极生活处世观是健康长寿的关键因素。老年人自身要坚持学习和培养爱好，保持豁达心态和精神健旺；家庭要重视为老年提供情感支持，加强陪伴和交流；社区也要积极为老年人提供交际交往条件。

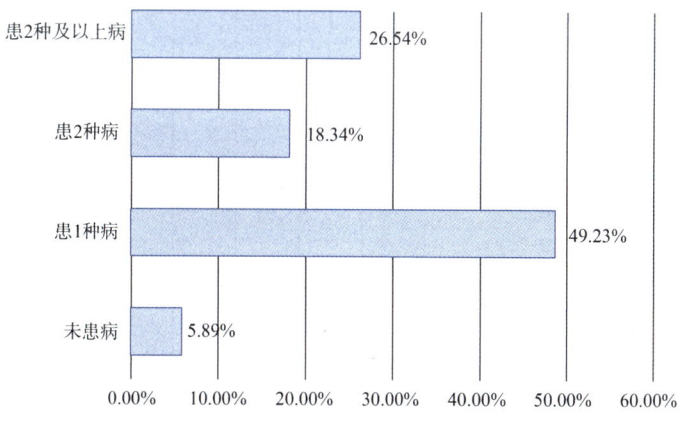

图2-4-2 调研对象整体患病情况

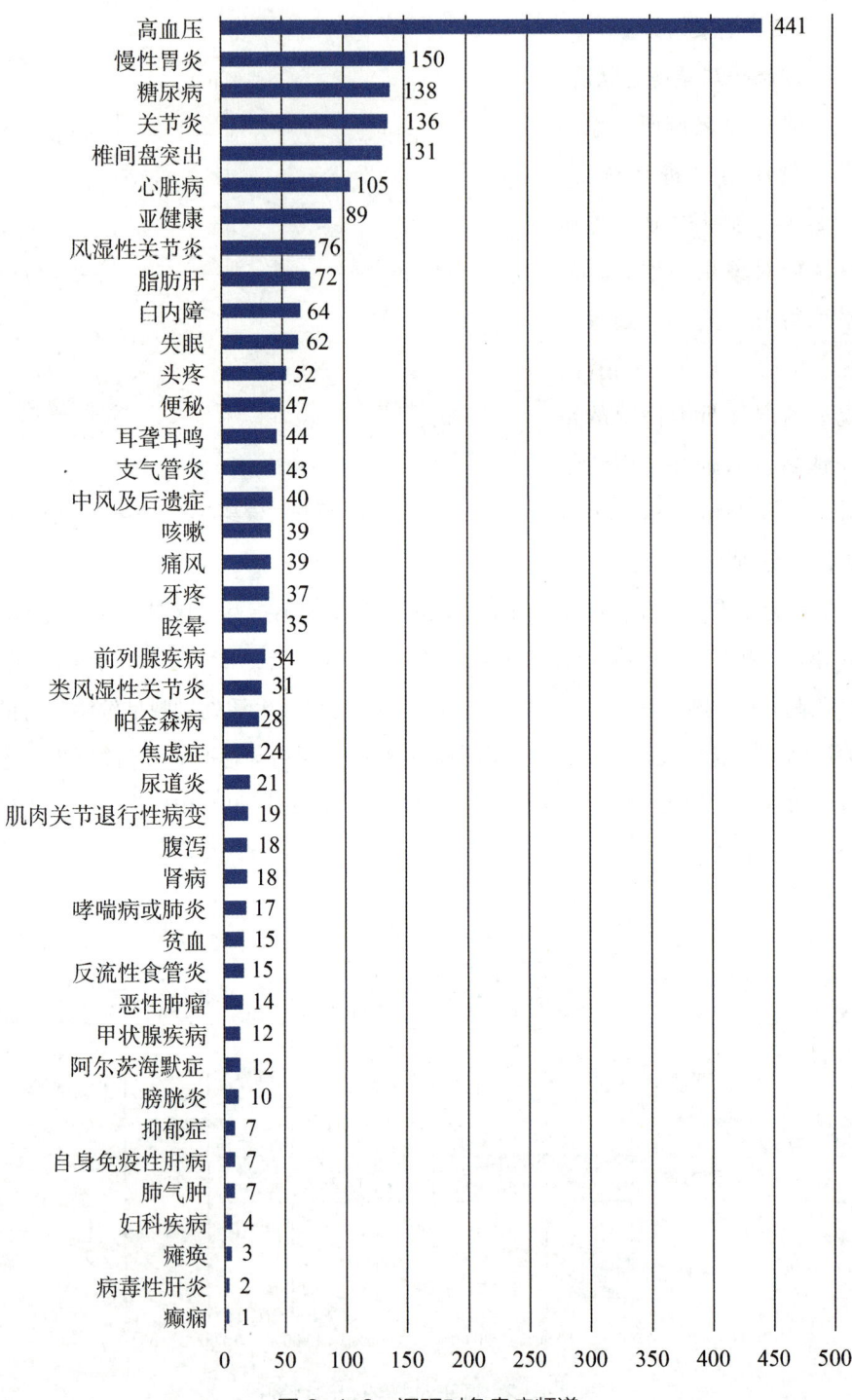

图 2-4-3 调研对象患病频谱

2. 调研对象患病情况

老年人多病共存现象普遍。1172名调研对象中，94.11%老年人的患有一种及以上慢性病，高血压、慢性胃炎、糖尿病、关节炎、椎间盘突出居前五，（见图2-4-2、2-4-3）。中医认为老年患者往往脏腑机能衰退，外感邪气，内伤积滞，多种疾病互相交织、影响，病情复杂。因此，一方面老年人要定期体检，及时发现和治疗疾病，另一方面要保持"食饮有节、起居有常、不忘劳作"的健康生活方式。

患病概率随着年龄的增长而增加（见表2-4-2）。图2-4-4显示，随着年龄的增长，多种疾病的患病风险呈现上升趋势，75岁以上高龄老人群体患高血压的概率甚至超过了50%。

表2-4-2 人口统计信息

年龄/岁	60-64	65-74	75-90
调研人数/人	255	658	259

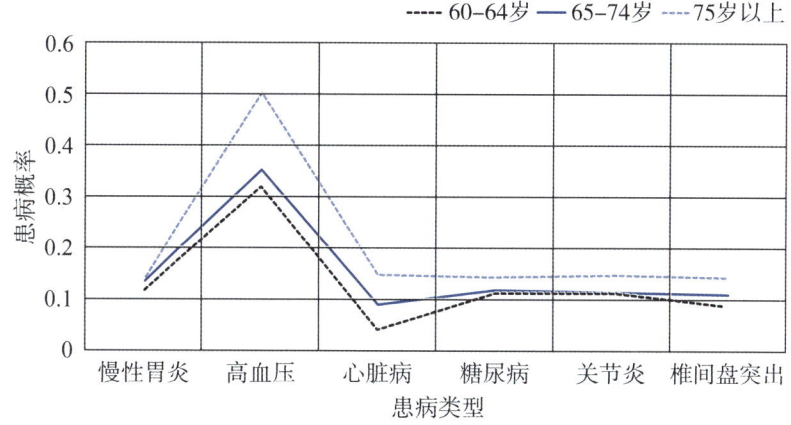

图2-4-4 不同年龄群体患病概率

3. 中医药使用情况

近半数老年患者使用中医药治疗，且就近就医。调研对象中，采用中医药门诊、住院治疗的占比为42.10%（见图2-4-5），可见老年群体对中医药治疗具有一定的认可度，且以就近就医为原则，选择去市级中医院、县（区）级中医院的居多（见图2-4-6）。

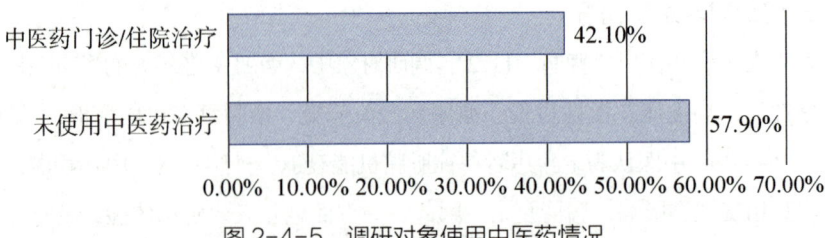

图 2-4-5 调研对象使用中医药情况

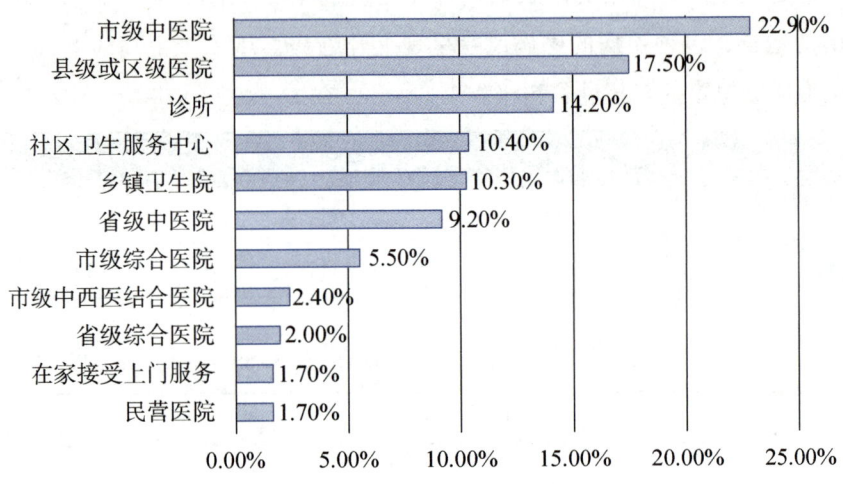

图 2-4-6 选择的中医药治疗机构

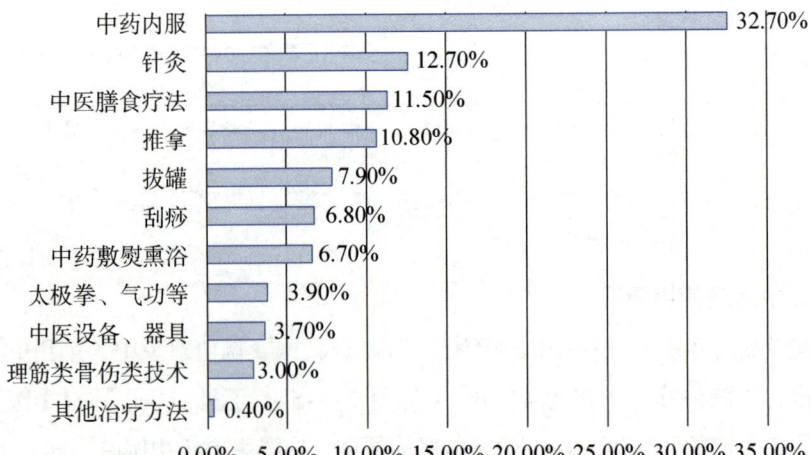

图 2-4-7 使用的中医药治疗方法技术

使用方式较为单一，以中药内服为主。图 2-4-7 显示，中药内服占比 32.7%，位居首位。特别要关注的是，针推、拔罐、刮痧等中医药诊疗方法技术丰富、疗效显著，但运用此类方法治疗的老年人不多。可以看出，老年人群对中医药特色诊疗技术作用的认知还不够或在使用上仍存在疑虑。可见，中医药特色诊疗技术在临床应用上还有较大提升空间。对于老年人，要加强中医药特色诊疗技术的宣传推广和知识普及，提高认知度。对于医疗机构，要强化中医药特色诊疗技术人才培训培养，提升中医药医疗质量，更好地服务患者需求。

文化程度、健康状况和饮食状况与中医药预防、康复与养生具有关联性。采用多元回归模型法，运用极差标准化将每个因素数据归一化到 0 到 1 范围内，避免不同因素数据因取值范围不同，造成回归系数出现大的偏差。表 2-4-3 显示，当健康状况与饮食情况不佳时，多数老年人倾向选择中药内服进行调养，拔罐、推拿等其他中医特色诊疗技术与健康状况、饮食情况之间没有明显的相关性。文化程度则与中医膳食、太极拳、中药敷熨熏浴、中医设备等具有明显的相关性，文化程度越高，对中医特色诊疗技术的接受度越高。

表 2-4-3　调研对象基本现状与中医药预防、康复和养生的多元回归分析

因素	文化程度		健康状况		饮食状况	
	回归系数	T 值	回归系数	T 值	回归系数	T 值
拔罐	0.02	0.73	0.02	0.63	0.05	1.65
推拿	0.08	2.73	0.03	0.83	−0.04	−1.24
刮痧	0.05	1.58	0.03	0.86	−0.01	−0.26
针灸	0.02	0.80	0.00	0.08	−0.04	−1.10
中药内服	0.09	3.09	−0.17***	−5.13	0.13**	4.20
中医膳食	0.17***	5.85	−0.03	−0.93	0.04	1.26
中药敷熨熏浴	0.11*	3.89	−0.08	−2.34	0.02	0.74
太极拳、气功等	0.16***	5.78	0.06	1.90	−0.03	−0.86
骨伤技术	0.00	−0.02	0.03	0.81	0.01	0.41
中医设备、器具	0.10*	3.55	0.00	0.01	0.00	−0.15

注：*、**、*** 分别表示在 10%、5%、1% 的水平上显著。

4. 中医药认知、态度和行为情况

中医药在慢性病防治方面具有特色优势。表2-4-4、2-4-5的数据显示，27.56%的老年患者认为中医药防治慢性病具有独特优势，常用的自我预防和治疗方法依次为中药内服（占比23.55%），药茶、药膳等膳食疗法（占比14.25%），推拿（占比14.08%）。这些方法具有简便可取、效果明显、副作用小、价格相对较低等优势，使得中医药在慢性病防治方面具有独特优势，且不可替代。

表2-4-4 使用中医药治疗疾病的类型

选项	人数	百分比/%
慢性病	323	27.56
体质调节	201	17.15
急性疾病	19	1.62

表2-4-5 经常使用的中医药方法

选项	人数	百分比/%	选项	人数	百分比/%
中药内服	276	23.55	中药敷熨熏浴	86	7.34
膳食疗法	167	14.25	中医设备、器具	67	5.72
推拿	165	14.08	功法养生	64	5.46
拔罐	134	11.43	理筋类技术	28	2.39
针灸	127	10.84	其他	2	0.18
刮痧	106	9.04			

路程、价格、技术是影响中医药门诊服务的重要因素。调研对象中21.76%的人表示不选择中医药服务的原因是附近没有提供相关服务的医院/机构，10.41%的人认为中医药服务价格高，10.32%的人认为就诊医院的中医技术水平不高（见表2-4-6）。这些因素影响了老年人接受中医药服务的意愿，制约了中医药门诊服务的发展。

表2-4-6 影响中医药门诊服务的因素

选项	人数	百分比/%	选项	人数	百分比/%
不信任中医	97	8.28	中药品类不齐	105	8.96
中医价格高	122	10.41	附近没有中医院	255	21.76
中医水平不足	121	10.32	没有中医科室	64	5.46

等候时间、医疗费用、看病手续是影响中医药住院治疗服务的重要因素。调研对象中 15.70% 的人表示等候时间较长、13.91% 的人认为医疗费用偏高、13.23% 的人认为看病手续烦琐（见表 2-4-7）。这些因素影响了老年患者接受中医药住院治疗的意愿和满意度。由此，政府部门应加强统筹、整体布局，强化健全中医药健康服务体系，深化医疗体制改革；医疗机构可从进一步优化就医流程，减少候诊时间，以提升就医服务满意度。

表 2-4-7　影响中医药住院治疗的因素

选项	人数	百分比/%	选项	人数	百分比/%
技术水平	110	9.39	看病手续	155	13.23
设备条件	91	7.76	等候时间	184	15.70
药品种类	66	5.63	环境条件	47	4.01
服务态度	44	3.75	提供不必要服务	51	4.35
医疗费用	163	13.91	—	—	—

老年群体接受中医药健康教育还不多。调研对象中 49.83% 的人表示未接受过中医药慢病防治、养生保健等中医药健康教育。22.78% 的人不清楚获得中医药信息/知识的渠道，13.48% 的人认为不需要接受中医药健康教育，10.24% 的人认为中医药养生保健信息真假难辨（见表 2-4-8）。这些数据表明高质量的中医药科普教育亟待加强。

表 2-4-8　没有接受过中医药健康教育服务的原因

选项	人数	百分比/%
不清楚如何获得中医药信息/知识	267	22.78
不需要	158	13.48
养生保健信息真假难辨	120	10.24
负面信息多	43	3.67
被"伪中医"骗过	34	2.90%

老年群体对中医药信息化的接受度还不高。调研对象中92.41%的人没有使用过网络中医服务，这其中有64.51%的人表示不会使用（见表2-4-9）。这表明老年群体对中医药信息化的接受度还不高，亟待加强信息技术培训和指导，以便老年群体更好地利用网络中医服务进行慢性病防治和养生保健。

表2-4-9 不使用网络中医药诊疗养生康复服务的原因

选项	人数	百分比/%
不会使用	756	64.51
门诊说不清、不方便	250	21.33
个人信息不安全	129	11.01
花费时间长	93	7.94
医保不能使用	72	6.14
医生不在线	36	3.07

5. 中医药老年健康服务和保障需求

将江苏划分为苏北、苏中、苏南三个区域，深入探讨不同地域、不同性别群体对中医药老年健康服务需求的影响（见图2-4-8）。研究显示：

（1）中医药食疗养生、慢性病防治、保健康复是老年群体的迫切需求。对普及中医基础理论、中医药文化、中药知识的需求较低，反映出老年群体更关注中医药的实用性。

（2）专业性、可信度是老年群体获取中医药健康教育服务的首要因素。首选途径是通过医生/药师获取中医药健康教育服务，其次为通过家人、亲戚、朋友。

（3）老年群体获得饮食指导、中医药健康讲座的意愿强烈。对体质辨识、养生功法、适宜技术的需求较低，反映出老年群体对中医药的认知不足，未充分理解和体验中医药特色优势。

（4）提高中药饮片、中医特色诊疗技术报销比例，将更多效果确切的中医药预防保健技术措施纳入国家疾病预防保健范围是老年群体的共同呼唤。

第二部分　老龄文明调查与研究

医疗、医保政策亟待顺应时代需求，进一步深化改革，促进和保障更多老年人有条件使用中医药老年健康服务。

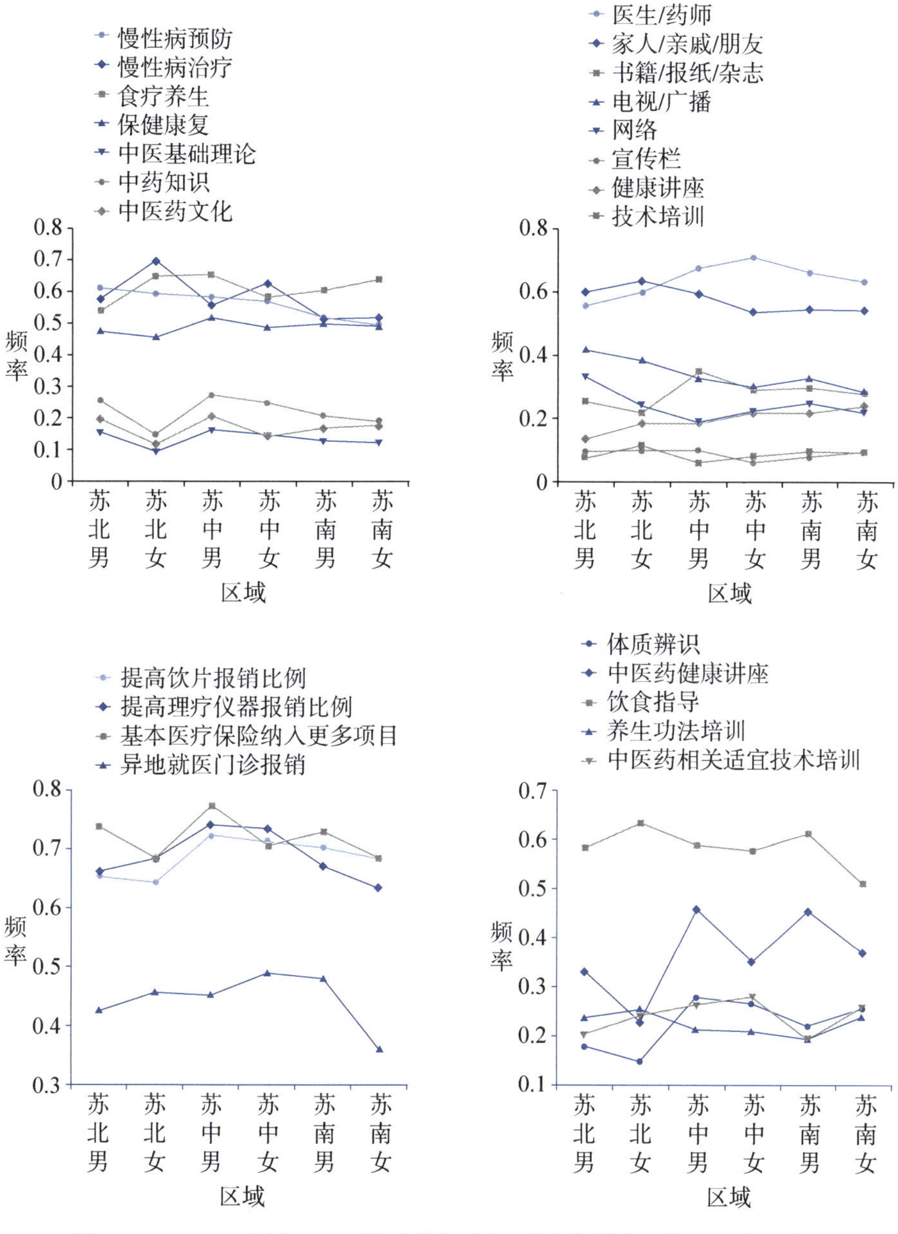

图2-4-8　不同地域、不同性别群体对中医药老年健康服务和保障需求统计

6. 相关性分析

进一步分析城市、农村老年人，文化背景、社会环境等因素对中医药老年健康服务需求的影响。图2-4-9展示了多种因素之间的相关性结果。

农村群体对医保需求明显高于城市群体。农村群体收入普遍低于城市群体，迫于现实经济压力，对医保报销的需求更加迫切，也在一定程度上反映出城乡医疗资源保障还存在不平衡现象。

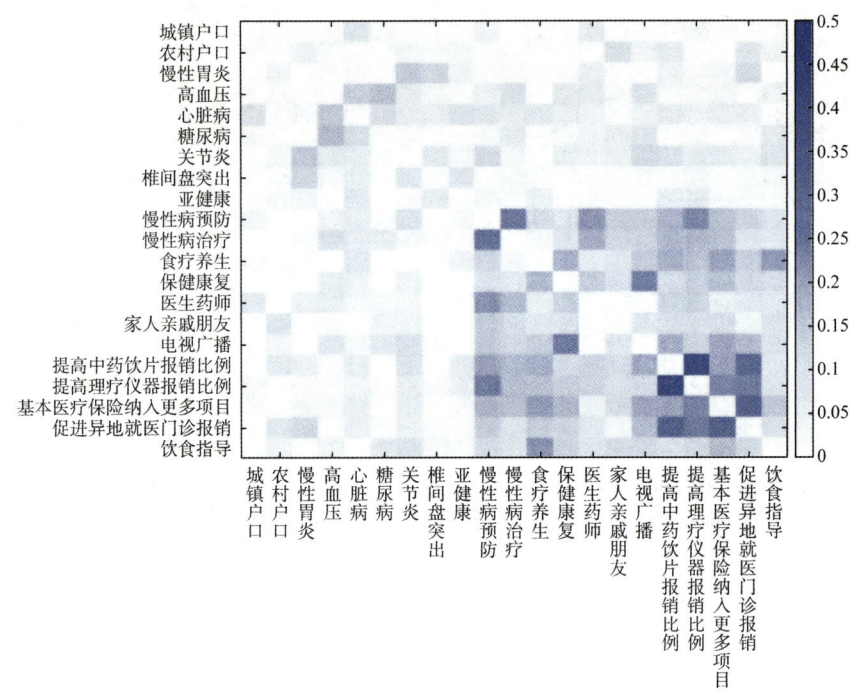

图 2-4-9 高频率因素之间的相关性

老年群体对使用中医药进行慢性病预防的需求强烈，对提高此类医保报销更加迫切。可见，老年群体已具有一定的"未病先防"意识，对中医药慢性病防治的医疗保障需求强烈。

7. 归因性分析

采用结构方程模型（Structural Equation Model, SEM）探究不同类别因素之间的因果关系。图2-4-10呈现了SEM的拟合结果，相关数字表示拟合的回归系数，数值越大，表示原因对结果的影响越显著。

从图2-4-10可以看出，老年患者与资源保障需求之间的因果效应最强，归因于患者需长期就医用药，健全的中医药老年健康服务保障体系是他们的迫切需求。特别需要关注的是，患病情况对老年人的身心健康具有显著影响，提示除了药物治疗，还要辅以一定的心理干预，而"心身同调、形神共养"正是中医药的独特优势。

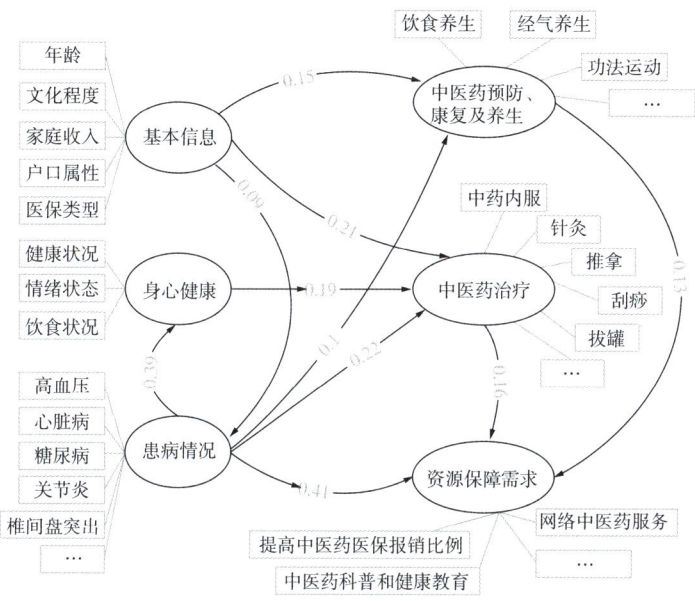

图2-4-10 潜在因素的结构方程模型分析

二、中医药康养政策法规分析

中医药健康养老服务是运用中医药理念、方法和技术，为老年人提供连续的保养身心、预防疾病、改善体质、诊疗疾病、增进健康的中医药健康管理服务和医疗服务，包括非医疗机构和医疗机构提供的相关服务，是医养结合的重要内容。我国现行中医药健康养老政策法规基本形成了以《中华人民共和国中医药法》为指导，以促进中医药传承创新发展战略和积极应对人口老龄化战略为核心的局面（包括中医药康养专门政策法规、中医药涉及健康养老政策法规、健康养老涉及中医药政策法规等方面）。

（一）国家层面政策法规

1. 中医药康养的专门政策法规

目前关于中医药康养的专门政策法规数量不多，但国家正在逐步完善对于中医药康养的认识和规划，2015年印发的《关于推进医疗卫生与养老服务相结合的指导意见》中虽然没有直接提及"中医药康养"一词，但已经认识到中医药在老年人预防保健、养生方面的独特优势，并鼓励医疗机构与养老机构合作，满足老年人健康养老需求。随着2017年《关于促进中医药健康养老服务发展的实施意见》和2019年《关于深入推进医养结合发展的若干意见》的出台，国家对中医药健康养老作出了界定，并进一步丰富了中医药康养的服务内容和范围。2022年12月，国家中医药管理局和国家卫健委印发《加强中医药老年健康服务工作实施方案》（以下简称《方案》），方案提出11项工作措施，对中医药康养的机构建设、服务能力、服务内容、人才培养和科研工作等方面作出了更加细化的规定。

同时，国家除了鼓励综合医院、中医医院、基层卫生医疗机构等组织参与中医药康养服务，《关于支持社会力量提供中医医疗和健康服务的意见》《关于推进中医药健康服务与互联网融合发展的指导意见》《关于加强中医药健康服务科技创新的指导意见》三份文件的印发也表明国家支持社会力量、互联网等组织与资源助力中医药康养创新发展，从而逐步形成多层次多样化的中医药康养新格局（见表2-4-10）。

表2-4-10 中医药康养的专门政策法规

时间	文件名	制定部门	具体内容
2015年11月18日	《关于推进医疗卫生与养老服务相结合的指导意见》	国家卫生计生委、民政部、国家发展改革委等9个部门	1. 充分发挥中医药（含民族医药）的预防保健特色优势，开发中医药与养老服务相结合的系列服务产品 2. 研究制定中医药相关服务标准规范并加强监管，加强中医药适宜技术和服务产品推广，加强中医药医养结合人才培养，做好中医药医养结合工作

（续表）

时间	文件名	制定部门	具体内容
2017年2月24日	《关于促进中医药健康养老服务发展的实施意见》	国家中医药管理局	发挥中医药在治未病、重大疾病治疗和疾病康复中的重要作用，满足中医药健康养老服务需求，探索中医药健康养老服务模式
2019年10月23日	《关于深入推进医养结合发展的若干意见》	国家卫生健康委、民政部、国家发展改革委、全国老龄办等12个部门	发挥中医药在治未病、慢性病管理、疾病治疗和康复中的独特作用，推广中医药适宜技术产品和服务，加强老年人连续性电子健康档案的建立并针对性提供健康管理服务（含中医药健康管理服务）
2019年11月1日	《关于建立完善老年健康服务体系的指导意见》	国家卫生健康委	开展中医特色老年人康复、护理服务。积极开展中医药膳食疗科普等活动，推广中医传统运动项目，加强中医药健康养生养老文化宣传
2022年12月30日	《加强中医药老年健康服务工作实施方案》	国家中医药管理局、国家卫生健康委	1. 开展省级老年中医药健康中心建设试点 2. 加强老年病学中医特色专科建设，增加中医康复服务资源 3. 提升综合医院和基层医疗卫生机构的中医药老年健康服务能力 4. 完善中医医疗机构建设老年友善医疗机构的各项制度措施 5. 加强老年人中医健康管理和宣传教育，发挥中医药防治优势和作用 6. 加强中医药健康养老的人才培养和科研工作

2. 中医药涉及健康养老的政策法规

国务院、国家卫健委等印发的中医药政策中涉及和康养有关的内容，均可作为中医药康养的专门政策法规的补充。如表2-4-11所示，中医药政策对于中医药康养服务内容、服务能力、人才培养与标准等方面作出了新的规划。

表2-4-11 中医药涉及健康养老的政策法规

时间	文件名	制定部门	具体内容
2016年2月22日	《中医药发展战略规划纲要（2016—2030年）》	国务院	1.促进中医医疗资源进入养老机构、社区和居民家庭 2.发展中医药健康旅游，建立中医药健康旅游标准化体系
2019年10月20日	《中共中央 国务院关于促进中医药传承创新发展的意见》	中共中央 国务院	在国家基本公共卫生服务项目中丰富中医治未病内容，推广体现中医治未病理念的健康工作和生活方式
2022年3月29日	《"十四五"中医药发展规划》	国务院	1.强化中医药与养老服务衔接，推进中医药老年健康服务向农村、社区、家庭下沉 2.拓展中医药健康旅游市场，开发中医药健康旅游线路和旅游产品，完善中医药健康旅游相关标准体系
2022年4月8日	《关于加强新时代中医药人才工作的意见》	国家中医药管理局、教育部、人力资源社会保障部、国家卫生健康委	对接医（康）养结合、养老服务等领域，加快中医药技术技能人才培养
2022年10月14日	《"十四五"中医药人才发展规划》	国家中医药管理局	培养中医药健康服务技术技能人才，鼓励职业院校设置健康服务相关专业，培养中医养生、中医康复、老年护理等中医药健康服务人才
2023年2月10日	《中医药振兴发展重大工程实施方案》	国务院	发展中医药老年健康服务，发挥中医药在老年人群中的重要作用和优势，增加中医药老年健康服务供给，创新服务模式

3. 健康养老涉及中医药的政策法规

在健康养老政策中，中医药更加集中于治未病和养生方面，根据老年人的健康特点和全生命周期视角下老年人对健康卫生服务的要求，这部分政策更加强调建立具有中医药特色的健康教育、预防保健、医疗诊治、康复护理、长期护理、安宁疗护一体化的综合连续的老年人健康卫生服务体系。同时将老年人的健康管理、预防干预、养生保健、旅居养老等业态深度融合，发挥中医药的独特优势，促进中医药资源广泛服务于老年人群体（见表2-4-12）。

表2-4-12　健康养老涉及中医药的政策法规

时间	文件名	制定部门	具体内容
2020年12月14日	《关于促进养老托育服务健康发展的意见》	国务院	支持面向老年人的健康管理、预防干预、养生保健、旅居养老等业态深度融合，促进中医药资源服务于老年人群体
2021年12月30日	《"十四五"国家老龄事业发展和养老服务体系规划》	国务院	积极开展社区和居家中医药健康服务，促进养老和旅游融合发展，加强康养旅游基地的建设和旅游度假区的适老化建设、改造
2021年12月31日	《关于全面加强老年健康服务工作的通知》	国家卫生健康委、全国老龄办、国家中医药管理局	积极开展中医药膳食疗科普等活动，推广中医传统运动项目，加强中医药健康养生养老文化宣传
2022年2月7日	《"十四五"健康老龄化规划》	国家卫生健康委、教育部、科技部等15个部门	1.积极推进老年人的中医药健康管理服务项目，加强老年人养生保健行为干预和健康指导 2.加大中医药健康养生养老文化宣传。推动优质中医药服务进社区、进农村、进家庭

（二）省级层面政策法规

近年来，江苏高度重视中医药康养行业发展。2015年发布《江苏省养老服务条例》，为促进养老服务健康发展、规范养老服务行为、维护老年人合法权益提供了法规保障。随着老龄化社会的到来，全省老龄群体对于中医药服务的需求进一步释放，省委省政府相继出台了一系列支持中医药参与健康养老的政策、法规。2020年施行的《江苏省中医药条例》提出，鼓励支持养老机构与中医医疗机构深度融合，鼓励开发具有中医药特色的养老服务项目。此后，各项政策文件对中医药康养的机构建设、服务内容进行了详细规定。

江苏省中医药康养机构建设和国家层面的规定一致，除了《江苏省中医药条例》提到的中医医疗机构和养老机构合作共建的形式之外，江苏省人民政府印发的《关于促进中医药传承创新发展的实施意见》和2023年10月最新印发的《江苏省推动中医药振兴发展重大工程实施方案》都对其进行了补充，支持养老机构开办中医类机构，支持中医医疗机构与养老机构规范开展签约合作。

在江苏省中医药康养服务内容方面，国家层面的文件要求基本涵盖所有服务项目，各类政策文件也分别对医疗机构和养老机构的服务内容作出了相关安排（见表2-4-13）。

表2-4-13 江苏省的中医药康养政策

时间	文件名	制定部门	具体内容
2020年10月1日	《江苏省中医药条例》	江苏省人大	鼓励养老机构采用自主或与中医医疗机构合作等形式开展中医药健康养老服务
2022年12月1日	《江苏省养老服务条例》（2022修订）	江苏省人大	推广适用于老年人的中医特色医养康养结合服务、技术方法，支持医疗机构与养老机构合作为老年人提供中医药治未病特色的健康服务
2017年3月26日	《江苏省中医药发展战略规划（2016—2030年）》	江苏省人民政府	推动中医药医养结合与医康结合，鼓励新建以中医药健康养老为主的护理院、疗养院、养老院
2020年12月11日	《关于促进中医药传承创新发展的实施意见》	中共江苏省委员会、江苏省人民政府	1. 鼓励中医院指导基层医疗卫生机构开展社区和居家中医药养老服务 2. 推进中医药与养生养老、文化旅游等产业融合，设立以中医药健康养老为主的护理院、疗养院，推进药膳、食疗等服务项目开发

（续表）

时间	文件名	制定部门	具体内容
2023年10月5日	《江苏省推动中医药振兴发展重大工程实施方案》	江苏省人民政府	积极开展中医医院老年友善医疗机构建设，支持中医医疗机构与养老机构规范开展签约合作
2021年12月12日	《江苏省"十四五"老龄事业发展规划》	江苏省人民政府	落实老年人中医药健康管理、医养结合等老年人服务项目，支持面向老年人的健康管理、预防干预、养生保健等业态深度融合
2023年5月19日	《关于推动养老事业和产业发展提升养老服务质量的实施意见》	江苏省人民政府	加强中医药适宜技术推广，探索多样化中医药健康养老模式

（三）中医药康养政策的问题与挑战

1. 缺乏中医药康养明确的权威定义

目前我国现有的政策法规中对中医药康养尚无官方的、公允的定义。这就导致对中医医疗机构、养老机构、中医药康养机构而言，各个主体对中医药康养的内涵和外延理解不一致、不透彻，服务设计未能真正将中医药理念融入康养领域，服务内容流于形式，服务项目单一，服务质量参差不齐。经常与康养结合在一起被提及的还有医养结合，不同于医养结合，康养结合的内涵相对更为丰富。康养结合不仅可以理解为在手段层面的健康服务和养老服务的结合，还可以理解为在目的层面的健康和养老的结合，即实现健康和养老双重目标。康养结合与健康老龄化关系密切，可以说，康养结合是实现健康老龄化的客观要求和现实路径。因此，为了适应健康意识提升和老年健康服务需求增长的要求，必须从政策层面对中医药康养的具体内涵和外延进行回应，应该将康养与医养在理论与实践方面作更多的区分。

2. 行业立法层级不高，政策体系不完善

从目前国家层面出台的中医药康养相关政策文件来看，现有的中医药康养政策法规文件多为政府和部门规章，立法层次不高、权威性不强。我国中

医药法对中医药康养的相关内容也没有明确规定相关条款。除去几项独立的专项政策外，大多数中医药康养的相关政策较为零散，尚处于相对碎片化的状态，以只言片语或部分章节的形式存在于其他工作政策中，无法形成协同效应，政策的系统性仍不够完善，亟须出台和补充新的有关中医药康养的专项政策。此外，现行国家层面颁布的政策文件中尚未出台中医药康养行业的相关标准内容，各个地区和企业自行制定相应的标准和管理规范，导致市场混乱和不规范竞争现象时有发生。如中医药康养人员的资格准入、服务质量的评估等均缺乏相应的评价体系和标准。

3. 资金支持和市场准入体系的政策支持有待健全

健全的资金支持体系对于中医药康养的可持续运营和建设具有重要意义，然而，现有中医药康养政策在资金投入、基础建设、优惠措施等方面供给不足。当前关于建设中医药康养机构、整合中医药和养老资源、改善中医药康养机构基础设施建设等方面的直接资金投入在中医药康养政策文本中较少涉及。在实践过程中，一些地方由于缺乏具体的财政支持规划和合理的资金支持体系，地方政府的积极性不高，投入明显不足。其次，中医药康养市场的准入和退出机制仍有待完善，政府购买和服务外包政策较为少见，对民办中医药康养机构的融资、建设、税收等方面的优惠政策相对欠缺，不利于进一步调动社会力量参与兴办中医药康养机构，更不利于通过打造高效服务型政府来推动中医药康养市场的发展。

4. 中医药康养专业人员培养的政策相对匮乏

中医药康养的目标群体主要是老年人，中医药康养服务专业性强，需要大量中医师以及有中医药背景的养老、护理、康复、健康管理专业人员作为支撑。然而，目前人才培养在中医药康养政策文本中涉及较少，导致我国中医药康养从业人员的数量远远无法满足老年人多样化、多层次的中医药康养需求。当前行业严重缺乏具备中医药和养老专业技能的高素质复合型人才，行业内一线中医药康养人员水平整体不高，其中许多人员受教育程度较低、缺乏系统专业的中医药康养服务培训。虽然部分政策提到要建设一批高水平的中医药康养人才队伍，但是缺少具体有效的措施和手段，并未真正落到实处，导致专业人才供给短缺的现状未能得到根本性扭转。同时，目前尚未形成统一标准的中医药康养服务人员认证和考核机制，有关人员的安置、晋升、绩效、福利等方面的政策文件明显不足，相关规定也不够明确，青年群体的切身利益得不到保障，抑制了其接受中医药康养学科专业教育和职业培训的热情，降低了中医药行业工作者中的高素质人才进入中医药康养行业的积极性，也难以激发当前从业人员的工作动力和参与度。

5. 中医药康养的政府管理体系尚需完善

从政府管理层面来说，目前，我国中医药康养行业由民政部、卫健委、中医药管理局等多部门共同管理。但现有政策文件对各部门责任分工、职能归属等内容的明确阐述较少，导致"中医药康养"在实施过程中容易出现权责模糊、服务条块分割、效率低下问题，当遇到问题时，很难找到直接负责解决的部门。比如，有些中医药康养机构在合同履行过程中未能向老年人如约提供所承诺品质的养老和医疗服务、有的机构在未拥有医疗资质的情况下虚假宣传其中医药康养功能等，由于中医药康养行业尚未建立完善的管理体系，导致医疗、养老、中医药之间的衔接不够紧密，这些问题难以得到有效解决，从而限制了中医药康养行业的规范化发展。

6. 缺少针对中医药康养城乡差异化发展的政策

目前，我国中医药康养存在城乡供给资源分配不均衡、供给内容和水平有所不同的问题。相对而言，城市中医药康养服务的资源更加丰富且优质，但现有中医药康养政策文件并没有对城乡差异的具体内容予以区分，完全以城市的医疗和养老资源来对农村中医药康养服务进行布局，容易导致农村老年人中医药康养服务的需求得不到有效的满足。长此以往，城乡中医药康养的发展差异化会越来越明显，不利于中医药康养服务行业的完善。

三、中医药健康养老体系构建的思考与建议

在未来相当长一段时间内，我国将面临人口老龄化的基本国情，我国老年人口规模持续扩大，对健康服务的需求愈发迫切，当前中医药健康养老服务政策不完善、体系不健全、有效供给不足、发展不平衡不充分等问题亟待深入思考。如何建立完善符合我国国情的中医药健康养老服务体系，

满足老年人口日益增长的健康服务需求，实现"形与神俱，而尽终其天年，度百岁乃去"的人类健康老龄化美好愿景？本文基于政策性文件梳理和实际调研，以问题和需求为导向，从构建完善理论体系、政策体系和服务体系三个方面提出以下建议。

（一）倡导中医药健康理念，树立积极老龄观

顺应自然，天人合一。《灵枢·岁露》指出，"人与天地相参也，与日月相应也"。人的饮食起居要顺应自然规律。春季阳气升发，万物始生，宜夜卧早起，饮食要顺肝之性，助益脾土，令五脏和平，多食清淡之菜蔬及性味甘凉果品。夏季暑热多雨，要顺应阳盛于外的特点，夜卧早起，以避炎热，饮食上减少肥甘厚味，多用清凉甘淡，但不可过食生冷。秋季气候凉爽干燥，要顺应万物收敛之特点，注意敛神、降气、润燥，抑肺扶肝，早卧早起，以与秋气相应。冬季阳气闭藏、万物收藏，宜早卧晚起，顺应闭藏之势，饮食宜温热而忌寒凉。针对老年人的生理特性，饮食上还应注重常食温食、淡食，并注意营养均衡、定时定量、注重卫生、食后运动等。

动静结合、形神共养。中医认为，不仅要重视形体的保养，精神保养也同样重要。形体健壮、精力充沛，二者相得益彰。老年人阳气阴精不足、体质机能衰退，神气不足、精力不济，注意力记忆力减退，可通过太极拳、八段锦、五禽戏等中医传统功法和运动处方，动以养形健身，静以养神宁心，调和气血、调畅情志，是保持机体活力，实现健康老龄化的重要途径。

辨证论治，综合调养。老年人往往脏腑机能衰退，外感邪气，内伤积滞，多种疾病互相交织、影响，病情复杂。中医重视辨证论治、综合调养，根据个体情况，选择应用中草药、推拿按摩、刮痧、拔罐、艾灸、食疗、足浴、运动调理等多种方法，使得肌肉解利、经络疏通、脏腑和调、气血流畅，达到未病先防、既病防变、瘥后防复的目的。

自立自主，养老享老。政府、社会、医疗养老机构等合力推动中医药健康理念的普及，提高老年人对中医药健康理念、适宜技术的了解和运用，推动市场化、产业化，促进养生养老项目、产品等的开发，开拓老年人将中医药知识和相关技术、产品应用于日常生活的路径、方法，实现由"知"和"信"

向"行"转化,从而实现有质量、有尊严地自主养老享老。

(二)强化政策对健全中医药老年健康服务的规范引领

1. 强化政策支持,健全中医药老年健康服务政策法规

各级政府部门要明确职责分工,以制度建设为引领,协同推动医保、医疗、医药联动改革,持续推进"以治病为中心"向"以人民健康为中心"转变。一是积极回应健康老龄化需求,加强对中医药康养领域和相关行业发展的支持力度,加快建立健全中医药健康养老相关政策体系和制度框架,持续增加中医药康养方面的专项政策,不断增强政策的专业性和系统性,形成制度间的有效衔接。二是积极回应民众需求,进一步扩大医疗保险范围和覆盖面,加大提高中药饮片与针灸、推拿、刮痧、拔罐等中医特色诊疗技术以及中医理疗仪器、服务等报销比例,将更多效果确切的中医药预防保健技术措施纳入国家疾病预防保健范围。

2. 加大政策引导,缩小中医药康养服务的城乡差异

当前,城乡在中医药康养服务方面还存在发展不平衡不充分的问题。对城乡资源的统筹配置是推动城乡中医药康养协调发展的重要保障。其一,要在遵循地区城乡一体化发展原则的基础上,建立健全城乡中医药康养服务一体化发展及保障制度,为中医药康养服务的城乡一体化发展充实制度保障。其二,在贯彻中医药康养服务城乡一体化发展的实践中,应切忌"一刀切"。城市和农村无论是在对中医药康养服务的需求方面,还是在其本身具有的中医药康养服务基础等方面都存在差异,要在认识与把握城乡固有差异的前提下,结合每一个地区城市和农村的实际情况,进一步整合城乡资源,在保障城乡老年人享有平等的基本健康养老权益的基础上,结合城市与农村不同的中医药康养需求与特色,合理配置资源,提高中医药康养服务的有效性,促进中医药康养服务的城乡共同发展。

(三)发挥中医药特色,健全中医药老年康养服务体系

1. 突出特色优势,健全中医药慢病防治体系

慢性病,即慢性非传染性疾病(NCDs),指一类病情持续时间长、发展

过程缓慢的疾病，是老年人群最常见且长期伴随的疾患。如果疾病在早期没有得到有效适当控制，后续治疗成本将会非常高昂。

中医"治未病"思想涵盖"未病先防""既病防变"和"瘥后防复"三个方面，倡导疾病早期干预，预防其发生发展，不仅有助于老年患者提升生活质量和延长寿命，还能增强中医药治疗的依从性，发挥其独特优势。

面对错综复杂的老年病，中医除了药物疗法，还有丰富多样的非药物疗法，如针灸类、推拿类、导引类、饮食疗法等等。针灸类主要包括毫针、电针、揿针、艾灸、穴位贴敷、穴位注射、穴位埋线、刮痧、拔罐、耳针、头针等；推拿类主要包括中医各种特殊的推拿手法；导引类包括太极拳、八段锦、五禽戏等运动疗法。上述中医药物与非药物疗法在经济效益、可接受性、安全性等方面具有其自身的优势，有的治疗方法可让患者在习得技能后自主进行，不受就诊时间和地点的限制。

健全中医药慢病防治体系，一是建立具有中医特色的管理社区，扩充中医药诊疗设备，以提高中医药服务质量，并确保中西医结合的医疗保健服务能满足社区居民需求。二是调动基层中医师利用专业优势及建立完善老年人健康档案，提升社会卫生服务中心老年人中医健康管理服务能力。三是加强中医专业人才的培养和建设，提升中医慢性疾病的防治能力，加大社区中医药专业人才的引进。四是成立社区中医健康科普专家团队，加大中医药思想和方法技术宣传，组织社区慢性病健康讲座和咨询活动，对家庭保健员进行培训，并教授中医运动养生、情志养生、季节性养生及食疗药膳养生的相关知识，不断提高社区居民的健康意识。

2. 多措并举，健全中医药健康养老服务体系

当前，江苏省已建立了省、市、县、乡、村五级中医药服务体系，实现"县县建有中医院"，但城镇、农村医养资源分布不平衡、医养条件存在差异，纵向到底、横向到边的"防治康养"一体化的中医药健康养老服务体系亟待健全完善。一是政府统筹协调，鼓励中医医疗机构与养老机构合作共建、组建医疗养老联合体或设立老年医学科，提高"防治康养"服务能力和水平，推动医疗卫生资源和养老服务资源的衔接和整合。二是政府引导，鼓励社会资本参与中医药健康养老服务，建设多层次、多元化、高水平的中医药健康养老服务体系，加大中医药健康养老服务供给，满足城镇、农村不同地区老年群体健康服务需求。三是政府支持，鼓励各方参与，拓展中医药健康服务渠道，探索健康服务新模式。如探索建设中医药老年康养社区/乡镇服务基地，打造定期现场服务与长期入户服务相结合的中医老年健康服务模式。

3. 加强科普教育，推动老年群体认同和灵活使用中医药

医疗机构、医药院校、医药企业要加强联手，专业化、科普化、信息化、智慧化地推动中医药健康理念和方法技术进入民众生活。一是深入挖掘中医养生养老方法技术，开发适宜老年人的药茶、药膳、运动处方、可穿戴设备等等，实现现代转化应用。二是丰富和拓展中医药养生养老知识渠道，利用多种传播媒介开发一批高质量的中医药科普读物、微视频、云平台，打造一批中医药健康养老品牌项目；开办中医养生养老大讲堂，给予老年人中医食疗养生、中医药慢性病防治等方面的指导。三是对于老年群体来说，要树立积极老龄观，每个人都是自己健康的第一责任人，要定期体检，培养健康的生活方式，主动学习与健康改善、慢病管理有关的中医药养生养老方法技术，有质量、有尊严地自主养老、享老。

4. 强化科技赋能，构建以老龄健康为主导的中医药科技服务产业体系

政府支持，鼓励医疗卫生机构、企业、科研院所加强医工协同发展，推行智慧养老，研发老年人医疗辅助、家庭照护、安防监控、残障辅助、情感陪护、康复辅具等智能产品和可穿戴设备。比如针对老年人行步困难等问题的康复，除了方药、针灸推拿等方法外，中医康复治疗要不断创新，挖掘中医传统功法的功效内涵，结合现代康复理念方法，不断探索新方法、新技术，研发适老新产品，如行步类功法运动处方和防老人摔倒与膝关节疾病的静力性训练设备等。

5. 加大人才培养，健全中医药老年健康服务专业人才培养体系

为了培育中医药老年健康服务专业人才，根据当前我国人口老龄化的需求导向，应强化政策中对人才培养的相关规定。一是加强中医药康养学科建设，构建以培养中医药、康复、护理和养老专业人才为核心的中医药康养领域人才培养体系，力求培养出集中医药与康养为一体的复合型人才。如增设中医药康养、老年康复、养生康复等专业，建立一批高层次的从事中医药老

年健康服务的人才队伍。二是对于已经从事中医药健康服务行业的工作人员，可分层分类制定继续教育计划，探索统一、标准的中医药老年健康服务人员认证和考核机制，为专业人才提供更好的就业前景和晋升通道，激发从业人员的积极性和主动性。此外，还需着重选拔一批有潜力的中医师，向他们提供更多前往高水平中医院、名老中医工作室进修学习的机会，使其掌握老年人多病共存和疑难杂症的诊疗技术，成为中医药老年健康服务的中坚力量。

作者：朱岷，江苏省卫生健康委员会副主任兼省中医药管理局局长，老龄文明智库老年康养与中医药研究专业委员会首席专家；郑晓红，南京中医药大学中医学院党委书记、副院长，研究员；高静，南京中医药大学发展规划处（党委发展规划部）科长，副研究员；汪海波，江苏省卫生健康委员会中医科教处副处长。

主要参考文献

1. ［清］张志聪.黄帝内经灵枢集注.学苑出版社,2006
2. 中华人民共和国中医药管理局.关于促进中医药健康养老服务发展的实施意见. http://www.natcm.gov.cn/bangongshi/gongzuodongtai/2018-03-24/1354.html

江苏老龄人才队伍开发与建设研究

张宏伟　沙　勇　李雄伟　周建芳　刘晓峰　陈燕儿　唐　蜜

　　老龄人才是一个庞大的群体，是不容忽视的一支重要力量。老龄人才队伍的开发与建设工作，是发展老龄事业的重要组成部分，也是人才工作的一项长期研究课题。习近平总书记对中国老科协呈送的《不忘初心守正创新为建设创新型国家再立新功——中国老科学技术工作者协会成立30周年报告》作出批示，"老科技工作者人数众多，经验丰富，是国家发展的宝贵财富和重要资源。各级党委和政府要关心和关怀他们，支持和鼓励他们发挥优势特长，在决策咨询、科技创新、科学普及、推动科技为民服务等方面，更好发光发热，继续为实现'两个一百年'奋斗目标，实现中华民族伟大复兴的中国梦，贡献智慧和力量"。有效开发和建设好老龄人才队伍，是维护老龄人才工作权利，激发老龄人才奉献热情的必然要求，也是江苏建设科技强省、人才强省和落实积极老龄化国家战略的重要举措，更是促进江苏经济社会发展和科技进步的战略性、全局性工作。

一、江苏老龄人才队伍现状

　　江苏是人才大省，老龄人才是江苏人才的重要组成部分。2022年江苏全省有80万离退休干部，这支队伍里面既有离退休党政领导干部，又有大量的经营管理人才、专业技术人才、乡土实用人才，这些老龄人才在过去革命、建设和改革开放的岁月里，为江苏科研事业和经济社会发展作出了突出贡献，积累了丰富的专业知识、技术才能和实践经验，不仅资历深、威望高，而且阅历广、专业精，是党和国家在新时代发展经济社会事业宝贵的人才资源。

（一）我省老龄人才队伍规模不断壮大

随着人口老龄化速度加快，江苏老龄人才队伍呈迅速扩大趋势。从1982年中央决定实行干部退休制度以来，江苏老龄人才每年以4万人以上速度增加，40多年来已经形成了一个庞大的老龄人才群体。目前，50年代和60年代出生的正副教授、研究员、高级工程师、高级农艺师等专业技术人才都已进入退休的高峰期。2021年末全省专业技术人才932.5万人，其中达到退休年龄（60岁）的有75万人（教师11万人，卫生系统5.1万人，工程技术人才36万人），占比达8.0%。这都反映了江苏老龄人才资源有着总量大增速快的优势，不断增长的老龄人才队伍是江苏经济社会建设的资源"富矿"。

（二）老龄人才队伍素质高意愿强

江苏老龄人才在为祖国社会主义建设事业作出贡献的同时，也积累了丰富的专业知识和实践经验，而我国退休年龄相对较早，很多老龄人才在法定退休年龄后仍在继续发挥作用。特别是70岁及以下年龄段的老科技工作者，他们正处于继续发挥作用的黄金时期，大多具备专业技术水平高、实践经验丰富、时间精力充足、热情高等独特优势，政治素养高、德才兼备。2023年6月，中国科协等八部门联合印发《关于加强新时代老科学技术工作者协会工作　更好发挥老科技工作者作用的意见》，明确提出鼓励老科技工作者发挥"传帮带"作用，为青年人才成长提供指导、搭建舞台。课题组2022年7—8月在江苏省13个设区市针对老龄人力资源开发问题的问卷调研（以下简称"调研"）结果显示，认为自己"非常健康""很健康"和"比较健康"的老年人比例分别为18.24%、24.85%和34.73%，合计接近78%，说明江苏的老龄群体健康条件均较好；且江苏老龄群体特别是老龄人才的文化程度显著高于全国水平，具备更好的文化素质，有一大批具有突出贡献的老院士和英模人物，如"全国脱贫攻坚楷模""全国时代楷模"赵亚夫等；以平均年龄超过70岁的两院院士为例，江苏现有中国科学院院士301人，中国工程院院士199人，两院院士总计500人，占全国的18.16%，遥遥领先于其他各省。

调研数据显示，江苏大专、本科、研究生及以上学历的老龄群体，希望再就业的比例分别为34.96%、41.29%、37.50%，远高于高中及以下学历（30.00%）的再就业意愿。可见文化程度高的老龄群体就业意愿更高。在实际就业方面，拥有高中及以上文化程度的老年人再就业率为20.24%，显著高于不识字或很少识字，以及小学、初中文化程度老人的14.33%的再就业率。老龄人才是江苏人才资源库的重要组成部分，他们不是为了解决退休后收入少、生活困难而工作，他们是积极主动参与服务社会的重要力量，他们长期奋斗在教育、科研、文化、卫生和工农业生产等各个领域，为国家的科技进步、经济社会发展作出了重要贡献，他们的聪明才智不会因退休而消失，对社会主义事业的热情也不会因退休而减退，他们是党和国家的宝贵财富和重要资源。

二、江苏老龄人才队伍开发与建设实践

（一）积极探索老龄人才队伍开发与建设的政策

一是，政策支持"五老"作用发挥。江苏省人民政府批转省科委、省科技干部局《关于办理高级专家离、退休问题的意见》的通知（苏政发〔1986〕195号），提出对离、退休的高级专家应关心爱护，并采取具体措施，为他们继续进行科学研究、著书立说和资料整理等工作提供必要的方便。中共江苏省委组织部、江苏省人力资源和社会保障厅《关于转发〈中共中央组织部、人力资源社会保障部关于机关事业单位县处级女干部和具有高级职称的女性专业技术人员退休年龄问题的通知〉的通知》（苏组通〔2015〕16号）和中共江苏省委组织部办公室、江苏省人力资源和社会保障厅办公室《关

于执行中共中央组织部组通字〔2015〕14号有关问题的电话通知》等文件，也贯彻执行了国家关于女性老龄人才队伍建设的相关政策。

二是，出台工作方案积极鼓励老龄人才发挥作用。2019年，江苏印发了《江苏离退休干部"银发生辉"工程实施方案》，提出重点开展"五个助力"行动，包括助力新时代党的建设、助力脱贫攻坚、助力乡村振兴、助力社会治理、助力培育时代新人，按照组织化管理、项目化运作、品牌化发展的思路，坚持全省一盘棋，做到上下协同、整体联动、精准推进、常态长效，着力形成江苏离退休干部发挥作用的整体效应。2020年，发布了《关于进一步健全完善老干部发挥作用工作机制的通知》，认为广大老干部政治立场坚定、工作经验丰富、群众基础深厚、社会影响广泛，是党执政兴国的宝贵资源，是江苏改革发展稳定的重要力量，提出以我省老干部"银发生辉"工程为牵引，进一步深化组织推动，完善政策措施，提高服务水平，营造良好环境，着力形成统筹各方、条块协同、上下联动、常态长效的工作机制，使广大老干部在保持身心健康、安度晚年的同时，充分运用政治优势、经验优势、威望优势和专业特长，为推动江苏高质量发展走在前列贡献智慧力量。

（二）积极拓展老龄人才队伍作用发挥路径

一是，凝聚银龄智慧，赋能经济社会建设。老龄人才在政府的决策咨询、建言献策，开展科普工作、提高全民科学素质，科技兴农、助力精准扶贫，促进企业技术创新等方面发挥着不可替代的作用。开展"银发生辉·银龄行动"，结合推进"六好"离退休干部党支部示范创建，鼓励老干部立足家庭、社区、社会，依托全省8300多个老干部志愿服务队、1400多个老党员工作室，发挥余热、服务群众；积极参与人才柔性援疆工作，到2023年，已先后选派5批退休医生赴新疆开展"组团式"医疗服务，累计义诊4094人次，开展医疗讲座29场，培训医生532人次。

二是，突出党建引领，打造银龄先锋队伍。积极创新工作方式方法加强老龄人才队伍党建工作，加强思想政治引领，引导老龄人才服务国家与地方发展战略。依托"江苏老干部"微信公众号、《银潮》杂志等平台开设主题教育专栏，综合运用集中培训、专题辅导、交流研讨、宣传阐释、案例分享等形式，组织老龄人才学深悟透习近平新时代中国特色社会主义思想，做到紧跟时代、保持本色、赓续荣光；开展"学思践悟二十大·银发先锋在行动"基层党组织主题党日活动，将理论学习、组织生活、党性教育、志愿服务融为一体，全省近20万名老同志积极参加。此外，创新服务形式，守护和保障老龄人才。部分设区市和省直单位开展离退休干部"养老顾问"服务试点工作，结合实际情况制定试点工作方案，帮助老龄人才了解养老政策、获取养老服务资源、定制养老服务，实现养老服务供需精准有效对接，助力老龄人才安享幸福晚年生活；注重数字赋能，积极借助"互联网+"技术手段，为线下"养老顾问"服务提供有益补充，构建"线上+线下""人工+智能"并行的服务模式，不断提升老龄人才服务保障水平。

（三）积极搭建老龄人才队伍开发平台

一是，建立银发人才库。省老干部局分级分类建立银发人才库117个，充分发挥离退休干部党员的政治优势、经验优势、威望优势。如淮安市创建老党员工作室95个，入库银发人才1003名，打造老干部志愿服务特色团队157个；仪征市全市"银发人才库"入库580人；常州武进区全区共有136名银发专家，涉及经济、科技、教育、文化、医疗、农业、党建、法律、管理等领域，56.6%的入库人才具有中级以上职称，正高级职称18名，副高级职称34名，成了全区老党员、老干部的资源高地，也为老龄人才发挥所长提供了坚实基础。省老科协建设向全社会公开的老科技工作者人才数据库，入库的老龄科技人才涵盖医疗、教育、农林、工程等各个经济社会建设的重要领域，且大部分均具有高级以上专业技术职称，数据库的建设为各类老龄人才搭建了继续干事创业的平台，让有意愿有能力的老龄人才"英雄有用武之地"，推动老龄科技人才充分发挥智力优势。

二是，打造老龄人才智库。如老科协智库是围绕党和政府的中心工作以及科技人员关注、人民群众关心的重点问题开展调查研究，积极建言献策，提出意见建议，为党和政府科学决策发挥参谋咨询作用，南通老科协2020年共组织建言献策802篇（条），有154篇（条）被县以上党委、政府和有关部门采纳，120多篇（条）转化为人大代表或政协委员提案；如我省老龄文明智库，吸纳多领域老龄专家，以"老龄文明"为战略理念，展开研究、传播和实践工作，整合学界、政界等涉老领域社会力量，同时打通理论与实践的壁垒，共同推动江苏老龄事业高质量发展。

三、江苏老龄人才队伍开发与建设面临的问题与挑战

（一）老龄人才开发供需对接不通畅

一是，企业对专业人才的大量需求与老龄人才的闲置同时存在。现有的中介平台依然以政府、事业单位、各级老科协等为主，专业的人才市场体系在老龄人才队伍开发与建设中没有充分发挥作用，缺乏有效的市场化的老龄人才服务平台及对接机制，老龄人才供需对接的渠道不畅通，老龄人才再就业存在自发性与盲目性。49.21%的被调查者通过"家人或朋友介绍"实现再就业，27.22%的被调查者是通过"原单位返聘"，仅有11.74%被调查者是通过"中介机构""政府公共服务机构和网络平台"等；26.92%的被调查者认为老龄群体再就业的困难在于"再就业渠道不畅"；48.72%的被调查者认为再就业的主要困难在于"合适岗位缺少"。

二是，在发挥老龄人才作用上，市场机制利用不充分。目前主要依靠志愿者活动、依靠老龄人才的无私贡献，没有将志愿服务与市场机制相结合、没有将志愿型与职业型方式相结合、没有将无偿服务与有偿服务相结合。志愿者活动是短暂的、应时性的，职业性安排则可以把责权利有机联系起来，把知识产权价值、劳动价值与国家劳动合同制度统一起来，可以在更大程度上把老龄人才的奉献热情与工作付出的质量效益结合起来，更多和更充分地发挥老龄人才的潜能。

（二）社会支持性环境有待加强

一是，目前对老龄人才队伍开发与建设缺乏有效统一的管理和规划。老龄人才队伍开发与建设涉及人社、民政、卫健委、科协、老龄协会、老干部管理局等多个部门，其工作的侧重点各有不同，在老龄人才开发利用方面尚未建立有效的工作机制，导致在实际开发利用过程中还存在很多政策服务方

面的掣肘，如退休后继续工作的匹配机制、保障机制等，造成了大量的老龄人才资源并没有得到合理的配置和开发利用。而且，由于区域经济社会发展的差异，在老龄人才队伍的开发与建设基本保障条件方面，江苏不同地区和单位之间的差异较大，单位比较重视的，则有一定的活动经费和办公活动场所，而经费不足或没有活动经费和办公设施的情况普遍存在。

二是，社会环境不包容，误解广泛存在。既有调查数据反映对老龄人口工作态度比较不友好和非常不友好的合计占比为11.61%。部分人群认为我国人口多、劳动力多、青年人就业还不充分，如果提倡老龄人才队伍开发与建设可能会对劳动力市场产生冲击，增加新的矛盾，认为老龄人才的开发与建设是提倡老龄人才和在职人才"抢饭碗"。

（三）老龄人才就业保障机制不健全

一是，老龄人才就业的权益保障问题。老龄人才再就业和用人单位之间构成的是一种劳务关系，而非劳动关系，这导致进入劳动力市场的老龄人才在获得劳动报酬、工伤赔偿等方面难以认定，缺乏政策支持和保护，劳动纠纷难以处理。以《工伤保险条例》为例，要求享受工伤保险的前提是与用人单位存在劳动关系，因此职工参加和享受工伤保险就要求与用人单位存在劳动关系并订立劳动合同。然而在现实中，老龄人才与企业签订劳动合同的比例不高，往往订立是时劳务协议甚至中介居间协议，因此形成的是雇佣关系、中间关系而非劳动关系，因此不受现行劳动法律法规调整，因而也无法受到相关法律的保护。

二是，老龄人才就业的社会支持不足。现有就业促进政策难以惠及老龄用工，没有面向雇佣老龄员工的企业专项补贴或补助力度显著低于劳动力人口，相关就业培训也不能惠及有意愿工作的老龄人才。不同性质、不同行业以及不同规模的企业对老龄用工支持政策的需求种类和程度不同，当前的就业促进政策没有区分不同层次的路径，具体情景化支持设计不足。以老龄护理人才为例，目前政府给予的护理员津贴年龄限制在50岁以内，一些在护理员岗位默默奉献多年，有意愿也有能力继续从事护理工作的人，却因为年龄超过50岁，不再享受补贴，工作强度不变收入却明显下降，因此失去工作积极性，使得养老机构招不到人的问题更为严峻。

四、国际老龄人才利用与建设的经验借鉴

在人口老龄化成为全世界共同挑战的背景下，为充分利用老龄人才资源，许多发达国家及地区推出了多项改革措施，通过提升老龄人才的社会认同度、完善法律法规和政策、推进劳动力市场改革等措施提升老龄人才的利用效能、推动老龄人才的队伍建设。

（一）日本老龄人才利用与建设的经验

作为全球老龄化最为突出的国家，日本通过制定法律法规和政策、优化老龄人才的工作条件及环境、开展老龄人才能力培训等举措保障老龄人才的权益及推进老龄人才队伍的建设，从而进一步发挥老龄人才队伍的效能。

一是完善法律法规和制定政策保障老龄人才的权益。日本政府以保障老龄人才的权益为重点目标，出台一系列法律法规及政策，为再就业老龄人才队伍提供制度保障。2015年，日本颁布《雇佣保险改革案》，提出"65岁以上老年人可以继续加入雇佣保险，失业时最多可以得到相当于失业前50天工资的补偿；如果老年人再就业，免除劳资双方的雇佣保险保费"，为老龄人才再就业提供资金保障。除完善法律法规之外，日本政府还于2015年制定《中小企业白皮书》，鼓励中小企业聘用有技术工作经验的退休员工担任技术指导或在不同行业的中小企业间推行员工合作和互补，这不仅拓展了老龄人才队伍的服务范围，还提升了老龄人才队伍自身的技术经验的提升。

二是优化老龄人才的工作条件及工作环境。日本各地政府和非营利组织为老龄人才队伍搭建技术支持平台，以推动老龄人才队伍的稳定发展。例如，日本厚生劳动省就业保障局在全国市级和县级层面的近600个公共就业保障办公室配备了职业指导官，为老龄人才队伍提供技术支持和服务，包括：老龄人才再就业和工作生活规划的专家咨询服务；与老龄人才工作相关的项目规划协助；联合研究老龄人才的就业问题；提高老龄人才工作技能的培训；为老龄人才提供终身学习计划，使老龄人才在工作、家庭和社区

中获得成就感。

三是建立多样化平台拓宽老龄人才利用渠道。日本政府与社会资本联合搭建就业咨询平台和技能培训平台来促进老龄人才的利用与建设。在搭建老龄人才就业平台方面，政府联合企业、协会等构建各种形式的老龄人才就业咨询平台。在国家层面，日本政府设立"银色人力资源中心"，为包括老龄人才在内的所有人提供工作机会；在地方层面，各都道府县设置高龄求职者雇佣支援窗口，各大城市和市町村设置包含"中心协会—中心总部—分中心"三级架构的"公共职业安定所"，为老龄人才队伍提供广泛、充足、适切的就业岗位和发展咨询。在提升老龄人才能力方面，银色人力资源中心与各种企业协会合作，为老龄人才提供免费培训和教育，包括职业技能培训、举行技术研讨会、制定职业规划和战略咨询服务。

（二）新加坡老龄人才利用与建设的经验

新加坡在老龄人才重返劳动力市场之后，通过完善法律法规、制定老龄人才行动计划等途径来消除年龄歧视、提升老龄人才技能及保障老龄人才权益，以此提升老龄人才利用和建设。

一是从顶层设计切入制定计划推进老龄人才的利用和队伍建设。新加坡于2015年推出"幸福老龄化行动计划"，推动老龄人才的充分利用。该计划由政府拨款30亿新元，由卫生部、交通部、教育部和人力部等部门联合民间团体协同实施。"幸福老龄化行动计划"共设4个目标，涵盖12个领域的70多项计划。其中，"保持积极就业"作为重要目标之一，其主要议题为"帮助老年人就业，以确保他们晚年在经济上仍能独立，生活无忧"。为此，该计划于2023年制定工作场所公平方案，保护老龄人才免受年龄歧视；同年，该计划启动"2023—2025年兼职再就业津贴计划"，通过为老龄人才的再就业提供资金保障，提升老龄人才队伍为社会贡献的积极性。

二是为老龄人才提供技术及技能培训支持。为了推动老龄人才队伍的技能积累，新加坡政府与志愿福利团体、学校、企业和社区义工机构等合作，提出继续教育训练、工作福利训练方案等项目，帮助老龄人才继续提高工作技能。劳资政三方监督委员会与高等教育机构合作管理老龄人才的培训，让老龄人才掌握新时代职场所需的技能，政府也为企业推出重新设计工作的工具指南，为老龄人才提供更多的社区内的工作。2020年，新加坡政府成立数字转型办公室，宣布招募1000名"数字大使"，深入社区帮助约10万名老年人掌握数字技能，使他们跟上数字时代的步伐；办公室还专门招募300名青年志愿者帮助老年人学习使用电子设备及网络安全知识等。

（三）德国老龄人才利用与建设的经验

德国作为欧洲老年人比例最高的国家，也是老龄人才保障制度发展最为完善的国家之一。为全面提升老龄人才的利用及建设，德国自2000年以来就不断优化劳动力市场的方案和企业部门的管理战略，旨在通过提升老龄人才的社会参与度和优化老龄人才队伍的建设全面推动积极老龄化。自2000年起，德国将"就业的积极老龄化"视为国家重要的政策议题，并以老龄人才利用与队伍建设为重点进行积极的劳动力市场探索。德国政府首先关注如何防止老龄员工失业并促进其再就业。为促进老龄人才的条件与市场需求匹配，政府与工会、企业协会等社会力量结为政府—社会联盟，通过公共政策引导及改善就业环境两项措施来提升老龄人才的利用水平和质量。

一是优化公共政策，提升老龄人才参与再就业意愿。为提升老龄人才继续就业的意愿，德国政府采用"胡萝卜加大棒"的办法，出台"提升养老金年龄限制""提供工资补助"两项政策以推进老龄人才就业。在提升养老金年龄限制方面，德国政府在2005年的养老金改革中，将领取养老金及特定类型养老金的年龄限制提升至67岁，并规定只有到达67岁才能获得全额退休金，而希望提前退休的员工必须接受在其早退的每一年减少3.6%的退休金。这意味着，与提前退休的员工相比，继续留任的老龄人才能获得正常的补助。由此，越来越多的老龄人才选择继续工作而非提早退休。在提供工资补助方面，德国政府专门制定与年龄相关的补助。若工作机构招聘55岁及以上的中老龄人才，政府将对该工作机构提供36个月的补助，补助金额按照已付工资的50%—70%支付。由此，该政策通过降低企业负担减少企业对于老龄人才的"年龄偏见"，从而提升老龄人才社会参与的积极性。

二是成立官方机构，助力老龄人才就业。为创造老龄人才队伍积极就业的环境，德国政府成立"劳动力市场现代服务委员会"（又称"哈茨委员会"），旨在对德国劳动力市场进行综合改革。哈茨委员会颁布了"特别工资补助计划""促进职业培训"两项措施以促进老龄人才的能力提升。特别工资补助计划注重实现老龄人才由"依赖福利"转向"自给自足"，因此，该计划主要是增加老龄人才就业的机会而非提升老龄人才的就业待遇。具体而言，联邦就业机构将工资补助至付费公共机构与非营利组织，上述机构为失业的老龄人才提供临时就业的公共项目，资助金额按照正常工资的80%支付。另外，政府制定了详尽的促进职业培训方案，以提升老龄人才的能力。若50岁及以上的员工被雇员总数少于100人的企业雇佣，且企业自年老龄员工入职之日起付薪，老龄员工的职业培训费用就由公共就业机构提供。值得一提的是，工资补助和提供就业机会两项措施大大促进了老龄人才队伍的利用水平，然而上述两项措施为政府带来的负担较大，因而在推行时需要结合地方政府的财政承受能力及实际的经济运行环境制定详细措施。

三是利用社会组织及企业力量优化老龄人才的工作环境。除了政府之外，以就业协会、企业工会、公司等为主体的社会组织也为老龄人才的利用和建设提供保障支持。社会组织主要通过优化工作条件和增加职位晋升途径等措施提供保障。例如，就业协会、联邦工会和部分公司均提出"为年老员工提供非全日工作"，并"根据老龄员工的需要减少或调整工作时间"，以此优化老龄员工的工作条件；联邦工会在《关于将年老员工整合到劳动力市场中的主要问题的战略性文件》（DGB，2004）中提出"支持与法律措施、规章及财政激励提供支持的健康促进和在公司内部的健康管理"以保障老龄人才的健康。社会组织通过制定提升老龄人才就业能力的综合性措施，以全面保障老龄人才队伍建设的稳定性。

五、国家老龄人才利用与建设政策与举措

我国为应对人口老龄化，近年来持续加强新时代老龄工作，在推动老龄人才利用和建设方面采取了一系列政策与举措。

（一）出台政策推进老龄人才的利用与建设

2021年,《中共中央国务院关于加强新时代老龄工作的意见》（以下简称《意见》）将促进老年人社会参与列为重要目标,并从扩大老年教育资源供给、鼓励老年人继续发挥作用两方面出发推进老龄人才的利用与建设。为加强老龄人才队伍建设,《意见》提出：第一,强调政府应完善就业、志愿服务和社区治理的政策措施。第二,为保障老龄人才的健康,鼓励在社区家政服务、公共场所服务管理行业为老龄人才提供灵活的工作。第三,为提升老龄人才的信息化能力,鼓励建立老龄人才信息库,并为老龄人才提供培训服务和创新创业指导服务。第四,鼓励老龄人才以志愿服务形式积极参与基层活动,同时做好老龄人才的思想引导工作。第五,政府应对阻碍老龄人才继续发挥作用的不合理规定进行全面清理。

（二）组织"银龄行动"志愿服务西部与乡村

2003年,全国老龄委开始组织"银龄行动",组织全国离退休老年知识分子对西部地区进行志愿援助。如今,"银龄行动"的服务事项已覆盖乡村振兴、社区治理、公益慈善、移风易俗、民事调解等范围。2023年8月,教育部等十部门在"银龄行动"顺利开展的基础上印发《国家银龄教师行动计划》（以下简称《计划》）,明确提出经过三年左右时间吸纳总量为12万人左右的银龄教师队伍,建成基本健全的银龄教师服务教育工作体系,形成政府主导、社会参与的银龄教师发展格局,并通过数字化赋能引领银龄教师工作水平。《计划》从强化统筹协调、加强经费保障、完善政策支持、注重数字赋能、健全服务保障、加强宣传引导出发提出六条组织意见,以保障引领教师队伍的顺利建设。

六、江苏老龄人才开发与建设对策与建议

（一）倡导"老有所为"的积极老龄化理念

借鉴国际经验,重视老龄人才对社会的价值发挥,以及提升全社会对老龄人才利用的理性认识,充分强调积极老龄化的理念是实现老龄人才充分利

用的首要条件。政府应在老龄人才利用和建设的前期阶段塑造"积极老龄观""积极劳动观"等价值观,以此为老龄人才利用和建设营造良好的社会意识氛围。为此,建议我省:

一是决策层理念倡导。尽管我省的人口老龄化规模巨大和人口老化速度很快,但目前各地政府的就业服务重心在于青壮年群体,对于老龄人才的开发利用在当前失业率的压力下,会心存顾忌。为此,当前的首要任务是基于事实数据和国际经验,倡导决策层的理念转变,激发决策层关于老龄就业的系统性思考。

二是加强媒体舆论引导。通过广泛宣传破除"老年人抢饭碗"的错误观念,政府应通过电视、报纸、宣传海报、自媒体 App 等多种形式宣传老龄人才再就业和参与社会活动的重要性,通过广泛、全方位宣传营造"老有所为"的社会氛围。

三是创造代际交流平台。在社会、企业创造老年人和年轻人的交流平台,促进交流的同时推进老龄人才跟上时代节奏。通过导师制度、培训等方式传授行业专业知识,鼓励老年人与年轻一代分享工作和生活经验,以此增强老龄人才的积极社会观理念。

(二)加强老龄人才发展顶层设计

一是科学编制规划引领方向。建议人社、发展与改革等部门牵头,围绕二十大报告有关积极老龄化、共同富裕和高质量充分就业的重要论述,根据江苏老龄群体和养老事业、养老产业发展现状,系统编制《江苏老龄人才发展规划》,拟定分层次、分阶段、分区域的开发蓝图,并将老龄人才纳入江苏整体人才战略布局。落实国家渐进式延迟法定退休年龄方案,推动修改现行《劳动法》及其配套法律法规,明确老龄劳动者与用人单位之间的劳动关系,在合同签订、劳动报酬、职业病防治、最低工资保障、工伤保险等方面享受与其他年龄群体同等保障。放开各类就业资格限制,行业资格证放宽或者取消考证年龄限制。探索出台老龄群体从业伤害保险实施办法,建立超龄人员工伤保险参保激励机制。

二是全面摸清老龄人才资源"家底"。建议在全省范围内展开深度调研,建立一个老龄人才数据库，包括人才分布、技能结构、职业倾向等方面的信息。开展地区差异性调查以了解不同地区老龄人才的独特特点和需求，有助于制定更具地域性的政策。开展基于细分产业的调研，了解老龄人才在不同行业的就业需求和技能要求，为规划目标的确立提供数据支持。对老龄人才技能结构进行全面评估，明确其优势和不足，为提供有针对性的培训和发展机会提供指导。

三是建立前瞻性老龄人才发展决策机制。为了更灵活地应对老龄人才资源的发展，需要建立前瞻性决策机制。首先，借助现代科技手段，建立实时决策支持系统。利用人工智能和大数据技术，设计老龄人才发展报告自动生成系统，包括趋势分析、政策建议等，提高决策准确性和效率。其次，通过充分利用数字化平台的实时分析结果，可以即时进行战略调整。由于市场和老龄人才需求的变化较为迅速，需要能够根据实际情况及时做出调整，更精准地满足老龄人才的实际需求。

（三）构建老龄人才发展数字化平台

一是统一老龄人才数据采集标准。通过制作老龄人才信息采集表，确保各个部门、企业按照相同标准记录和上报信息，以便后续数据整合和分析。在标准中应包括就业状况、培训记录、技能水平等多维数据，夯实信息基础。

二是设计多维信息整合平台。将老龄人才的各项信息整合到一个统一的数据库中，可借助API技术，确保来自各个部门和企业的数据方便、及时地接入。这样的平台不仅能够提供综合性的数据视图，还能够支持多层次、多角度的分析。

三是引入大数据分析技术，以提高数据的利用价值。通过清洗和预处理数据，保证其准确性和完整性。引入机器学习算法，构建适用于老龄人才发展的大数据分析模型，提高对未来发展趋势的预测准确性。这样的技术支持可帮助政府和企业更好地了解老龄人才的需求和发展趋势，为决策提供科学依据。

四是加强信息安全与隐私保护。采用数据加密技术，确保老龄人才个人信息在传输和储存过程中得到充分保护。同时，制定明确的隐私政策，规范数据的收集、使用和分享,为老龄人才提供充分的隐私权益保障。提供用户对个人信息的控制权,使他们能够更加安心地参与数字化平台的信息交流和共享。

(四)建设老龄人才高质量发展示范区

一是科学选址,打造高质量老龄人才发展生态系统。在全省范围内选择具有代表性的地区,考虑地理位置、经济状况、文化特色等因素,以充分覆盖不同发展程度的老龄人才发展背景。制定示范区规划方案,形成全方位的老龄人才发展生态系统。强化老龄人才服务设施、创新空间、文化活动场所等建设,为老龄人才提供舒适的居住环境、全面的健康服务、便捷的交通网络,以及与年轻一代交流互动的平台。

二是建立资源集聚与一体化管理机制。积极引导各类产业资源,如高科技、文化创意、健康养老等入驻示范区,形成富有活力和多元发展的老龄人才发展产业格局。同时,建立一体化管理机制,整合政府、企业、社区等多方资源,形成协同运作模式,可通过设立专门管理机构、建立产业联盟等方式,以确保示范区高效运营和管理。

三是开展全方位创新试点。示范区要成为老龄人才高质量发展的试验田,需要实施创新政策。可在税收优惠、创业扶持、养老保险等方面进行政策试点。建立政策反馈机制,及时了解政策实施效果,为全省经验推广和调整提供参考。数字化基础设施建设是创新基础,要在示范区进行数字化升级改造。同时,设立技术创新中心,集聚科研机构和企业,推动老龄人才参与科技研发和创新项目,实现智力资源的延续与传承。引入社区互动平台,通过线上线下活动,促进老龄人才与年轻一代之间的交流,构建跨代共融社区。

四是形成经验推广机制。定期组织培训和交流活动,将示范区成功经验分享给其他地区,推动全国范围内的老龄人才资源的优化利用,可通过建立网络平台、组织交流活动、出版经验手册等方式来实现。

(五)构建老龄人才队伍动态监测体系

一是制订老龄人才需求调查年度计划。计划应明确各行业、各领域的调查重点，以确保全面覆盖市场的各类需求。推广手机应用、在线问卷等科技手段，使老龄人才更容易参与到需求调查中。此外，应制定相应的激励措施，以提高老龄人才的调查参与度，确保获得更多真实、全面的数据，提升调查的准确性和实用性。

二是成立老龄人才发展监测机构。机构负责组建专业团队，包括调查员、数据分析师等，确保监测工作由专业人员负责执行。此外，应吸纳相关行业专业人士，建立咨询委员会，提供专业的调查建议和意见，使监测机构能够在专业领域保持领先地位，确保监测结果的准确性和可信度。

三是建立监测报告定期发布机制。监测报告应涵盖老龄人才的就业状况、培训需求、行业分布、技能结构等多维度信息，以供政府、企业和社会各方了解。将监测报告公开向社会发布，提高监测工作的透明度，增强公信力，使社会各界了解老龄人才的发展动态，为政策制定和社会服务提供科学依据。

（六）完善老龄人才就业保障体系

一是制定老龄人才就业优惠政策。首先，制定税收优惠政策，对雇佣老龄人才的企业给予适度的减税优惠，将其视为一种社会责任。其次，鼓励企业为老龄员工提供培训，将培训费用列入企业成本，并在计算企业所得税时予以税前扣除。再次，设立专门的创业支持资金，为老龄人才创业者提供财政支持和贷款担保，降低创业风险，激发老龄人才的创业积极性。这可以通过建立创业孵化器、提供创业培训等方式来实现，帮助老龄人才更好地融入创业领域。

二是完善老龄人才社会保障体系。应包括医疗保障、养老保险、失业保险等方面。政策应当针对老龄人才的不同需求制定差异化的社会保障政策，以确保覆盖面广、保障水平高。特别是在养老方面，需要提高老龄人才社会养老金的标准，确保其生活质量，同时激励更多企业雇佣老龄人才。此外，还需要增加老龄人才医疗保障金额度，以应对老年人的医疗需求，提高保障水平。

三是推动老龄人才职业培训与就业计划。培训计划应当覆盖技能提升、行业转型等多个方面。培训内容应当灵活多样，以适应市场需求的多样性。鼓励企业设立灵活的工作制度，如兼职、短时工作，以满足老年人的个性化需求。推广弹性工作制，允许老年人根据个人需求调整工作时间，提高工作舒适度。此外，为老龄人才提供导师培训，倡导老龄人才担任导师，传承经验，促进知识传承。设立导师制度激励措施，鼓励老龄人才积极参与导师制度。

作者：张宏伟，江苏省扬州市委常委、市纪委书记，副研究员，老龄文明智库老龄人力资源与人才队伍研究专业委员会首席专家；沙勇，南京邮电大学人口研究院院长、社会与人口学院院长，教授，老龄文明智库老龄人力资源与人才队伍研究专业委员会首席专家；李雄伟，江苏省职业介绍中心主任，硕士研究生；周建芳，南京邮电大学人口研究院副院长，博士，教授；刘晓峰，南京邮电大学社会与人口学院副院长，副教授；陈燕儿，南京邮电大学人口研究院助理研究员；唐蜜，南京邮电大学高质量发展评价研究院助理研究员。

主要参考文献

1. 李志明.积极开发老龄人力资源：何以可能与何以可为.《甘肃社会科学》2023年第6期

2. 孙鹃娟."60后"退休潮现象及老龄人力资源开发.《人民论坛》2022年第23期

3. 袁浩.论高智力老龄人才档案信息资源建设与可持续利用《兰台世界》2014年第29期

4. 高勇，李娜.日本老龄人力资源与就业特征分析.《人口学刊》2013年第4期

5. 金易.论老龄人力资源深度开发.《学术交流》2012年第1期

6. 刘进才.我国老龄人力资源开发利用的对策研究《中国人力资源开发》2011年第12期

7. 杨红.老龄人才资源开发研究：以成都市为例.《西北人口》2011年第3期

中国式现代化视域下的人口高质量发展研究

陈友华　孙永健[*]

一、引　言

2022 年，党的二十大报告指出，中国式现代化是人口规模巨大的现代化。报告强调："我国十四亿多人口整体迈进现代化社会，规模超过现有发达国家人口的总和，艰巨性和复杂性前所未有，发展途径和推进方式也必然具有自己的特点。"2023 年，习近平总书记主持召开二十届中央财经委员会第一次会议，又提出了以人口高质量发展支撑中国式现代化的重要论断和工作要求。会议指明："完善新时代人口发展战略，认识、适应、引领人口发展新常态，着力提高人口整体素质，努力保持适度生育水平和人口规模，加快塑造素质优良、总量充裕、结构优化、分布合理的现代化人力资源，以人口高质量发展支撑中国式现代化。"自此，人口高质量发展成了走好中国式现代化建设道路的重要组成部分，也成为党和政府在人口领域新一轮的工作重心与战略方针，推动人口高质量发展成为我国"十四五"时期乃至 21 世纪中叶以前

---

[*]　陈友华、孙永健：《中国式现代化视域下的人口高质量发展研究》，《中国特色社会主义研究》2023 年第 5 期。

人口相关政策制定的关键点、观察点和着力点。

人口高质量发展思想的提出具有深厚的理论基础与政策渊源。一方面，人口高质量发展的提出得益于经济高质量发展的内涵延伸。2017年10月，党的十九大作出了"中国特色社会主义进入了新时代"的重大论断，指出"我国经济已由高速增长阶段转向高质量发展阶段"。同年12月，中央经济工作会议又强调，"我国经济发展也进入了新时代"，其基本特征是"由高速增长阶段转向高质量发展阶段"。此后，"高质量发展"的内涵出现了引人瞩目的扩充式转化，经历了"始于经济、融入社会"的词义转化，目前"高质量发展"已经全面涵盖了我国经济发展和社会建设的方方面面。① 人口系统作为社会大系统中的子系统，自然面临着肩负起高质量发展的任务，高质量发展的思想与方针也为我国当下与未来人口发展战略与人口政策的完善提出了新要求、指明了新方向。另一方面，人口高质量发展的思想承袭与发展了人口均衡发展、人口可持续发展、人口安全等政策理念。譬如说，2017年1月25日，国务院印发《国家人口发展规划（2016—2030年）》，提出要"以促进人口均衡发展为主线"。2020年，中国共产党第十九届五中全会再次强调"促进人口长期均衡发展"，这意味着人口均衡发展成为中国重要的人口发展目标与战略方针。人口长期均衡发展是指在相当长的时期内，人口发展与经济社会发展相协调、与资源环境承载能力相适应，并且人口规模适度、人口素质优良、人口结构优化、人口分布合理及人口系统内部各个要素之间协调平衡发展。可见，人口高质量发展与人口均衡发展之间息息相关、一脉相承，是人口均衡发展的升级版，也是党中央审时度势而做出的又一个重大抉择。

尽管实现人口高质量发展已经确立为我国现代化建设的战略目标之一，但在具体操作层面，实务工作者和研究者对人口高质量发展尚未予以明确且具体的概念界定与指标设定，由此导致了对人口高质量发展的现实落差认识不足，对于人口发展中面临的问题与挑战研判不足，因而也就无法聚焦于实现人口高质量发展的可行路径。基于此，本文尝试从概念与指标入手，剖析我国人口高质量发展所面临的现实问题，并提出相应的路径方案与政策建议，

---

① 何明升：《高质量社会发展：概念、禀赋和智慧化转型》，《学术交流》2022年第9期。

以期为人口高质量发展的制度完善与理论演进提供些许裨益。

二、人口高质量发展的概念辨析与内涵阐释

（一）概念辨析

1. 质量

人口高质量发展建立在"质量"概念之上。何谓"质量"？《辞海》中指出"质量"即是事物、产品或工作的优劣程度。质量的概念融合品质、特性、才能等含义，常常可直接表述为"卓越"或"高水准"，含有"优良"的指向。在物理学层面，质量作为"物体所含物质多少的量"引入，它描述的是物质的一种属性而非特性。在哲学层面，"质"就是事物的性质，而质量是指"质"的"量"，即"性质"的多少。质变是由一种性质向另一种性质的突变，而质量是指事物的一组特性以其特定的关系在某一时空的呈现。①在企业生产层面，质量的概念关注产品和服务如何满足消费者需求，它反映客体满足主体某种期望或潜在需求的能力，强调以客户需求为基础。不过，随着社会经济发展过程中人们对质量的作用与价值的日益关注，质量的内涵不断充实，外延逐渐扩展，已涉足市场、社会、政治、人口、生态等多领域。因此，质量如今可泛指经济产品、社会成果、人们工作状况等等的优劣好坏，"人口质量"一词也正是在这一广义范畴下加以使用。

2. 发展

何谓"发展"？《辞海》解释道，"发展"是指事物由小到大、由简到繁、由低级到高级、由旧质到新质的上升的变化过程，这种变化既包括量变和质变，又表现出连续性、阶段性和顺序性。现代意义上的"发展"与欧洲启蒙思想息息相关，最初体现了人们对社会"进步"或"进化"的期盼和关怀。不过，随着时间的推移，"发展"这一复杂、动态的概念逐渐演化，其含义在人们对社会变迁的认知中得以不断充实和丰富。"发展"已不仅仅是一个抽象的名词，它既关系到价值认知，又关系到现实践履，发展被赋予了

---

① 何明升：《高质量社会发展：概念、禀赋和智慧化转型》，《学术交流》2022年第9期。

主体性价值期望，更多立足于人对未来的预期与预判，是行动的先导。①"发展"概念如今在多个学科领域中都有重要意义，包括经济学、社会学、管理学、地理学等等。在人口学中，人口发展可以理解为，随着经济社会的不断发展和资源环境的持续变化，人口运行不断打破原有状态，在新的平台上构建新的状态，由无质量或低质量转变为高质量、由非均衡或低级均衡转变为高级均衡的跃迁过程。②③

需要认识到，"质量"与"发展"之间关联密切但又存在本质区别。"质量"反映的是一种现实状态或变化结果，它不具有进步的指向。而"发展"则反映的是事物不断演化与进步的过程，包含质变的意涵，能够体现变化的方向。因此，人口质量体现的是在特定时间点对人口发展状态和目标达成度的静态评估，而人口发展则需要在特定时间段对人口演变过程与目标契合度展开动态评价。

3. 高质量发展

"高质量发展"结合了"发展""质量""高"三个概念，旨在满足人民日益增长的生活需求，强调高效、公平、绿色和可持续性。它不仅关注供给有效性、公平性、生态文明和人的现代化，还注重满足人的真实需求④⑤。我们认为高质量发展包含两个重要面向：一是强调事物发展的过程本身质量高、结构优或效益好，高质量用以修饰发展的过程；二是突出事物向着高质量的目标或结果迈进，高质量用以描绘发展的成果与状态。因此，当我们在使用"高质量发展"一词时应仔细体会与思考其中的差别。

"高"也是理解高质量发展的一处难点。"高"是一个比较而来的相对概

---

① 杨志恒：《人本主义视角下城镇高质量发展的概念、目标与路径》，《现代城市研究》2023 年第 3 期。

② 人口长期均衡发展课题组：《以科学发展为主导构建人口均衡型社会》，《人口研究》2010 年第 5 期。

③ 李建民：《论人口均衡发展及其政策涵义》，《人口与计划生育》2010 年第 5 期。

④ 张军扩、侯永志、刘培林等：《高质量发展的目标要求和战略路径》，《管理世界》2019 年第 7 期。

⑤ 任保平：《新时代中国经济从高速增长转向高质量发展：理论阐释与实践取向》，《学术月刊》2018 年第 3 期。

念，不同社会不同历史时期对于"高"的理解和认识也是不同的。纵向历史比较而言，"高"涉及将某一指标或特征与过去的时点进行比较，以评估进步或退步。横向国际比较而言，"高"涉及将一个国家或地区的特定指标与其他国家或地区进行比较。由此看来，当我们在研究中国高质量发展时，该如何评判与验收发展质量的高与低，可能不仅取决于当下对过去的超越，而且还要参考发达国家的经验。仅仅有质量提高并不能称之为高质量，只有质量提高至一定水准或门槛之上才能称之为高质量，相反，质量降低也不必然说明低质量，因为依然可能保持在一个高质量水平的区间。

此外，"高质量发展"与"高速增长"也是一对需要区别使用的概念。一方面，我们应当注重区分两个概念之间的差别，即高速增长主要关注规模的迅速扩大，对增长的质量要求较低，而高质量发展主要关注增长的质量，包括增长的可持续性、公平性、创新性和环境可持续性等方面。不过，考察经济增长从高速到低速较为简单，GDP指标便是一个很好的"抓手"，而考察经济发展从低质量到高质量也是可能的，但考察经济高速增长到高质量发展则相对棘手，因为速度与质量是经济增长的两个不同维度，经济增长速度的相对放缓是否必然换来发展质量的明显提升是需要严密的逻辑推演和充足的现实证据的。另一方面，我们也不能忽视高质量发展与高速增长之间的内在联系，发展不仅包含量的扩张，而且包括质的提高与结构的改善等，没有一定速度的经济增长，就很难有经济的高质量发展。基于此，从类型学上我们构建出两个概念的交叉分类表，如表2-6-1所示。经济高质量发展只有在经济高速或者中速增长的情况下才有可能实现，同样，经济低质量发展只有在经济中速或低速增长的情形下才能出现。

表2-6-1 增长速度与发展质量之间的关系

增长速度	发展质量		
	高质量	中质量	低质量
高速度	高速度高质量	高速度中质量	—
中速度	中速度高质量	中速度中质量	中速度低质量
低速度	—	低速度中质量	低速度低质量

（二）内涵阐释

基于党中央对我国人口形势的最新研判，人口高质量发展是指塑造素质优良、总量充裕、结构优化、分布合理的现代化人力资源，以人口高质量发展支撑中国式现代化。如果我们将人口高质量发展仅视为一种理念，那么定性目标可能足够，但如果我们将其作为人口长期均衡发展的目标，仅有定性描述是不够的，还必须明确定量指标及相应标准来监测人口发展状况。目前，由于人口高质量发展概念的新颖性和复杂性，政界和学界还未就此概念展开详尽的界定与测度，因而本文试图从指标衡量的角度进一步阐释人口高质量发展的内涵。

1. 何谓素质优良

人口素质优良是指人口在思想道德、科学文化、身心健康等方面素质状况良好，且与社会经济发展对人口素质的要求相匹配，同时不同素质人口之间保持合理的比例状态。

首先，思想道德素质与价值观和意识形态等密切相关，难以量化与讨论。相对于规模、寿命等显性指标，精神生活的内隐性、弥散性和不可计算性特征，使人们难以对如何评价思想道德素质高低形成共识。

其次，科学文化素质一般用人口受教育年限来衡量，在国际比较时通常将人口年龄限定在15—64岁的劳动年龄期。不过，受教育年限并非是衡量人口素质的正向指标而更应当是适度指标。一方面，在法定退休年龄未能明显延后的背景下，教育年限扩张的直接结果是人口就业年限的显著缩短。[①] 另一方面，教育扩张的间接影响体现为人口素质与经济增长可能出现不相适应的情况，造成高素质劳动力的失业与闲置，引发劳动力就业结构与产业结构之间的不匹配。所以说，人口受教育年限绝非越长越好，以舒尔茨为代表的传统人力资本理论值得商榷。

最后，人口健康素质一般借助平均预期寿命、健康预期寿命、不健康预期寿命及其之间的关系等指标进行测量，即在预期寿命延长的前提下，健康

---

① 陈友华、孙永健：《教育扩张与寿命延长对就业年限变动的影响》，《中国人口科学》2022年第1期。

预期寿命越长而不健康预期寿命越短，说明健康素质不断提升。不过，这些指标在反映人口健康素质时不总是同向变化，常常出现指标间的张力。随着疾病谱系的变化，人们愈发认识到"健康可以导致长寿，但长寿不一定就健康"①，因而反映死亡水平的平均预期寿命指标很难反映人口的真实健康水平。相较之下，健康预期寿命指标由于综合了人口的死亡和健康信息，似乎成为比较不同时期不同社会中人口健康状况的合适指标，但该指标最大的缺陷在于忽视了在健康寿命不断延长的同时，病痛寿命也在相应增加，甚至可能不成比例地扩张。为此，学者们提出了残病扩张理论②和健康预期寿命指数③或生命质量指数④来驳斥或改进传统的健康测度指标。

2. 何谓总量充裕

人口总量充裕通常用来描述一个国家或地区的人口规模的适中或合理，是指人口数量相对于经济社会发展需求而言足够多，同时也不会导致过度竞争、资源短缺、环境恶化或社会紧张等问题。总量充裕理念与人口长期均衡发展中规模适度思想一脉相承，它们均展现出人们对实现理想人口数量的探索与追求。那我们该如何衡量并计算出一个国家或地区的充裕或适度人口规模？

首先，不能仅仅从人口绝对规模角度来考量人口是否充裕问题。有研究认为，中国人口总量2050年为13亿左右，远高于第三位的美国（3.75亿），中国15—64岁劳动年龄人口2020年为9.68亿，2035年超过9亿，比目前欧洲人口总数多1.5亿人，接近美国现在总人口的2.7倍。⑤然而，这样未经标准化处理的国际比较真有意义吗？我们能否由此得出中国人口总量长期充裕的结论？实际上，考虑总量是否充裕时，不仅要考虑人口绝对规模，至

---

① 乔晓春：《健康寿命研究的介绍与评述》，《人口与发展》2009年第2期。
② Gruenberg, E. M., "The failures of success", *The Milbank Memorial Fund Quarterly*, 1977: 3-24.
③ 陈友华、孙永健：《放大与缩小：中国人口老龄问题中被掩盖的事实——兼论中国老龄研究中的指标改良与理论反思》，《人口研究》2023年第1期。
④ 乔晓春：《全国及各省份老年健康预期寿命变化及差异比较》，《人口与经济》2023年第5期。
⑤ 张许颖、李月、王永安：《14亿人国家：迈向高质量发展的未来——中国人口中长期预测（2022）》，《人口与健康》2022年第8期。

少还要考察承载人口的国土面积的大小,即需要借助人口密度指标来衡量与评估人口充裕与否,否则仅仅从人口规模角度出发,只有人口小国才可能出现人口不充裕问题。实际上,除了国土面积以外,确定何时人口总量充裕通常还应该结合自然资源、经济机会、社会基础设施等多个指标和因素进行综合分析,评价起来非常复杂与棘手。

其次,充裕的人口在实际操作过程中根本无法精确计算。19世纪末,英国经济学家E.坎南提出了使得经济处于"最大收益点"的人口总量,奠定了适度人口理论。自此以后,后世学者竞相效仿与发展该理论,并力图精确计算出不同国家或地区的理想人口总量,但无一例外都以失败而告终,所提出的理想数值均被质疑或否定。随着人们对确定适度人口的幻想破灭,越来越多的学者放弃甚至大加批驳适度人口理论。可见,人口规模适度更多只是一种发展理念,人们既无法计算出适度人口,更无法通过切实干预来达到所谓的人口理想值。①

最后,生育率水平常常是评估人口总量时易遗漏的关键指标,生育率维持在更替率水平附近是人口总量充裕与规模均衡的必要非充分条件。无论现在的人口总量充裕与否,一旦生育率长期偏离更替水平,或者出生率长期偏离适度水平(适度出生率 $=1/e_0$,其中 e_0 为出生时平均预期寿命),最终会导致人口规模的持续增长或持续缩减,从而偏离人口总量充裕的发展目标。因此,生育率与更替水平之间的差距很小不一定能够实现人口总量充裕,但生育率偏离更替水平较远时,长远来看人口总量难言充裕。

3. 何谓结构优化

人口结构优化是指一个国家或地区人口的自然结构和社会结构不断趋于合理的过程。

任何实际人口背后都有其对应的生命表人口为理想目标。② 人口自然结构包括人口的性别结构与年龄结构两者,人口的性别结构与年龄结构优化分别是指随着时间的推移,人口的性别结构与年龄结构分别向理想人口的性别

---

① 陈友华、孙永健:《非均衡发展:人口发展理论的批判与建构》,《学海》2021年第4期。
② 陈友华、米勒·乌尔里希:《人口性别年龄结构分析方法及其在德国的应用》,《人口研究》2001年第3期。

结构与年龄结构靠近的过程。

人口的社会结构是指一个国家、部族或地区占有一定资源、机会的社会成员的组成方式及其关系格局，包含种群数量结构、家庭结构、社会组织结构、城乡结构、区域结构、就业或分工结构、收入分配结构、消费结构、社会阶层结构等若干重要子结构，其中社会阶层结构是核心。社会结构具有复杂性、整体性、层次性、相对稳定性等重要特点。由此可见，人口的社会结构要比人口的自然结构复杂得多，因而要评判一个人口的社会结构是否合理是一件十分复杂且困难的事。理论上讲，人口的社会结构优化是指随着时间的推移，其社会结构不断趋于公正、合理与开放的过程。

4. 何谓分布合理

人口分布合理主要是指一个国家的人口在不同区域或城乡之间有序流动和均衡分布，以满足社会、经济和环境可持续发展的需求。人口均衡分布的衡量标准应当是不同区域劳动生产率相近而非不同区域人口密度均等。以往有不少研究倾向于借助人口密度、城市化率等指标将"均衡分布"界定为人口数量的均匀分布，即不同区域间人口密度趋于一致。[1][2] 然而，国际经验表明，经济越发达的国家，其人口极化程度越高，而中国人口的空间集聚不仅落后于发达国家，而且也明显低于发展阶段接近的印度等发展中国家。[3] 因此，那种将区域间均衡发展错误地理解为人口均匀分布的观点和做法，结果只能是以严重的"空间错配"换来了不可持续的"平均发展"，陷入效率和公平相冲突的局面[4]。均衡分布更应该理解为人口规模与社会经济发展的相互促进而绝非是单位面积上人口数量的相近。实际上，在没有迁移限制的前提下，人口会基于理性选择向经济与资源集中配置的地区迁移，通过增加

---

[1] 曾永明、张利国：《中国人口空间分布格局演变与非均衡性测度——基于分县尺度人口普查数据：1990—2010》，《南方人口》2017年第5期。

[2] 张耀军：《人口空间合理分布与健康城镇化：问题及对策》，《宁夏社会科学》2013年第1期。

[3] 陆铭、李鹏飞、钟辉勇：《发展与平衡的新时代——新中国70年的空间政治经济学》，《管理世界》2019年第10期。

[4] 陆铭、刘雅丽：《区域平衡发展：中国道路的"空间政治经济学"思考》，《广西财经学院学报》2019年第4期。

城市或发达地区人口和减少农村或欠发达地区人口的方式，实现不同地区劳动生产率的趋同，而人口进一步集聚既可以使发达地区发挥更大的规模效应、创造更多财富，又可以为区域和城乡间的转移支付提供物质基础。可见，人口均衡分布的要义在于"均而不衡，衡而不均"，应当实施人口城市化甚至大城市化的区域发展战略。① 伴随着人口和经济的集聚，地区间人均经济指标的差距逐步缩小，这便达到了"在集聚中走向平衡"②的合理状态。

5. 何谓人口内外协调发展

人口高质量发展对中国式现代化是至关重要的支撑因素，这不仅要求人口系统内部四大要素之间和谐统一，而且要求人口系统与社会、经济、环境、资源等外部系统之间相互协调适应，即实现人口内外系统间的协调。人口高质量发展是对人口内外不同要素所提出的整全性高要求，逻辑连接词为"且"而非"或"，因而以人口的数量、素质、结构和分布任一方面的停滞或退步为代价，或者以经济、社会、资源与环境任一系统的牺牲为代价，换取某一个或某一些方面的高质量，都不符合人口高质量发展的理念。人口高质量发展实际上承袭了以往人口均衡发展等人口发展战略中"统筹协调"的政策表达，倡导一种整体思考与综合解决问题的思路。

然而，人口的数量、结构、素质、分布与经济增长、社会进步、环境持续性以及资源利用之间存在着错综复杂的相互影响，可谓"牵一发而动全身""按下葫芦浮起瓢"，仅凭数理方式或技术手段是不可能全面反映人口内外部系统间的复杂性与变化性的，更不必说一个或几个量化指标，因此，想要对人口内外系统的均衡状况进行实际测量是很困难的。以人口与经济之间的关系为例，尽管两者都为宏观变量，学者们也乐于测算人口发展对经济增长的影响，如计算改革开放以来中国人口红利对经济高速增长的贡献率，③ 或

---

① 吴瑞君、朱宝树：《中国人口的非均衡分布与"胡焕庸线"的稳定性》，《中国人口科学》2016年第1期。
② 陆铭、陈钊：《在集聚中走向平衡：城乡和区域协调发展的"第三条道路"》，《世界经济》2008年第8期。
③ 王金营、杨磊：《中国人口转变、人口红利与经济增长的实证》，《人口学刊》2010年第5期。

者计算中国人口素质提升将会对中国技术创新和进步提供多少动力,[1]等等。然而,诸如此类的相关性研究仅能揭示人口和经济之间单方向的影响关系,而无法有效反映两者的相互协同程度以及是否达到了高质量水准。并且,这类研究多从人口或经济系统的某一要素出发来概括人口与经济之间的关联,如计算人口红利的经济贡献率主要反映出劳动年龄人口比重对经济增长产生的积极作用,其实是无法同时考虑到少子老龄化对经济持续增长势能引发的潜在冲击。

三、人口高质量发展面临的现实问题

基于对人口高质量发展的概念辨析与内涵阐释,结合我国人口转变的历史与现状,我们认为中国人口在发展过程中既积存了不少优势与经验,也面临着更多的问题与挑战。总体而言,未来中国要实现人口高质量发展任重而道远。

(一)惯性负增长的人口规模

2022年是中国人口发展史上具有里程碑意义的一年。根据国家统计局数据,2022年中国总人口为141175万人,较上年末减少85万人,自然增长率为-0.60‰。中国正式步入人口结构转变完成后的人口负增长时代。这是中国人口发展方向性转变的分水岭,标志着我国从几百年甚至几千年的人口趋势性增长转变为长期性负增长,是时代性和历史性的人口大事件。[2]根据联合国《世界人口展望2022》[3]对中国未来人口规模的预测,无论采取高中低哪种方案,2022—2100年间我国总人口将一直处于负增长状态。按照中方案预测,2035年我国总人口仍有14.00亿人,2050年才减少至13.13亿

---

[1] 王智勇、李瑞:《人力资本、技术创新与地区经济增长》,《上海经济研究》2021年第7期。
[2] 翟振武、金光照:《中国人口负增长:特征、挑战与应对》,《人口研究》2023年第2期。
[3] United Nations, Department of Economic and Social Affairs, Population Division (2022), *World Population Prospects 2022*, Online Edition, https://population.un.org/wpp/.

人,至2100年总人口减少至7.67亿人。人口负增长的早期阶段,正是总人口数量从峰值下落的"高原期",沿袭了人口规模"达峰"的巨大惯性,人口缓慢缩减,规模依然巨大,即便按照低方案预测,至本世纪中叶的总人口依然在12亿人以上。①如此看来,似乎不必太过担忧中国人口数量的充裕问题,但中国人口负增长属于"近忧小,远虑大":一是由于中国人口基数庞大,人口变动惯性也十分巨大,因此,初始人口负增长速度温和而缓慢,可一旦进入负增长轨道,中后期的骤减速度相当惊人;二是根据以往的经验,我们发现2020年前联合国对中国人口规模的每次预测总是存在系统性高估,常常会放大中国人口数量的增长效应。②可见,联合国对中国2022—2100年人口规模的预测是否再次出现高估也是有待时间考证的。

中国目前及未来的人口负增长主要是由低生育率主导的,是社会经济发展至一定时期的内生性人口负增长,与以往的战争、瘟疫等所导致的人口负增长有着根本性的不同。近年来,中国的少子化风险逐渐凸显,年出生人数自2016年以来持续下跌,2022年出生人口首次跌破千万,仅有956万人。而妇女总和生育率从1992年起一直在更替水平之下逐步降低,生育新政仅仅促成了随后的生育率的昙花一现式的轻微回升,随即又回落至原先的1.5以下的低生育率水平轨道,③重新跌入"低生育率陷阱",2020—2022年生育率分别只有1.30、1.15、1.07,中国成为世界上生育率最低的国家之一。生育率长期处于低水平与出生人数断崖式减少是造成我国人口增长由正转负的直接原因。在国际移民忽略不计的前提下,生育率的高低实际上成为中国未来人口发展趋势的主要决定力量,未来人口缩减速度的预测也主要取决于对生育率的估算。根据联合国发布的《世界人口展望2022》中方案预测,我国生育率在2035年之前将不会继续降低,即维持在1.30的水准,且至2050年能够提升到1.40。而国内学者依据普查数据与相关抽样调查数据指出,中

---

① 原新:《人口负增长早期阶段的新人口机会》,载原新、杜鹏、童玉芬等《专题笔谈:中国人口负增长与人口高质量发展》,《北京行政学院学报》2023年第3期。

② 陈友华、孙永健:《人口预测和人口规划系统性偏差之特征、原因与应对》,《探索与争鸣》2021年第7期。

③ 王广州、王军:《中国人口发展的新形势与新变化研究》,《社会发展研究》2019第1期。

国未来的生育率很难提升,甚至还会进一步下降至1.10的极低水平。[①][②]

低生育率与育龄人群基数小且不断走低两者同方向叠加,未来出生人数持续减少、人口加速负增长是难以避免的。虽然中国人口规模巨大,但如果超低生育率持续下去,中国以往积存的人口数量优势将难以长期保持。

(二)不容乐观的人口结构

当前,中国人口结构的现状与前景属于风险与机遇并存,人口结构在总体优化的同时,局部情况不容乐观。随着生育政策调整、性别观念转变以及男孩养育成本相对更高,我国人口性别结构持续改善,出生人口性别比例趋于正常,2020年已经降至111.30。而得益于全面脱贫、乡村振兴与共同富裕等重大国家战略的实施,我国人口的社会结构亦有不断趋于改善的态势。因而,我国人口结构面临的主要矛盾突出地表现为由低生育率、死亡率降低和寿命延长导致的少子老龄化。

2000年,我国正式进入老龄化社会。此后,老年人口比例不断上升:中国65岁及以上老年人口的比例从2000年的6.96%上升至2010年的8.87%,再至2020年的13.50%,人口年龄结构持续老化。无论未来生育率怎样变动,中国人口老龄化程度都将逐渐加重,最终步入深度老龄化社会[③]。根据联合国预测,未来我国的老年人口规模和所占比例都将处于持续扩张之中:预计我国60岁及以上老年人口规模至2030年将超过3亿,到2050年攀升至4.7亿,并将在2054年达到峰值5.2亿。预计我国60岁及以上老年人口比例将在"十四五"时期达到中度老龄化的标准(20%),在2035年前后达到重度老龄化的标准(30%),此后进一步攀升,于2054年左右可能达到40%的超高水平。

中国在面对少子老龄化风险时可谓规模与结构并重、机遇与挑战兼具,

---

① 王广州:《中国走出低生育率陷阱的难点与策略》,《学术探索》2021年第10期。
② 陈卫:《中国的低生育率与三孩政策——基于第七次全国人口普查数据的分析》,《人口与经济》2021年第5期。
③ 王金营、李庄园、王冬梅:《中国人口长期发展目标研究——基于增强经济实力的认识》,《人口研究》2022年第4期。

突出表现为如下特征：其一，老龄化速度超快。在经过老龄化速度明显放缓的"十三五"时期后，随着第二次出生高峰时期出生的人口逐渐步入老年阶段，我国每年新增的老龄人口数量将迅速增加，老龄人口比例急速提高，自2022年开始中国老龄化上升速度可能步入历史上最快的时期。其二，老年抚养比飙升。少子老龄化是整体人口结构的老化，与老年人口持续上升同时发生的是劳动年龄人口的快速缩减。根据联合国预测，预计到2050年时我国15—59岁人口规模缩减至6.5亿人，比重降至50%以下。老年抚养比快速攀升，2035年前将超过50%，2051年达到80%，2073年超过100%。[①]并且，传统的老年抚养比指标还存在放大社会养老能力而缩小养老负担的偏差效应。[②]可见，人口老龄化程度的加深给我国劳动年龄群体带来的压力将是超出预期的。不过，人口红利虽然逐渐消退，但取而代之的是人才红利的逐渐释放，亦即我国劳动人口的教育素养、专业技能与健康水平大幅提升，将会有利于积极应对攀升的养老负担。其三，在21世纪中叶之前，低龄老龄化特征明显。根据联合国预测，2020年我国60—69岁人口数量约为1.5亿，占老年群体的比重约为55.8%，至2050年数量将增加至2.1亿，比重仍达40%以上。由此可见，尽管老龄化程度持续加深，但随着延迟退休政策的出台、生产方式与就业结构的变化以及老年人口健康素质的改善，低龄老龄化或将为中国社会经济发展与转型提供一定的机遇与动力。

（三）喜忧参半的人口素质

改革开放以来，中国人口素质在教育与健康等方面都取得了显著进步，同时又面临着许多新的挑战，可谓喜忧参半。

第一，我国人口科学文化素质大幅提升，人力资本日渐雄厚，但却遭遇有效劳动供给缩减的趋势。目前，中国已建成全球最大规模的教育体系。《2020年全国教育事业发展统计公报》和第七次人口普查数据显示，我国

---

① 原新：《人口负增长早期阶段的新人口机会》，载原新、杜鹏、童玉芬等《专题笔谈：中国人口负增长与人口高质量发展》，《北京行政学院学报》2023年第3期。
② 陈友华、孙永健：《放大与缩小：中国人口老龄问题中被掩盖的事实——兼论中国老龄研究中的指标改良与理论反思》，《人口研究》2023年第1期。

2020年学前教育毛入学率达85.2%，九年义务教育巩固率达95.2%，高中阶段毛入学率为91.2%，高等教育毛入学率为54.4%，而16—59岁劳动年龄人口平均受教育年限为10.75年，全国新增劳动力平均受教育年限为13.80年。根据学者的测算，到2040年我国15—64岁人口平均受教育年限将接近11年，与日本（13.38年）、韩国（14.43年）和美国（13.43年）之间的差距进一步缩小。①人口科学文化素质的快速提升为中国式现代化提供新动能。不过，正是由于教育扩张与受教育年限的显著延长，加之法定退休年龄"按兵不动"，中国人口的平均就业年限也因此历经了规模性和结构性的缩减②。人口素质提升尽管通过扩张学业时长的方式增加了国民的人力资本，但终身劳动时间必须随着预期寿命的增加而增加，否则教育时间的延长将无法转化为人力资本的有效收益。此外，高等教育的膨胀还增加了社会结构性失业与自愿性不就业的风险，也引发了教育资源投入的错配与浪费。可见，人口受教育水平大幅提升的负面效应也是值得我们高度警惕的，它可能既加速了人口红利的消退，也阻碍了人才红利的释放。

第二，我国人口健康素质明显改善，但也遭遇"残病扩张"的风险。2019年全球疾病负担研究数据显示，21世纪以来，我国人口的平均预期寿命和健康预期寿命均经历了大幅提高，分别从2000年的71.33岁和63.42岁增加至2010年的74.92岁和66.58岁，再到2019年的77.59岁和68.53岁，不断接近乃至超越部分发达国家。③而第七次全国人口普查数据表明，2020年我国人口平均预期寿命已达到77.93岁，首次超过美国（77.0岁）。依据我国《"十四五"国民健康规划》预测，到2025年中国的人均预期寿命在2020年的基础上继续提高1岁，到2035年时人均预期寿命将达到80岁以上。从寿命与健康寿命的规模角度来看，我国人口的健康水平大幅向好，似

---

① 陆旸：《将人口红利转向人才红利，通过教育改革推动人口高质量发展》，《工信财经科技》2023年第4期。

② 陈友华、孙永健：《教育扩张与寿命延长对就业年限变动的影响》，《中国人口科学》2022年第1期。

③ 陈友华、孙永健：《放大与缩小：中国人口老龄问题中被掩盖的事实——兼论中国老龄研究中的指标改良与理论反思》，《人口研究》2023年第1期。

乎已经实现了健康中国或健康老龄化的战略目标。然而，残病扩张理论告诫我们，当人类预期寿命提高到一定限度后，健康预期寿命延长速度便会赶不上预期寿命延长速度，因此，残病预期寿命也会发生显著扩张，即出现"胜利的失败"①。通过对预期寿命与健康预期寿命进行简单的指标换算与数据测算，我们发现我国人口的不健康预期寿命经历了明显的扩张，从2000年的7.91岁增加到2010年的8.34岁、2019年的9.06岁，而不健康寿命占总寿命的比重也呈上升趋势，从2000年占比11.09%增加到2019年的11.68%，这意味着2000年以来我国人口的健康状况实际上处于"残病扩张"阶段。可见，从健康寿命与不健康寿命两个指标的变动关系来看，我国人口整体健康水平还有很大的提高余地。

（四）亟待优化的人口分布

改革开放以来，我国人口迁移流动趋于活跃，城市化进程快速推进，人口分布逐渐得到优化，但还有进一步完善的空间。

首先，中国流动人口规模逐渐扩大。全国人口普查资料显示，我国流动人口从2010年的2.21亿人增加至2020年的3.76亿人，十年净增加69.7%。2021年，流动人口规模进一步扩大到3.85亿人，约占全国总人口的27.2%，即超过四分之一的人口在流动迁徙，且很大一部分在向城镇或东部等经济发达地区集聚。伴随着社会变迁与制度变革，我国人口迁移流动将更趋活跃，流动人口规模在未来一段时间内还将持续增长。

其次，中国城市化快速发展。历次全国人口普查数据显示，我国城市人口从2000年的4.6亿人快速增长至2020年的9.0亿人，城市化率从36.2%上升至63.9%，并且后续仍在持续增长。据预测，2035年我国将有超过10亿人口居住在城市中，城市和城市群将聚集更多的人口。②

最后，区域人口增减分化愈发明显，但人口空间分布格局与经济增长的

---

① Gruenberg, E.M., "The failures of success", *The Milbank Memorial Fund Quarterly*, 1977: 3-24.
② 张许颖、李月、王永安：《14亿人国家：迈向高质量发展的未来——中国人口中长期预测（2022）》，《人口与健康》2022年第8期。

区域均衡不断得到优化。比较历次全国人口普查数据可以看到，自2000年以来，我国东北和中部地区的人口比重明显下降；西部地区的人口比重也在下降，近年来略有回升；反观东部沿海地区的人口比重持续攀升。可见，我国人口分布呈现不均匀的趋势，越来越多的人口在向沿海、亚热带等经济发达和适合人居住的地区流动和集聚。不过，若是结合地区经济产出数据，我们发现人均GDP的省际差异总体来看趋于缩小，东部沿海地区的高差与中西部地区的低差趋于缩小，但东北地区转变为明显低于全国平均水平。[1]因而，从人口分布与经济增长的耦合程度来看，我国人口分布总体趋于合理，劳动力资源得到优化配置，人口在极化中逐渐实现均衡。

然而，由于户籍制度以及与之密切捆绑的社会福利制度仍然阻碍着人口的迁移流动，中国还没有实现完全的自由迁徙，大量生活工作在城市但户籍仍锁定在农村的外来务工人员只能实现半城市化或漂浮式城市化，不能公平地获得与城市居民同等的居住权利与福利待遇。可见，中国未来的人口分布仍有较大的改善空间，户籍等相关制度亟待深化变革，人口在空间层面的集聚以及由此带来的经济增长还不够充分。

（五）难以协调的人口内外系统

第一，人口内部的各个要素之间常常发生互斥。以往我们总是习惯于把人口的数量、结构、素质、分布分开来讨论，似乎这些人口内部要素是相互独立的，实际上这种理解是有严重偏差的。人口的四大构成要素紧密联系在一起，具有联动效应。譬如，控制出生人口或生育率不仅对人口数量变动带来直接影响，而且对人口的自然结构也会产生冲击。中国所遭遇的少子老龄化与人口性别结构失衡恰恰就是长期严控人口数量的生育政策所导致的"意外"后果，人口数量控制成绩的取得，在某种意义上是以人口结构恶化作为代价的，那种"既严格控制了人口数量，又改善了人口结构"之说在现实中是难以成立的。再譬如，人口规模红利的消退也会影响人才素质红利的增加。

---

[1] 吴瑞君：《从"五普"到"七普"：中国人口分布与经济增长的时空耦合和区域均衡发展》，《华东师范大学学报（哲学社会科学版）》2021年第5期。

人口规模庞大不仅具有劣势，而且更具有优势，如形成超大规模市场、促使思想碰撞与知识创新、能够集中力量办教育和科研等等。所以说，人口素质是建立在人口数量基础之上的，人力资源总量与人口数量因果相连，没有一定人口数量的积累很难有大批人才的涌现。

第二，人口与社会、经济、资源、环境等外部要素之间也经常产生不可调和的矛盾，因此，想要面面俱到地实现人口内部与外部的全面均衡极具挑战性。例如，20世纪五十、六十年代，人口快速增长与经济、社会、资源、环境之间的矛盾不断暴露出来，党中央便开始重视节育工作。1970年代初，党中央开始提倡计划生育，生育率逐渐得到有效控制。从可持续发展角度审视，计划生育政策确实有益于缓解资源环境压力，不仅有效地减缓了中国人口过快增长的趋势，而且也使得人口红利提前到来，且这种人口红利还异常丰厚。但政策惯性与生育率大幅下降又早早地埋下了少子老龄化的"祸根"，诱发当下与未来深刻的社会经济危机。人口变量区别于其他社会经济变量的最大特点就是惰性、隐蔽性、滞后性与继承性。人口问题实际上产生于多年前或更早时间，而人口问题一旦产生，在短期内是很难消减甚至是无解的，当前人口活动在影响现时社会经济生活的同时，其主要作用是向未来延伸的。要言之，人口实现内外部均衡必定是一个长周期性事件。

四、实现人口高质量发展的路径选择

（一）千方百计提振生育率

人口数量负增长与人口结构老化的根源之一是长期低生育率，并已经构成中国人口高质量发展最主要的障碍。因此，政府、社会、家庭和个人等多元主体合力提振生育率应当成为推动人口高质量发展的首要任务。

第一，中国的生育率已降至超低水平，需要采取综合性的政策措施来促使生育率回升。2021年，我国已提出"三孩政策及配套支持措施"，通过一系列"组合拳"方案来建立积极的生育政策体系，但政策最终能否刺激生育率有效回升仍有待时间检验。其实，政府的生育福利政策并非越丰厚越好，生育率与福利待遇之间关系复杂。① 政府在设计生育支持措施时，有两种主要思路：一种是"多取多予"，即提高税收和福利待遇，虽然这可能降低生育者的经济负担，但也减弱他们在养育子女和财富创造方面的热情；另一种是"少取少予"，即降低税收和福利待遇，虽然这不能直接增加人们的生育补贴，但可以通过增强家庭可支配收入、唤醒养儿防老的生育动机等方式来提高生育的积极性。故而，应采取谨慎适度的生育配套支持措施，并辅之以温和而间接的类似于家庭收入累进税率制度的家庭生育孩子累退税率制度等。

第二，营造有利于生育率提升的生育观念与生育文化。文化观念会对生育政策产生深远影响，当前我国社会背负着消极的生育文化，这对各类鼓励生育政策实施产生了严重的抵消作用。例如，在当下之中国，"只生一个孩子"逐渐由国家独生子女政策宣传、数以亿计育龄人群实践，逐渐演变成为当今社会中一种近乎自然而然甚至是理所当然的存在。② 因此，要提高生育率，关键还在于扭转这种生育观念与生育文化趋势，建立积极友好的生育观念与生育文化。这需要通过深入的调查与广泛的宣传，深入了解人们的生育观念，并采取有针对性的措施，以消除负面文化因素对生育的抑制作用，在全社会树立起生育的家国共同体信念。

第三，转变人口思想认识与优化人口发展战略至关重要。保持人口总量充裕且结构优化是人口高质量发展的前提条件，随着少子老龄化程度不断加深，中国人口发展与低生育率治理的战略目标亟待确定，要正确看待中国人口发展的现状与未来，将以往生育控制及时转变为生育激励，千方百计提振生育率和增加出生人口。必须意识到，中国在未来很长一段时间内人口加速负增长的趋势难以逆转，我们对此必须提前做好充分的思想准备，正视长期性人口负增长所引发的潜在风险，放弃以往人口增长背景下的种种制度设计的思维定式③。

---

① 陈友华、孙永健：《生育政策及其配套支持措施：认知偏误与政策偏差》，《广州大学学报（社会科学版）》2022年第4期。
② 风笑天：《"二孩"还是"三孩，""允许"还是"提倡"？——国家生育政策调整的目标解读与认识转变》，《江苏行政学院学报》2021年第5期。
③ 陆杰华：《人口负增长应对的国际经验及其对中国的启示》，载原新、杜鹏童玉芬等《专题笔谈：中国人口负增长与人口高质量发展》，《北京行政学院学报》2023年第3期。

（二）积极应对人口老龄化

第一，及时转变对人口老龄化的认知与理解。中国人口发展大势已定，少子老龄化是人口结构性趋势，21世纪内恐怕难以实现根本性改变，应合理引导社会预期，放弃逆转老龄化的幻想。一是要全面贯彻积极老龄观，将人口老龄化视为经济社会发展的机遇而非负担，将老年人口视为老龄社会的能动主体而非被动客体，积极引导公众科学、客观地认识人口老龄化趋势。二是充分考虑到少子老龄化大势短期内难以改变，而经济增速放缓短期内也无法逆转，中国现在及未来的财政压力不断增大，吸取发达国家的经验教训，防止出现国家不堪养老重负情况，增加个人与家庭自我养老责任，适度减少其对国家与社会的养老责任预期，体现生育、养育、教育与养老之间的责任与权利对等原则。

第二，加快落实和完善延迟退休政策。及时上调退休年龄并使男女退休年龄同步，一方面有利于扩大劳动供给与延长就业年限，增加养老金缴费人数与延长缴费时间，促进经济增长，另一方面又有利于减轻养老负担，缩小养老金领取人数，以"开源节流"方式有效增加养老金供给与减轻养老金消耗，维护公共财政的代际均衡。事实上，提高退休年龄已经成为世界上许多国家应对人口老龄化与养老金危机的首要政策工具，① 而其他老龄政策也只有与延迟退休措施协同作用时才有可能发挥预期作用。②

第三，深化社会养老保险制度改革，加快发展多层次、多支柱的社会养老保险体系。应建立普惠型无差别国民年金制度，其保障水平略高于低保给付标准。国民年金作为非缴费型的"零支柱"养老模式，具有运行成本低、设计简单、分配公平、促进社会团结等几大优点，实施后所有老年人的退休金不足国民年金的部分，由财政补齐，同时取消高龄津贴等老年福利，以节省财政开支。③ 另

---

① Hess, M., "Rising Preferred Retirement Age in Europe: Are Europe's Future Pensioners Adapting to Pension System Reforms?", *Journal of Aging & Social Policy*, 2017, 29（3）: 245-261.
② 李红艳、朱敏：《降费政策下延长缴费年限对平衡职工养老保险基金的作用》，《人口与社会》2021年第1期。
③ 陈友华、苗国：《老年贫困与社会救助》，《山东社会科学》2015年第7期。

外，应大力推动第二支柱职业/企业年金、第三支柱个人储蓄养老保险与商业养老保险的发展，既可以改变政府主导下第一支柱基本养老保险"一家独大"的局面，也可以因此缓解政府责任过重的问题。

第四，努力增加劳动力的有效供给以抵消人口老龄化的负面冲击。积极应对人口老龄化需从全年龄段通盘考虑，尤其需要采取综合措施来提高劳动力的供给。这包括构建高质量充分就业体系，加强灵活就业和新就业形态劳动者的劳动权益维护，稳定重点群体的劳动贡献。一是要关注青年就业问题，倡导正确的择业观和劳动观，促进企业与劳动者的供需匹配，警惕民粹主义抬头并激化劳资矛盾，维护劳动者和企业双方合法权益。二是要关注劳动就业的性别歧视问题，在提高妇女劳动参与率、薪酬水平与职业晋升的同时，也需要正视"雇主惩罚"现象，避免逆向歧视问题的发生。三是要支持和帮助外来务工人员安心进城、稳定就业，推动农业转移人口市民化，破除妨碍劳动力流动的体制机制障碍。四是要加强对低龄老人的人力资源开发与利用，鼓励老年人从事教育传授、社会公益、社区服务和老年服务等活动，改变退休人口隐性就业为显性就业，实现提高劳动年龄人口就业率目标向提高总人口就业率目标的过渡。

第五，加强基本养老服务体系建设，将养老资源更多地聚集到社区和群众身边。一方面，要构建居家社区机构相协调、医养康养相结合的养老服务体系；另一方面，需要培育银发经济，适应老年人需求结构的转变，将增进老年人福祉、扩大内需、发掘经济新动能有机结合，为经济社会发展注入新动力。

（三）全面提升人口综合素质

全面提升我国人口素质是一项重要而紧迫的任务。为了更好地推动人口高质量发展，应当建立覆盖全生命周期、涉及多领域的人力资本投资和公共服务保障机制，以全面提升人口教育素质、健康水平和文明素养。

第一，在教育领域。首先，要在响应"教育双减"政策的前提下，持续提高教育质量，优化教育结构，加强素质教育，减轻学生的作业负担，鼓励创新能力的培养。其次，要注重教育资源的公平分配，努力缩小城乡和地区之间的教育资源差距，确保每个公民都有平等的受教育机会。最后，要有层次地发展学前教育、义务教育、普通高中教育、职业教育与高等教育,实现教育发展的多样性。切不可过度发展高等教育,教育政策应当考虑就业市场需求,对教育投资的成本与收益进行比较分析与综合评估,努力提高人力资源的利用率。

第二,在健康领域。首先,应进一步深化健康中国计划,提供更广泛的医疗卫生服务,努力延长健康寿命和缩短不健康寿命,全面维护人口健康素质。其次,加强对生命早期的人力健康资本投资的政策干预。健康素质在幼年时期和青少年时期积累最为关键,政府部门应构建完善的政策支持体系。譬如,实施人口政策从生育管理模式转向家庭计划服务模式,综合防治出生缺陷,维护妇幼保健水平,夯实健康人力资本基础。[①] 再次,随着社会结构变迁与人们心态嬗变,心理健康问题在人群中日益普遍,为此,我们还需要重视提供心理健康服务,包括建立更多的心理咨询中心、支持热线等专业资源,这些服务的可用性能够及时预防和治疗心理健康问题,从而有利于人口身心健康水平的提高。最后,开展积极的死亡教育,树立积极的生命观。当"残病扩张"不可避免时,通过各类心理教育与临终关怀,减少人们对疾病或死亡的焦虑和恐惧,强调生命的质量胜过数量,鼓励积极的生活方式,以改善人口的疾痛经历与死亡体验。

第三,在文明素质方面。一方面,通过强化社会主义核心价值观的引领,在全社会传播正面的道德观念和价值观,引导人们积极向上、诚实守信、关爱他人,形成良好的社会风尚。这有助于提高全民的道德水平,促进社会和谐稳定。另一方面,中华文化源远流长,蕴含丰富的传统美德,如吃苦耐劳、孝顺父母、崇尚礼仪等,通过传承和弘扬这些美德,培养人们更加文明礼貌的行为举止,加强社会凝聚力和道德纽带。

(四)引导人口合理流动

第一,尽快推动大城市户籍制度变革,以释放城市化进程红利。人口自由流动实现的是个人对美好生活的追求,因此政府应该为人口流动创造条件,

---

① 原新:《全面推动人口高质量发展 厚植人口综合竞争力》,《中国人口科学》2023年第4期。

让个人能够更好地分享经济发展成果,而不是限制其流动。政府应该逐步取消户籍等相关限制,使城市吸纳更多的人口,释放城市化红利。这将有助于提高城市的规模效应,推动城市发展,促进经济社会稳定和可持续发展。

第二,重新审视由城市规划偏差所带来的政策风险,并采取相应的补救措施。政府在规划中应更客观地评估城市规模和人口需求,以避免公共资源在大城市供给不足与在小城市或农村供给过剩的问题,及时补充和完善资源配置,更好地平衡人口与经济社会之间的关系。对大城市或人口高流入地而言,交通拥堵、城市污染等城市病不应成为阻碍人口流入的理由,而应该成为提高城市治理能力的出发点。①对中小城市或人口高流失地区而言,必须实施精明城市收缩战略,避免土地边界的盲目扩张与"远大"新城的频繁建设,改善公共资源供给方式,警惕与预防地方政府的债务危机,而中央政府也应适度控制对这类人口流失地过于"慷慨"的资源倾斜。

第三,深刻反思过往的人口政策理念。一方面,必须改变"人口总是增长"的思维定式,逐步意识到人口负增长和区域增减分化是不可逆转的必然趋势。不同能级城市都需突破"增长主义"的思维定式,正确应对人口与城市转型带来的机遇与挑战,人口集聚对大城市而言未尝不是"好事",而人口扩散对小城市来说也并非一定是"坏事",至少对小城市流出人口而言,更多是"胜利大逃亡"。②另一方面,政府需要转变城市人口规划理念,不再过于强调控制,而是要尊重客观规律。政府应更加灵活地应对人口变动,鼓励人口自由流动,并合理引导区域人口变动。

(五)更好统筹人口与经济社会协调发展

当人口发展与经济社会发展无法相互协调时,究竟是人口服务于经济社会,还是经济社会服务于人口?以往很多时候,我们的政策思路是企图通过改变人口要素去适应经济社会发展,这反映了以经济发展为中心,而不是以

---

① 陆铭、李鹏飞、钟辉勇:《发展与平衡的新时代——新中国70年的空间政治经济学》,《管理世界》2019年第10期。

② 陈友华、孙永健:《城市化悖论:结构城市化与规模城市化的逆行现象研究》,《中国特色社会主义研究》2023年第2期。

人的发展为中心。然而,一方面,相比于其他社会经济变量,人口变量很难随心所欲地加以改变;另一方面,一味地服务于经济增长而忽略人的基本权益(如生育自主权、自由流动权等)也是一种"以物为中心"的发展观,不符合中国现代化发展的要求。因此,我们需要从以经济为中心转向以人为本,这意味着不仅要改变"人口适应经济发展的需求"的思维,还要改变经济发展的轨迹,以满足人口发展的需求。换言之,当人口与经济社会之间不相协调时,两者应当均做出改变,彼此靠拢,这就是"科学发展观"的理念要求。具体来说,一方面,要千方百计提振生育率,积极应对人口老龄化,全面提升人口素质,引导人口合理流动,推动人口与财政、货币、就业、产业、投资、消费、生态、区域等政策形成系统集成效应,以此来应对各种经济、社会与资源环境的挑战,以人口高质量发展助力经济高质量发展;另一方面,经济、社会和生态环境建设都要适应人口发展新形势,要通过调整社会经济结构和发展方向,以适应当前及今后很长一段时期内人口规模巨大但负增长速度加快、少子老龄化加深、迁移流动日趋活跃的人口趋势,从而努力实现以经济高质量发展推动人口高质量发展。

人口问题始终是我国面临的全局性、长期性、战略性问题。中国式现代化是人口规模巨大的现代化,我国14亿多人口整体迈进现代化社会和共同富裕社会,规模超过现有发达国家人口的总和,艰巨性和复杂性前所未有。而唯有坚持人口高质量发展,才有可能创造出人口总量势能、结构红利和素质资本叠加的中国优势,才有可能促进人口与经济社会、资源环境协调与可持续发展,更好更快地推进中国式现代化进程与共同富裕社会的来临。人口高质量发展理念成为我国人口发展战略的主基调,成为各级政府不断为之努力的理想目标,这本无可厚非。但我们依然要清醒地认识到我国人口发展的非均衡性或严峻性,目前人口发展质量不高或问题重重可能是未来实现高质量发展目标的一个必经阶段,眼下任何促使人口高质量发展的干预政策,都不可能在短时期内使得人口全要素同步推进。习近平总书记指出:"近年来,我国人口发展出现了一些显著变化,既面临人口众多的压力,又面临人口结构转变带来的挑战。"因而,准确把握人口变化趋势性特征,深刻认识这些变化对人口与经济社会发展带来的挑战，对于谋划好人口高质量发展具有重大意义。然而，受限于人口形势的严峻性以及处在人口高质量发展的初级阶段，当人口非均衡趋势不可避免而均衡战略举措又必不可少之时，面面俱到地罗列各种人口问题和各种原则，并不能自动产生解决矛盾的清晰思路。这时就应抓住其中的主要矛盾，并认识到主要矛盾和次要矛盾会随着时间推移而发生转化，如此才能更好地解决问题。[1] 故而，中国未来的人口政策应当认清高质量发展的客观性、困难性与长期性，既要抓住主要矛盾和矛盾的主要方面，也要看全局、看趋势、看长远，采取有重点、有层次、有选择的人口推进战略。

作者：陈友华，南京大学河仁社会慈善学院院长，社会学院教授，老龄文明智库老龄事业规划与政策研究专业委员会首席专家；孙永健，南京大学社会学院博士研究生。

---

[1] 郭志刚：《中国的低生育率与被忽略的人口风险》，《国际经济评论》2010年第6期。

智慧健康养老的建设与思考

池 宇 吴 昕 石凌雁 乔 凯 张 凯 单 涛

当前，我国人口老龄化持续加速发展。根据国家统计局数据，截至2023年底，我国60岁及以上老年人口数量已超2.97亿人，占总人口数量的21.1%，其中65岁及以上老年人口达2.17亿，占总人口的15.4%，已成为全世界老年人口数量最多的国家。庞大的老年人口催生了海量的健康养老需求，给我国养老服务体系带来巨大挑战。截至2022年，我国老龄抚养比已达到23.6，较2012年的12.7增长明显，单位年轻劳动力负担的老年人数量显著上升。同时，由于养老服务行业存在工作强度大、薪资水平偏低、社会地位不高、晋升路径不明确等突出问题，年轻人从事老龄护理相关工作的意愿较低，客观上导致了养老服务供给能力明显不足，远不能满足养老需求。在应对人口老龄化的国家战略当中，加强科技支撑是必不可少的一环。发展智慧健康养老正是破解中国养老供需困境的关键之举。智慧健康养老能够利用智能手段提高养老供给效率及供给质量，缓解由于老龄抚养比快速上升而带来的巨大压力，是养老服务体系的重要补充，也是实现"人人享有基本养老服务"的必要手段。

一、智慧健康养老产业政策演进

"老吾老以及人之老",尊老是我国的传统美德,随着老龄化问题日益突出,政府对养老事业的关注不断加强,逐步建立起了智慧健康养老产业的政策法规框架与服务体系框架,为应对人口老龄化提供了重要指导和政策遵循。从历史角度看,21世纪以来,我国智慧健康养老产业政策经历了三个发展阶段:

(一)2010—2014年:起步期

为更好应对我国人口老龄化进程带来的影响和挑战,国家将注意力集中到了养老产业的发展方面,多个领域的政策密集出台,我国老龄产业政策由此进入快速发展期。2011年9月,国务院印发了《中国老龄事业发展"十二五"规划》,把老龄产业纳入经济社会发展总规划。2012年12月,《中华人民共和国老年人权益保障法》第一次进行全面修订,将"积极应对人口老龄化"提高到国家战略层面。同年,全国老龄办首次提出了"智慧化养老"的理念,并以智慧化养老实验基地形式在全国开展实践探索,推动了智慧化应用的落地。2013年,国务院出台《关于加快发展养老服务业的若干意见》和《关于促进健康服务业发展的若干意见》,提出建设居家服务网络平台,迈出了养老智能化应用的第一步。自此,各省相关配套措施政策也密集出台,居家养老服务得到广泛试点。因此,2013年也被业界称为"养老元年"。2014年,各地政策进一步强调养老产业的发展,大力推进"放管服"改革,产业活力快速提升,产业发展取得突破进展。

(二)2015—2019年:发展期

在新技术快速发展背景下,数字技术加速渗透于经济发展、社会服务等各个领域,推动养老产业向着信息化、智慧化方向全面迈进。2015年7月,国务院颁发《关于积极推进"互联网+"行动的指导意见》,明确提出要促进"智慧健康养老产业"发展。2017年2月,工业和信息化部、民政部、国家卫生健康委员会三部门联合发布了《智慧健康养老产业发展行动计划(2017—

2020年)》，对智慧健康养老产业发展进行了顶层设计。文件中，三部门从核心技术及产品研发、重点服务应用推广、公共服务能力提升、行业标准制定、网络设施普及等角度对行业进行了规划，并提出通过开展智慧健康养老应用试点示范单位评选、制定《智慧健康养老产品及服务推广目录》等具体工作手段，促进信息技术向健康养老场景加速渗透。经过多年来政策的实施，智慧健康养老产业完成了从"0"到"1"的跨越。2019年11月，中共中央、国务院印发了《国家积极应对人口老龄化中长期规划》，成为21世纪中叶我国应对老龄化的战略性、综合性、指导性文件。同年，国务院办公厅颁发了《关于推进养老服务发展的意见》，肯定了近些年智慧健康养老工作取得的成效，要求持续开展相关工作，推动智慧养老院的建设。通过4年的工作，"智慧健康养老"的理念逐步深入人心，智慧健康养老产品及服务得到了一定的普及，产业规模加快增长。

（三）2020年至今：持续完善期

经过10余年的试点和改革，我国智慧健康养老产业已经形成了明确的格局，并在各个方面取得了一定的成效。2020年7月，民政部、国家发展改革委等九部委印发《关于加快实施老年人居家适老化改造工程的指导意见》，提出将居家适老化改造与信息化、智能化居家社区养老服务相结合。2020年11月，国务院办公厅印发《关于切实解决老年人运用智能技术困难的实施方案》，旨在解决老年人在信息时代运用智能设备时遇到的困难和问题。在新阶段，积极拥抱老龄化，打造老年宜居的社会环境成为各部门的共同目标。2021年全国第七次人口普查数据显示，"十四五"期间我国将进入中度老龄化社会，应对人口老龄化问题的必要性和紧迫性更加凸显。新的阶段下，智慧健康养老政策目标应更加明确。2021年10月，工业和信息化部、民政部、国家卫生健康委员会三部门发布了《智慧健康养老产业发展行动计划（2021—2025年）》，从智慧健康养老产品供给、智慧健康养老平台使能、智慧健康服务推广、智慧养老场景拓展、适老化推进、公共服务提升等维度，对产业发展进行了全面规划，提出要充分应用资本、人力、科技、数据等要素推动智慧健康养老产业发展。

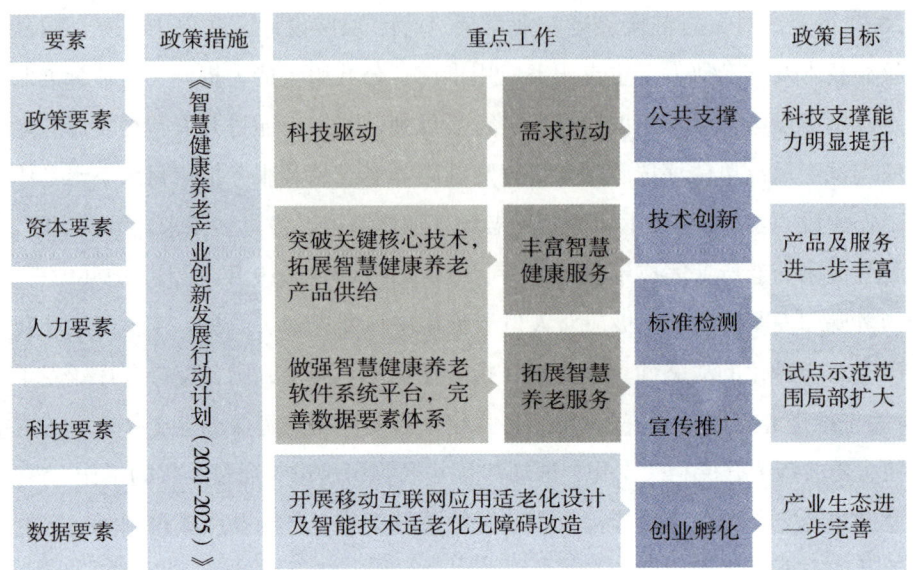

图 2-7-1 《智慧健康养老产业发展行动计划(2021—2025 年)》思路图

在国家战略指导下，各省积极响应国家政策，出台了符合自身发展情况的智慧健康养老产业规划及实施方案。2020 年 5 月，安徽省发布《安徽省智慧健康养老产业发展规划（2020—2025 年）》，重点提升养老产品的品种丰富度、品质满意度和品牌认可度，提出要培育一批具有影响力的企业和各具特色的产业园。2022 年江苏省发布《江苏省智慧健康养老产业发展行动计划（2022—2025 年）》，从技术攻关、产品供给、企业培育等方面全面布局，提出到 2025 年，智慧健康养老规模国内领先，占全国总规模的 10% 以上，年均增速保持 10% 以上。

为进一步提升养老产业创新能力，提高产品供给与市场需求的适配性。近年来部分省市以场景化为牵引，以应用为导向，面向公众征集并发布了需求清单，探索新的发展路径。2020 年 4 月，上海市发布首个《智慧养老应用场景需求清单》，梳理了居家、社区及机构养老中涉及的 12 个重点场景，并对每个场景的痛点及具体需求进行了描述。2021 年 12 月，广州市发布《广州市智慧养老应用场景需求清单（2021 年版）》，梳理了养老等 10 个典型智慧化应用场景，包括养老服务商城应用和老年人智能语音交互应用等内容，进一步补充了人工智能等技术在养老中的应用。2021年10月，北京征集并发布了《北京市智慧养老应用场景需求清单》，梳理形成了21个智慧养老应用场景需求，涵盖综合应用、安全防护、照护服务、健康服务等内容。

二、智慧健康养老的建设案例

从各地的建设情况来看，推动养老产品及服务的"场景化"应用已成为养老事业和养老产业不约而同的发展方向。以场景需求为导向，提升场景化供给能力及其应用成为未来产业规划的必然趋势。场景化应用要求供给方在研发产品时，围绕用户在特定时间、空间和状态下的状态及变化，解决好生活情境下用户的真实需求。同时，也要求在应用场景下，多种设备终端、平台系统和服务能够结合形成有机的整体，实现智能技术与养老生活场景的全方位连接，从而为老年人提供更便捷的服务。在智慧健康养老的场景化建设方面，江苏走在了前列，积累了丰富的实践经验和案例。

（一）"互联网+"养老服务场景

"15分钟养老服务圈"成为"十四五"期间养老设施建设的重点，通过在街道（乡镇）范围内配备具有综合功能的养老服务站，老年人在家门口就能享受"一站式"的养老服务。随着政策推行，多地已配套了养老驿站、智慧助餐食堂、智慧健康检查驿站等养老公共设施，以便及时响应老年人需求。"互联网+养老服务"也将城市优质养老资源整合到互联网平台、手机App等中，向老年人提供助餐、助浴、助行、助医、助急等居家上门养老服务，有效解决了独居老人日常生活困难的问题。无论是居家还是出行中，在互联网平台连接下，紧急呼叫系统、跌倒检测装置、穿戴式智能设备等均可以连通到居家社区服务系统中，一旦检测到风险将开展主动服务，及时保障老年人安全。

在政府积极引导下，江苏涌现出一批优质科技公司,应用互联网、大数据、云计算等技术搭建形成面向老年人的信息联通终端及平台，在连接养老资源与老年人之中发挥了关键作用。例如，南通京希信息技术有限公司研发推出了以居家信息终端为载体的伴老智慧屏,不仅能够提供视频通话、紧急呼叫等功能,而且可以通过链接服务机构、政府等的数据,把老年人三公里范围内相关的养老服务和商品信息集中起来,让老年人足不出户就能享受到精准、快捷的服务,得到了广泛认可。无锡镜子信息技术有限公司研发的"智慧健康养老云平台"先后入选国家三部委联合发布的"智慧健康养老产品和服务推广目录(2020版)"、2020年无锡市新型智慧城市建设优秀案例和无锡市2022年十大影响力事件。该软件平台将区域内生活照料、康复护理、适老化改造等服务,社区助餐、养老服务站等养老资源,以及当地养老政策信息进行了整合,开发了在线咨询、预约申请、远程关怀等线上功能,实现了养老供给信息由"碎片化"向"整体化"的转变。江苏各地区"互联网+养老"信息平台的搭建消除了老年人和养老服务资源之间的信息鸿沟,实现了老年人与周边资源的"一键连接",为社会养老资源做好宣传,进一步推进了银发经济发展。

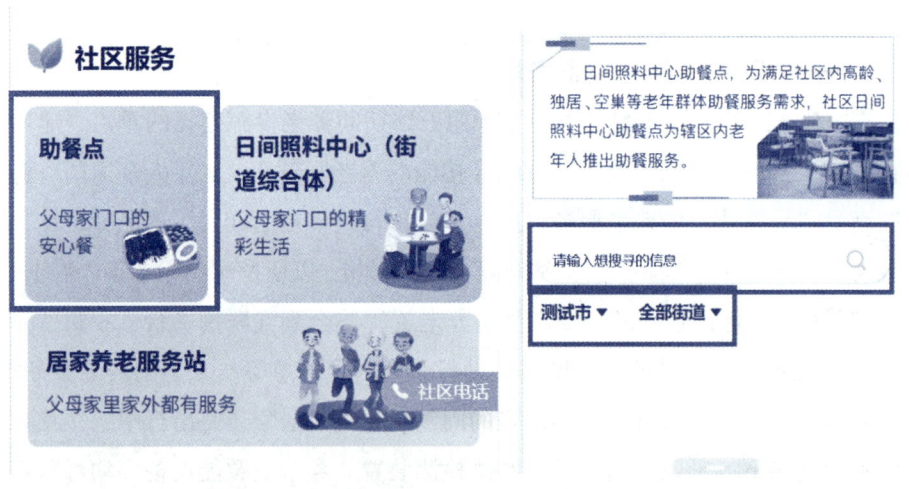

图 2-7-2 无锡镜子养老信息服务云平台——"社区服务"板块示例

(二)家庭养老床位场景

随着老龄化程度加深和老年人身体机能的退化,大量居家老年人因失能程度提升和需术后康复治疗等原因,迫切需要在家中得到专业、实时的照护服务。为解决这一问题,在政府指导下多地开始试点"家庭养老床位"服务,使老年人家中的床位成为具备"类机构"照护功能的专业设施。"家庭养老床位"是指以养老机构为依托,以社区养老服务中心为支点,把养老机构专业化的养老服务延伸到家庭,依托烟雾传感器、门磁传感器、红外传感器、智能床垫等智慧健康养老产品,为老年人提供紧急呼叫、环境监测、行为感知等服务,满足居家老年人享受专业照护服务的需求。

江苏省南京市是全国最早开展家庭养老床位的城市,2016年起开展"家庭养老床位"试点,通过对老年人的家庭进行适老化改造后将养老服务连接到老年人家里,通过智能床垫、人体感应小夜灯、呼叫器等智能设备,使服务机构可以实时监测老年人的身体状况。截至2022年末,江苏共建成并运

图2-7-3　江苏中科西北星家庭养老床位整体架构

营床位56.30万张,探索出一条成熟的建设路径。[①]其中,南京爱普雷德电子科技有限公司为南京家庭养老床位建设提供了必要支撑。其根据家庭养老床位模式特点,制定了一套"智能产品+软件平台+优质养老服务套餐"的智慧养老系统解决方案,不仅提供前期的适老化智能改造服务,还可按照每个老年人的评估情况持续提供优质及时的生活照料、看护服务,对老年人进行24小时安全自动值守。江苏中科西北星信息科技有限公司从硬件入手,应用物联网技术优势,通过整合多传感融合技术、多传输协议融合技术、多终端融合通信技术以及毫米波技术的家庭养老床位融合服务终端为主体,接入烟雾传感器、燃气报警器、红外人体移动传感器、水浸传感器等设备,实现对居家老年人的环境信息、行为信息及健康状况的检测,进一步提高了居家老年人的安全感和幸福感。

(三)智慧健康管理场景

截至2022年9月,我国约有1.9亿老年人患有慢性病,失能和部分失能老年人约4000万,[②]在慢病管理中需要可便携的检测设备、精确的检测手段,避免频繁到医院检查。但在通常情况下,老年人日常健康检测意识较低,且仅在发生疾病后才选择去医院就医,影响预防及救治效果。健康管理类智能产品则能够有针对性地解决居家养老场景中

图2-7-4 江苏盖瑞健康胶囊诊室

---

① 江苏省卫生健康委员会:《2022年江苏省卫生健康事业发展统计公报》,江苏省卫生健康委员会官网,2023年6月28日,http://wjw.jiangsu.gov.cn/art/2023/6/28/art_7245_10935326.html。
② 中华人民共和国国家卫生健康委员会:《国务院关于加强和推进老龄工作进展情况的报告》,中华人民共和国卫生健康委员会官网,2022年9月3日,http://www.nhc.gov.cn/wjw/mtbd/202209/2ca97b572ee34a38819cceaf5207dd1a.shtml。

老年人的健康管理预防和检测不及时问题。该类产品包括具备血压、血糖、血氧、体重、体脂、心电、骨密度等检测监测功能的可穿戴设备、健康监测设备、家庭医生随访工具包以及社区自助式健康检测设备，能够及时、详细地检测老年人身体的各项指标，帮助他们及实时了解自身情况，养成健康的生活习惯。

江苏在医疗健康领域具有雄厚的产业基础，通过与物联网、人工智能等新一代信息技术结合，培育出了众多具有国际竞争力的智慧健康管理产品。例如，江苏盖睿健康科技有限公司依托出色的医疗产品研发能力和深厚的移动互联网领域技术储备，自主研发了智能诊室、胶囊诊所、智能 AI 识别测温仪等一系列智慧化健康管理产品，在江苏省健康管理体系化建设方面发挥了重要作用。其中，胶囊诊所包含了健康微诊室和智能药柜，在一个私密安心的检测及买药环境中，为用户提供 BMI 分析、体温检测、血氧检测、血压检测、人体成分检测、骨密度检测、心电检测、血糖检测等健康检测智能服务。同时搭建面向 C 端用户的自助体检和在线问诊平台，与智能门禁系统、智能药柜系统进行对接，实现"健康检测 + 在线问诊"以及"开具处方 + 线下购药"的应用场景，为居民提供近距离、易获取、高质量的医疗健康服务。江苏鱼跃医疗设备股份有限公司在制氧机、呼吸机、雾化器、血压计等医疗器械市场中连续数十年保持领先地位，近年来其产品向着智能化、高性能方向不断迈进，研发推出可穿戴式低功耗智能制氧装备、智能无创呼吸机等创新产品。其中，智能制氧装备利用高效变压吸附技术解决了设备小型化、轻量化的问题，实现了医用级稳定供氧，满足了老年人长期吸氧时的移动需求，大幅提升了长期需氧老年患者的活动半径和生存质量。

（四）智慧康复场景

对老年人而言，康复训练不仅能够帮助其改善身体状况、恢复机体功能，而且能够帮助他们更好地应对困难，重拾对生活的信心和希望。智慧康复场景下的智能产品主要包括：满足老年人肢体和精神康复评估需求的康复评估型软件及设备，面向半失能老年人和肢体康复患者的肢体康复训练型、肢体功能增强型、肢体功能代偿型设备，以及具有视力、听力功能的智能听力辅具和智能视觉辅具。智慧康复评估型软件及设备通过实现大数据与人工智能技术的有机整合，能够快速、精确地诊断出肌体及脑力障碍，并形成康复方案。智能康复训练设备通过融合新技术减少了不必要的人工康复治疗，使患者能够进行更高强度的康复训练，切实提高了患者康复率。人工耳蜗等产品技术的不断突破能够弥补老年人身体功能缺陷，帮助老年人和残障者实现生活自理，提升生存生活质量。

江苏在康复器具的智能化转型中领跑全国。依靠完善的医疗器械产业链，江苏涌现出一批具有生产和研发能力的代表性智能康复辅具制造企业，在康复治疗、康复训练机器人和外骨骼机器人领域形成了多层次布局。常州市钱璟康复股份有限公司自主研发的智能动态反馈训练系统可辅助老年人进行减重状态下的步行训练或在护理过程中对需要转移的老年人进行不同环境下的移位转运。其内置的多个传感器可智能感应用户步行方向及步行速度，自动调整方向和运行参数，后台可对用户信息、设备信息及训练数据进行存储，自动生成训练报告，帮助治疗师全方位掌握用户的训练情况，提升康复效率，避免二次损伤。南京康龙威康复医学工程有限公司具有完善的康复医学工程

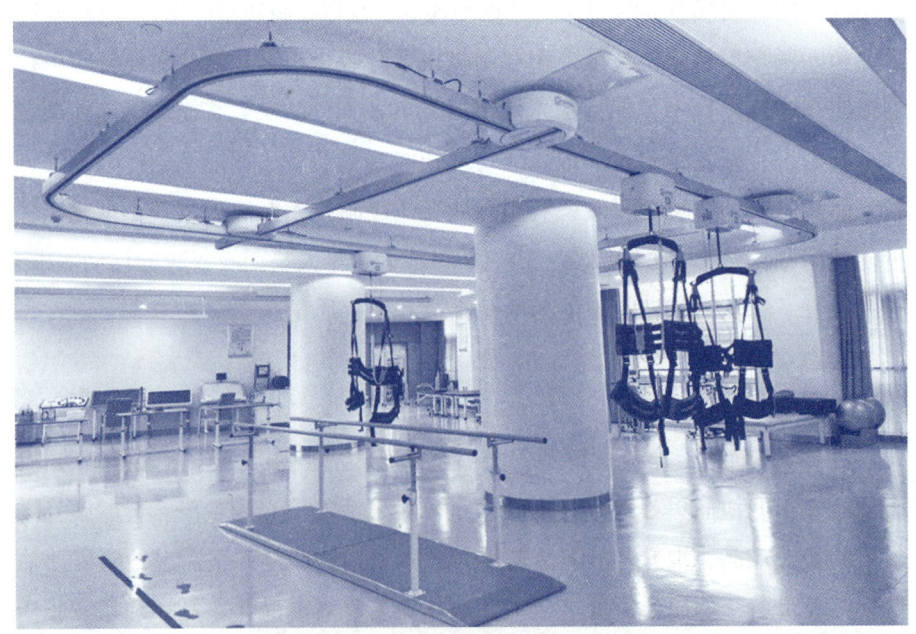

图 2-7-5　常州钱璟康复智能动态反馈训练系统

第二部分 老龄文明调查与研究

产品体系,通过大数据研究和人工智能技术的支持不断开展创新,目前已完成智能康复训练设备及系统、康龙威智能水疗系统、健康养老康复医学心理测试系统等的研发,可从海量数据里提取到老年人的隐性健康信息,如疾病风险等。该体系能为老年人提供个性化病前健康预测、病时及时干预和病后康复管理服务,从而实现真正意义上的智慧养老。

(五)智慧养老院场景

养老机构或养老院是专门为老年人提供集中居住和照料服务的机构。其运营大体可以包含销售、入住、评估、服务、退住五个流程。目前养老院普遍面临成本大、风险高、盈利空间小的困境。在销售方面,养老机构现有的触达客户的方式如广告营销、电话推销、参观体验等,转化率普遍偏低,营销的效果不明显。在运营方面,多数养老机构的运营和管理比较粗犷,很多养老机构依旧采取纸质办公,记录内容容易出错,难以长期保存且无法形成完整的业务闭环,降低了工作效率。在养老服务方面,由于养老服务人员素质参差不齐,每个人对于服务内容的理解和标准不统一,导致服务效果千差万别。这些在运营过程中出现的营销效率低、管理不规范、服务标准不统一的问题,客观上增加了养老机构的运营成本,提升了运营难度。因此,运用科技手段打造智慧养老院,解决机构营运问题,升级机构的管理模式,是当下行之有效的解决方案。

"十四五"以来,江苏着力打造"苏适养老"服务体系,广大老年人的幸福感、获得感和满意度持续提升。其中很重要的一方面是,聚焦供给高质量,重点推进智慧养老院建设,形成一批养老服务领域智能化、信息化、数字化的江苏养老服务特色品牌。无锡九如城养老产业发展有限公司紧跟国家发展步伐,发挥头部企业的引领作用,在智慧化升级中取得了显著进展。九如城积极推动《智慧养老建设规范》贯标工作,加快高新科技在养老机构的推广应用,在养老服务机构中开展智慧照料、智慧医疗、智慧文娱等服务,提升现有养老机构智慧化水平。九如城集团研发的"九如城智慧养老平台",建立了集机构养老、社区养老、居家养老、康复医疗、政府监管、移动评估为一体的信息化、智能化大数据云平台。可实现康养融合的养老服务管理、大

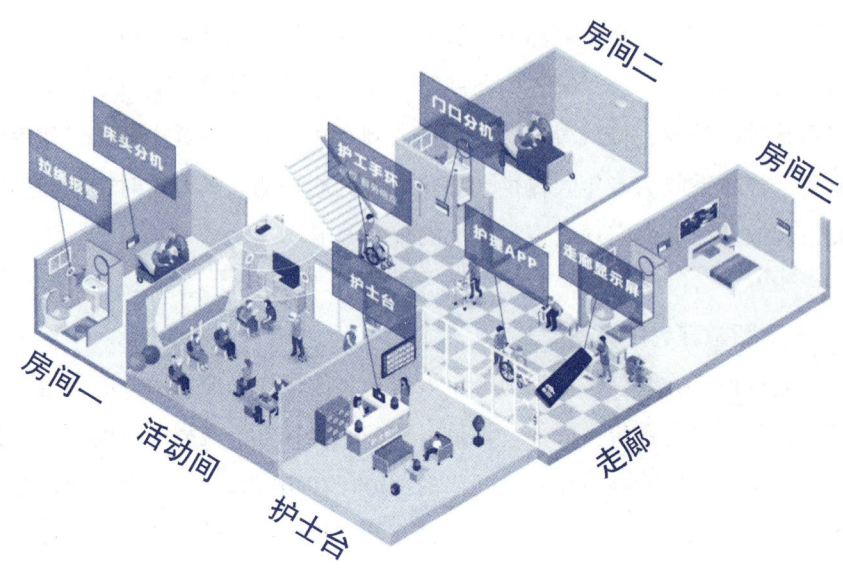

图 2-7-6　无锡九如城智慧化设备应用场景

专科医疗、健康管理及康复、护理险管理服务、护理人教育培训、数据融合、政府监管、护理评估等众多板块功能，真正实现了智慧化的闭环服务，打通了机构内的销售、入住、医疗、护理等多个环节，提高运营效率的同时实现养老质量的提升。苏州市吴江区善贤乐龄养老服务中心着力探索院内的智慧化餐饮场景打造。在服务中心的养老公寓内，食堂菜谱会每周上传到每幢楼的前台电视页面，方便老人随时查看菜品。院内安装明厨亮灶设备，实现市场监督管理局实时监管、实时远程查看，确保老人们吃得安心、放心。中心还开发了公众号点餐服务，老人及家属只要动动手指就能为老人送上一份专属温暖。随着"语音识别"服务模块的引入，护理员只需记录老人加餐需求，系统就能够自动"抓取"关键词，实时将加餐需求传输至后台，提高效率的同时为老年人带来舒适的用餐体验。

（六）智慧监管场景

政府既是养老资金的直接提供方和养老服务的购买方，同时也是养老服务质量的监管方，承担着政策制定、补贴发放、兜底保障服务购买、服务质量监管以及养老机构的监管等职能。然而，养老服务面广、服务量大、服务范围宽,单纯依靠人力资源下沉一线检查,不仅行政成本较高,而且时效性不强,实现养老工作的有效开展还需要智慧手段的辅助。

经过多年建设,江苏已实现省、市、县(区)级别的养老信息化全覆盖,并不断探索新业务模式,打造区域发展特色。南京市雨花台区被评为"全国智慧健康养老示范基地",雨花区辖区内赛虹桥街道、西善桥街道入选"智慧健康养老示范街道(乡镇)",积累了丰富的建设经验。其在现有养老服务信息平台的基础上,将智慧养老纳入全区智慧城市建设中,实现线上健康管家及时提醒,线下家庭医生随访指导,成了智慧雨花建设的重要组成部分。苏州市吴江区通过构建"数字民政"大数据平台,实现了养老领域与其他部门的数据互通、共享。搭建形成区域性健康养老大数据中心,在系统中进行统一规范、统一建设、统一运维,并构建多层级、全覆盖、全流程的养老服务网络。在数据层面,通过打通公安、火化等系统,提升数据准确性。在决策层面,借助云计算、大数据等技术,提升研究数据资料信息化水平,从老年人基本信息数据、综合能力评估数据、养老业务管理数据、养老服务运营数据中进行数据挖掘、数据分析,为数据决策提供客观依据。对各场景下养老管理和服务中产生的数据资料过程留痕,做到全流程管理,为开展智慧养老服务提供了强有力的技术支撑。

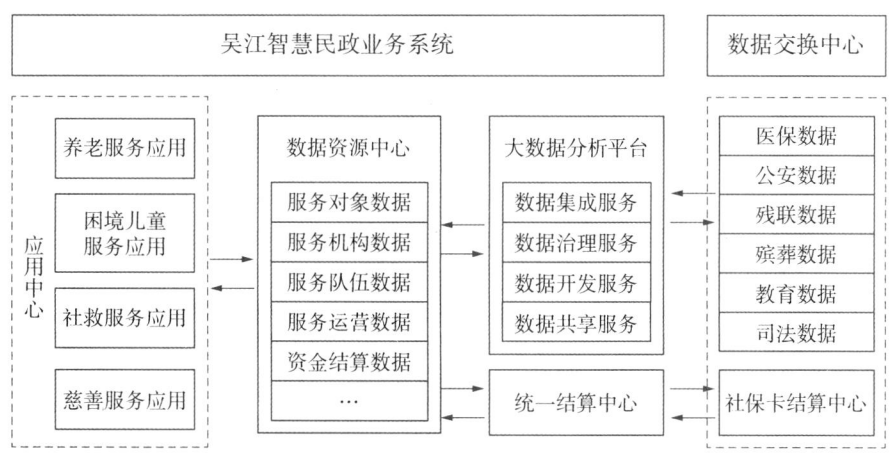

图 2-7-7　苏州市吴江区智慧民政信息管理平台业务架构

三、智慧健康养老产业发展态势及展望

（一）深化技术的内涵及应用范围

科学技术是智慧养老的核心，科技的发展和应用决定着未来养老的智慧化水平。当前智慧养老的技术应用模式较为单一，高新技术仍处于探索阶段。例如，在养老设备中，人工智能技术的应用主要依靠机器学习，通过算法对养老数据进行解析和学习，然后对未来的事件做出决策和预测。事实上，当前所有的人工智能技术仍属于"弱人工智能"，只能在计算、感知、认知某一专门领域与人类相当或超过人类，还不能整体上媲美人类，算法精确度也有待提高。未来，更高层次的人机交互技术被期望在老年人陪护中发挥更大作用。另一方面，5G技术的成熟以及智慧城市的建设及完善为智慧养老技术的进一步发展提供了基础。更多智能家居设备也将加入智慧养老场景化的建设，终端设备的信息交流更为快捷。推动养老技术从智能化向智慧化转变，最终达到"万物互联"目标。

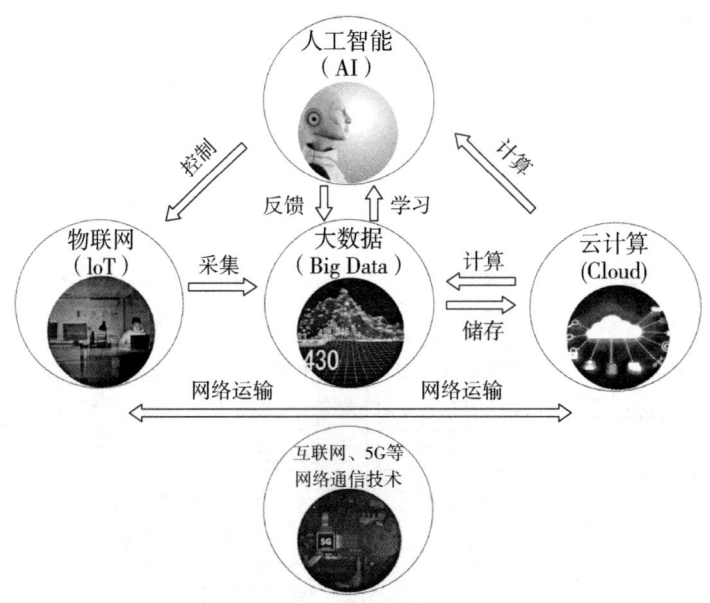

图 2-7-8 智慧健康养老技术关联图

（二）以行业标准助推产业高质量发展

传统健康养老产品在向智能化方向积极转型，但相应标准规范的建立却远为滞后于产品的发展速度，行业产品的团体标准"多而乱"，行业标准"少而散"，国家标准严重缺位，从而影响了各类产品的集成和全场景智慧养老体系的构建。据智慧健康养老产业联盟统计，目前智慧健康养老团体标准有千余项，但产业化程度不足十分之一。在地方标准方面，公开发布的共64项，多是针对养老信息化平台建设的，以及为居家、社区及机构场景下智慧化运营规范，缺少针对智能硬件设备、智慧化技术、数据治理等的更广泛的标准。产业的高质量发展离不开标准体系的建设，江苏在智慧健康养老标准建设上起步较早，未来需紧密围绕智慧健康养老产业发展需求，组织、支持企事业单位和社会团体开展重点标准的制修订，以标准化助力智慧健康养老技术创新、产品创新、服务创新。

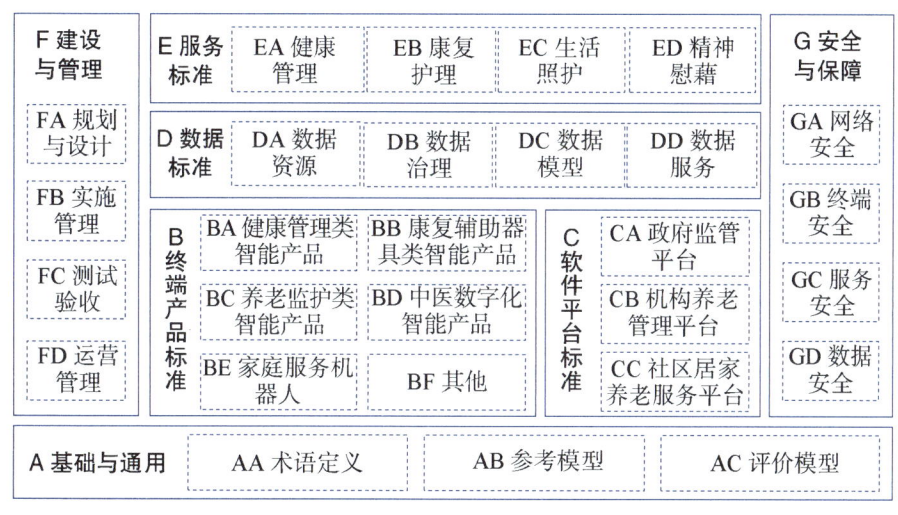

图 2-7-9　智慧健康养老标准体系结构

（三）打造人性化、协同发展的产业生态

在智慧健康养老的建设过程中，我们也观察到一些"人机不匹配"现象。养老机构中由于老年人及照护者对新事物未能养成使用习惯，存在老年人不主动佩戴监测手环、护理员无法有效使用监测产品、管理员无法熟练操作系

统软件、应急呼叫或健康预警后续服务无法跟上等问题。这些人为因素或管理制度因素导致的"产品和需求脱节""服务与体验偏离"问题，使得产品使用率低下，无法发挥应有功效。要让智慧真正赋能养老，变成老年人生活中的得力帮手，就需要从产品出发，紧密切合多场景下的用户需求，设计人性化的使用方式，同时联通好产品及后续服务，减少老年人的使用阻碍。从服务方面来看，科技只是手段，养老更多需要服务支撑，这单靠一个企业、一家单位是做不到的，需要全部社会资源充分地协调，设备商与服务提供商进行协同合作，搭建起精细化、人性化、全方位的服务体系，从而打通科技与老年人之间的"最后一步"。可以预期，随着养老产业布局的不断深化，产业生态的日渐成熟，多元合作化产业发展环境，优势互补、协作共赢的产业生态必将形成。

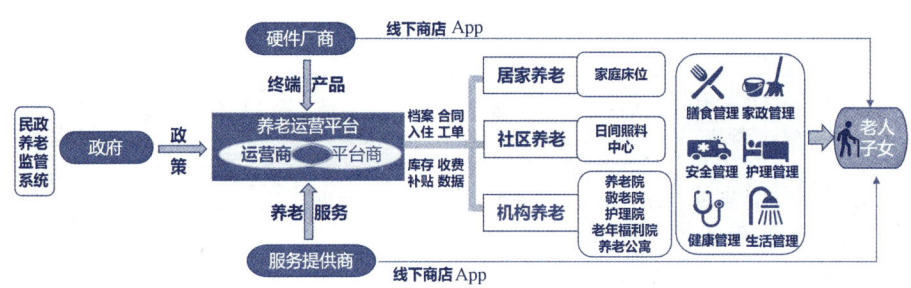

图 2-7-10　智慧健康养老业务合作模式

（四）持续培育壮大龙头企业

我国目前涉足健康养老领域的上市公司主要集中在养老地产领域，紧随其后的是医养结合领域，选择智慧养老赛道切入的上市公司位列第三。江苏省上市公司积极开拓养老业务，持续发挥引领带头作用。南京新街口百货商店股份有限公司积极布局健康养老产业，通过子公司江苏安康通健康管理服务有限公司和江苏禾康养老产业（集团）有限公司，提供包括智慧养老系统、养老呼叫中心等一系列服务，致力于打造一站式养老解决方案。江苏鱼跃医疗设备股份有限公司的臂式电子血压计、血糖仪紧密结合了大数据、物联网、云计算等信息技术，为中老年群体带来了高性价比的智能健康管理产品。金陵饭店股份有限公司十年来深耕盱眙，倾心打造金陵天泉湖养生养老社区，建立起金陵养老品牌，并成为国内健康养老产业的标杆企业。新城控股集团股份有限公司在2022年落地首个垂直型养老综合体，为有品质追求及精神需求的银发群体，提供活力课程、营养餐饮、康复照护、养生旅居等全方位颐养服务。

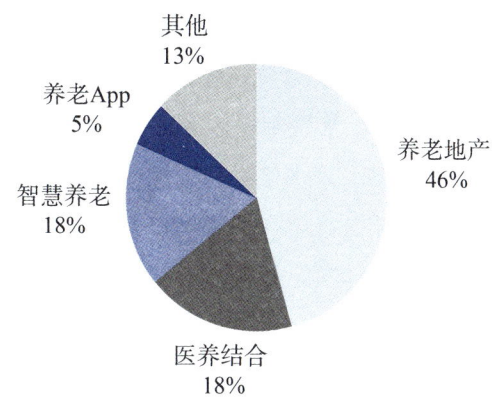

图 2-7-11 上市公司切入养老的方式

上市公司在资金规模、盈利能力、治理结构等方面与中小企业相比具有优势，能够在建设周期长、风险较大的养老项目中发挥重要作用。未来江苏应进一步加大智慧健康养老重点企业、知名品牌和优秀项目的发掘和培育，推动上市公司及大型科技企业开展养老创新业务，合理有效地借助社会资本扩大企业规模，支持头部企业不断做大做强。继续推进试点示范和推广，加快示范基地产业集聚和应用试点，培育一批具有区域特色、技术实力和市场竞争力的重点企业，成为国内智慧健康养老产业领军者。

智慧健康养老既是涉及广大群众福祉的民生事业，也是具有巨大发展潜力的朝阳产业。技术本身是冰冷的，智慧养老的愿景是将冰冷的技术转化为有温度的服务，以智慧的理念、方式方法改善养老供给，不断逼近养老服务的上限。这是积极应对人口老龄化的客观需要，也是为了适应信息社会发展潮流和国家数字中国战略的主动选择。如今，关乎近3亿人的智慧养老潮涌已经来临，各类智能产品和服务正在一步步走入大众视野，对养老智慧化的管理成为各级政府和企业组织的重要力量。在银发新时代下，智慧健康养老产业方兴未艾，正在持续发力，准备扬帆迎接全面落地开花的新未来。

作者：池宇，江苏省工业和信息化厅副厅长，老龄文明智库老龄产业与智慧养老研究专业委员会首席专家；吴昕，中国电子科技集团公司第三研究所产业投资部主任，智慧健康养老产业联盟秘书长；石凌雁，中国电子科技集团公司第三研究所助理分析师；乔凯，中国电子科技集团公司第三研究所行业分析师；张凯，江苏省工业和信息化厅信息化发展处四级调研员；单涛，高级工程师，江苏省人民医院门诊服务中心副主任。

主要参考文献

1. 吴泽兰, 张莉, 王冲. 数字背景下的智慧养老服务体系路径研究.《中国信息化》2023年第12期

2. 左美云, 于越. 智慧养老的现状、问题与趋势.《科技与金融》2023年第7期

3. 朱庆华, 时颖惠, 陆冬梅等. 智慧养老政策演进与主题特征分析——以江苏省为例.《北京理工大学学报（社会科学版）》2022年第6期

4. 吴昕. 智慧赋能养老展望银发新时代.《社会福利》2021年第7期

5. 张博. "互联网+"视域下智慧社区养老服务模式.《当代经济管理》2019年第6期

包容性设计与老龄文明研究

董玉妹　董　锋　董　华

2023年10月，首届老龄文明国际会议在江苏无锡宜兴窑湖小镇成功举办，会议发布了《老龄文明窑湖共识》，对"老龄文明"进行了"积极"建构，包括对生命进程中的"老龄"价值的"积极"肯定和文化尊重，对社会机体中"老年人"意义的"积极"肯定和文明建构，对"老龄化"的"积极"态度和"积极"战略。包容性设计的出发点基于"为老年人的设计年轻人也好使用，而为年轻人的设计老年人不一定好使用"，它为"老龄文明"提供了设计的价值观和方法论。本文首先对健康老龄和包容性设计作出定义并阐明二者的关系，其次介绍老龄研究的道德伦理框架，最后展示积极老龄设计工具包。贯穿全文的线索是如何在研究中考虑弱势老人的权利，响应他们的需求。如果弱势老人的权利得到尊重、需求得到满足，老龄文明就触手可及了。

一、健康老龄与包容性设计

世界卫生组织将健康老龄化定义为发展和保持老年健康生活所需的功能能力的过程。联合国大会宣布2020—2030年是"健康老龄化行动十年"，行动计划的核心是"活得好"（Adding life to years），而不是"活得久"（Adding years to life)，其目标包括：

（1）改变我们对年龄和年龄歧视的思考、感受和行为。

（2）以培养老年人能力的方式发展社区。

（3）提供顺应老年人需求的以人为本的综合护理和初级保健服务。

（4）为有需要的老年人提供有品质的长期护理服务。

包容性设计是关于主流产品和服务的设计，目标是使之对尽可能多的人可达、可及和好用，而无须特殊改进或特别设计。它与"无障碍设计"有区别，也有关联。无障碍设计关注"障碍"（问题），通常以特殊改进或特别设计的方法来减少或消除障碍（例如残疾人坡道、扶手、盲道）；而包容性设计强调包容多样化的人群，以主流而非特殊设计的方法，最大程度扩大设计受益人群（例如遥控器、电视字幕、杠杆门把手）。美观亲民的无障碍设计可以转化为包容性设计，眼镜就是一个好例子，虽然最初是为视力有障碍的人设计，但现今多样化的设计使其成为大众产品，具有包容性设计的特点。

对于个人，健康老龄意味着什么？世界卫生组织用一棵树来做比喻（如图2-8-1）：

健康老龄首先是老年人的基本需求得到满足，例如安全、温饱。其次，健康老龄还意味着个人具有学习、成长和做决定的能力。能够走动、行动是健康老龄的重要因素。随着年龄增长，老年人的社会圈子会改变，有的社会关系会逐渐失去，所以需要关注建立和保持关系。最后，老年人还要有为社会做贡献的能力。

图2-8-1 世界卫生组织对健康老龄的图示

对于个人，包容性设计意味着什么？包容性设计中心用一把伞来做比喻（如图2-8-2）：

图2-8-2 包容性设计如同一把大伞，让所有人受益

包容性设计可以让老人、儿童、残障人士、"超标"人士平等受益。包容性设计的一个有效方法是选取老人、儿童、残障人士或"超标"人士（这些是通常容易被设计师忽略的人群），从其需求出发进行设计，并推广到更广大人群，即开篇提及的"为老年人的设计年轻人也好使用"。

二、健康老龄研究伦理框架

从事包容性设计研究，尤其是老龄研究，需要特别关注伦理。英国纳菲尔德基金会基于生物医疗健康老龄研究提出了相应伦理框架，对健康老龄的各个领域都具有借鉴意义。该框架包括六个维度，以提问的方式提醒研究者全面考量，具体如下：

1. 伦理框架强调研究要展示可信度。

在研究的计划阶段需要考虑：

价值观和可信原则在研究的安排中如何体现？

老年人如何参与到研究当中？

还要考虑：

如何向参与者和可能受到研究影响的人传达研究结果？

2. 伦理框架强调支持老年人的蓬勃发展。

研究者需要从受益人群的角度考虑：

这项研究如何能促进老年人需求的满足、机会的增加、价值观和目标的实现？

除了测试潜在益处，是否也考虑了测试潜在的危害？

还有，如何支持人际关系和社会联系，促进健康老龄？

3. 促进公平是伦理框架的重要考量。

研究者需要考虑：

研究中包括哪些积极措施以减少现有的不平等？

如何满足处于不利地位的老年人的需求和愿望？弱势的老年人的需求和愿望往往是未表达或没被听见的。

如何解决访问的障碍？研究者如何接触到边远地区、行动不便的老年人？

4. 伦理还包括权力转移。

研究者需要考虑：

老年人如何能够控制技术或干预方式，而不是被技术所控制？

技术将如何增强老年人对自己生活方式的控制？

5. 伦理框架还涉及挑战年龄歧视，这与联合国"健康老龄化行动十年"计划的第一个目标不谋而合。

研究者需要考虑：

如何认识到老年人的能力和知识？

拥有各种背景和经验的老年人代表如何参与确认研究旨在顺应的需求？

6. 考虑伦理的研究必然涉及可持续性。

研究者需要考虑：

在初期，研究需要哪些资源投入（例如能源、财务、基础设施）？

在成果转化阶段，研究或创新的长期资源影响是什么？

对于生物医疗研究，是否优先考虑了预防性方法以减少后期的侵入性干预？

配合以上伦理框架，纳菲尔德基金会提出了十五条具体建议：

（1）建议所有与老龄化相关的研究与创新工作者，包括研究人员、从业人员、政府机关工作人员和资助者，都考虑纳菲尔德基金会提出的伦理框架和工具包，以指导其思考。

① 公众参与政策制定。

② 许多组织提出了支持政府利用科学和技术帮助人们实现长寿、健康生活的战略需求。各年龄段和各背景的公众应该在如何实施这一目标方面发表意见。

（2）建议支持跨政府的老龄化战略，由各个年龄段的公众代表组成跨代咨询论坛，包括老年人。

研究议程需要确保不同老年人的经验帮助作出有关研究的决策。这应是研究中公众代表承诺的核心部分。

（3）建议研究资助者、监管机构、研究伦理委员会和期刊都与老年人进行有意义的合作，以便在与老龄化相关的研究方面作出决策。

（4）建议支持老龄化研究的公共研究资助者、研究团队和公共参与者建立合作伙伴关系。

（5）老龄化研究必须包括更多的老年参与者，以确保老年经验的多样性。建议支持老龄化研究的资助者应要求（并资助）研究人员收集有关研究参与者的最小人口统计数据集。该数据应至少包括年龄、性别、种族、社会经济地位和家庭或其他支持获取的信息。

（6）建议药品和医疗保健产品监管机构对与老年人相关的新产品考虑强制要求老年研究参与者和/或生活中有多种长期疾病的参与者的数据在许可授权中。

（7）建议卫生研究管理机构与国家卫生和护理研究机构等资助方识别和分享老年人群体参与研究的良好案例，特别是智力受损的老年人参与研究的案例。这些案例应该与伦理委员会分享，以支持他们审查研究提案。

（8）建议研究资助方提供专门的资金来支持研究人员和相关从业者与老年人社区和护理人员建立联系，以使需要照护和行动不便的老年人能够参与研究。

（9）建议研究人员和研究资助方确保大规模的志愿者数据库和群体研究，以捕捉老年人群体的多样性，增强积极干预老化过程的可能性。

（10）支持跨学科研究，协调老龄化研究。英国近期的举措包括由生物技术和生物科学研究委员会以及医学研究委员会成立11个英国老龄化网络。这些网络在支持研究合作方面起着至关重要的作用。如果英国老龄化网络的初始资助显示其成功，建议英国研究与创新（UKRI）的所有相关资助委员会都承诺长期联合资助这些网络。

（11）建议英国对老龄化的公共和慈善研究资助（包括与商业领域的研究合作）明确基于公共健康和全生命历程的老龄化方法。这种方法将：

① 认识到干预和支持整个生命历程是使人们能够尽可能健康生活的重要因素，特别关注各个年龄阶段的预防性方法。

② 优先考虑目前处于不利地位的人们的需求，特别强调解决老龄化问题的结构性障碍。

③ 将科学和技术创新视为重要补充而非替代，基于更广泛的社会政策，从根本上支持人们良好老化。促进各个年龄段健康生活或为老年人提供支持的技术被作为普通消费品营销（即倾向于包容性设计），而不在"医疗器械"（即

特殊设计）类别下受到监管。鉴于这些技术日益增长的商业利益，开发者特别需要展示其研究和创新中的伦理程序。

（12）建议英国标准协会、药品和保健产品监管局及英国创新署合作制定并推广为支持老年人健康生活而设计的技术的伦理研究实践认证标准。建议采用本伦理框架作为这些标准的起点。

建立研究和实施之间更好的联系：只有由研究和创新产出的产品能够为那些会从中受益的人提供服务，它们才能真正改善人们的生活。这需要研究人员、老年人和服务提供者之间密切合作，以确保研究的目标是相关的和可实现的。它还需要那些为老年人使用的服务提供资金的人的承诺和灵活性。

（13）建议研究资助机构采取积极措施，促进研究人员与直接参与为老年人提供服务的人员之间更紧密的合作。可能的方法包括直接针对研究人员和从业人员的合作关系创造拨款机会。

（14）建议与年龄相关的任何新的筛查或测试计划只有在为接受诊断的病患及其家人以及提供护理和支持的人员提供服务和支持的情况下才能推广使用。

（15）建议为医疗保健专业人士和生物医学科学家提供本科教育的机构，确保相关学生拥有全面、跨学科的老龄化理解，并获得此伦理框架和工具包的支持。

三、积极老龄化设计工具包

英国纳菲尔德基金会的伦理框架和工具包是基于生物医疗健康老龄研究而提出的，强调支持研究人员和相关从业者与老年人社区和护理人员建立联系，以使需要照护的和行动不便的老年人能够参与研究。他们是弱势的老年人群，是联合国"健康老龄化行动十年"计划中特别提及的需要长期照护的老年人。这些老年人一部分在家，一部分在医院、养老院。目前兴起的医养结合模式有望为需要长期照护的老年人提供有品质的服务。包容性设计的思路、伦理框架的践行可以帮助研究者了解并顺应弱势老年人群体的需求。目前医养结合的机构有比较好的硬件条件和设施，但在老年人参与研究的模式上还有很大提升空间。护理人员和社工了解这些老人的情况和需求，但他们不能取代老年人自己的声音，研究者需要有效的方法和工具与弱势老年人群体进行交流和反馈。积极老龄化设计工具包有望帮助研究者了解老年人需求，利用老年人已有的资源创造性地解决问题。

"积极老龄化"一词中的"积极"包含"positive"和"active"两重含义。① "positive"强调的是"正面"，与"negative"表示的"负面"相对，是对将老年人视为"负担"和"无能"的负面刻板印象的挑战，它关注老化过程的积极变化和资源积累。而"active"包含"活跃"和"主动"之意，强调老年人积极的社会参与和主动的福利创造。

已有的设计流程以定义问题为起点，设计构思聚焦于考虑如何通过设计干预并解决问题。对老龄问题的定义多关注老化过程的机能衰退，养老产品和服务常常扮演着机能补偿的角色，这种设计倾向无意识地强化了年龄刻板印象，阻碍了老年人的身体活动及社会活动参与，也不利于老年人的健康和福祉。为了促进积极老龄化，包容性设计研究中心团队对一般性的设计流程进行整合和改编，并结合英国纳菲尔德基金会提出的健康老龄研究伦理框架，开发了设计赋能积极老龄化设计工具包。

该工具包定义了促进积极老龄化的五个设计阶段，分别是积极共情、问题定义、设计构思、设计发展和伦理考察，并以卡片的形式为五个阶段的设计活动开展提供理解老龄和推进设计思考的参考材料，同时通过设计任务模版的引导来明确各阶段的设计任务（如图2-8-3）。

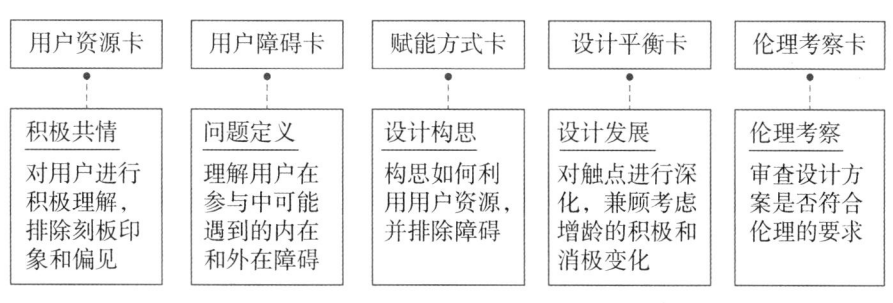

图2-8-3 "积极老龄化设计"流程和支持卡片

---

① 参见谢晖《积极老龄化模型构建：基于世界卫生组织积极老龄化框架的实证研究》，山东大学博士论文，2019。

整套工具包包含设计流程的引导手册和几十张支持卡片，不同阶段的支持卡片用不同色彩进行区分，以提高使用过程的可用性。支持卡片可以在设计项目的不同阶段分开使用，用以引导设计研究的开展和设计方案的展开和评估，也可以在一次集中的设计工作坊中使用。

四、积极老龄化设计的五个阶段及支持卡片

（一）积极共情与用户资源卡

积极共情阶段的主要目的是启发设计师关注在老化过程中产生的积极变化和老年人的资源，改变设计师问题化的认知偏见，挑战年龄歧视。积极老龄化工具倡导将老年人视作解决自身问题和社会问题的资源。

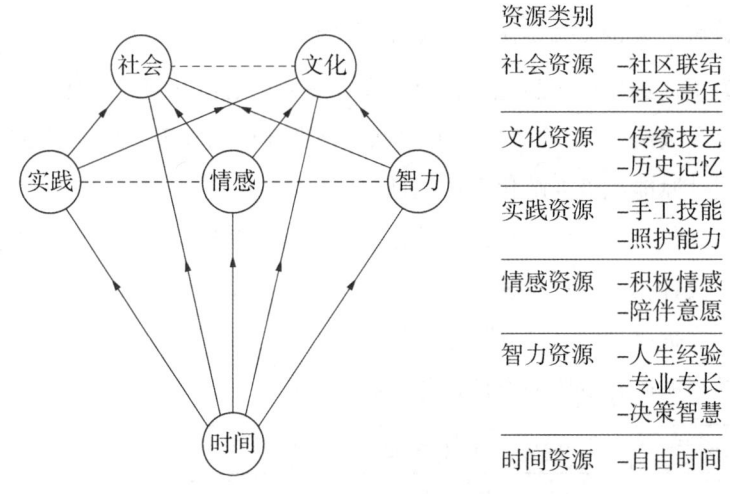

图 2-8-4　老年人钻石资源模型

图 2-8-4 构建了一个描述老年人资源的模型。该模型概括了老年人在解决问题时表现出的优势资源，包含文化资源、社会资源、实践资源、情感资源、智力资源和时间资源共六类，这六类又进一步分为十二个子类，分别是社区联结、社会责任、传统技艺、历史记忆、手工技能、照护能力、积极情感、陪伴意愿、人生经验、专业专长、决策智慧、自由时间（如表 2-8-1 所示）。六类资源的相互关系构成了钻石的形状，因此该模型被称为钻石资源模型。

钻石这一积极意向的传达，旨在对老龄群体的形象进行积极建构，对抗老龄问题化的刻板印象。

表 2-8-1 老年人资源类别及解释

类别	子类别	解释
实践资源（Practical Resource）	1. 手工技能 2. 照护能力	1. 老年人在现代化和劳动分工程度较低的时期发展起来的手工劳动的技能（比如刷漆、种植、缝补等） 2. 老年人在生育、抚养、照料子女等生命历程中习得的照护能力，表现为对孙辈、高龄父母或其他人的照护
情感资源（Emotional Resource）	1. 积极情感 2. 陪伴意愿	1. 相较于年轻人，老年人倾向于对积极情绪进行优先加工和记忆，从而表现出更积极的情感和更高的生活满意度 2. 老年人基于自由时间和自身需求或体验等因素产生的较高的对他人进行情感陪伴的意愿
智力资源（Intellectual Resource）	1. 人生经验 2. 专业专长 3. 决策智慧	1. 老年人在较长的人生经历中积累的经验，包含日常生活经验（如处理家务、交流技巧等）和生命历程经验（如婚姻、生育经验等） 2. 老年人在从事某种职业或专门性的工作中积累的与专门领域相关的知识和经验，包含职业专长、兴趣专长等 3. 老年人得益于过往经历所形成的综合的决策智慧，表现为在决策中更关注情境因素和更高的效率等
社会资源（Social Resource）	1. 社区联结 2. 社会责任	1. 老年人在与所生活的地缘社区、工作形成的同事社群或因兴趣组成的社团之间在长期社会互动中形成的联结与互惠关系 2. 老年人表现出的对社会的关切和责任心，表现在参与志愿服务和其他有利于社会的活动方面
文化资源（Cultural Resource）	1. 传统技艺 2. 历史记忆	1. 老年人在历史的变迁中所传承的凝结了一定地域和一定历史时期的传统文化的手工技艺或这些技艺在物质形态上的表现（如传统编织以及编织的作品等） 2. 老年人作为历史的亲历者，见证了特定历史时期的社会、文化习俗等历史变迁所保留下来的可供当代社会参考的有价值的史料与记忆
时间资源（Time）	自由时间	脱离工作岗位的老年人拥有大量自由、可支配的时间

在积极共情阶段，十二个子类的资源被制作成用户资源卡片，每一张卡片上包含一张可表达这一资源的图片和相应的文字介绍，十二个资源子类别的用户资源卡连同钻石资源模型的总卡共十三张，以启发设计师分享老年人带有积极倾向的故事，图2-8-5展示了部分卡片。卡片所提供的钻石资源模型可以传达正面积极的老年人形象，这十二个子类的用户资源为设计师理解老化的积极变化和老年人的价值提供了一个框架。

图2-8-5　用户资源卡示例

（二）问题定义与用户障碍卡

问题定义是建立在用户理解基础上对设计应该解决什么问题的收集与处理，其目标是建立有意义且可行动的问题陈述。为了定义问题，设计师需要进一步理解用户在日常生活中发挥资源价值时的障碍。障碍可以从环境的外部障碍和个人的内部障碍两方面来理解。如老年人是历史的见证者，如何分享这些历史记忆，有可能的障碍是电子化的分享渠道为老年人设置的技术接受障碍等，这是外部障碍，而身体机能的衰退则属于内部障碍。"障碍"的表述参考残障的社会模型（而非医学模型），在理解老年人社会参与的问题时应考虑社会、政策、环境、技术等外部因素，而不把问题简单归因为老年人自身的疾病或身体机能衰退。内外部具体的障碍如表2-8-2所示，包含物

第二部分 老龄文明调查与研究

理、认知、社会、政策、技术和经济六个类别。本阶段所提供的用户障碍卡片，连同总卡和障碍条目卡片共七张，图2-8-6展示了部分卡片。设计师可以在用户障碍卡片的引导下对老年人可能出现的问题进行研究，对障碍进行整合和优先级排序，明确最需要在设计方案中排除的障碍作为问题的定义。

		表2-8-2 积极老龄化的障碍
障碍角度	障碍类别	障碍描述
内部	物理	由于物理性的身体机能（如移动能力、伸展能力、灵活性）衰退所带来的障碍
	认知	由于认知功能（如记忆力、计算能力、注意力等）衰退所带来的障碍
外部	社会	社会公众对老年人群的偏见、老年人自身社会关系的变化等社会因素所带来的障碍
	政策	现有制度、政策和法规等的不完善所带来的障碍
	技术	新兴技术发展所带来的障碍
	经济	收入状况、居住条件等经济性因素所带来的障碍

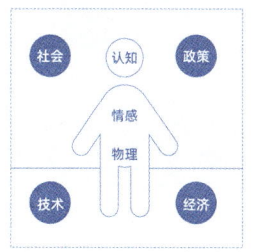

图2-8-6 用户障碍卡的示例

（三）设计构思与赋能方式卡

设计构思阶段主要是为了启发设计师的赋能思维，产生尽可能多的可以激励用户积极参与的概念。概念发散过程要求设计师采用头脑风暴的方法思考哪些方式可以促进老年人的资源发挥优势，同时如何扫除参与过程中可能的障碍。头脑风暴结束后，需要对概念进行评选。这一阶段的设计流程指引给设计师提供了三个评选标准，分别是：（1）是否有助于问题的解决和目标达成；（2）是否充分调动了用户自身能动性，利用了自身资源；（3）是否在解决自身问题的同时创造了新的社会价值。如在解决退休老人的心理失落和社交隔离这一问题时，美国一个社会组织的做法是让老年人帮助社区内移民家庭的儿童阅读，在参与志愿活动的过程中，一方面老人为自身创造了社交机会，减少了孤独，另一方面解决了移民家庭孩子的教育和文化融入的问题。这一解决方案充分利用了具有一定文化程度的老年人的知识和阅读习惯这一资源，让老年人创造了新的社会价值。

根据上述标准评选出最优的概念之后，需要对概念进行具体化。这一阶段提供"赋能方式卡"（共十二张）用于知识输入，让设计师理解设计可以从不同的视角提供设计支持，以激励老年人自身的能动性。研究提供了一个理解设计赋能干预方式的系统性框架（如图2-8-7所示），赋能既可以从内在

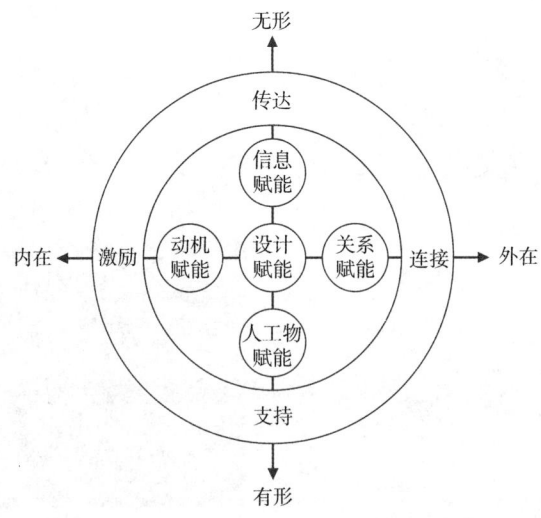

图 2-8-7　设计赋能方式的整体框架

激发老年人的参与动机（动机赋能），又可以从外在关系的建构上提升老年人解决问题的合力（关系赋能），既可以提供工具的支持（工具赋能），也可以提供无形的信息通道，保障老年人的话语权的实现（信息赋能）等。每一张具体条目的卡片是对可能的干预方式的展开介绍，并提供图片作为启发，共十二张卡片，图2-8-8展示了部分卡片。

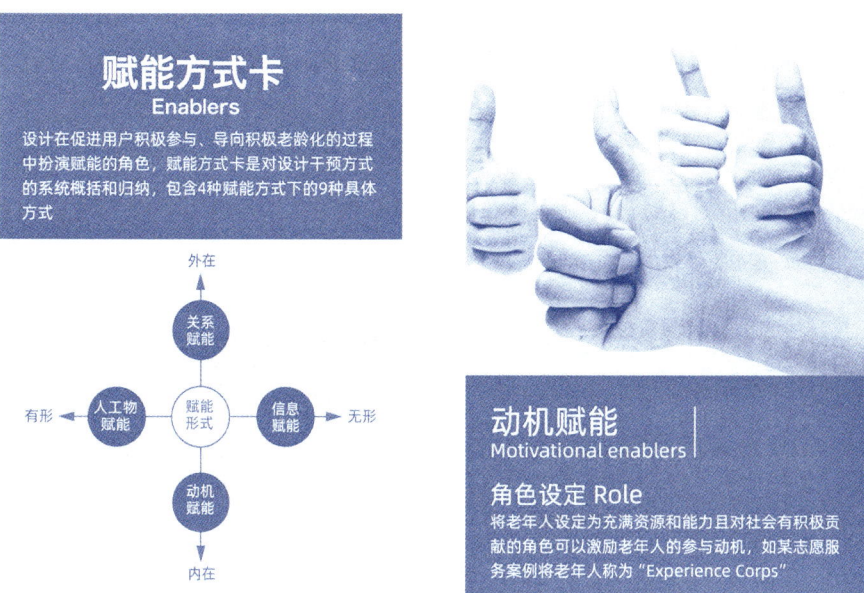

图 2-8-8　赋能方式卡的部分示例

参考动机赋能、关系赋能、人工物赋能和信息赋能四种方式，设计师可以对设计方案进行充分展开。由于赋能方式卡涉及不同的赋能方式，因此通过这种方法形成的设计方案可能是一个系统化的服务或产品服务系统。

（四）设计发展与设计平衡卡

第四阶段是设计发展阶段。在这一阶段，设计师将对积极养老服务或产品服务系统具体化，深化过程需要同时考虑利用积极的资源和排除消极的障碍，设计一方面要去适应消极的变化，另外一方面要激发用户利用自身资源对抗不利因素。积极共情阶段和问题定义阶段对老年人的资源和障碍进行了描述，它们是这一阶段进行设计发展的基础。

在设计发展过程中，设计师需要着重理解用户与设计的关系，具体包含"顺应性"和"激励性"两个倾向，设计一方面需要顺应老化的能力衰退，另一方面也需要积极地激励老年用户的潜能。研究提供了顺应消极变化和激励自身潜能发挥作用的五个维度，这五个维度提供了设计师调节"顺应性"和"激励性"平衡的五个砝码（如表2-8-3所示）。为了形象传达设计深化过程平衡的调节，这些支持卡片被命名为"设计平衡卡"，共六张，包含总卡和五个维度的卡片。由于这些表达设计特征的词汇较为抽象，因此在每一张卡片背面提供了一个具体的设计案例，供设计师参考，图2-8-9展示了部分卡片。设计师可以在卡片提供的五个维度的启发下就某一触点的设计特征进行清晰的定义，对设计触点进行依次考虑和深化，这样就形成了更深入的设计解决方案。

表2-8-3 赋能特征词汇表

顺应性	含义	激励性	含义
易用性	设计系统容易使用的特征	开放性	设计系统提供开放的功能，以供用户根据自身需求进行磋商的特征
兼容性	设计系统或活动与用户已有的认知经验和人生经验相融和契合的特征	激发性	活动和任务能激发用户参与动机，调动用户积极性的特征
响应性	设计系统及其他用户对用户的输入给出及时反馈的特征	连通性	设计系统或活动可以连接外部资源的特征
包容性	设计系统或活动能同时包容尽可能多样化的用户能力，以支持较大范围的用户使用和参与的特征	生产性	设计解决方案将用户视作能够产生积极贡献的产出性角色，并鼓励用户进行价值创造的特征
协作性	活动中互动的双方或多者在背景、经历和需求等方面能相互契合，能促进双方协作的特征	对抗性	设计系统激发人际及用户与设计之间抗争，在抗争的过程中用户可以得到潜力的激发和能动性表达的特征

第二部分　老龄文明调查与研究

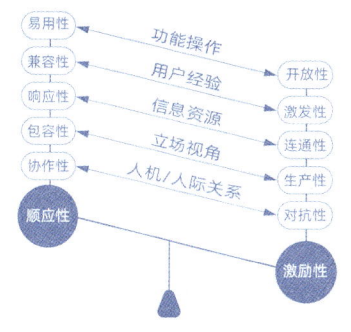

图 2-8-9　设计平衡卡的汇总卡片与条目卡片展示

（五）伦理考察与伦理卡片

伦理考察阶段是对设计方案是否满足伦理要求进行考察。根据纳菲尔德基金会提出的健康老龄研究伦理框架，伦理卡片考察四个重要方面，分别是全面发展、平等享有、自我掌控和持续影响（如表 2-8-4 所示），包含总卡共计五张卡片，图 2-8-10 展示了部分卡片。

表 2-8-4　伦理考察条目

全面发展	设计方案能否满足老年人价值观，是否能促进老年人的目标实现？ 设计方案是否能够支持老年人的人际关系和社会联系？
平等享有	设计方案是否考虑了不同老年人的差异性的需求和愿望？ 设计方案是否有意识扫除了不同能力和背景者（尤其是弱势的老年群体）的平等享有权利？
自我掌控	是否考虑了在享用设计的过程中其他外部因素（如技术）对老年人的控制？ 老年人是否能够通过设计获得更高程度的自我生活掌控？
持续影响	是否考虑了设计干预的长期资源投入？ 是否考虑了设计干预的长期影响？

215

积极老龄化设计工具包从设计之初就将反对年龄歧视、保障老年人对自我和生活的掌控等伦理要求作为核心关注点,这一阶段是对伦理要求进一步复查和盘点,从伦理的角度对设计方案进一步优化。

图 2-8-10　伦理考察卡的示例

五、实现老龄文明

"老龄文明"的提出是社会进步的体现,笔者认为,关键要看弱势老年人在社会中是否得到尊重,其权利是否得到了保障。首先是老龄研究如何响应弱势老年人的需求。本文提出了一个思路,即包容性设计的研究思路,从弱势老年人群体出发构建老龄文明:以健康老龄研究伦理框架作为指导,用积极老龄化设计工具包作为参考,在研究人员和相关从业者与老年人社区和护理人员之间建立联系,使需要长期照护的老人有效参与研究,而不是由其他人代言或者完全被忽略。"老龄文明"的概念刚提出不久,还有待深入研究,许多领域都需要参与才能丰富其内涵。设计研究者可以与医护和社工人员合作,共同开发老龄文明设计工具包,为实现老龄文明提供工具支持。

作者：董玉妹，江南大学设计学院讲师；董锋，成都第八人民医院主任护师；董华，伦敦布鲁内尔大学设计学院教授。

参考文献

1. Coleman, R., Clarkson, J., Dong, H. and Cassim, J. *Design for Inclusivity*. Hampshire, UK: Gower Publishing Limited, 2007

2. WHO. Who's Work on the UN Decade of Healthy Ageing, 2023. https://www.who.int/initiatives/decade-of-healthy-ageing#：~：text=The%20United%20Nations%20Decade%20of,communities%20in%20which%20they%20live

3. WHO. National Programmes for Age-friendly Cities and Communities，2023. https://www.who.int/publications/i/item/9789240068698

4. Nuffield Foundation. The Future of Ageing, 2023. https://www.nuffieldbioethics.org/publications/future-of-ageing/ethical-framework-and-toolkit#：~：text=The%20aim%20of%20the%20framework,ethical%20implications%20of%20their%20work

5. 董华编著 . 包容性设计：中国档案 . 同济大学出版社，2019

6. 谢晖 . 积极老龄化模型构建：基于世界卫生组织积极老龄化框架的实证研究 . 山东大学，2019

7. 董玉妹 . 为新老龄而设计：设计赋能积极老龄化的理论与方法 . 中国轻工业出版社，2022

8. 董玉妹,刘胧,董华 . 积极老龄化视角下的设计赋能方式探究：基于"手段—目的链"的案例研究 .《装饰》2021年第2期

9. 董玉妹,甘为,董华 . 面向老龄化社会的产品服务系统设计赋能 .《包装工程》2021年第8期

老年学习与精神健康内涵界定及测度研究[*]

曹玉梅　赵　媛　顾钰璇

面对人口老龄化和寿命延长这一必然的社会发展趋势，老龄健康问题备受社会关注。老龄健康不仅仅是身体健康，也包括精神健康。精神卫生和心理健康是公共卫生的重要组成部分，也是重大的民生问题和突出的社会问题。老年精神健康不仅关乎老年人个体的生活质量和家庭的和谐发展，更关系到全社会的民生福祉。

老年学习是提升老年人精神健康水平和实现积极老龄化的有效路径，同时也对新时代做好心理健康和精神卫生工作提出了新要求。在倡导健康老龄化、积极老龄化以及学习型社会的背景下，对老年学习与精神健康的关系越来越引起学界及社会的重视。老年学习与精神健康之间有着怎样的关系？如何界定和测度老年学习对精神健康的影响？通过研究老年学习与精神健康之间的关联机制，探索老年学习对老年人精神健康的影响，形成促进老龄精神健康的优化模式，为促进老年人健康而采取的措施提供改进策略，有助于为卫生服务、养老保障、长期照护等资源的配置提供科学依据，对节约公共卫生资源以及促进健康老龄化具有重要意义。

---

[*] 本文系国家社科基金"新时代我国老年人陪伴机器人使用与智慧养老路径研究"（22BXW074）系列成果之一。

第二部分　老龄文明调查与研究

一、老年学习与精神健康关系的理论支撑

（一）积极老龄化理论

积极老龄化是世界卫生组织于2002年提出的。积极老龄化包括健康、保障、参与三大要素。其中，老年人的健康（包括身体健康和心理健康）是家庭及社会安定和谐的基础，是老年人群体和社会的共同需求。在如今数字时代的背景下研究改善老年人健康的方法，对于鼓励老年人参与社会活动和老年人完善人身保障具有深远的现实价值。各项研究数据显示，信息技术的使用有利于缓解老年人的空巢感、增加老年人参与社会活动的积极性、提升老年人的幸福感、防止老年人的智力水平出现问题、降低老年人的抑郁程度等。因此帮助老年人实现老年继续学习，是社会积极老龄化不可或缺的部分，可以促进老年人快速融入数字时代，更深层次地满足老年人对保障自身生活以及精神层面的需求。

（二）人本主义学习理论

20世纪50年代，人本主义学习在美国兴起，该理论主要研究人类的主观情感与心理需求、生存价值与人身尊严、自我潜能与理想实现等。人本主义学习理论认为：学习要从学习者自身开始，而且要从自己的立场和意识上讲述自己的学习，并学习对自身有影响力、有促进作用的材料，这才是真正为自身学习。人本主义学习关乎人的自身，不单单是为了学习知识而学习，更要能让学习者学到对自己有帮助的经验，并发现自身独一无二的优点，发现自己身为人类的独特性。

人本主义学习理论认为，人之所以是完整的人，是因为其具有创造性和对提高自我的追求。全面提升自我水平，不单单表现在工作中，也应该体现在退休以后。退休不是一生的终点，而是一种新生活的开始。老年人通过继续学习，可以开创人生的新辉煌，找回青春的热情和活力，实现多年的追求和梦想，开创"第二个春天"，体现了积极的人生观和价值观。以人的需要为出发点，实现全面的、自主的发展，这才是老年人继续学习的本质要求。人本主义学习理论认为，人不是机器，人拥有创造能力，有自己的思想。在

老年人继续学习的过程中，我们要明白是人在主动学习，而不是被动地接受教育。每个老年人的心理思想不同，行为习惯存在差异，导致每个人都有不同的学习需求，实现老年人继续学习的目标，必须制定符合老年人继续学习特点的策略。

研究老年学习与精神健康之间的关系，要有针对性地分析老年群体的学习需求，从老年人的智力水平、学习能力、思想态度、教育储备等方面了解他们的学习愿望，满足他们的学习需要，以期通过学习改善老年人的精神健康状况。

（三）健康的社会决定因素模型

健康的社会决定因素模型始于19世纪五六十年代，当时世界卫生组织和其他国际卫生部门强调技术驱动，即针对某一疾病的"垂直"运动，很少关注社会环境。随着社会的发展，人类对健康研究愈加深入，人们越来越意识到单纯强调直接导致疾病的生物因素远远不够，仅仅靠改变个人行为和生活方式来促进健康收效也很有限。最近几十年来，国际健康领域的研究重心主要包括两个方面：一是局限于狭义概念的，以技术为基础的医疗和公共卫生干预开展工作；二是将健康理解为一个社会现象，要求采取多部门联合行动的政策。早在19世纪中叶，已经有研究显示居住条件是健康的主要决定因素。随后许多研究表明，居住、工作和生活的物质和社会环境对健康的影响远远比所谓的健康生活方式的选择（如戒烟限酒、合理膳食及适量运动）更为重要。世界卫生组织在1948年成立之初制定的《宪章》中明确指出，卫生部门需要与农业、教育、住房和社会福利等多部门协作，探讨社会政治环境对健康的影响，以促进健康状况的发展。为了从针对疾病产生的个人行为原因转向社会化的健康保健系统来促进健康，20世纪70年代首次提出了"健康社会决定因素"（Social determinants of health）一词。

社会因素是指社会的各项构成要素，包括环境、人口、经济基础和上层建筑等，内容非常广泛，涉及人们生活的各个环节，一般可将社会因素分为自然环境和社会环境两个方面。健康社会决定因素是指对健康产生影响的社会因素，包括人们生活和工作的全部社会条件。2001年Krieger将健康社会决定因素定义为影响健康特性和途径及通过特定行动改变个体健康的社会因素。2004年Raphael将健康社会决定因素定义为影响个人、社区和立法的关于健康的经济和社会因素,这一定义表明社会决定因素是如何决定个人获得满意的物质的、社会的和个人的资源的。2007年Kindig将健康社会决定因素定义为生命全周期的健康决定因素模式。2005年世界卫生组织将健康社会决定因素定义为人们居住和工作的社会环境。2008年世界卫生组织进一步完善了健康社会决定因素的概念,将其定义为:"在那些直接导致疾病的因素之外,由人们居住和工作的环境中的社会分层的基本结构和社会决定性条件产生的影响健康的因素,它包括贫穷、社会排斥、居住条件、工作环境及全球化等不同方面。"同时指出,健康社会决定因素是导致疾病的"原因的原因"。

由于影响健康的社会因素十分复杂,不同的研究对健康社会决定因素的认识和重要性排序也有所不同。《渥太华宪章》指出,健康的根本条件是和平、住所、食物、收入、稳定的生态系统、可持续资源、社会公正及公平。健康的这些根本条件涉及了社会组织结构和经济社会资源的分配。加拿大约克大学于2002年组织召开了"跨生命健康社会决定因素"会议并达成共识,认为决定加拿大人健康的14个主要社会因素是:土著居民、残疾、种族、生命早期、教育、就业与工作条件、安全的食品、性别、健康保健服务、住房、收入及其分配、社会安全网络、社会排斥和非就业与就业安全。Wilkinson和Marmot于2003年通过总结经验法列举了健康社会决定因素包括社会阶层、压力、早期生命阶段、社会排斥、工作、未就业、社会支持、成瘾、食物和交通。美国疾病预防控制中心指出,健康社会决定因素包括社会经济地位、交通、住房、可得到的服务、不同社会群组(如种族、性别或阶层)歧视和社会或环境压力。

二、老年学习与精神健康内涵界定及影响路径

(一)老年学习的内涵

从老年学习的内容来看,从物质和精神两个层面,将老年人学习需求分为适应性学习、休闲性学习和社会性学习三种类型。适应性学习是指为使日

常生活更健康、更便捷、更安心、更积极、更智能而开展的学习，学习内容包括物质层面的健康保健类、生活技能类、信息技术类知识等和精神层面的权益保障类、心理健康类知识等。休闲性学习是指为使休闲生活更多彩、更高雅而开展的学习，学习内容包括精神层面的文化艺术类、修身养性类知识等。社会性学习是指为使社会生活更勤恳、更融洽、更和谐、更幸福而开展的学习，学习内容包括物质层面的职业技能类知识和精神层面的家庭关系类、人际关系类、志愿服务类知识。

从老年学习的内涵来看，主要分为学习意愿、学习过程中所获得的支持、学习需求、学习目的、学习信息获取渠道、学习障碍、学习情境、学习媒介、学习频率和学习满意度等方面。

学习意愿主要包括老年人学习的愿望、兴趣和态度。学习过程中所获得的支持主要包括老年人的成年子女对其参与学习的态度和经济支持。学习需求指老年人最有意愿学习的课程内容，包括健康养生、家政、现代科技、疾病预防、人文艺术、游学和生产或工作技能等。学习目的包括实现人生价值、服务家庭、增强社会交往和提高生活质量等。学习信息获取渠道包括老年人通过电视、广播、网络、报刊等媒体获取学习信息，以及通过亲朋邻居介绍和社区居委会工作人员通知等方式获取学习信息。学习障碍包括老年人在学习过程中可能遇到的各种困难和挑战，如课程不能满足需要、没有时间、身体状况不允许、家庭生活中的困难、没有学习机会、承担不了学习的开销、没信心学、不愿意学习和缺少家人的支持等。学习情境包括图书馆、科技馆、博物馆、美术馆、文体活动中心、街道社区学校、文化中心或乡镇成人学校、老年远程教育、老年大学的正规课程、大学中面向学生的教育活动等。学习媒介包括手机、电脑、平板电脑、互联网和收音机等。

（二）精神健康的内涵

精神健康包括整体自评健康、生理健康、心理健康等。

自评健康是对人们自身生理健康、机体功能和心理社会功能的综合评价指标，虽然是主观的判断，但可以反映过去及未来的健康状况，并能在一段时间内保持稳定，具有较高的重测信度。

生理健康包括日常生活自理能力和认知功能。在老年人健康评价中，日常生活自理能力是一个重要指标，可以反映出老年人的独立生活能力。认知功能是反映老年人健康的一个重要方面，通过一般能力、反应能力、注意力、计算能力、回忆能力以及言语理解与自我协调能力等方面来衡量认知水平。

心理健康包括主观幸福感与抑郁情况。主观幸福感主要是指人们对其生活质量所做的情感性和认知性的整体评价；抑郁情况反映了老年人的心理健康现状。

（三）老年学习与精神健康的影响路径

老年学习与精神健康之间总体呈现正相关。老年学习通过影响老年人的认知来影响精神健康，影响路径如图 2-9-1 所示。

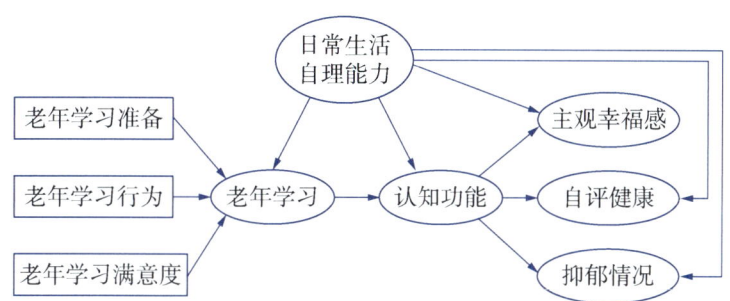

图 2-9-1　老年学习与精神健康的影响路径

1. 学习准备与精神健康

学习准备包括学习意愿、学习过程中所获得的支持、学习需求、学习目的、学习信息获取渠道、学习障碍等。学习意愿越强，学习过程中所获得的支持就越多；学习障碍越少，老年人的精神健康状况就越好。

2. 学习行为与精神健康

学习行为，即是否参与学习，包括学习内容、学习情境、学习媒介等。学习频率越高，老年人的精神健康状况就越好。

3. 学习满意度与精神健康

影响老年人学习满意度的因素可以归为三类：(1)环境保障，如学习氛围、硬件设施、信息技术与互联网的应用、课程费用、学习场所等;(2)学习过程,如教师的知识储备、学习内容、课时安排、学习形式、学习同伴、同学关系、师生交流等;(3)学习结果,如预期学习目标、实际学习收获等。对参与老年学习的满意度越高,老年人的精神健康状况会越好。

三、老年学习与精神健康测度研究

(一)老年学习与精神健康测度研究综述

国际卫生组织将健康定义为心理和生理状态优良以及拥有良好的社会适应力和社会交往能力,而不只是单纯地将其定义为没有疾病的状态。可以看出,一个健康的个体不仅仅只有心理和生理方面的良好状态,也应该有良好的社会适应能力。最初老年人健康问题仅在医学领域被研究,1990年以后老年人的健康问题引起了经济学、社会学、管理学领域的学者们的广泛关注。学者们对健康水平指标的测量已经相对比较成熟。1976年Kaplan提出了OWB指数,既包含客观指标,也包含了主观评价。1982年Brink等通过老年人抑郁量表(GDS)进行心理和精神健康的测量,使用日常生活活动能力量表(ADL)测量生理健康,使用老年人资源与服务评价量表(OARS)来测量老年人五个方面的指标:社会资源、经济水平、精神健康、躯体健康、日常生活能力。2000年,Dolan提出健康关联生命指标,包括了身体、心理、社会适应和一般性的总体感觉,并认为老年人的精神健康状况受到个人特征的影响。Bostic T.J.等人研究了人格对个体精神健康的影响,发现人格差异对个体精神健康具有显著的影响,不同人格状态下的个体精神健康存在明显差异。Harris Cooper指出,与性格内向的老年群体相比,性格外向的老年群体具有更好的心理调节能力。Macleod也曾指出,高心理弹性与积极的结果显著相关,高心理弹性能够有效缓解老年人的抑郁症状,降低抑郁程度。个体社会经济地位的差异与老年人的精神健康状况密切相关,其直接关乎可利用资源的差异,其所伴随的养老资源的不平等、生活方式差异会影响人们的身心健康状况。Marmot通过研究发现,较低收入人群更有可能面临生活突发事件和慢性压力,从而表现出更差的心理健康状态,而社会经济地位较高的群体更有可能获取较好的居住环境,从而能够对心理健康产生积极的影响。也就是说,社会经济地位对个体健康的影响可能会受到其他因素(例如社会环境、公共政策)的影响。换言之,社会经济地位可能会间接影响老年人的精神健康状态。有研究者还发现,虽然经济收入会提升老年人的精神健康水平,但是该效用会随着收入水平的提高而递减,验证了绝对收入假说。主观幸福感作为衡量精神健康的指标通常被用于社科研究中。Michael Mcbride 利用混合截面数据研究了相对收入与主观幸福感之间的关系,得出相对收入在低收入水平下对老年人主观幸福感影响更小的结论,验证了相对收入假说,即影响老年人健康状况的是相对收入,而非绝对收入;也有学者发现,老年人的认知状况与其接受的教育程度密切相关,受教育程度越高,认知功能就越健全,从而表现出更好的精神状态。社会支持是个体从社会网络中获得的包括经济、生活和精神上的各类支持。不同社会支持的主体、内容会对老年人的精神健康状况产生差异性的影响。社会资本是一种相对稳定的、制度化的社会关系网络,它能够通过持续性的网络关系和固定化的行为模式给组织成员提供资源和支持。Cao J. 通过调查研究发现,老年人的精神健康状况与其拥有的社会资本高度相关,具体表现为,高社会资本水平能够显著改善老年人的精神健康状况。有研究发现,当老年人面对困难或挫折时,会通过自身拥有的社会关系网络向外界寻求鼓励或支持,此时良好的社会支持网络能够帮助老年人解决问题、减轻压力,进而提升幸福感和获得感。然而,负面的交互关系,例如外界的批评、与他人的利益冲突可能会导致老年人寻求外界帮助的过程变得更为复杂,降低获得物质帮助和精神慰藉的可能性,从而对其情绪和心理状态产生不良影响。Gallagher 等人分别探究了家人与情商、朋友与情商、其他重要人员与情商的交互作用对老年人的精神状态的影响,研究结果表明,以上三类社会支持均能够显著改善老年人的负面情绪,进而提高主观生活满意度。Horst 通过对在加拿大所做的综合调查数据的分析发现,老年人的朋友越多,且与朋友的异质性越低、联系频率越高,则越容易获得更多的社会信任、寻求帮助的机会,从而更利于精神健康状况的改善。随着中国人口老龄化的深入,老年人的健康并不只等于生理健康,还需关注老年人的精神健康。依据上述文献可知,影响老年人精神健康的要素,主要包括个体特征、社会经济地位、社会支持等，老年人精神公共服务产品主要围绕着教育和社会支持展开。19世纪80年代，西方学者将权利理论运用到老年教育中，重视赋权与解放在老年教育中的作用，提出老年教育的关键在于对老年学习者"增权赋能"，即授予老年人自由学习的权利，激发并调动老年人参与到老年教育组织与管理、老年教育课程设计与安排、老年教育教学实施过程中，充分发挥老年群体的自主性，自由支配学习，由被动接受教育的"老年教育"转变为主动学习的"老年学习"。

我国学者也从多方面探究了影响老年人精神健康的因素，主要从个人特征、社会经济地位、社会支持三个方面对影响老年人精神健康的因素进行研究。

个人特征方面，性别、年龄、婚姻状况、户籍等个体因素都可能对老年人的精神健康产生影响。生理机能随着年龄的增加而不断衰退，加之职业生涯的终结，社会角色感的缺失，老年人身体、心理健康恶化的风险也在不断增加。受教育程度不仅是人力资本的重要方面，还能在一定程度上反映个体认知功能状况，近几年来它对个体健康，尤其是对心理健康、精神健康的影响也引起了学者们的广泛关注。有学者通过对全国性数据的实证分析得到，受教育程度与我国老年群体的健康状况紧密相连，受教育程度越高，老年人更容易表现出较好的心理健康状态。但也有研究发现，老年人的学历越高，退休前越有可能从事脑力活动，出现精神虚弱的可能性越高。有学者认为经济条件对老年人精神健康的影响重大，不论是个体还是家庭，拥有良好的经济基础和丰富的医疗、养老等资源，都会对老人的晚年生活质量产生积极的影响，有助于老年人维持良好的心理状态。有学者发现，收入不仅影响老年人的健康，而且对农村老年人的影响强度更大。还有学者认为，老年人主观认知的收入不平等也会降低其生活幸福感，进而对精神健康产生负面影响，且该种负面影响存在明显的城乡差异，对农村老年人的负面影响要远高于城市老年人。骆琪等人通过构建社会经济地位对老年人健康状况影响的"双效应"路径框架，发现社会经济地位不仅会直接影响老年人的健康状况，还可以通过影响自理能力对老年人的身心健康造成间接影响。

国内一些学者将自评健康作为测量人体健康的方式，他们认为健康自评

第二部分 老龄文明调查与研究

是主体对自我身体状态的一种认知,包括客观身体健康和主观心理健康。有学者指出健康要从身体、心理、社会适应三个角度进行测量。有学者对不同老年人群体的健康状况进行了实证研究,发现影响老年人健康的因素大致可分为自然属性、社会经济状况、生活方式等。从自然属性方面看,学者认为相比男性而言,女性的健康状态更差;年龄低的老人身体状况更好,年龄高的老人心理健康水平更高。有学者认为婚姻状态影响老年人自评健康,也有学者指出婚姻状况对于高龄老人的日常基本生活能力产生的影响不明显。受教育水平越高,健康水平就越高。教育投入与健康呈现凹函数的关系,当教育投入增加到一定值之后,继续增加投入不利于增加健康存量。从社会经济状况方面看,学者研究发现老年人健康水平会跟随社会经济地位而有所增减,社会经济的不平等会引起老年人健康的不平等。

国内老年教育研究起步相对较晚。在理论研究方面,学者们对老年教育的内涵、属性、特点、功能和意义、形式等基本理论进行了深入且全面的探讨。从内涵来看,学者们主要从终身教育、生命完善、再社会化等角度进行探讨,认为老年教育是指"由政府主导,社会共同参与,以年满60周岁老年人为对象,以老年大学为主要平台,满足老年人精神文化需求,实现老年人持续社会化的综合性社会教育"。从属性来看,学者们大多认为老年教育具有双重、三重及多重属性,并将其纳入继续教育、社会教育、生命教育等范畴。从特点来看,学者们从教育基本要素、老年教育区别于其他教育、教育对象的差异性等角度来界定,认为老年教育具有参与的自愿性、开展的福利性、组织的灵活性、内容的多样性、方式的开放性、目标的多样性等特点。从功能和意义来看,学者们从于老人自身而言、于老人家庭而言、于老龄社会而言三个层次分析老年教育所产生的积极作用。从形式来看,学者们认为老年教育包括老年大学和高等学校、社区、社会老年教育等多种形式。

在目前倡导健康老龄化、积极老龄化以及学习型社会的背景下,老年学习与老年健康尤其是精神健康的关系问题逐渐凸显。一方面老年学习与精神健康之间复杂的关系是该领域研究面临的主要难点,另一方面由于数据获取的困难性,目前国内的相关研究成果还较少。该领域尚存在以下问题:(1)大多数相关研究仅仅是基于心理健康来研究其影响因素,而未综合考虑精神健康的其他方面；（2）对精神健康、老年学习的相关研究单一主题的，未将两者同时考虑，提出适合中国的积极老龄化发展模式。这些问题尚存在较大的研究空间。

（二）老年学习与精神健康关系测度实证分析

本文基于最新公布的中国综合社会调查（Chinese General Social Survey，CGSS）2021年横截面数据，研究老年学习（不同学习方式、不同学习媒介、不同学习内容及频率等）与老年精神健康（自评健康、主观幸福感等）的关系，运用关联分析、回归分析等方法，测度老年学习对精神健康的影响。CGSS2021数据库共完成有效问卷8148份，选取其中年龄在60周岁及以上的样本。因变量精神健康包括"自评健康"与"主观幸福感"两个变量，自变量分为不同学习媒介、学习频率等。剔除数据存在明显纰漏的样本，最终得到的有效样本量为1913个。回归分析结果见表2-9-1。

表2-9-1 老年学习对精神健康影响回归分析结果

变量	自评健康		主观幸福感	
	β（SE）	p-value	β（SE）	p-value
年龄/岁	−0.012（0.004）	<0.001	0.021（0.003）	<0.001
子女数/个	−0.040（0.022）	0.074	0.021（0.017）	0.202
区域				
东部	REF		REF	
中部	0.050（0.059）	0.397	−0.033（0.044）	0.450
西部	−0.129（0.064）	<0.05	−0.050（0.048）	0.297
性别				
男性	REF		REF	
女性	−0.115（0.051）	<0.05	−0.029（0.038）	0.443
民族				
少数民族	REF		REF	
汉族	0.000（0.104）	0.997	−0.015（0.078）	0.846

（续表）

变量	自评健康		主观幸福感	
	β（SE）	p-value	β（SE）	p-value
教育程度				
文盲	REF		REF	
小学初中毕业	0.021（0.068）	0.754	−0.018（0.051）	0.724
高中及其相当	−0.065（0.092）	0.478	−0.011（0.068）	0.867
大学及以上	0.098（0.142）	0.490	−0.106（0.106）	0.316
经济水平				
低于平均水平	REF		REF	
平均水平	0.423（0.052）	<0.001	0.413（0.039）	<0.001
高于平均水平	0.633（0.090）	<0.001	0.504（0.068）	<0.001
婚姻状况				
非在婚	REF		REF	
在婚	0.036（0.058）	0.536	0.218（0.044）	<0.001
不同学习媒介				
报纸	REF		REF	
杂志	1.006（0.475）	<0.05	0.260（0.355）	0.464
广播	0.026（0.237）	0.913	0.168（0.177）	0.343
电视	0.233（0.191）	0.222	0.107（0.143）	0.453
互联网（包括手机上网）	0.242（0.195）	0.216	0.102（0.146）	0.487
手机定制消息	0.217（0.292）	0.459	−0.135（0.218）	0.535
学习频率				
从不	REF		REF	
很少	0.195（0.069）	<0.01	−0.016（0.052）	0.758
有时	0.308（0.086）	<0.001	0.088（0.064）	0.173
经常	0.299（0.097）	<0.01	0.196（0.072）	<0.01
非常频繁	0.340（0.134）	<0.05	0.194（0.100）	0.054

注：表中 β（SE）为自评，p-value 指假定值，REF 表示参考对象。

研究表明：第一，较高的学习频率能够显著提升老年人的精神健康（包括自评健康与主观幸福感）。第二，在各类学习媒介中，老年人经常或非常频繁使用的媒介依次为电视、互联网、广播、手机定制消息、报纸、杂志，其最主要的信息来源为电视。第三，年龄、性别、经济水平、婚姻状况、居住地区等因素都对老年人的精神健康具有一定程度的影响。年龄较大、居住在东部地区、男性、经济水平较高的老年人自评健康状况较好；已婚、年龄较大、经济水平更好的老年人主观幸福感更高。老年学习能够促进个体的身心健康，有助于老年人的成功老龄化。呼吁政府进一步扩大老年教育资源供给，拓展老年教育发展路径，加强老年教育支持服务，创新老年教育发展机制，促进老年教育可持续发展，对政府老龄事业发展具有重要的指导意义。

根据研究结论，提出以下政策建议：首先，加大对老年学校、互联网等基础设施的投入力度，为老年人提供更实惠的学习媒介（比如互联网使用设备），同时为老年人提供有关学习媒介使用的相关咨询和培训，降低老年人对学习媒介的使用成本和准入门槛。其次，不同特征的老年人其精神健康状况也有相应的差异，政府可以因地制宜，开展个性化的老年学习服务，如针对经济水平低于平均水平的老年人实行一些学习补贴。最后，从整体上来说，进一步丰富老年学习的内容和方式，促进老年人晚年生活的丰富多彩。老年学习服务应当由政府、市场、社会等多元主体协同推进，明确牵头统筹部门与责任主体，在经费投入、设施建设、资源供给等领域实行充分社会化的工作机制，才能打破老年学习服务中存在的瓶颈，有效扩大供给，切实推进老年学习服务的稳步发展。

由于中国综合社会调查数据库是一个反映中国社会发展方方面面的综合性调查，虽然部分内容涉及老年学习和老年精神健康的问题，但数量比较少，尤其是关于老年学习方面的问题，只有学习媒介和学习频率两个方面，缺失有关学习意愿、学习过程中所获得的支持、学习需求、学习目的、学习障碍、学习内容、学习方式等相关问题，因而无法全面测度不同学习目的、不同学习方式、不同学习内容等对精神健康的影响。老年人究竟想学什么？现在在学什么？老年人学习行为和学习满意度对其精神健康有着怎样的影响？有待于进一步研究与构建老年学习与精神健康相关的评价指标体系，开发测度量表,通过问卷调查建设"老年学习与精神健康追踪调查"数据库,掌握江苏乃至全国老年学习与精神健康的基础数据,基于数据库刻画两者之间的关系影响机制,构建系统的模型框架,全面测度老年学习对精神健康的影响,更好地为相关部门开展老年学习及老年教育工作提供数据支撑,填补目前老年学习研究领域的空白。

作者:曹玉梅,江苏省教育厅副厅长;赵媛,南京师范大学教授;顾钰璇,南京师范大学教师。

主要参考文献

1. Brink, T.L., Yesavage, J.A., Lum, O., et al. Screening Tests for Geriatric Depression. *Clinical Gerontologist*, 1982, 1（1）: 37-43

2. Dolan, P. The Measurement of Health-related Quality of Life for Use in Resource Allocation Decisions in Hhealth Care. *Handbook of Health Economics*, 2000, 1: 1723-60

3. Bostic, T.J. *Constructive Thinking, Mental Health, and Physical Health: An Explanatory Model of Correlated Constructs in Health Psychology*. Saint Louis University, 2002

4. Deneve, K.M., Cooper, H. The Happy Personality: A Meta-analysis of 137 Personality Traits and Subjective Well-being. *Psychological Bulletin*, 1998, 124（2）: 197-229

5. Macleod, A.K., Salaminiou, E. Reduced Positive Future-thinking in Depression: Cognitive and Affective Factors. *Cognition & Emotion*, 2001, 15（1）: 99-107

6. Allen, J., Balfour, R., Bell, R., et al. Social Determinants of Mental Health. *International Review of Psychiatry*, 2014, 26（4）: 392-407

7. Mcbride, M. Money, Happiness, and Aspirations: An Experimental Study.

Journal of Economic Behavior & Organization, 2010, 74（3）：262-276

8. Cao, J., Rammohan A. Social Capital and Healthy Ageing in Indonesia. *BMC Public Health*, 2016, 16（1）：1-14

9. Gallagher, E.N., Vella-brodrick D. A. Social Support and Emotional Intelligence as Predictors of Subjective Well-being. *Personality and Individual Differences*, 2008, 44（7）：1551-1561

10. Van Der Horst M., Coffé H. How Friendship Network Characteristics Influence Subjective Well-being. *Social Indicators Research*, 2012, 107：509-529

11. 薛新东. 社会参与对我国中老年人认知功能的影响.《中国卫生政策研究》2018年第5期

12. 陆杰华, 黄钰婷. 新时代构建社区养老共同体的理论和实践探究.《晋阳学刊》2022年第2期

13. 骆琪, 阎国光. 社会经济地位对老年人健康影响的实证检验.《统计与决策》2012年第13期

14. 宋璐, 李树茁, 张文娟. 代际支持对农村老年人健康自评的影响研究.《中国老年学杂志》2006年第11期

15. 赵忠. 我国农村人口的健康状况及影响因素.《管理世界》2006年第3期

16. 栾文敬, 李杨, 李玉娇. 社会保障、收入水平、就医习惯与老年人自评健康.《广西经济管理干部学院学报》2012年第2期

17. 方向华, 孟琛, 刘向红等. 健康自评与老年人健康状况的前瞻性研究.《中华流行病学杂志》2003年第3期

18. 李建新. 老年人口生活质量与社会支持的关系研究.《人口研究》2007年第3期

19. 封进, 李珍珍. 中国农村医疗保障制度的补偿模式研究.《经济研究》2009年第4期

20. 陆杰华, 郭冉. 基于地区和社区视角下老年健康与不平等的实证分析.《人口学刊》2017年第2期

个人养老金制度的网络讨论与舆情演化

申 琦 蔡耀辉

一、引言

  长期以来,我国一直在探索符合国情的多层次、多支柱、全方位养老保险体系。个人养老金制度作为养老保险体系的核心组成部分,最早在1991年发布的《国务院关于企业职工养老保险制度改革的决定》中被提出。① 随后三十多年发展中,个人养老金和其他个人商业养老金融业务曾长期处于空白状态。随着人口老龄化问题的不断加重,传统养老金保险体系逐渐入不敷出,2019年中国社会科学院世界社保研究中心发布的《中国养老精算报告2019—2050》预测,到2035年,我国养老保险基金将被耗尽,2050年当期结余可能变成负数。② 加快建立个人养老金制度无疑对老龄社会有着十分重要的意义。③ 2022年4月,

---

① 中华人民共和国中央人民政府:《国务院关于企业职工养老保险制度改革的决定》,中华人民共和国中央人民政府官网,1991年6月26日,http://www.nc.gov.cn/ncszf/rsjr/199106/1d3f99267afc4adca768099da7f03ffe.shtml。
② 中国社科院世界社保研究中心:《中国养老金精算报告2019—2050》,人民政协网,2019年4月10日,http://www.rmzxb.com.cn/c/2019-04-10/2326784.shtml。
③ 谢勇才、范傲:《双重政策路径赋能个人养老储蓄——加拿大个人养老金制度的实践经验及其启示》,《社会保障研究》2023年第5期。

国务院办公厅发布《关于推动个人养老金发展的意见》(以下简称《意见》),标志着我国个人养老金制度正式落地。① 同年11月,人力资源和社会保障部等五部委联合印发《个人养老金实施办法》进一步细化《意见》实施方案,为个人养老金制度发展助力。②

个人养老金制度落地已经有一年多时间。对于这一关乎国家养老保险体系平稳运行的关键制度,媒体如何宣传、公众如何理解,值得我们关注。既有研究显示,公众对于新制度的理解和接受能力与媒体传播能力呈正相关关系,媒体如何设置议程、报道相关知识,会影响到公众对这一政策的认知、理解和接受。随着社交媒体发展,公众在社交媒体上的讨论也会反向影响媒体议程。当媒体议程顺应网络舆论时,媒体议程会被转移为公众议程,越来越多的民意得以彰显。③ 当媒体议程与网络舆论出现较大偏差,或者媒体使用单一属性议程进行报道时,则会将公众态度引向极化与偏激,④ 进而导致公众出现理解不够、接受度不足、参与度不高等问题,阻碍政策的具体落地与实施。⑤ 既有研究指出,身边人对个人养老金的讨论、态度,以及实际参与行为会影响本人购买个人养老金的意愿。⑥ 可见舆论环境会对个人参与养老金政策的行为产生影响。因此,本研究想要考察媒体报道的方式、解读并设

---

① 中华人民共和国中央人民政府:《国务院办公厅关于推动个人养老金发展的意见》,中华人民共和国中央人民政府官网,2022年4月21日,https://www.gov.cn/zhengce/zhengceku/2022-04/21/content_5686402.htm。

② 中华人民共和国中央人民政府:《人社部 财政部 国家税务总局 银保监会 证监会联合印发〈个人养老金实施办法〉》,中华人民共和国中央人民政府官网,2022年11月5日,https://www.gov.cn/xinwen/2022-11/05/content_5724785.htm。

③ 卢迎春:《媒介表达与民主实现的广泛性》,《苏州大学学报(哲学社会科学版)》2010年第5期。

④ 章留斌、陈天明、阿达来提·杂满等:《民间舆论场域中失效的议程设置与极化的网络群体——基于"江歌事件"新浪微博数据的内容分析》,《情报科学》2019年第2期。

⑤ 王诗宗、罗凤鹏:《基层政策动员:推动社区居民参与的可能路径》,《南京社会科学》2020年第4期。

⑥ Duflo, E., Saez, E.,"The Role of Information and Social Interactions in Retirement Plan Decisions: Evidence from a Randomized Experiment", *The Quarterly Journal of Economics*, 2003,118(03), pp.815-842.

置我国个人养老金制度相关议程,探索网络舆论中关于个人养老金制度的认知、理解及态度,进而探究媒介和公众就该议题的互动效果,在此基础上为个人养老金制度的推广实施提供对策和建议。

二、文献综述

议程设置理论(Agenda Setting Theory)认为,大众媒体往往不能决定人们对某一事件或意见的具体看法,但是可以通过提供信息和安排相关议题来有效左右人们关注某些事实。大众传媒对事物和意见的强调程度与受众的重视程度呈正比,受众会因媒体提供议题而改变对事物重要性的认识,对媒体认为重要的事件首先采取行动。① 进入社交媒体时代,网络平台借助庞大的用户基数日渐成为具有一定话语权和影响力的舆论场。② 对公共事务的讨论、意见表达在网络舆论与媒体议程间形成既竞争又相互影响的关系,反向议程设置频繁出现。③ 媒介间议程设置(Intermedia Agenda Setting)理论指出,不同媒体之间存在议程引导关系,需要关注它们彼此间是否存在相互影响。媒体间议程设置理论被扩展应用至传统媒体与新媒体、传统媒体与自媒体以及网络舆论和媒介议程之间的关系。④ Gilardi 等人发现,多元个体组成的网络舆论不仅是媒体议程的重要补充,网络舆论本身的情绪也会同步媒体议程。⑤ 根据媒体间议程设置理论,我们提出本研究的三个问题:关于个人养老金制度的媒体议程如何?关于个人养老金制度的网络舆论如何?个人养老金制度的媒体议程与网络舆论间的互动情况如何?

---

① McCombs, M.E., Shaw, D.L., "The Agenda-setting Function of Mass Media", *Public Opinion Quarterly*, 1972, 36(2), pp.176-187.
② Chen, L., Chen, J., Xia, C., "Social Network Behavior and Public Opinion Manipulation", *Journal of Information Security and Applications*, 2022, 64, pp.103060.
③ 彭步云:《社交媒体受众对传统媒体的反向议程设置研究》,《当代传播》2019年第5期。
④ 王晗啸、于德山:《微博平台媒介间议程设置研究——基于2018年舆情热点事件分析》,《新闻大学》2020年第6期。
⑤ Gilardi, F., Gessler, T., Kubli, M., et al, "Social Media and Political Agenda Setting", *Political Communication*, 2022, 39(1), p.39.

三、研究方法

本研究使用 Python 脚本，以"个人养老金"为关键词在微博平台展开搜索，设定时间为 2022 年 11 月 4 日至 2023 年 2 月 4 日，即《个人养老金实施办法》发布的三个月内，共获取推文 22850 条。微博话题讨论的三个月周期包含了事件的起始、高潮与消退。[①] 通过抓取发文用户的身份认证信息，筛选出网民讨论与媒体发文，其中"个人认证用户"与"无认证用户"视为个人用户的网络讨论账号；"机构认证用户"视为媒体机构账号，如《人民日报》、新华社、《中国青年报》等。我们将全部媒体机构账户发布的微博汇总，视作媒体议程。

为了获取媒体议程与确保网络舆论围绕哪些特定主题展开讨论，我们做了以下工作：首先，运用 LDA（Latent Dirichlet Allocation）模型对整体博文进行自动主题分析。LDA 是一种无监督的主题模型，其主要目标是从文本数据中发现潜在主题，并确定每个文档在这些主题上的分布。每个主题由一组词组成，这些词反映该主题的特征。在考虑困惑度后，我们发现，关于个人养老金制度网络用户讨论在主题数为 7 时、媒体微博发文在主题数为 4 时模型拟合程度较高。其次，为确定每条博文的主题归属，查看主题随时间推移的变化，我们先对人工编码者进行培训，使其编码总体内容的 10% 作为 ChatGPT 4.0 的训练材料。在此基础上，运用 ChatGPT 4.0 对每条微博所属主题进行标注。既有研究表明，ChatGPT 4.0 经过训练后能够以高质量水平完成内容编码任务。[②] 同时，使用 Krippendorff 的 α 评估 ChatGPT 4.0 与人工编码者间的可靠性后，发现 ChatGPT 4.0 的打标准确度在所有项目的结果都符合标准，均大于 0.70。我们使用 ChatGPT 4.0 完成了剩余内容的全部编码。最后，为检查媒体议程和网络舆论主题的情感分布，运用 SnowNLP 绘制各主题随时间变化以及舆论场本身的情绪分布。

---

① 谢耘耕、荣婷：《微博舆论生成演变机制和舆论引导策略》，《现代传播—中国传媒大学学报》2011 年第 5 期。

② Eloundou, T., Manning, S., Mishkin, P., et al, "Gpts Are Gpts: An Early Look at the Labor Market Impact Potential of Large Language Models", *Preprint Arxiv*: 2303.10130, 2023.

四、研究发现

(一)关于个人养老金制度的媒体议程

在全部获得的微博数据中,共有 7541 条博文由媒体发送。通过 LDA 主题建模,我们发现关于个人养老金制度的媒体议程主要包括以下四类主题:制度公布、辟谣、宣传作用、帮助解读(见表 2-10-1),每个主题的主要内容构成见下表关键词描述。同时,我们对各主题文本做得分测量,主题文本得分越接近 10 分,代表其分配的文本越合理,圆圈大小代表覆盖的文本量。整体而言,四类主题分布都较为合理,主要文本得分都在 6 分以上(见图 2-10-1)。

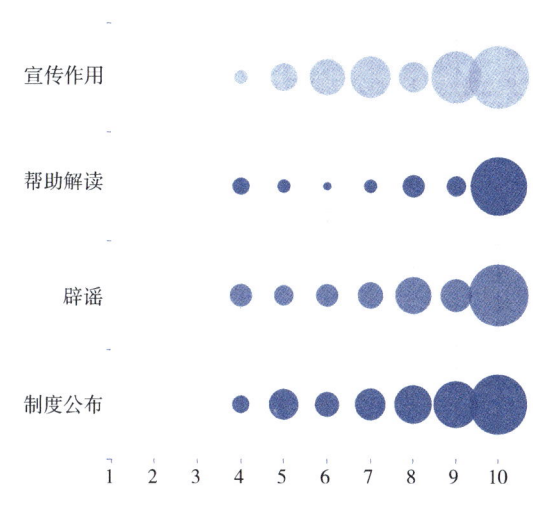

图 2-10-1 媒介主题文本得分气泡图

表 2-10-1 媒体议程主题及关键词描述

主题	关键词描述
制度公布	公布,名单,优惠,税收,收好,最火,出台,个人养老金,明确
辟谣	威胁,不缴纳,停发,政策,五险一金,影响你我,出炉,辟谣,通知
宣传作用	人人,关注,有关,社保,商业养老金,热点问题,帮你看懂,享受
帮助解读	什么用,抵税,个人所得税,账户,上限,缴费,三步走,发放,选择

在主题分析基础上,我们对个人养老金制度媒体议程中的各主题随时间分布变化展开分析,发现在关于个人养老金制度媒体议程的前半个月讨论中,"制度公布""宣传作用"两个主题略微突出,但四个主题间并未出现明显的

数量差距。整体而言，"辟谣"占据前中期的主要议题。我们认为，这主要是由于在2022年11月4日《个人养老金实施办法》发布到2022年11月30日这段时间内，网络讨论出现较多相关谣言。微博上的各地媒体账号展开辟谣，如"天津日报"官方微博发布："【1月份不认证，养老金就停发？天津社保中心解答】近日，'退休人员必须在1月份完成待遇资格认证，否则将停发养老金'的消息在多地流传，引发关注。针对此说法，市社保中心给出权威解释，提醒广大市民不要轻信骗子谣言，不登录链接网站，不泄露个人信息"。随后的媒体议程中，"制度公布"占主要地位，这在一定程度上是由于11月25日，人力资源社会保障部宣布个人养老金制度正式启动实施，因此引发一波对于养老金制度本身的讨论与转发。例如"红山晚报"官方微博发布"【#个人养老金#制度启动实施】#个人养老金先行城市名单#25日，人力资源社会保障部宣布个人养老金制度启动实施，在北京、上海、广州、西安、成都等36个先行城市或地区，可通过国家社会保险公共服务平台、全国人社政务服务平台、电子社保卡、掌上12333App等全国统一线上服务入口或商业银行等渠道建立账户。"2022年12月初，媒体议程转向"帮助解读"，对个人养老金能够为个人带来的收益以及相关政策的实施背景与意义进行解读。例如"人民日报"官方微博发布内容："【从开户到领取，个人养老金业务全流程操作指南】个人养老金业务在36个先行城市和地区率先启动实施，从开户到领取，全流程具体如何操作呢？建立个人养老金账户、开立个人养老金资金账户、自然年度内一次性或分次向个人养老金资金账户缴费……全流程指南，一个视频了解。"2023年1月后，媒体议程重心全面转向"宣传作用"，意图提高人们的购买意愿。如"央广网"发布视频"【#商业养老金与个人养老金有何不同#？】#商业养老金与个人养老金的四个区别#不久前，个人养老金业务刚刚开启，商业养老金试点与个人养老金有哪些区别？①个人养老金是政策支持、个人自愿参加、市场化运营，实现养老保险补充功能的养老保险制度。商业养老金是个人自愿参与，市场化、法治化运作的养老金融业务。②个人养老金可享受税收优惠，而个人参与商业养老金业务则没有相关优惠。③参与门槛不同。个人养老金要求参与人是中国境内参加城镇职工基本养老保险或者城乡居民基本养老保险的劳动者。而参与商业养老金,只需要年满18周岁,并与养老保险公司签订相关业务合同。④购买产品不同。个人养老金参与人可以购买符合规定的理财、存款、商业养老保险、公募基金等金融产品为个人养老金保值增值。商业养老金客户可选择购买养老保险公司提供的多种商业养老金产品。"

进一步地,为观察关于个人养老金制度媒体议程的情感分布,我们运用主题情感分布法具体呈现每个主题中博文的主要情感分布占比。发现"制度公布""辟谣""宣传作用""帮助解读"等四个主题均以正向情感为主,仅有部分主题出现负面情感表达,且通常集中于"辟谣"的相关主题当中。具体而言,与"辟谣"相关的负面情感主要体现为对于谣言的谴责,如媒体使用"拒绝""警惕""打击""辟谣"等词汇使得该主题出现了部分负面偏向。

(二)个人养老金制度的网络舆论

在全部获得的微博数据中,共有15299条博文由公众发送。通过LDA主题建模,我们发现关于个人养老金制度的网络舆论主要集中在以下七个主题,分别是"明确反对、佛系养老、质疑亏本、转发报道、银行任务、怀疑可靠性、积极支持"(见表2-10-2)。其中"积极支持"的主题明确表达正

表2-10-2 网络舆论主题及关键词描述

主题	关键词描述
明确反对	个人养老金,钱,出去,想太多,喂狗,哈哈哈哈,不讲理,统筹,财政部
"佛系"养老	黑天鹅,活到,70岁,基金,不要,搞不懂,靠自己,影响不大,退保
质疑亏本	偏见,退休,拿不出来,免税,亏钱,占便宜,12年,够本,并没有,理论上
转发报道	招行,交通银行,太平人寿,证监会,23家,银行,机构,入围,保险,开卖
银行任务	行里,催命,开户,意义,返还,任务,无语,找我,互助,逼死,有偿
想买不敢买	干脆,延长退休,缴纳,好的不学,薅羊毛,天上绝对不会掉饼
积极支持	感谢,新政策,好消息,长知识,普惠,大消息,股市,重要,积极信号,初衷

向支持,"转发报道""银行任务"相对中性,而其余四个主题均呈现负面属性,综合表现为对于个人养老金政策的怀疑和反对。具体而言,"明确反对"主题中充斥着对政策的不信任和嘲讽,认为个人养老金的缴纳是一个有去无回的赔本买卖。一些代表性观点认为:"//@pi2ot:而且是统筹给了不需要交养老的公务员而不是低收入群体或者农民。//@灵感之源:我在中国工作7年,移民的时候只能提现个人部分,才1万多人民币,公司部分被'统筹'"。

"'佛系'养老"主题中,部分用户表达了对个人养老金的疑惑,表示"搞不懂"其中的具体政策,关心参保后是否能够"退保",以及对于自己能领多少年退休金表示质疑。一些代表性的观点为:"//@北漂民工的日常:延迟退休才是个人养老金基金最大的黑天鹅,我都不确定我能不能活到70岁"。

"质疑亏本"主题则是对于个人养老金政策的未来收益表达了质疑,认为其很可能缴纳的钱最后会拿不出来,或者本金亏损。"后知后觉刚反应过来是这意思,拿不出来了。。幸好基金亏成狗,没钱买养老金了。。//@土师:哈哈哈哈。"

"转发报道"主题主要是对新闻报道的单纯转发,缺乏个人的评论与意见,多是个人意见或者普通公众的常见态度,作为单纯的意见分享,但也能从中看到部分银行的商业推广。如用户@董美男在转发报道的同时评论:"千万不要为了大鹅在路边办理#兴业银行#的个人养老金业务办完了才知道#招商银行#的不仅有礼物,还有现金红包。"

"银行任务"主题主要是由个人养老金话题衍生而来。个人养老金账户的开设被部分银行机构当作硬性任务指派给下属员工,引发员工的不满与抱怨,部分员工寻求社交媒体平台的慰籍,希望能够通过互助的方式解决任务。用户@劳动以外表示:"服了,行里催个人养老金开户跟催命一样,我寻思去淘宝看看,不行买几户得了,一问130一户,真行。"

在"想买不敢买"主题中,相关讨论通常属于有着部分购买欲望却仍未坚定做出购买行为的用户。部分网友认为个人养老金有利于保障老年人退休后的生活水平,也能够帮助抵税,但是存在投资周期过长等问题,如用户@MeLoDyLKA表示:"2022年度倒计时把个人养老金提上日程。我可能会考虑养老保险,因为本来就是牺牲流动性的资金,所以保险匹配度是最高,且带杠杆1000元/月,我觉得这钱不存下可能就是花走的。能赚钱的时候存下可以抵税,赚不了钱的时候也可以中断的,所以其实对生活影响不大,至于能不能活到退休,这本不是我能决定的。"

在"积极支持"主题中,部分网友表达了个人养老金制度带给自己的好处,然而相关发声者体量较少,且更多是个人养老金对于开户者的即时奖励。如用户@朱守银表示:"感谢国家新政策,用#个人养老金#开户送的50元买了明天的菜。"

在主题文本得分中,能够看到"明确反对"和"佛系养老"的主题分布最为合理,相关文本态度较为集中,主题拟合度最好,剩下五个主题的契合度则相对分散,但总体而言主题分布集中于6分以上,能够较好概括文本主题(见图2-10-2)。

值得注意的是,网络舆论关于个人养老金制度可靠性存疑的主题在各个时间段

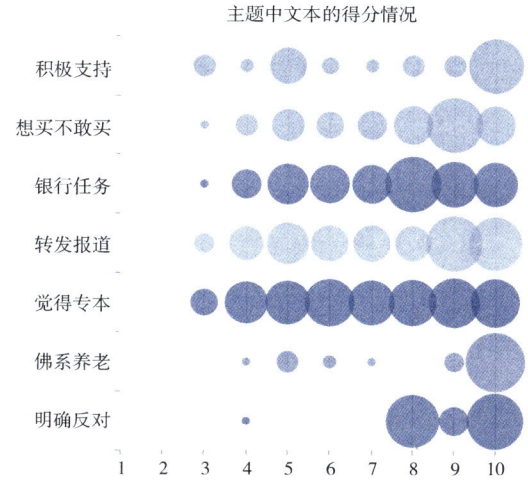

图2-10-2 网络舆论主题文本得分气泡图

都较为突出。这种关切尤其在银保监会发布政策"个人养老金理财产品不得承诺保本保收益"后得到激活。部分网友,例如@HERMES的小窝表示:"你看重的是利息,人家惦记你的本金。"整体而言,明确反对主题并不显著,而"积极支持"正向主题在各阶段都有显著占比。这表明网络舆论场中虽然存在对个人养老金制度的质疑和不满,但仍有着较强的支持意愿,同时交织着观望和怀疑态度,而非明确反对。

主题文本情绪分布能够体现出各主题的情感偏向。整体而言,关于个人养老金制度讨论的网络舆论主题分布略微偏向正面,除明确反对主题得分为负以外,其他六个主题都处在正向情感之中,其中可靠性存疑与佛系观望两个主题得分更加靠近中性情绪,其他四个主题情绪分布则更偏向正面。这表

明网络舆论即使在表达担忧时也会选用更加含蓄和委婉的表达,并不会对个人养老金制度本身进行直接否定。

(三)媒体议程与网络讨论间的互动情况

总体而言,关于个人养老金制度的媒体议程与网络舆论情感分布存在较大差异。媒体议程的情感分布明显偏向正面,有七成多(70.16%)内容都表达了正向情感,仅有不到两成(17.77%)内容涉及负向内容,多为对网络谣言的谴责。而网络舆论中超半数(52.09%)内容为负面,仅有三成多一点(35.62%)内容为正向情绪表达(见图 2-10-3)。

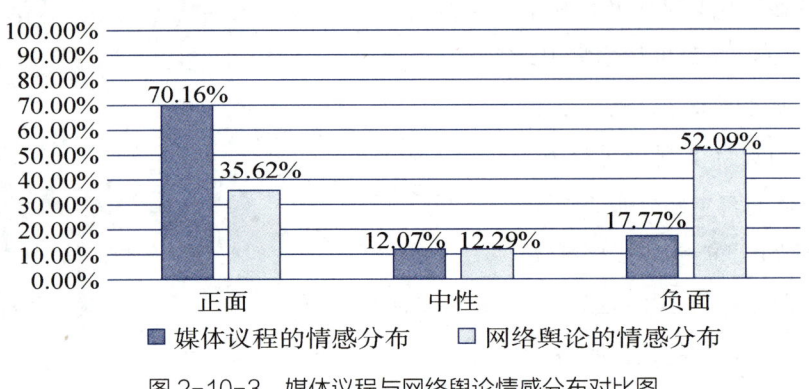

图 2-10-3 媒体议程与网络舆论情感分布对比图

为更清楚地观察个人养老金制度媒体议程与网络舆论的情感分布,通过对高频正向与负向词汇的可视化呈现,形成媒体议程与网络舆论的词云图。其中黑色为正向情感词汇,蓝色为负向情感词汇,词汇大小与出现频率呈正相关关系(见图 2-10-4、2-10-5),即出现的频次越多词汇越大。根据媒体议程词云图,蓝色负面词汇的前五名分别是"没有""骗子""谣言""轻信""泄露",均是与辟谣相关的负面词汇。而黑色正向词汇的前五名则分别是"明确""优惠""享受""先行""参加",围绕着个人养老金享受的明确优惠与制度优势开展宣传。例如,"央视新闻"发布"【#个人养老金业务如何办理# 转存了解!】近日,个人养老金制度启动实施,人社部将根据商业银行系统接入情况实时更新相关名单。公告显示,#购买个人养老金可享税收优惠#:①个人每年缴费金额上限为12000元,在综合所得或经营所

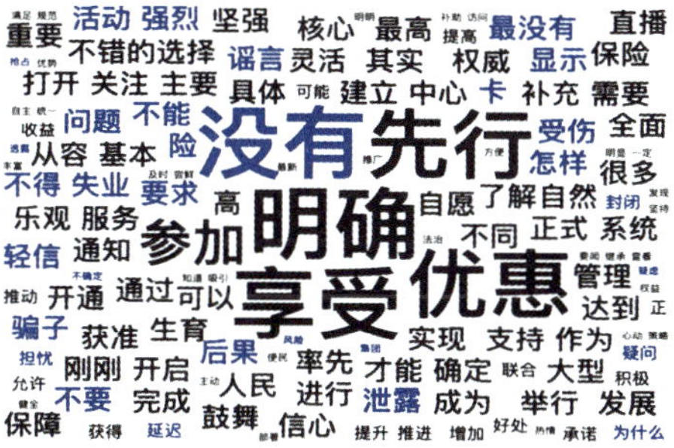

图2-10-4　媒体议程词情感云图 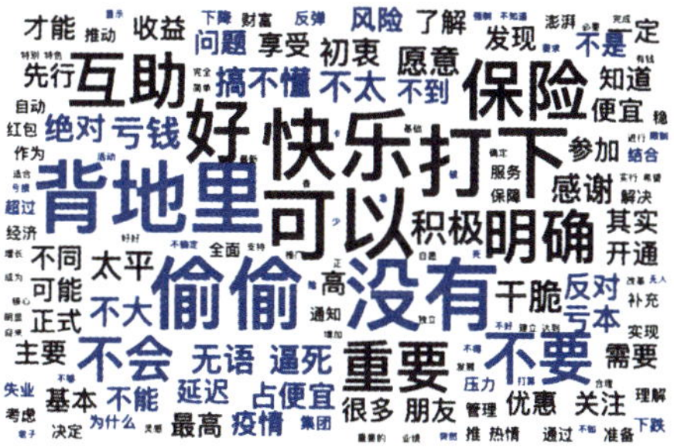　　图2-10-5　网络舆论情感词云图

*注：黑色为正向情感，蓝色为负向情感

得中据实扣除；②计入个人养老金资金账户的投资收益，暂不征收个人所得税；③个人领取的个人养老金不并入综合所得，单独按3%税率计算缴纳个税。"相反，网络舆论中的红色负向词汇前五名主要集中于"没有""偷偷""背地里""亏钱""不会"，绿色正向词汇前五名则关注"可以""快乐""打下""保险""互助"。总体而言，网络舆论关注个人养老金的收益与风险问题。如用户@俺是太岁神表示："最近个人养老金比较火。许多人跃跃欲试。但是有个问题，进去了，要等60岁才能取。还有个问题，那就是你存100万，可能只取80万。为什么呢？因为投资有风险。又不是存银行，谁敢告诉你年化利润是多少？假如你2030年到60岁，正好遇到熊市，你100万说不定只能取80万。这很正常啊。要懂原理。"这体现出媒体议程与网络舆论相对割裂，媒体议程并未回应公众核心关切的存取、预期收益等问题，关注错位可能会间接导致网络舆论中质疑声量成为主流。

为观察当谈及个人养老金制度时，哪些词汇之间关系更密切？即提到一个词时同时会提及哪些词汇？我们对网络舆论和媒介议程进行了共词矩阵分析（见图2-10-6、2-10-7），结果显示：网络舆论和媒介议程在使用相同词汇时存在显著的联想偏差。可见，媒体议程的报道重心集中于介绍如何办理业务方面，却恰恰忽视了当前公众缺乏办理个人养老账户的合理动机和欲望，出现明显的需求错位，以至于舆论引导被用户以对抗式解读的方式选择性忽视。

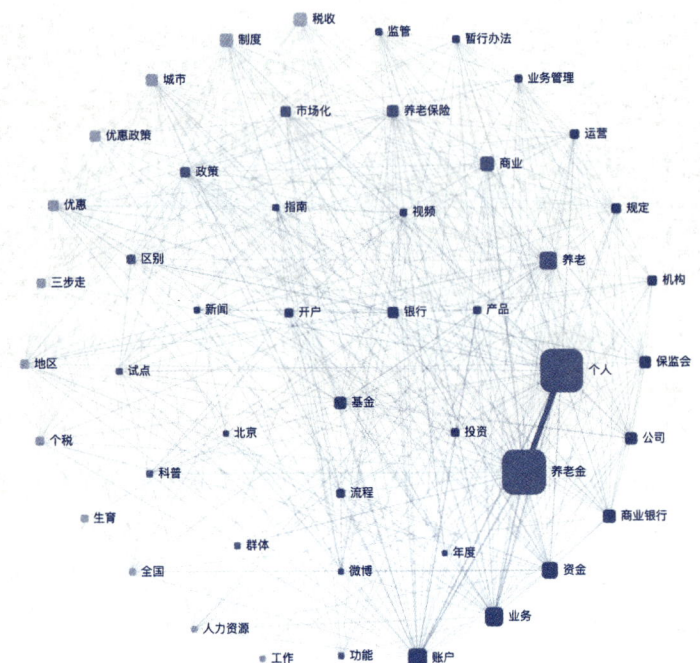

图 2-10-6 媒体议程共词矩阵

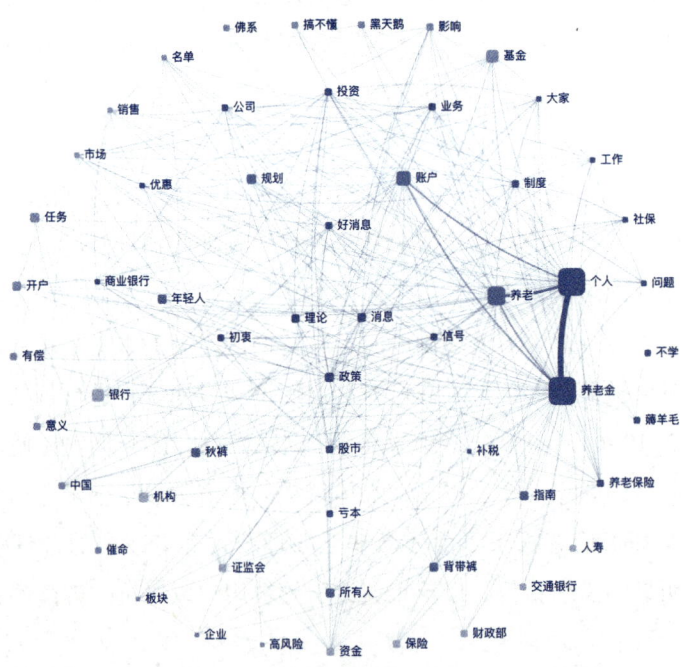

图 2-10-7 网络舆论共词矩阵

（四）社交机器严重干扰网络舆论

社交机器是指在社交网络中扮演人的身份、拥有不同程度人格属性、且与人进行互动的虚拟 AI 形象[①]。这种基于算法生成并承担特定任务的社交机器目前广泛存在于各大社交媒体平台，通常扮演着引导特定议题舆论的责任。我们的研究发现，大量社交机器在个人养老金制度讨论的网络舆论场中投放同质化内容，具体表现为：大量用户在同一时间点内复制转发完全一致的内容，未添加任何评论、未收获任何点赞评论转发，且使用设备全部为 5 年以上的老旧型号手机，符合社交机器低成本、高频率、同质化的特点。具体分析发现，社交机器账号转发内容几乎全部为银行广告宣传。如图 2-10-8 所示，大量社交机器围绕着用户 @ 梗指南的博文内容进行了高频次转发，第一列展示了社交机器的账号名，特殊标注的三列则分别是转发内容、转发时间与转发设备。

图 2-10-8　社交机器网络舆论刷屏图

---

① 张洪忠、段泽宁、韩秀：《异类还是共生：社交媒体中的社交机器人研究路径探讨》，《新闻界》2019 年第 2 期。

能够发现,社交机器转发的内容为:"//@梗指南:背带裤:指背地里带多一条秋裤的人,比喻第一批偷偷规划养老的年轻人,ta们悄咪咪在招行开设了个人养老金账户,为快乐养老打下坚实基础,在30年后惊艳所有人。#个人养老超裤的#。"发布时间集中于2022年12月20日16:18与15:06两个时间点,发布设备通常为华为P9、三星S6等较老型号手机。从传播效果来看,社交机器在一定程度上干扰了网民的正常讨论秩序,影响了用户的观感和体验,在掩藏用户真实想法的同时也并未达到自身舆论宣传的目的。既有研究指出媒体对舆论反馈的无动于衷,往往会引起"次生"危机,引发用户在微博或其他媒体平台的第二轮舆论高潮。①因此,这种简单粗暴的舆论引导手段容易激起用户的逆反心理,反而可能造成对于相关个人养老金产品的排斥。

五、结论与讨论

(一)媒介间议程设置效果不佳,主流媒体"漠视"网络舆论

本研究发现,关于个人养老金制度讨论的媒体议程未能有效引导网络舆论的走向,而是与网络舆论形成了两个割裂的场域。由于公众理解个人养老金制度需要对社保、银行等专业领域有一定的了解,再加上作为首次提出的制度,他们在认知层面或多或少会存在较多的误区与困惑。因此,公众对于媒体大量转发的新闻一时难以理解、消化。媒体议程对于公众问题的忽视,易于导致公众误认为媒体是在故意逃避或隐瞒。在信息差的遮蔽下,无形间加深了媒体与公众之间的信任鸿沟。这使得原本能够积极化解的民间政策遭到了误解,可能演化为一场官方与民间舆论场割裂的信任危机。网络舆论的每次平息如果只是依靠时间,那平息带来的只能是风平浪静下的波涛汹涌,反而为下一次异见的爆发埋下隐患。②本研究还发现,在媒体发文的相关评论中,人民日报与央视新闻都选择了精选评论的方式展示评论区,仅挑选不

---

① 谢耘耕、荣婷:《微博舆论生成演变机制和舆论引导策略》,《现代传播—中国传媒大学学报》2011年第5期。
② 肖艳、杨浩、孙庆峰:《社交新媒体信息内容创新及舆论信息引导模式研究》,《情报科学》2023年第9期。

足30条评论对外展示。同时，大部分主流媒体评在评论区也并未有任何主动回应，仅展示支持政策落地的声音。这在一定程度上反映出当前主流媒体仍存在"庙堂式"传播特点，①选择性忽略并漠视网络舆论场中的"异见"，在单向完成上级给予的传播任务之余并未重视议题传播效果与受众反馈。媒体议程与网络舆论的割裂使得官方与民间的声音难以形成合力，公众选择性接触不断分化的舆论环境带来的认知偏差，可能进一步加剧个人养老金制度落地的难度。事实上，公众对于政策存在疑惑与分歧本是常态，但媒体的忽视有可能将分歧转化为社会矛盾，使得政府公信力陷入"塔西陀陷阱"之中，社会共识难以凝聚。习近平总书记曾强调："中国这么大，不同人会有不同诉求，对同一件事也会有不同看法，这很正常，要通过沟通协商凝聚共识。"②当前正是我国积极推行应对人口老龄化国家战略的关键期，多元意见的出现恰巧能反映出当前公众对于政策的积极响应与参与，政府和主流媒体需要借助政策推行的契机，凝聚共识，形成合力。

（二）社交机器存在滥用风险，网络舆论诉求被"淹没"

本研究发现，社交机器被频繁应用于关于个人养老金制度讨论的网络舆论场中。由于社交机器能够实现零时差发布、规模化转发以及模拟真人互动等优势，能够在较短时间内对舆论场形成较大影响。既有研究表明社交机器可凭借占主体舆论比例22.54%的体量实现对于公共舆论场的议程引导。③学者们在2022年冬奥会④、2022年俄乌战争⑤、2020年中美贸易战⑥的网络舆论

---

① 彭兰：《数字时代新闻生态的"破壁"与重构》，《现代出版》2021年第3期。
② 李春成：《点点星火 汇聚成炬（思想纵横）》，中国共产党新闻网，2023年2月3日，http://dangjian.people.com.cn/GB/n1/2023/0203/c117092-32616891.html。
③ 张梦晗、陈泽：《信息迷雾视域下社交机器人对战时宣传的控制及影响》，《新闻与传播研究》2023年第6期。
④ 武沛颖、陈昌凤：《社交机器人能否操纵舆论——以Twitter平台的北京冬奥舆情为例》，《新闻与写作》2022年第9期。
⑤ 赵蓓、张洪忠、任吴炯等：《标签、账号与叙事：社交机器人在俄乌冲突中的舆论干预研究》，《新闻与写作》2022年第9期。
⑥ 张洪忠、赵蓓、石韦颖：《社交机器人在Twitter参与中美贸易谈判议题的行为分析》，《新闻界》2020年第2期。

研究中，均发现社交机器操纵舆论的痕迹。有研究指出社交机器进入网络舆论场，极有可能泛滥对于舆论场正常讨论秩序产生干扰与破坏，被别有用心机构或用户作为议程设置的手段。① 如社交机器在俄乌战争等议题的舆论场数量占比已经达到总用户的17.77%，共发布104011条博文，严重干扰用户讨论的正常秩序与观感。也有学者认为，当前学界对社交机器的性质和功能多持负面态度，研究路径以阴谋论与工具论为主，从而忽视了其具备的民主潜能与民意预测能力，社交机器作为一把"双刃剑"，其产生的效果归根到底取决于使用的人。② 本研究发现，在个人养老金制度讨论中，政府或银行机构存在着使用社交机器不当的可能，这一定程度上会打消普通公众的讨论欲望，淹没网络舆论场的真实意见表达，使公众变为"沉默的大多数"，失去真实声音的网络舆论场反而更易将不满情绪酝酿为对于政策制度的怀疑与不满。未来对于社交机器的使用应当遵循合法、合理、合规的基本原则，发挥社交机器作为协商对话平台搭建者的角色，在公众与政府之间、不同立场和政治倾向的人群之间建造多元对话的桥梁，以非对抗方式解决社会分歧，凝聚社会共识。

（三）网络舆论表达以戏谑为主，"对抗式"解读成主流

本研究发现，关于个人养老金制度讨论的网络舆论总体比较理性，并以戏谑表达为主，且"对抗式"解读是主流。随着平台管理方式升级，用户媒介素养不断提高，对相关问题讨论的不满表达也由过往单方面的谴责与谩骂，转而变为对于事件的嘲讽与调侃。以"正面语言表达宣泄负面情绪态度"已成为当前网络舆论表达的主流方式，玩梗、戏谑、隐晦的表达形式使得官方的"解码"难度不断加大，这也对网络管理者的舆情感知能力提出了更高要求。③ 媒体不仅需要及时回应公众关切，更需要精准识别出当前舆论中的不

---

① 赵蓓、张洪忠：《议程设置中的时间变化：基于社交机器人、媒体和公众时间滞后分析》，《新闻界》2020年第2期。
② 郭小安、赵海明：《作为"政治腹语"的社交机器人：角色的两面性及其超越》，《现代传播—中国传媒大学学报》2022年第2期。
③ 周子星：《青年网络交往"梗"文化的特征及其引导》，《思想理论教育》2023年第7期。

满与质疑点,理解用户玩梗、戏谑化意见表达背后隐藏的不解、恐慌甚至不满情绪。同时,更需要注意的是网络舆论对个人养老金制度的"对抗式"解读。公众如何理解和解读大众媒体信息?学者提出三种不同的模式,即"顺从式解读""协商式解读""对抗式解读"。其中"顺从式解读"指受众在编码者设定的框架内进行解读,认同主导的意识形态。"协商式解读"混合着认同因素和对抗因素,既保留一定的主导意识形态,又根据自己所在群体的位置做出一定的同意。"对抗式解读"则是受众在识破编码的意义之后,采取与占统治地位编码完全相反的策略,根据自己的经验解读出新意义。① 本研究发现的网络舆论关于个人养老金制度的戏谑、玩梗式表达,正是网民根据自身经验生成的"对抗式解读"。因此,当前官方传播亟待破除主流媒体"单向式"传达信息、受众"对抗式"解读信息的窠臼,转而将舆论场塑造成多元主体"协商式解读"的公共领域。② 这不仅需要重塑媒体公信力,更需要媒体倾听并接纳受众的"异见"信息,密切关注并跟进民间舆论发展动态,了解"民意";同时转变"居庙堂之高"的话语体系与叙事方式,以"下里巴人"式的语言表达,有针对性地回应并消解公众质疑,有的放矢地引导网络舆论场走势,从而扭转僵局,化被动为主动,切实解决用户疑惑,做好政府与公众之间的舆论桥。③ 在完成信息触达的基础上,让媒体议程设置与网络舆情有效互动,真正做到将国家政策利国利民之处深入人心,凝聚社会共识,以推动积极应对人口老龄化的国家战略平稳落地。

作者:申琦,南京大学新闻传播学院教授,老龄文明智库研究员;蔡耀辉,苏州大学传媒学院硕士研究生。

---

① 陈力丹、林羽丰:《继承与创新:研读斯图亚特·霍尔代表作〈编码/解码〉》,《新闻与传播研究》2014年第8期。
② 胡百精:《互联网与集体记忆构建》,《中国高校社会科学》2014年第3期。
③ 史安斌、杨云康:《后真相时代政治传播的理论重建和路径重构》,《国际新闻界》2017年第9期。

主要参考文献

1. 谢勇才，范傲.双重政策路径赋能个人养老储蓄——加拿大个人养老金制度的实践经验及其启示.《社会保障研究》2023年第5期

2. 郭路生，周瑶瑶，周金凤.理解公众常态化防疫期的新冠疫苗接种意愿——从媒体接触与交互、健康与社会规范信念的视角（英文）.《信息资源管理学报》2022年第3期

3. 卢迎春.媒介表达与民主实现的广泛性.《苏州大学学报（哲学社会科学版）》2010年第5期

4. 章留斌，陈天明，阿达来提·杂满等.民间舆论场域中失效的议程设置与极化的网络群体——基于"江歌事件"新浪微博数据的内容分析.《情报科学》2019年第2期

5. 王诗宗，罗凤鹏.基层政策动员：推动社区居民参与的可能路径.《南京社会科学》2020年第4期

6. Duflo, E., Saez, E. The Role of Information and Social Interactions in Retirement Plan Decisions: Evidence from a Randomized Experiment. *The Quarterly Journal of Economics*, 2003（03）: 815-842

7. McCombs, M.E., Shaw, D.L. The Agenda-setting Function of Mass Media. *Public opinion quarterly*, 1972（2）: 176-187

8. Chen, L., Chen, J., Xia, C. Social Network Behavior and Public Opinion Manipulation. *Journal of Information Security and Applications*, 2022, 64: 103060

9. Gilardi, F., Gessler, T., Kubli, M., et al. Social Media and Political Agenda Setting. *Political Communication*, 2022（1）: 39

10. Eloundou, T., Manning, S., Mishkin, P., et al. Gpts are gpts: An early Look at the Labor Market Impact Potential of Large Language Models. *Preprint Arxiv*: 2303.10130, 2023.

11. 彭步云.社交媒体受众对传统媒体的反向议程设置研究.《当代传播》2019年第5期

12. 王晗啸, 于德山. 微博平台媒介间议程设置研究——基于2018年舆情热点事件分析.《新闻大学》2020年第6期

13. 谢耘耕, 荣婷. 微博舆论生成演变机制和舆论引导策略.《现代传播——中国传媒大学学报》2011年第5期

14. 张洪忠, 段泽宁, 韩秀. 异类还是共生：社交媒体中的社交机器人研究路径探讨.《新闻界》2019年第2期

15. 肖艳, 杨浩, 孙庆峰. 社交新媒体信息内容创新及舆论信息引导模式研究.《情报科学》2023年第9期

16. 彭兰. 数字时代新闻生态的"破壁"与重构.《现代出版》2021年第3期

17. 张梦晗, 陈泽. 信息迷雾视域下社交机器人对战时宣传的控制及影响.《新闻与传播研究》2023年第6期

18. 武沛颖, 陈昌凤. 社交机器人能否操纵舆论——以Twitter平台的北京冬奥舆情为例.《新闻与写作》2022年第9期

19. 赵蓓, 张洪忠, 任吴炯等. 标签、账号与叙事：社交机器人在俄乌冲突中的舆论干预研究.《新闻与写作》2022年第9期

20. 张洪忠, 赵蓓, 石韦颖. 社交机器人在Twitter参与中美贸易谈判议题的行为分析.《新闻界》2020年第2期

22. 赵蓓, 张洪忠. 议程设置中的时间变化：基于社交机器人、媒体和公众时间滞后分析.《新闻界》2020年第2期

23. 郭小安, 赵海明. 作为"政治腹语"的社交机器人：角色的两面性及其超越.《现代传播—中国传媒大学学报》2022年第2期

24. 周子星. 青年网络交往"梗"文化的特征及其引导.《思想理论教育》2023年第7期

25. 陈力丹, 林羽丰. 继承与创新：研读斯图亚特·霍尔代表作《编码/解码》.《新闻与传播研究》2014年第8期

26. 胡百精. 互联网与集体记忆构建.《中国高校社会科学》2014年第3期

27. 史安斌, 杨云康. 后真相时代政治传播的理论重建和路径重构.《国际新闻界》2017年第9期

矛盾情感和家庭照料：
基于广东某农村卫生院的田野调查研究

邹 翔

转型期我国人口和家庭结构变迁使得维系由家庭主导的老年人照料模式遭遇极大挑战。在城乡分治的二元社会背景下，家庭照料危机在青年人口大量外流、老龄化加剧，以及养老资源匮乏的广大农村地区更加突出。面对老龄化所衍生的巨大的养老和照护需求，农村家庭将如何经历和回应老年照料构成了本报告回应的主要研究问题。结合既有文献关于照料的学理分析以及对广东某卫生院的田野调查发现，本报告呈现转型期农村家庭支持老年人健康寻求和照料供给的真实经历、立场和观念；凸显农村家庭养老实践中所遭遇的结构制约和现实困境，并同时呈现家庭能动应对照料的韧性和策略。同时，本报告聚焦个体家庭和村民对于老龄照料的忽视和冷漠，并进一步追溯"不够关注"的照料态度下所折射的转型期人们对于照料、衰老和疾病的特定认知。本文旨在为更好地理解转型期农村家庭照料实践，并为进一步思考如何弥合结构困境、支持家庭照料提供经验依据。

一、引言

我国正面临着严重的人口老龄化趋势，老龄化进程迅速，并且在区域和城乡差距上有着显著差异。根据 2000 年第五次全国人口普查数据显示，农村老龄群体约占全国总老年群体数的 66%。2016 年的调查研究显示，我国超过一半农村老年人群正经历带病生存，具有一定的长期照护需求。① 尽管如此，在城乡分治的二元社会背景下，农村地区医疗、健康和社会福利资源匮乏的现实困境，加剧了农村老年群体晚年健康寻求的获取难度，并不得不依赖家庭支持和自我照料来保障晚年健康。尽管如此，转型期农村人口外流和家庭结构变迁，以及社会伦理价值观的嬗变，使得维持以家庭为核心的养老实践模式面临着巨大挑战。青壮年人口外流改变了多代共居的家庭结构，也削弱了家庭参与和供给照料的能力。同时，市场经济背景下自由主义观念盛行，使得个人对于履行养老责任的考虑更多让位于个体利益的追寻。老龄化、家庭结构和社会经济转型等因素共同加剧了农村养老困境，但既有研究也突出了转型期家庭的韧性和自适性，能够能动适应社会转型的张力，不断衍生出新的照料策略。② 譬如，商业化背景下子女可以选择诉诸孝亲代理，通过购买践行照料。③ 此外，人们对于何为孝道和照料的理解也在发生转变，从传统社会老年人拥有较高社会地位和权利保障变成了代际互惠和契约。譬如，许多农村老年人要通过主动参与照料孙辈或者自我保健，以保证获得晚年的照料支持。④ 这些研究成

---

① 中国老龄科学研究中心课题组、张恺悌、孙陆军等：《全国城乡失能老年人状况研究》，《残疾人研究》2011 年第 2 期。

② 刘汶蓉：《孝道衰落？成年子女支持父母的观念、行为及其影响因素》，《青年研究》2012 年第 2 期；钟涨宝、李飞、冯华超：《"衰落"还是"未衰落"？孝道在当代社会的自适应变迁》，《学习与实践》2017 年第 11 期；石金群：《中国当前家庭养老的困境与出路》，《中央民族大学学报（哲学社会科学版）》2013 年第 4 期；陈皆明：《中国养老模式：传统文化、家庭边界和代际关系》，《西安交通大学学报（社会科学版）》2010 年第 6 期；Cook, J., Liu, J., "Can 'Distant Water … Quench the Instant Thirst'? The Renegotiation of Familial Support in Rural China in the Face of Extensive Out Migration", *Journal of Aging Studies*, 2016, 37, pp.29-39.

③ 屈群苹、许佃兵：《论现代孝文化视域下机构养老的构建》，《南京社会科学》2016 年第 2 期；Chen, L., Ye, M., "The Role of Children's Support in Elders' Decisions to Live in a Yanglaoyuan (Residential Long-Term Care)", *Journal of Cross-Cultural Gerontology*, 2013,28, pp.75-87.

④ Cook, J., Liu, J., "Can 'Distant Water … Quench the Instant Thirst'? The Renegotiation of Familial Support in Rural China in the Face of Extensive Out Migration", *Journal of Aging Studies*, 2016, 37, pp.29-39.

果提示转型期农村养老和家庭照料实践兼具危机与韧性的复杂局面。

既有文献对于转型期农村老年人卫生保健和家庭照料的探索有着大量来自公共卫生和统计学领域的讨论，凸显了社会经济因素和制度设计对农村老年人健康寻求和长期照料的阻碍。然而，关于老年人自身及其家庭理解和应对健康寻求与照料实践的现实经历和主观观点，既有文献并没有给予足够的经验呈现。关怀伦理学家们将照料界定为一种"情感性的互利共生"（affective co-growth），是一种对脆弱性和依赖的道德回应，提示我们不仅仅要关注日常照料中的具身实践，更要关注个体参与照料过程中的态度、立场与价值表达。面对广大农村地区医疗保健资源匮乏的现实困境，农村老年人个体及其家庭在现实中如何理解、经历和应对老年人健康寻求与照料？其又有着怎样的态度、观念和立场？此外，作为应对老年人照料需求的责任主体，家庭又有着怎样的现实、不足和可能？本文结合笔者在广东秦村卫生院进行的田野调查发现，采取民族志的研究方法聚焦转型期我国农村老年人健康寻求和家庭照料的真实经历、立场与观念，为更好地理解转型期农村家庭照料实践的现实困境提供了经验依据。

二、文献回顾

全球范围内的老龄化进程加深了不同学科和研究背景的学者对老龄化和照料议题的交叉研究和跨文化探索。本小节将系统回顾伦理学和人类学文献中关于老龄化和家庭照料的相关研究视角、方法和发现，为探索和分析农村老年人健康寻求和家庭照料实践提供学理支持。

（一）关于照料和家庭照料的学理分析

对老龄化和家庭照料议题的研究离不开对于关怀/照料（care）的学理分析。女性主义关怀伦理学家们[1]将关怀（care）定义为一种实践和道德态

---

[1] Tronto, J. C., *Moral boundaries*: *A Political Argument for An Ethic of Care*, New York: Routledge,1993; Noddings, N., *Starting at Home*: *Caring and Social Policy*, University of California Press, 2002.

势（moral disposition），强调照料作为具体的、可见的实践（care for），以及照料者在情感上对照料对象的关注和态度（care about）。人类学家 Kleinman 进一步将照料定义为一种"共情想象、责任和见证那些有着照料需求和促进团结的道德实践"；让我们变得"更加现实、活在当下也更具有人性"①。另外，Mol 则将照料定义为对衰老身体的滋养劳动、对日复一日生活点滴的"修修补补"（tinkering）；让我们认清现实的同时也以一种更可以忍受的方式与现实共存。②面对老龄化背景下我国高龄失能老人的保健需求，国内学者也开始了对医疗有限性的反思，对于"照护还是医疗"的健康支出/产出效率也吸引了国内学者的计量评估。③

同时，围绕着应对家庭照料实践中所衍生的性别不平等、胁迫和剥削等问题，持有政治经济批判视角的女性主义者则秉持"个人即政治"的准则批判了对于家庭照料的浪漫理解，并认为家庭是一个团结与冲突共存的矛盾实体④；是具有公共属性、异质性、充满矛盾和政治协商的场景⑤。在家庭照料领域，女性主义视角有助于我们清晰地认识不平等在微观家庭政治和宏观建制层面的生产机制。女性承担大量的家庭照料等再生产劳动，而新自由主义意识形态下，个体身份往往是通过参与公共领域和市场经济获得的。⑥相比之下，照料劳动被认为没有经济价值，被排除在"有意义"的人类社会关系之外，⑦

---

① Kleinman, A., "Caregiving: the Odyssey of Becoming More Human", *Lancet*, 2009, 373, pp.292-293.

② Mol, A., The Logic of Care: Health and the Problem of Patient Choice, London: Routledge, 2008.

③ 阳义南：《照护还是医疗：老年人健康支出的产出效率比较》，《统计研究》2016年第7期。

④ Allen, K., Jaeamillo-Sierra, A. "Feminist Theory and Research on Family Relationships: Pluralism and Complexity ," *Sex Roles*, 2015, 73, pp.93-99.

⑤ Cloyes, K. G., "Agonizing Care: Care Eethics, Agonistic Feminism and A Political Theory of Care," *Nursing Inquiry*, 2002, 9, pp.203-214.

⑥ Glenn, E., *Forced to care: Coercion and caregiving in America*, Harvard University Press, 2010.

⑦ Graeber, D., "Dead Zones of the Imagination: on Violence, Bureaucracy, and Interpretive Labor: The Malinowski Memorial Lecture,2006," *Journal of Ethnographic Theory*, 2012, 2（2）, pp.105-128.

使得女性的家庭劳动参与和相应价值消失在公共话语体系之中。①自改革开放以来,在市场经济背景下女性有了更多的机会接受教育和参与社会生产劳动,而性别化照料实践模式并没有发生改变,并且在市场经济背景下衍生出新形态。②在农村地区,女性在照料资源短缺和农村人口外流的困境面前承担起了大部分的老龄照料责任③;与此同时,很多女性在晚年也更少接受家庭照料,其自身养老前景亦面临挑战④。

女性主义批判视角同样可以帮助我们更好地理解老龄歧视和不平等。在鼓励自由、竞争和独立的社会背景下,有能力参与市场经济的群体被标榜为特权阶层,而老年人因为脱离了市场和经济参与则被社会边缘化了。老龄照料和健康需求也相应被看作是无用的社会经济负担,进一步加剧了个体家庭和社会支持老年卫生保健的消极意愿。⑤既有经验研究表明,面对疾病困扰,许多农村老年人较城市老年人更习惯隐忍和推迟治疗,轻视自己的健康和照料需求。不同于"积极老龄化"语境对老人自理的倡导,有学者称农村老人普遍的自我照料实践为"被动的自我养老"——体现着家庭养老的传统力量的延续、正式机构照料和制度保障缺失背景下,以压缩老年人生活需求、降低生活标准,和精神上的孤独隐忍为主要特征的被动自养。⑥

---

① Song, S., "The Private Embedded in the Public: The State's Discourse on Domestic Work, 1949-1966", *Reasech on Women in Modern Chinese History*, 2011,19, pp.131-172.

② 当下照料跨越了公共/私人领域的边界,不仅仅局限在家庭场域中,社会化照料和夕阳产业蓬勃兴起。除了照料场景发生改变,照料也从无偿劳动变成有偿服务,但是女性依旧是市场上照料服务的主要提供者。

③ 唐灿、马春华、石金群:《女儿赡养的伦理与公平——浙东农村家庭代际关系的性别考察》,《社会学研究》2009年第6期。

④ 张敏、苏培钰:《"好媳妇"、"报"与关系性照护伦理——基于四川嘉绒藏族地区中老年女性照护者的民族志考察》,《妇女研究论丛》2022年第6期。

⑤ 张春汉:《农村居民就医行为研究——对中部地区一农村社区的调查》,华中农业大学硕士学位论文,2005;Long, Y.,Li, L.W., "How Would We Deserve Better? Rural-Urban Dichotomy in Health Seeking for the Chronically Ill Elderly in China", *Qualitative Health Research*,2016,26,pp.1689-1704.

⑥ 陈芳、方长春:《家庭养老功能的弱化与出路:欠发达地区农村养老模式研究》,《人口与发展》2014年第1期;李建新、于学军、王广州等:《中国农村养老意愿和养老方式的研究》,《人口与经济》2004年第5期。

（二）关于照料和家庭照料的经验研究

对于照料的经验研究中，照料的身体化和具身实践构成了老龄照料研究中的重要主题。学者吴心越在对我国老年人机构照料的研究中指出，照护作为一项亲密劳动，包含着大量的身体工作，是我们理解照料劳动、情感经历和日常互动最直接和重要的出发点。① 而身体化的衰老经历以及照料的回应方式同样具有动态性，很大程度受到地方生态、经济和公共政策的制约。譬如，Lora-wainwright 对于中国农村老年患者疾病和健康寻求研究也突出了文化和经济现实如何形塑老年群体基于身体机能对寻求健康的消极理解，并倾向于尽量减少为家庭成员带来的保健负担。②

既有文献对于照料实践的另一重要视角就是日常照料实践，强调老年群体因生命经历和身体衰退导致照料需求的特殊性、照料实践的道德和具身属性、照料实践中形成的多样化的照料关系，以及照料如何被嵌入到具体的社会、制度和家庭情境中。人类学家 Mol 论述道：照料和其他社会实践最大的区别就在于其包含着对美好、向善等价值的关注，是关于如何协调"特定情境中共存的不同意义上的善"，而不仅仅是对外在理性法则的遵从。③ 对于日常照料实践的分析，以及从地方性视角解读老年人对于何为"好的照料"的理解，也吸引国内许多学者从质性研究角度进行解读。④ 总体而言，现有照料实践的经验研究更多地集中在北美和欧洲文化情境中，更多地集中在机构照料体系下。在跨文化视角下，对非西方国家的研究将会为日常照料实践提供更多的探索空间。

照料研究的第三个重要经验视角则是代际互惠和家庭照料循环。人类学家 Boreman 很久之前就曾呼吁："照料"应该代替传统亲属关系成为研究家庭系统的出发点——因为照料实践可以让我们在具体家庭事务进展中理解不

---

① 吴心越：《照护中的性/别身体：边界的协商与挑战》，《社会学评论》2022 年第 1 期。
② Lora-Wainwright, A., "If You can Walk and Eat, You Don't Go to Hospital," *The Quest for Healthcare in Rural Sichuan, China's Changing Welfare Mix, Routledge*, 2011, pp.104-125.
③ Mol, A., Moser, I., Pols, J., *Contents*: *Care in Practice On Tinkering in Clinics, Homes and Farms*, Bielefeld, Neth.: Transcript, 2010a, p.13.
④ 张敏、苏培钰：《"好媳妇"、"报"与关系性照护伦理——基于四川嘉绒藏族地区中老年女性照护者的民族志考察》，《妇女研究论丛》2022 年第 6 期；吴心越：《照护中的性/别身体：边界的协商与挑战》，《社会学评论》2022 年第 1 期。

同成员所处的家庭位置。① 在此意义上，照料是创造、维系和消解个体与"具有重要意义的人"（significant others）的关系的日常行动。在中国，代际照料和孝道的强调使得对中国家庭和亲属关系的研究本质上就是关于照料关系的研究。张敏等学者在四川藏族地区对女性照料者的民族志研究中发现，对"好媳妇"的社会期待和"一报还一报"的代际回馈视角是女性解释自身照料的重要依据。② 隔代照料同样为学界理解代际互惠和家庭关系之间的互动关系提供了重要视角。③ 性别化的孝道实践④，家庭成员的离别与团结⑤，隔代照料⑥等等，这些照料劳动议题彰显了家庭亲密关系的达成，为理解家庭关系、公共生活参与、家庭团结和生命历程等议题提供了可能⑦。

社会福利体系、市场化和老龄政策对个体养老保健和家庭照料的组织也有巨大影响。自由主义思潮下的老龄歧视、积极老龄化的话语建构以及人口老龄化带来的照料负担已经削弱了国家层面上对代际团结、家庭照料和社会支持的关注。⑧ Lora-wainwright 对于农村老年癌症患者照料的医疗和照护决

---

① Borneman, J., "Caring and Being Cared for: Displacing Marriage, Kinship, Gender and Sexuality", *International Social Science Journal*, 1997, 49（154）: PP.573-584.

② 张敏、苏培钰:《"好媳妇"、"报"与关系性照护伦理——基于四川嘉绒藏族地区中老年女性照护者的民族志考察》,《妇女研究论丛》2022年第6期。

③ 王海漪:《被照料的照料者：隔代照料与子代行孝互动研究》,《人口学刊》2021年第4期。

④ Brandtstädter, C., S., *The Gender of Work and the Production of Kinship Value in Taiwan, Chinese Kinship*, London: Routledge. 2008, pp.154-178.

⑤ Stafford, C., *Separation and Reunion in Modern China*, Cambridge: Cambridge University Press.2000.

⑥ 黄国桂、杜鹏、陈功:《隔代照料对于中国老年人健康的影响探析》,《人口与发展》2016年第6期；宋璐、冯雪:《隔代抚养：以祖父母为视角的分析框架》,《陕西师范大学学报（哲学社会科学版）》2018年第1期；陶涛、刘雯莉、孙铭涛:《代际交换、责任内化还是利他主义——隔代照料对老年人养老意愿的影响》,《人口研究》2018年第5期。

⑦ Alber, E., Drotbohm, H., *Anthropological Perspectives on Care: Work, Kinship, and the Life-course*, New York: Palgrave Macmillan, 2015.

⑧ Da Roit B., *Strategies of Care: Changing Elderly Care in Italy and the Netherlands*, Amsterdam University Press, 2010; Da Roit B, de Klerk J., "Heaviness, Intensity, and Intimacy: Dutch Elder Care in the Context of Retrenchment of the Welfare State", *Medicine Anthropology Theory*, 2014, 1（1）, pp.1-12; Degiuli, F., "A Job with No Boundaries: Home Eldercare Work in Italy", *European Journal of Women's Studies*, 2007, 14（3）, pp.193-207.

策研究发现,医疗保健服务的商业化以及临终患者治疗无效的现实,是如何共同形塑人们关于为老年家庭成员寻求医疗照护是一种资源浪费的认知。孙万宁对于中国社会养生现象的研究也同样指出,市场化背景下昂贵的医疗服务在为个体带来更多的健康保健选择的同时,又是如何加剧个体所面临的不确定性,使得个体不得不选择通过积极养生和自我照料提高健康水平、规避经济风险。①

既有文献呈现出不同社会情境和地方生态下的多元照料实践,体现了照料概念的流动性和复杂性,也提示我们要将照料视为一种具有伦理道德意味的、主体间性的、互惠性的社会资源。与此同时,对照料作为一种"情感劳动"②的探索同样需要加入对资本和经济维度的考量,让我们可以认识资本如何运作,不平等和其他权力关系如何被再生产,以及对身体的暴力。这也提示我们必须突破对于照料在具体情境的局限,对照料的理解要跨越情感社会关系,必须将其放置到经济背景、社会福利制度和国家政策当中考察。

三、研究方法

2016—2017年,笔者先后在广东粤西地区秦村镇进行了共7个月的田野调查,结合半结构深入访谈和参与观察等质性研究方法呈现农村老年人家庭照料和卫生保健的经验发现。本研究重点聚焦饱受疾痛困扰、不能完全自理、有较高需求的老年人群体。在田野调查过程中,研究人员分别对25位具有较高照护和健康需求的老年人及其家庭成员进行了一对一的半结构访谈。与此同时,本研究也访谈了10位从事老年医疗健康服务的临床工作人员和4位护工。在访谈中,研究人员一方面发掘宏观制度结构和社会文化等因素如何形塑和阻碍农村老年群体及其家庭卫生保健实践;另一方面,关注个体家庭在既有的资源和制度规范的约束和安排下如何进行调试,以及能动

---

① Sun, W., "Cultivating Self-health Subjects: Yangsheng and Biocitizenship in Urban China", *Citizenship Studies*, 2015, 19(3-4), pp.285-298.
② Bear, L., Ho, K., Tsing A., et al., "Gens: A Feminist Manifesto for the Study of Capitalism", *Society for Cultural Anthropology*, 2015.

实践照料的应对策略。与此同时，研究人员也注意对研究问题保持一定的开放性，对访谈对象态度和立场的表述保持高度敏感性。

四、研究发现

（一）诉诸住院护理应对老人日常照料需求

老年群体有着较高的卫生保健需求，加上秦村当地严重的人口老龄化，使得留守老年群体成为秦村卫生院的主要病人来源。在谈及秦村当地民众的就医情况时，秦村卫生院的叶医生介绍，大部分在卫生院看病的老人更希望通过卫生院服务舒缓慢病疼痛，而非真正意义上去"治愈"疾病。卫生院因此没有严格意义上的"病人"，其医疗职能也已不关乎疗愈，反而变成了应对老年群体慢病管理甚至是日常照护需求的养老机构。如下是叶医生的介绍：

> 我们医院没有病人。只有这些老人，要么这里痛、那里痛治不好的，要么就是过来等死的。真正有病的都去外边大医院治了。我们也没有药去治他们，无非就是给他们开点药或者打点针舒缓一下……我们医院现在就是个养老院，还有很多家属不要的老人也扔到我们医院的。

对于一些有较高照料需求的独居老人而言，卫生院甚至成为解决老年人日常照料和看护需求的替代选择。自从2009年新医改政策启动以来，"新农合"医保体系的不断完善使得秦村当地超过95%的农村居民得到覆盖；参与"新农合"的农村居民在基层卫生院使用住院服务时可以享受九成以上报销。一些农村家庭因此诉诸卫生院的住院服务，以应对老年人的看护和照料空缺。在卫生院住院的陈奶奶的经历就很具有代表性：今年78岁的陈奶奶一直独居，老伴已去世多年，四个儿女都在外打工。虽然腿脚有些不利索，但多年来陈奶奶生活尚能自理。过去几年中，每到广东的梅雨季节，陈奶奶就会来到卫生院，请求医生为其安排住院服务。调研期间恰逢陈奶奶住院，在研究人员问及具体病情以及为何选择来住院时，陈奶奶给出如下回复：

我身体还好，就是腿脚不太利索。现在梅雨天，家里老房子地特别滑，子女不在身边，我万一摔倒了怎么办？我们村里就有个老头在自己家摔倒了，死了好几天才有人发现。我儿子就告诉我还是来住院吧，这里安全，万一我摔倒了这么多医生会救我……来这里住院还能报销，还有空调、电视和热水，条件也比在家好多了。

在有些案例中，卫生院甚至成为被家庭遗弃的老年人晚年生活的终点站。最具代表性的例子就是一位叫陈伯的鳏寡老人。因为独居加上前年突发脑梗，陈伯被兄长送到了卫生院住院。刚入院时陈伯勉强可以下床走动，但由于缺少后续康复治疗，陈伯渐渐瘫痪在床、大小便失禁，日常生活完全需要他人照护。陈伯的大哥和大嫂平日都需要做工，拒绝将陈伯接回家，并将陈伯长期留在卫生院接受看护。因为陈伯的安置问题，陈伯的大哥大嫂和卫生院的医护人员产生了冲突。为了避免和卫生院的医护人员打照面，陈伯的大嫂每天只有在晚上才会偷偷溜进卫生院，给陈伯喂一顿饭和换纸尿裤。截至调研结束，陈伯已经在卫生院的病房里躺了两年，其间没有接受任何有效的治疗，也没有再下床走动过。按照周围医护人员的说法，卫生院是陈伯养老送终的最后一站。"要等到死他大哥大嫂才会来接他！"一位护士评价。

诉诸卫生院住院服务以解决老年人的看护需求在很大程度上也是当地农村家庭的无奈选择，既反映了个体家庭照料能力式微，也映射出农村地区养老和康复机构几近空白的现实。与此同时，我们也可以看到个体家庭的韧性和能动性，在面对结构性困境和资源匮乏时是如何不断调试、衍生出应对照料的地方实践形式的。最后，诉诸卫生院解决老年人照料需求也体现出个体家庭对于社会照料的现实需求。卫生院作为公立医疗机构在某种程度上也担任了政府在基层管理的抓手。不论是被访的老年人还是其家庭都表达了对卫生院能够提供照护服务，乃至国家和社区参与照料的期待。

（二）家庭照料与责任分摊

寻求健康和供给照护则需要家庭成员团结一致、齐心协力，汇集一定的人力和财力资源共同应对老年人的医疗和护理需求，包括陪同老人看病、支付老人的医药费,以及照料老人的饮食起居。在接受访谈的25个家庭中,老人的医疗和健康费用大部分都是由其家庭成员负担的。但关于谁来照料老人、以何种方式照料(经济资助、日常照料或者情感支持),以及如何分担照料责任等问题,往往需要家庭成员之间的博弈和协商才能达成共识。在秦村当地,对患病老人的家庭支持和照护主要分为两类:经济支持和日常照护。即使大部分老人可以享受"新农合"医疗保险,患者的自付部分依旧是一笔不小的费用。在参与访谈的25位老人中,只有一位老奶奶的医疗费用由自己丈夫支付。能够自己支付医疗费用也让这对老年夫妇可以更加自主地进行医疗和护理决策。对此老奶奶的丈夫在采访中底气十足地说:"如果你要靠跟小孩要钱,小孩不给钱你也没办法。只有自己有钱才有底气。"

然而,在大多数受访家庭中,老年人的医疗费用通常由成年子女承担。由于不同子女的经济能力存在差异,他们对老年人看病的经济贡献也会有所不同。总体来说,家庭成员会根据自身状况提供经济或照料服务。那些经济条件较好的子女很多时候更愿意提供经济支持,而照料责任则由那些经济能力相对弱势的家庭成员承担。此外,提供经济支持还可以赋予家庭成员更多的话语权,使其在对老年人家庭照料的协商问题上有更多的发言权。在一个受访家庭中,大哥在面对父亲住院时主动承担起所有的医疗费用,并且还提出对在父亲身边陪床照料的弟弟给予经济补偿。但是弟弟作为照料者似乎对于哥哥经济上的慷慨支持并不觉得感激,相反,他觉得自己是因为经济弱势而被迫承担起照料责任。如下是他的访谈对话:

> 如果我也跟他(大哥)一样有钱,我也可以花钱雇人过来照顾父亲,就不用我自己守在这里(医院)了。主要还不是因为我没钱嘛,我也没其他选择了……毕竟,人家(大哥)掏钱了。

同时,成年子女之间对于养老贡献的不平等分摊会引发家庭冲突,挑战家庭团结。此外,老年人的子女数量越多,往往对老年人的照料和经济支持越难以达成共识,老年人的晚年生活和医疗保健需求也更难以得到保障。访谈中许多的家庭照料者也提道:"老人子女越多,反而越不愿意出钱和照料。"

但是家庭主义传统以及对和睦的强调使得许多家庭成员在面对不公正的照料分摊安排时选择了沉默。一位受访的老人家里有两个儿子,然而其看病费用和住院期间的看护职责完全落到了小儿子身上,小儿子生活在乡下、经济能力较差。相比之下,远在城市做生意的大儿子经济状况要好得多,但是却对老人目前住院的情况毫不问津。对此,小儿子感到无奈和委屈,但也只能选择隐忍:"事实上他(大哥)很有钱的,他就是不想掏钱。但是家里人你又能说啥?我就自己付了吧,不想跟他计较。"

相比于筹集资金资助老人看病,由谁陪同老人看病、安排和照顾老人住院期间的日常生活和陪护等任务要艰巨得多。尽管在农村照料资源匮乏的背景下,卫生院在转型期间将职能定位从医疗向养老保健为主转变,但卫生院所能够提供的护理更多集中在专业技术领域。老人住院期间对于三餐、清洁、如厕和陪护等一系列非医疗技术性的日常照料和护理需求则落到了家属或护工身上。子女照料者们,特别是妻子、儿媳和女儿,就显得格外重要了。在秦村的调研中发现,女性往往承担起更多的照料责任。但在大部分的照料实践中,参与照料并非出于对老人的关注、情感和自愿,照料者更多表达了不情愿、无奈甚至是被胁迫感。譬如,一位受访的儿媳事无巨细处理着婆婆的病床照料。但是当问及儿媳为何参与照料时,儿媳解释是自己想替丈夫尽孝,而非出于对老人的关爱与担心,迫使儿媳不得不参与照料:

> 我婆婆很凶的,以前还经常打我。说实在,我不愿意过来照顾她,干这些脏活累活,但是又没办法,谁让我老公那么孝顺,非要我带她(婆婆)过来看病……我要是不带她看,我老公就得停下手里的活过来照顾她,赚不到钱那大家都不要好过了。

此外,女儿在参与父母照料中的角色和地位也越发重要,特别是在儿子和儿媳因为外出务工,无暇顾及老人日常照料的情况下。虽然既有文献将女儿参与照料父母和女性经济能力以及家庭地位的提升联系在一起[1]，然而父权传统下的性别照料分工以及女性的经济弱势依旧影响着女儿照料者的角色和责任，以及对于女儿照料角色的意义解读。经济弱势以及家庭地位边缘化是这些女儿照料者的共同特征，通常女儿们被安排负责老年人日常生活的照料工作，而儿子则负责提供经济支持。很少有女儿出于自愿照料父母，更多情况女儿的照料角色是其他男性家庭成员共同安排、集体决议的结果。作为实际的照料者，女儿自己在家庭照料责任分摊的协商对话中并没有多少话语权。受访的刘阿姨讲述自己被安排照料生病住院的双亲而放弃外出务工的经历，反映出女儿照料者的弱势地位：

> 是我大哥要求我过来照顾母亲的。我也没赚到多少钱，也就能回来照顾一下老人家吧……我也不愿意回来照顾她（母亲）。家里人都当我是个保姆，我在这里照顾，他们也不领我的情。

与此同时，本研究也发现，女儿的照料往往会被父母理解为额外的福利或者女儿的善心。相比之下，只有儿子的照料才会被理解为孝顺、是父母应得的，[2] 甚至有家庭会将女儿的照料解读为变相替儿子尽孝。同时，许多缺少家庭照料的老人会责怪自己的儿子和儿媳不履行孝义，却很少会责怪女儿不作为。此外，不仅仅是老人自己倾向于更看重儿子的照料和孝义表现，甚至很多女儿照料者们也会不自觉地轻视自己照料劳动中所体现的孝义。譬如，一位尽心尽力照料住院母亲的女儿，在访谈中曾对母亲没有享受到儿子的照料而感到遗憾：

---

[1] Shi, L., " 'Little Quilted Vests to Warm Parents' Hearts': Redefining the Gendered Practice of Filial Piety in Rural North-eastern China", *The China Quarterly*, 2009, 198, pp.348-363; Zhan, H. J., Montgomery, R. J. V., "Gender and Elder Care in China: The Influence of Filial Piety and Structural Constraints", *Gender & society*, 2003, 17（2）, pp.209-229.

[2] Cook, J., Liu, J., "Can 'Distant Water … Quench the Instant Thirst'? The Renegotiation of Familial Support in Rural China in the Face of Extensive Out Migration", *Journal of Aging Studies*, 2016, 37, pp.29-39.

你看那个老人家（隔壁床一位老人）多有福气。所有儿子都在医院陪着她，日日夜夜守着她，一会儿给她梳梳头发，还安慰她。你再看我妈，从生病到现在她儿子从没回来看看她。唉，真是太可怜了！

性别化的照料实践不仅体现为家庭内部的照料责任分摊，更体现在卫生院雇佣护工的照料角色上。经济条件好一些的秦村家庭，会选择雇用护工代替家庭成员进行照料。在调研期间，研究人员一共遇到了四位护工。这四位护工都是来自秦村当地的女性，且丧偶、没有接受过教育。四位护工年龄分别是 62、70、65 和 52 岁，甚至他们当中有两位自身的健康状况欠佳、需要照料，却在饱受疾病困扰的状况下照料住院的老人。同时，这四位护工都没有正式收入，缺少成年子女的支持和赡养，因为家庭原因和生计所迫才不得不照料住院老人。

（三）"不够关注"与照料价值贬低

不同于理想中的照料作为"情感性的互利共生"，大部分的秦村家庭对处于病痛中的老人及其照料需求都表现出一种"不够关注"的情感态度。在秦村卫生院，虽然大部分家庭不会缺席老年人的住院照料，并且在照料行动上保持互相协作，但是在情感上家庭成员之间又彼此疏远。譬如，很多家属在陪护期间更喜欢待在病房外，而不是老人床边。即使许多子女陪在老人床边，和老人之间的互动也仅仅局限于少有的肢体和语言交流。而对于家庭成员应对照料的态度和动机，一位受访的医生是这样界定的：

这（照料）是责任。但是不能说有感情在里边。譬如说，你看有个媳妇总是给她婆婆送饭，这个能和感情有关吗？没有！如果她真的有感情，她肯定会陪在床边，帮老人擦洗一下，好好准备吃的，而不是哪天想起来过来扔口饭给她，然后一整天人就不见了……不过这也不能怪媳妇，也要看婆婆怎么对媳妇的。现在这个社会，没有人再认为只要你老了我们就该照顾你了。

尽管个体家庭对照料感到冷漠，但是孝道传统下关于"应该做什么"的伦理规范依旧具有约束力，形塑个体成员"不得不"照料的矛盾情绪，并努力在孝义责任和个体意愿之间寻求妥协。"事实上，没有哪个小孩愿意照顾这些老人，但是没办法。不然，别人肯定会说闲话。他们在乎的不光是老人，还有周围人的看法。"一位受访家庭成员说道。

对于老人健康和照护需求"不够关注"的态度更体现在临床护理情境中医生对于垂死的老年患者的轻视。田野调查期间，调研人员曾遇到一位癌症手术失败、腹腔伤口无法恢复，因而即将离世的老人。卫生院的叶医生负责每天为老人清理创口，并用戏谑的语气描述为老人清创的情景："哈哈哈，每天给他清创就跟活体解剖似的！"周围的人们对处于弥留之际的老人似乎也没有过多关注。相比之下，研究人员对于这位老人的同情和关注，却被当地医护人员描述为"矫情"和"幼稚"。在谈及为何当地人对于疾痛和死亡稍显冷淡时，受访的叶医生给出如下回复：

我为什么要同情他？他（老人）都已经80了，够好了！你看他周围的人一个个都化成灰了，他还有什么想不开的？我们这里这些农村老人跟城里人不一样，家里就一把锄头、两间瓦房，本来就一无所有，以前那么艰苦的环境、忍饥挨饿都挺过来了，你觉得他会在乎这点病痛？……这些老人都很想得开。不像城里人，那么怕死。

通过叶医生的评论，我们也可以看出当地人对于生死和疾痛看似"冷漠"的态度，也体现了当地人对于衰老、生死和照料的既定理解方式。在当地村民的观念中，"好的照料"并非家庭竭尽全力满足老人的诸多需求。面对医疗健康条件和家庭经济资源的窘迫，以及老年人疾病的不可治愈，对健康的过度寻求，甚至为了给老年人看病而牺牲家庭整体利益，与对老人健康全然不顾的态度一样不明智。

最后，"不够关注"的态度同样体现在老年人对于自己的健康和照料需求的价值贬低当中。很多饱受慢病困扰、有较高需求的老年人选择了隐忍和降低甚至放弃医疗和健康需求，更有甚者选择自杀以保留晚年体面——自杀包含着老人为了不累及子女和减轻对家庭造成的经济负担的现实考究,也暗含着老年人对后代"关照"的集体动机和意图。隐忍可以是老年人回应家庭成员和子女疏于照护的被动实践,而同样也可能成为老年人"值得被照料"、获得家庭成员认可的道德资本。譬如,一位受访的女儿在解释自己为什么会来照料母亲时,其回答特别强调了老人隐忍的品质:

> 她(老人)儿子从来也不给她钱或者给她送点吃的。她一辈子特别辛苦,晚年了儿子又不孝,但是她从来也不抱怨,也从不在背后说儿子和儿媳坏话。那些天天到处说儿子不孝顺的老人就特别烦。她(老人)就从不这样的,这种老人就很好,我也是可怜她,来照顾一下吧!

在这位女儿家庭照料情境中,面对忽视和不公选择隐忍和沉默成为老人的美德,甚至获得家庭成员尊重和照护的道德资本。而相比温和地隐忍与顺从,许多案例中的老年人在忍受来自家庭成员的忽视和虐待时会诉诸极端形式获取关注和照料。譬如,在访谈中研究人员曾遇到一位常年患病、给家庭带来极其沉重的经济和照料负担的老人。在某次老人感到疼痛难忍、请求子女送其住院但遭到拒绝时,老人迫于无奈选择在自己孙子的婚礼上通过自杀威胁其家庭成员送其就医。Lee Hyeon Jung 在对中国北方农村女性自杀的研究中指出,面对性别不平等和在家庭政治关系中的边缘状态,自杀成了女性实践能动性、维护个体尊严、获得道德上的认可和个体自由的唯一方式。[①]而在我国农村家庭照料实践的情境中,老年人面对子女不孝、被忽视时的极端反抗也印证了相似的结论:自杀反映出了老人在协商家庭照料、争取子女赡养问题上所表现的无力感以及积极抵抗和能动手段的缺失。其背后所反映出的社会文化转型期老年人家庭和社会地位岌岌可危,以及社会对于老龄照料价值贬低的普遍观念。

---

① Lee, H. J., "Fearless Love, Death for Dignity: Female Suicide and Gendered Subjectivity in Rural North China", *The China Journal,* 2014, 71(1), pp.25-42.

五、结论与讨论

尽管理想中的照料始于面对苦难和病痛而所引发的共情，促使个体诉诸实质性的照料行动、以应对和缓解他人的苦痛，然而作为情感劳动的照料概念模型并不具有普适性。在秦村卫生院我们可以看到，对于何为"好的照料"及其价值尺度，以及如何照料的现实问询，村民们的定义和评判标准是流动且模糊的，甚至很多时候更是消极和灰暗的。面对充满不确定性、风险和困境的现实生活，于窘迫生活之中能够关注、参与和回应照料，即便充满了消极情感与缺少意愿，却已是大部分家庭所能给予的最好的照料了。同时，村民对待老龄照料的矛盾态度也映射出村民对照料意义理解的冲突观念：一方面，现代性背景下对于自我、竞争与独立的倡导在对传统家庭伦理造成冲击时，也重新定义了人们对于生活意义和道德目标的寻求，个体成员对于参与家庭照料、履行集体责任产生了矛盾情绪；另一方面，孝道传统以及"应该"照料的规范力量尽管经历了现代性与变迁的洗礼，却依旧影响深远。本研究也突出了农村家庭不断适应社会变迁、践行照料的能动策略，以及在此过程中对于"善好"的道德寻求和照料价值的重构。

农村家庭虽不愿意照料却又努力延续照料的局面也凸显了家庭作为照料责任主体兼具韧性和脆弱性的复杂局面。即便文化传统对于个体家庭的照料义务依旧具有很强的期待，并且个体家庭在照料实践和具体安排上表达出足够孝义和照料意愿，个体意愿和孝道观念却并不足以应对老年人的巨大照料需求，特别是社会经济转型和家庭结构变迁都限定了个体家庭独立实践照料供给、资助安排老年人照料的空间。与此同时，认识到家庭的权力维度和政治范畴，基于性别和年龄而产生代际和代内关系不平等的具体社会建构，以及家庭关系的复杂性又会进一步加剧照料进程的不稳定性，并阻碍家庭照料协议的达成。但是认识到家庭照料的消极与冲突面并不代表否定家庭照料的积极面：家庭照料实践根植于家庭主义和孝道传统，蕴含着强烈的情感意义和代际关联，体现着对老年人的家庭地位和社会价值的认同。承认家庭作为践行伦理文化上"更好的照料"的必然性，同时肯定家庭照料的脆弱性和不足，并理解导致家庭照料脆弱性的结构根源，也为我们进一步思考如何弥合结构困境、支持家庭更好地践行照料提供了伦理支持和道德依据。

作者：邹翔，东南大学人文学院副教授。

主要参考文献

1. 陈芳，方长春.家庭养老功能的弱化与出路：欠发达地区农村养老模式研究.《人口与发展》2014年第1期

2. 陈皆明.中国养老模式：传统文化、家庭边界和代际关系.《西安交通大学学报（社会科学版）》2010年第6期

3. 刘汶蓉.孝道衰落？成年子女支持父母的观念、行为及其影响因素.《青年研究》2012年第2期

4. 石金群.中国当前家庭养老的困境与出路.《中央民族大学学报（哲学社会科学版）》2013年第4期

5. 唐灿，马春华，石金群.女儿赡养的伦理与公平——浙东农村家庭代际关系的性别考察.《社会学研究》2009年第6期

6. 王海漪.被照料的照料者：隔代照料与子代行孝互动研究.《人口学刊》2021年第4期

7. 吴心越.照护中的性/别身体：边界的协商与挑战.《社会学评论》2022年第1期

8. 钟涨宝，李飞，冯华超."衰落"还是"未衰落"？孝道在当代社会的自适应变迁.《学习与实践》2017年第11期

9. 阳义南.照护还是医疗：老年人健康支出的产出效率比较.《统计研究》2016年第7期

10. 张敏，苏培钰."好媳妇"、"报"与关系性照护伦理——基于四川嘉绒藏族地区中老年女性照护者的民族志考察.《妇女研究论丛》2022年第6期

11. Allen, K., Jaeamillo-Sierra, A. Feminist Theory and Research on Family Relationships: Pluralism and Complexity. *Sex Roles*, 2015, 73, pp.93-99.

12. Borneman, J. Caring and Being Cared for: Displacing Marriage,

Kinship, Gender and Sexuality. *International Social Science Journal,* 1997, 49（154）: 573-584.

13. Chen, L., Ye, M.The Role of Children's Support in Elders' Decisions to Live in a Yanglaoyuan（Residential Long-Term Care）. *Journal of Cross-Cultural Gerontology,* 2013, 28, pp.75-87.

14. Cook, J., Liu, J. Can 'Distant Water ... Quench the Instant Thirst'? The Renegotiation of Familial Support in Rural China in the Face of Extensive Out Migration. *Journal of Aging Studies,* 2016, 37, pp.29-39.

15. Glenn, E. Forced to care: *Coercion and Caregiving in America. Harvard University Press,* 2010.

16. Kleinman, A. Caregiving: the Odyssey of Becoming More Human. *Lancet,* 2009, 373, pp.292-293.

17. Lee, H. J. Fearless Love, Death for Dignity: Female Suicide and Gendered Subjectivity in Rural North China. *The China Journal,* 2014, 71（1）, pp.25-42.

18. Lora-Wainwright, A. If You can Walk and Eat, You Don't Go to Hospital: The Quest for Healthcare in Rural Sichuan. *China's Changing Welfare Mix. Routledge,* 2011, pp.104-125.

19. Mol, A. *The Logic of Care: Health and the Problem of Patient Choice.* London: Routledge, 2008.

20. Shi, L. Little Quilted Vests to Warm Parents' Hearts: Redefining the Gendered Practice of Filial Piety in Rural North-eastern China. *The China Quarterly,* 2009, 198, pp.348-363.

21. Zhan, H. J., Montgomery, R. J. V. Gender and Elder Care in China: The Influence of Filial Piety and Structural Constraints. *Gender & society,* 2003, 17（2）, pp.209-229.

22. Song, S. The Private Embedded in The Public: The State's Discourse on Domestic Work, 1949-1966. *Reasech on Women in Modern Chinese History,* 2011,19, pp.131-172.

23. Sun, W. Cultivating Self-health Subjects: Yangsheng and Biocitizenship in Urban China. *Citizenship Studies,* 2015, 19（3-4）, pp.285-298.

关怀的限度：
养老机构认知症照护的民族志研究

吴心越[*]

一、引言

在现代生物医学的框架内，认知症（dementia）是一种以认知功能缺损为核心，导致个体日常生活能力、社会交往能力明显减退的综合征，在病程的某一阶段常伴有精神、行为和人格异常。其中，阿兹海默症（Alzheimer）是当今最常见的认知症类型，占所有认知症患者的五到七成。医学研究显示，认知症的发病率随着年龄的增长呈指数增加。随着我国老龄化程度的加深，认知症患者的数量也在不断攀升。根据2021年《认知症长者照护服务现状与发展报告》，我国60岁及以上老年人中认知症患者约有1507万，是全世界老年认知症患者数量最多、增速最快的国家。但长期以来，"痴呆""糊涂"往往被视为衰老过程中的自然现象，很少被作为一种疾病来对待，认知症的就诊率仍然不到三成。研究普遍认为，认知症的医疗和护理将带来巨大的社会经济负担，使得长期照护服务体系面临严峻挑战，因而成为重要的公共

---

[*] 本文刊发于《社会》2023年第3期。

健康问题。①

近年来，认知症也成为老龄化时代重要的社会文化表征。不同于高血压、糖尿病、动脉硬化等其他内隐于身体的常见老年退行性疾病，认知症通常表现为一个人的记忆丧失、性格变化、情绪失控，不仅扰动着自我与他人的交往互动和社会关系，而且认知症导致的自我连贯性的瓦解和身份认同危机也对人的存在这一根本性问题提出挑战。在中国逐渐步入"老龄化高原"的过程中，认知症长者被标示为一个关于衰老及其脆弱性的核心意象，形构了一系列充满意外、冲突、失序和痛苦的社会戏剧，激发人们重新思考生命、自我、亲密关系和家庭伦理。围绕认知症的流行叙事再现了中国社会对于老年照护问题的集体焦虑和道德想象。

在认知症的早期阶段，患者往往出现近期记忆衰退、情绪变化等，发展到中晚期则会逐渐失去独立生活的能力，需要依赖他人不同程度的干预和照护。当前，家庭照护仍然是最主要的照护形式，认知症长者首先依赖配偶和子女提供生活照料。当照护压力超出家庭的承载能力时，家庭成员不得不寻求外部资源支持，各类养老机构往往成为最后的选择。但机构中的照护关系又蕴含着新的脆弱性，诸如认知症长者被虐待、被伤害的新闻频频引发社会热议，也加深了大众对于照料市场化的道德疑虑。②

为了能够深度参与观察认知症长者在养老机构中的生活处境和日常照护，2016年至今，笔者在江苏省南部永安市的多家养老机构开展了田野调查。③永安市既是全国经济最发达的县级市之一，也是老龄化程度最高的县级市之一，60岁及以上老年人口占户籍人口的比例已经超过30%。随着失能、失智老年人的增加，居家看护和养老机构照护正成为越来越多城市家庭的选择。截至2021年底，全市共有登记养老机构20余家，床位入住率超过七成。选择永安市作为个案，一方面是为了揭示深度老龄化地区所经历的照

---

① 杜鹏、董亭月：《老龄化背景下失智老年人的长期照护现状与政策应对》，《河北学刊》2018年第3期。

② 吴心越：《市场化的照顾工作：性别、阶层与亲密关系劳动》，《社会学评论》2019年第1期。

③ 基于研究伦理的考量，文中的相关地点、机构和人物均以化名的方式呈现。

料模式变迁，另一方面，永安市作为一个县级市交织着传统与现代、城市与乡村的文化张力，为我们理解中国基层社会的样貌提供了一扇窗口。这种张力表现在养老服务领域则是：当前，照料的市场化和专业化已经逐渐形成一种社会趋势，日常的照护实践仍主要以朴素的个人情感和生活经验为导引。

永安市的养老服务业在近年来进入快速发展期，但机构之间尚未出现明显的层级分化，目前除了全市唯一一家公办公营敬老院外，其余全部为公建民营或民办养老机构，后者在收费标准、照护品质、客户群体方面大致相似。本研究的田野资料主要基于两家民营养老机构，康颐家园共有住民370余人，馨诚之家共有住民150余人。除了少数生活能够自理的住民，大部分住民都存在一定程度的行动和认知障碍。根据不同的房间类型和照护等级，每月收费从2000到4000元不等。大约九成的住民是企业和机关事业单位退休人员，自己的养老金足以负担日常开销，少数农村户籍的老人则需要依靠子女补贴入住的费用。一线护理人员主要是来自本市农村地区的中老年女性，她们的教育程度普遍较低，大多未受过专业的护理培训，年龄集中分布在50到60岁，一名护理员通常要负责五六名老人的日常照料。在田野调查的前期，笔者主要跟随护理员班组参与劳动，对机构中的照护工作和日常生活进行参与式观察。由于笔者既是本地人，又是年轻女性，即便护理员和住民都知道我正在从事学术研究，大多时候也只把我当作一名"来养老院看看的小姑娘"或"来实习的大学生"，因而并未加以太多的印象整饰，笔者能够观察到他们较为自然的日常互动和情感表达。在田野调查的后期，笔者访谈了两家机构的管理人员和一部分认知症长者的家属，并对当地的其他养老机构和医院的老年病区进行了短期的参访。

通过田野地点的简单介绍，读者或许可以勾勒出大致的印象：这是基层县级市中普通的、并不足够好的照护，但是照护者们在老龄化的浪潮下勉力维系着大量失能、失智老人的最后一段生命旅程。本文试图以田野材料呈现认知症长者在养老机构中的生活处境以及照护过程中的种种情理困境和道德实践，探讨关怀/照护（care）的限制与可能，同时也希望呼应当代医学和道德人类学的相关讨论，揭示认知症长者作为一种特殊形式的生命在现代社会的多重维度的展开。

二、文献回顾与理论视角

(一)现代社会的认知症

认知症作为一个疾病类别被"发现",缘于19世纪晚期老年医学在西方的兴起,精神病学家开始关注老年失智(senile dementia)现象,并试图建立正常老化与生理病变的区分。20世纪,临床解剖学和电子显微镜使得脑组织的病变变得可见,认知症逐渐被纳入医学诊断,并在各类社会组织的共同推动下成为具有广泛影响力的公共健康议题。[1][2]20世纪以来,精神医学和老龄问题的全球化共同推动认知症诊断的知识和实践进入非西方社会。[3]但认知症作为一种疾病仍然具有高度的模糊性和偶然性:一方面表现为医疗知识的不确定性,认知症的表现与衰老的过程深度交缠,何为"正常"、何为"病变",在临床上难以清晰划分,也使得医学界对其病理解释和诊断标准仍然存在争议[4];另一方面则体现为患者及其照护者应对认知症带来的身份变化、生活失序和偶发事件的不确定性[5]。

不同于西方社会将认知症纳入精神疾病的医学化路径,人类学的跨文化研究揭示了认知症的诠释和社会经验如何与地方性知识和道德文化互相交织。例如印度社会通常将愤怒、沉默、絮叨等情感变化——而非记忆和认知功能障碍——视为老年人失智表现的核心,且将这种病态联系到家庭的道德失败。[6]在中国,"痴呆"用来形容呆傻、迟钝,是一种含混的、污名化的表述,

---

[1] Fox, P., "From Senility to Alzheimer's disease: The Rise of the Alzheimer's Movement", *Milbank Quarterly*, 1989, 67(1): 58-102.

[2] Davis, D., "Dementia: Sociological and Philosophical Constructions", *Social Science & Medicine*, 2004, 58: 369-378.

[3] Cohen, L., *No Aging in India: Alzheimer's, the Bad Family and Other Modern Things*, Berkeley: University of California Press, 1998.

[4] Lock, M., *The Alzheimer Conundrum: Entanglements of Dementia and Aging*, Princeton: Princeton University Press, 2013.

[5] 洪晨硕:《弹性病况:失智家庭的照顾轨迹》,《台湾社会学》2014年第28期。

[6] Cohen, L., *No Aging in India: Alzheimer's, the Bad Family and Other Modern Things*, Berkeley: University of California Press, 1998.

但伴随着年老的痴呆表现往往被视为自然现象。心理、道德、自我、孝道等文化概念共同影响了对待"老年痴呆"的独特经验。① 正如劳伦斯·柯恩所指出的，认知症并不仅仅意味着一种诊断或疾病，"而是一组根植于社会文化和政治经济的在地的、权宜的实践"。

认知症研究也进一步追问"自我"（selfhood）和"人格"（personhood）背后的文化预设和社会条件。笛卡尔以降的西方理性主义传统强调心灵对于肉身的超越性，把自我意识和理性思维能力视为人存在的基础，而认知症患者恰恰挑战了"人之为人"的这一基本预设。当自我陷入混乱和迷失，人际交往和日常生活的能力逐渐丧失，认知症患者极易面临社会性死亡，被视为"非人"对待。即便在亲密关系中，很多家庭成员也仅仅提供日常生活照顾，不再尝试与重度失智的患者进行任何社会性的互动。② 考夫曼认为认知症模糊了生与死的边界，同时是一种"活着的死去"（death-in-life）和"在死去中活着"（life-in-death），它也在临床实践中左右着生命价值的协商与临终的医疗决策。认知症作为一种现代形式的生命让"什么是构成人的属性""什么是有意义地活着"进入模糊地带，并且带来伦理选择的困境。③

不同于上述人格瓦解、生命衰亡的观点，后来的学者对"人格"概念本身的局限性提出反思，并且推动了临床实践和社会科学研究中的行为转向和人格转向（personhood turn）。④ 其中基特伍德的影响最为深远，他指出以往西方社会重理性轻情感，重视个体主义、独立自主高于关系和互相扶持，基于这一观念，认知障碍群体很容易被排除出正常人的世界。与之相反，基特

---

① Ikels, C., "Constructing and Deconstructing the Self: Dementia in China", *Journal of Cross-Cultural Gerontology*, 2002, 17（3）: 233-251.

② Sweeting, H., and Mary C., "Dementia and the Phenomenon of Social Death", *Sociology of Health &Illness*, 1997, 19（1）: 93-117.

③ Kaufman, S., "Dementia-Near-Death and Life Itself", in Leibing and Cohen（eds.）*Thinking about Dementia: Culture, Loss, and the Anthropology of Senility*, New Brunswick, N.J.: Rutgers University Press, 2006, pp.23-42.

④ Cohen, L., 2006. "Introduction: Thinking about Dementia", in Leibing and Cohen（eds.）*Thinking about Dementia: Culture, Loss, and the Anthropology of Senility*, New Brunswick, N.J.: Rutgers University Press, 2006, pp.1-19.

伍德认为应该从关系和社会性存在的角度来看待人格，即使在重度认知障碍的情况下，人格的持续存在仍然可能，重要的是提供周全的照护和友善的环境。①② 受到基特伍德和梅洛-庞蒂现象学的启发，康托斯进一步质疑了语言与主体构成之间的必然关联。她发现认知症患者之间能够依靠身体动作和音调起伏进行连贯的、有意义的互动，由此揭示了身体在自我表达和人际沟通中的重要作用，并提出了"身体性自我"（embodied selfhood）的概念。③ 人类学家泰勒基于照顾身患认知症的母亲的亲身经验，同样质疑了以记忆和认知能力作为人格基础的文化逻辑，并指出，"自我分布于关系网络中，需要友善的社会环境加以维系，并显现于照顾的实践中"。泰勒认为与其将社会对于一个人的"承认"（recognition）建立在其认知能力之上，不如从照顾的实践中锚定其生命的意义。④

（二）照护实践与日常伦理

通过梳理前文可以发现，认知症的疾病界定具有模糊性，深度嵌入地方性的社会文化脉络。由于患者极易陷入身份危机和日常生活的失序，其自我的维系、生活的境遇高度依赖微观的照护环境，因此晚近的研究大多转向认知症照护中的关系、实践与伦理。

在认知症的照护文化中，基特伍德率先提出"以人为本的照护"（person-centered care），即认真对待患者所传达的语言和非语言讯息，理解其行为的意义和表达的诉求，帮助患者与他人建立沟通和联结，维持其自尊、自信和安全感。这一范式的主要局限在于把个体从与他人的关系中去脉络化，

---

① Kitwood, T., "Towards a Theory of Dementia Care: The Interpersonal Process", *Ageing and Society*, 1993, 13（1）: 51-67.

② Kitwood, T., *Dementia Reconsidered: the Person Comes First*, Buckingham and Philadelphia, Open University Press, 1997.

③ Konots, P., "Embodied Selfhood: An Ethnographic Exploration of Alzheimer's Disease", In Leibing and Cohen（eds.）*Thinking about Dementia: Culture, Loss, and the Anthropology of Senility*, New Brunswick, N.J.: Rutgers University Press, 2006, pp.218-239.

④ Taylor, J., "On Recognition, Caring, and Dementia", *Medical Anthropology Quarterly*, 2008, 22（4）: 313–335.

忽视了照护关系的相互性和社会背景。在此基础上，后续研究者进一步提出"以关系为本的照护"（relationship-centered care），将重点从认知症患者个体的需求和独特性转移到照护关系本身，同时关注照护者与被照护者双方的主体经验和互动，强调改善沟通方式、提升关系的质量。①②以上两种认知症照护的主要范式都基于维系一个"意义共享的世界"，而深受本体论转向影响的当代人类学研究则进一步追问：当认知症患者和照护者无法对情境产生共同的理解，无法分享彼此的经验，我们如何在承认这种本体论差异的基础上建立共鸣和联结？③

当然，实际的照护过程往往充满挑战，超出预先的规划和意图。随着病程的发展，人们在不同阶段面临不同的任务和决策，照护关系也处在维系、冲突、断裂、修复的不断变化中。这种"不安的照护"（unsettled care）在道德上模糊，在关系上不稳定，交织着爱、希望、痛苦、挫败、怨恨等多重复杂的情感。④人类学家凯博文以其照顾阿兹海默症妻子十年间的经历，详细呈现了照护中复杂的道德经验。凯博文指出，阿兹海默的疾病经历充满了变数和混乱。患者的行为、情绪和认知问题使得照护的门槛越来越高，也造成沟通、互惠的瓦解和信心的动摇。凯博文将爱与人性视为支撑照护的精神内核，它可以创造出更宏大的目标感，减少照护者的倦怠。但是，当痛苦、怨恨和疲惫等情绪开始腐蚀照护关系时，照护也会迅速变质，在更坏的情况下甚至会演变成语言、精神上的虐待和身体暴力。照护实践的多重性及其表现也取决于家庭与社区的关系，以及政治经济结构、社会医

---

① Adams, Trevor and Paula Gardiner, "Communication and Interaction within Dementia Care Triads: Developing a Theory for Relationship-Centred Care", *Dementia*, 2005, 4(2): 185–205.

② Macdonald, G., "Why 'Person-Centred' Care is Not Enough: A Relational Approach to Dementia", in Macdonald and Mears (eds.) *Dementia as Social Experience: Valuing Life and Care*, New York: Taylor & Francis, 2018.

③ Dyring, Rasmus and Lone Grøn, "Ellen and the Little One: A Critical Phenomenology of Potentiality in Life with Dementia", *Anthropological Theory*, 2021, 22(1): 3–25.

④ Cook, Joanna and Catherine, Trundle, "Unsettled Care: Temporality, Subjectivity, and the Uneasy Ethics of Care", *Anthropology and Humanism*, 2020, 45(2): 178–183.

疗和照护网络的共同形塑。①

人类学家安玛莉·摩尔指出，由于照护的过程不可预测，充满变数，何为好的照护实践也不能仅仅取决于良善的意图或抽象的道德规范。比如，在照护实践中，我们不能说遵从患者的自主选择是好的，而约束和强迫就是坏的。②倘若一名认知障碍者四处游荡，或长期不愿进食，遵从个体性和自主性原则如其所愿，反而是某种程度的漠视和坏的照顾。照护者需要随着关系本身的动态进行调整，针对特定问题进行尝试与修补，这是一个持续且开放的过程。因此，人类学研究也应该回到在地的社会文化逻辑和具体情境中去理解多重性的实践如何被赋予道德价值和疗愈的效果。③

照护的实践逻辑也呼应了近年来人类学研究的"伦理转向"（ethical turn），即将讨论的重心从道德规范、道德义务转向日常伦理以及道德主体与周遭世界之间的复杂交缠。④相对于结构层面的"道德"（morality）概念——例如集体性的道德意识、社会期望和行为规范——"日常伦理"（ordinary ethics）主要体现在个体行动者层面，它基于具身化的默会理解而非外在的道德框架，基于情境性的实践而非一般性的知识或信仰。这一概念不仅揭示了道德规范和伦理生活之间的张力，并且能够帮助我们理解行动和意图的复杂性和不连贯性，理解人类的脆弱性、局限性和希望所在。⑤⑥当然，法桑也进一步指出，道德和伦理总是在特定的情境下由特定行动者造就，它们并不是纯粹的、静态的思考对象，而是浸透了历史、社会以及政治情境而形成

---

① ［美］凯博文：《照护：哈佛医师和阿尔茨海默病妻子的十年》，姚灏译，中信出版社2020年版。

② ［荷］安玛莉·摩尔：《照护的逻辑：比赋予病患选择更重要的事》，吴嘉苓等译，左岸文化2018年版。

③ McKearney, P., "Challenging Care: Professionally Not Knowing What Good Care Is", *Anthropology and Humanism*, 2020, 45（2）: 223-232.

④ 李荣荣：《伦理探究：道德人类学的反思》，《社会学评论》2017年第5期。

⑤ Lambek, M., "Introduction", in Lambek（ed.）*Ordinary Ethics: Anthropology, Language and Action*, New York: Fordham University Press, 2010.

⑥ Das, V., "Ordinary Ethics", in Didier Fassin（ed.）*A Companion to Moral Anthropology*, New York: Wiley-Blackwell, 2012.

的特定现实。①人类学对日常伦理的探究或许不在于进行抽象的哲学思辨，而是呈现人们对善的判断和追求怎样受到种种意外事件、现实条件、社会力量的冲击和形塑，从中揭示普通人的道德际遇如何与集体的命运、宏观的政治经济秩序深度缠结。

综合上述讨论，本研究试图以民族志的书写方式揭示认知症长者作为一种特殊的生命形式的现实境遇。在《生命使用手册》中，法桑提出了"生之形式""生之伦理""生之政治"三个概念作为思考生命的多重维度："生之形式"致力于探讨自然生命与社会生命之间存在的紧张感，"生之伦理"主要围绕对生命被神圣化、成为至高价值的反思，"生之政治"则关注不同的生命如何在现实的政治经济脉络中被赋予不平等的价值。本文并非在严格意义上"应用"法桑的这三个概念，而是受其启发，希望从这几个不同的方面拼凑起认知症长者的复杂生命境况。首先，本文将以认知症的疾病表现作为切入点，说明认知症长者如何成为一种特别的"生之形式"存在。其次，在养老机构的特殊环境下，认知症经验又受到照护管理框架、生物医学、地方文化的多重界定和治理。"生之政治"与"生之伦理"紧密交织，形塑着具体的社会交往和照护实践：认知症长者被赋予怎样的价值和情感？如何被排除或纳入"正常"的生活秩序？日常危机的应对又对照护者提出了怎样的要求？下文的民族志也将围绕这些核心问题展开。

三、经验断连：生活世界中的认知症主体

2021年盛夏的一个中午，听说笔者在研究认知症，护理员陶阿姨带笔者来到陈奶奶的房间，房门从外面反锁着。陈奶奶一个人坐在空荡荡的房间里，正对着一台电视机。这是她第一次见到我，却立刻露出喜悦的表情："你真漂亮，我看到你就开心，我喜欢漂亮……"陈奶奶笑容可掬，我只是从她叠穿着的好几件衬衫看出一些异样。

"你喜欢看什么电视啊？"我问陈奶奶。

---

① ［法］迪杰·法桑：《生命使用手册》，边和译，华东师范大学出版社2022年版。

"看什么,他们在那个,看戏。那边,上面高,下面在弄。你在哪里的?"

"我在大学里。你原来是做什么的呢?"。

"不在做了,本来厂里的。本来蛮开心的,要弄什么就弄什么,到了这里来,不瞒你说,他们看不起,还不知什么,喊了四、五、六,喊了他们来,问在哪里的,我说这里的。他们来了一会儿,又有花头出来,把你喊了去。"

"你一个人睡在这里?"

"是。看看这里,蛮漂亮的。我也不管。你总知道的。钞票,没有钞票,没有什么给我的。不能这样的呀。我也苦恼的。一分钱也不给我。做倒要替他们做。"

"替他们做什么呢?"

"到那个厂里,蛮远的。钞票一分钱也不给我,可以这样的?他们把我关掉了,我就没有了。不瞒你说,我一个人坐在这里,还要帮他们做那么多活。他们帮我做活,做了要吃点饭。那个疯子还把门关掉了。"

我试图接着陈奶奶的话把聊天维持下去,但渐渐陷入语言的迷障。语义的错乱、情境的跳跃,让她难以组织起连贯的、有意义的表达,而我也同样难以理解这些破碎的短语。过了一会儿陶阿姨回到房间,似乎预料到了这场对话,说:"问不出什么了吧?儿子女儿也不认识了,偶然讲对是碰巧。"后来当我尝试与不同的认知症长者聊天,观察他们的日常生活,大部分护理员都与陶阿姨一样,表示"问不出什么了"或者"没有什么生活了"。

这一片段不仅反映了我与陈奶奶之间的交流障碍,更凸显了横亘在"正常人"与认知症长者之间的经验鸿沟:当"他们"的语言和认知变得不可理解、难以预料,"我们"似乎再也无法走进其内心世界,共同的社会世界因而失去意义的根基。舒茨认为,日常生活世界是一个文化上的主体间性的世界,它的特征在于其天然的意义性,而与此并存的则是与他人的共存性与"天然的"相互理解性。[①] 理解之所以可能,是基于我们的"经验基模",它一方面统摄了自我的不同体验,将当下的、独特的体验放入经验的整体脉络中,

---

① 孙飞宇:《方法论与生活世界:舒茨主体间性理论再讨论》,《社会》2013年第1期。

让生活世界显得井然有序，另一方面也让自己的行为可以被他人理解。① 舒茨的理论基于一个"清醒、理性、成熟"的行动者形象，这也是现代社会科学的基本预设。但广泛存在的认知障碍群体恰恰挑战了"人类的心智同一性"（psychic unity of mankind），人类学家迈克尔尼和佐安尼指出，不同群体认识和感知世界的方式构成了他们"存有于世的基本条件"（basic conditions of being in the world），这指向一种根本的本体论差异。② 受到现象学社会学的启发，下文将通过呈现不同层次的"经验断连"来说明认知症的疾病经验如何改变患者在生活世界中的存在性处境，从而帮助我们理解认知症长者何以成为一种独特的生命形式。

认知症往往最初表现为自我连续性的断裂，可能是记忆断片、性格变化，或曾经掌握的行为能力慢慢丧失。比如，陈奶奶的儿子告诉我，多年来工作日的中午他都去公司附近的母亲家吃饭，但后来发现她好几次都忘了做饭。不仅如此，陈奶奶甚至忘记了煮饭的方法——还没有把电饭煲的内胆放入，就直接把水倒进机身、插上电源，接连烧坏了两只电饭煲。此外，很多认知症长者的频频走失也使得他们的日常生活充满风险。他们可能忽然找不到回家的路，有的则走失到十几公里外，直至被警察寻获。随着病程的发展，他们会感到原本熟悉的周遭世界逐渐变得陌生，认知的秩序和生活的秩序同时开始瓦解。现代社会理论通常认为，一个人在时间的绵延中持续累积的经验和记忆构成了自我同一性（self-identity）的基础，这种连贯的时序性限定了生命的形式，也构筑了自我的内在意义秩序。在这个意义上，认知症不仅侵蚀了自我身份的基础，也挑战了人之为人的传统想象。③

与此同时，自我连续性的断裂也带来主体间性的破碎，认知症长者与他人之间的相互沟通、相互理解变得充满障碍。在长者最初出现失忆、妄想或行为偏差时，大部分家庭成员视之为衰老过程伴生的"糊涂"，而非一种疾

---

① ［奥］阿尔弗雷德·舒茨：《社会世界的意义构成》，游淙祺译，商务印书馆2012年版。
② McKearney, Patrick and Tyler Zoanni, "Introduction: For an Anthropology of Cognitive Disability", *The Cambridge Journal of Anthropology*, 2018, 36 (1): 1-22.
③ Mclean, A., *The Person in Dementia: A Study of Nursing Home Care in the US*, Toronto: University of Toronto Press, 2016.

病的表现。他们会向长者解释现实的情境并试图纠正其想法和行为，比如向其证明"被他人偷走的财物"明明放置在某处，或某位"陌生人"其实是熟悉的邻居或亲戚。当认知症长者无法再用清晰的语言表达意图，则有赖于家庭成员从其漫漶的叙述中"打捞"出部分碎片，并通过对其表情、语调、动作的解读，解码这些声音（voice）背后的意义和情感。这些理解的达成不仅需要十足的耐心，还要对长者的生平经历、生活习惯等具备充分的"知识库存"。在这个过程中，认知症长者持续的违拗、否定，以及内心世界的锁闭，可能会让相当一部分家庭成员逐渐放弃理解对方的感知和情绪，但他们通常仍然会担负起照料的责任，满足长者日常生活的需求。人类学家艾秀慈指出了这种家庭照料实践背后的文化特殊性，她认为相较于西方文化将理性和自主视为构成自我的核心，中国文化中的自我则是一个关系性的实体，认知功能的损伤通常并不会瓦解长者在家庭中的角色及其亲属相应的道德义务。①

而养老机构对于认知症长者来说，则是一个更剧烈的经验断裂之地。高夫曼视之为与外界隔离的、封闭的全控机构（total institution），进入机构的程序包含着"中断"（leaving off）与"接纳"（taking on）双重特征，前者指的是与原有的生活环境、身份角色相脱离，后者意味着进入机构所提供的组织化的生活方式。②陌生的生活空间很可能会引发老年人的"迁居应激综合征"（relocation stress syndrome），出现焦虑不安、失落悲伤等情绪，乃至更多的行为问题。更重要的是，正如前文所说的，维系长者的主体连贯性，理解其中的情感真实（emotional truth），需要阅听人付出额外的努力，但陌生的护理人员很难提供这些支持。他们一方面受到机构工作安排的限制，另一方面也缺乏对其生平经历的掌握，难以把长者的某个行为或表达放回特定的意义脉络中去理解。因此，正如笔者和陈奶奶以及陶阿姨的对话所呈现的，当旁人无法在时间性的序列中安放他们的叙述碎片，无法找到词语在外部

---

① Ikels, C., "The Experience of Dementia in China", *Culture, Medicine and Psychiatry*, 1998, 22（3）: 257-283.
② ［美］厄文·高夫曼：《精神病院：论精神病患与其他被收容者的社会处境》，群学翻译工作室译，万毓泽校，群学出版 2012 年版。

现实中的索引，日常语言作为人类彼此间分享意义的"共同语法"都失去了它的立足之地。此时，倘若没有亲人故旧的持续参与，诠释和维系他们的传记性自我，那么认知症长者很可能仅仅被视为当下的、机构中的生物性自我而存在。① 当病程发展到中晚期，长者失去绝大部分的认知能力和日常生活能力之时，他们更容易面临人格身份的动摇和崩解，甚至陷入社会性死亡的境地。

四、"正常"与"异常"：机构中的分类政治

当长者进入养老机构，也意味着进入新的组织框架和集体秩序。机构将复数的生命形式划分为不同的类型，对应着特定的照料实践和社会关系，这些现实又反过来形塑长者的当下处境。当前，养老机构内设专门的"认知症照护单元"（dementia-care unit）是国内外照护领域的一个主流趋势，即建立特定的生活专区针对认知症长者提供日常生活照护、生活自理能力训练、精神支持、社会交往等服务。近年来，在各级政府的政策引导和财政扶持下，认知症照护单元的建设也被纳入民政工作的重要组成部分。②

不同于北上广等一线城市，永安市绝大多数养老机构都未设置认知症照护专区，认知症长者仍然与其他住民一起混合居住在各个区域，遵循机构统一的日常生活安排。虽然上级主管部门提出了认知障碍分区管理的指导性要求，并将认知症友好化设计纳入养老机构的等级评分，但专区建设仍然面临诸多现实困境，首要的限制在于认知症专区的设置与当前养老机构管理住民群体的核心原则并不完全一致。例如，康颐家园的主管周女士告诉我：

---

① 法桑（2022）指出，在20世纪围绕生命的思想理论中，生物学意义的生命与传记意义上的生命体现了生命内在最重要的二重性，一端连接着人类共有的生命结构，关注生命本身如何受到物质和生物条件的限定，另一端连接着每个个体建立在个人生平和社会关系上的独有存在。两者之间的交叉、张力和裂痕是当代生命政治和人类学研究的重要议题。

② Zhang, Y., "Debating 'Good' Care: The Challenges of Dementia Care in Shanghai, China", *Anthropology & Aging*, 2020, 41（1）：52-68.

> 现在上面要求建立认知症专区，但是我们觉得有难度。我们有失能的、不失能的，还有男性、女性。比如有的人他是痴呆，但吃了药你也看不出，像正常人一样的，那我就放在普通区，因为他吃饭大小便都可以（自理）。但我还有好多没有认知症，生活不能自理的老人。你说有的认知障碍，他完全躺在床上，也无所谓，对人家也不可能造成伤害。

换言之，在养老机构中，基于长者"日常生活能力"的失能/非失能（自理/非自理）成为一个核心的分类范畴，它划分了差异化的生命形式，并规定了相应的生活空间和照护方式。在护理等级较低的区域，住民能够自己上下床、进食、如厕，机构只需提供一日三餐和洗衣打扫等服务。在护理等级较高的区域，护理员则要提供钜细靡遗的照护，包括协助大小便、穿衣、喂饭、洗澡等。而即便确诊为认知症的老年人日常生活能力也各不相同，正如周女士所说，尚能自理与卧床失能的认知症长者在机构的照护框架中适用两个截然不同的标准。

其次，如何界定认知症？谁应该被安置到认知症专区？这是机构面对的另一个现实难题。正如洛克指出，认知症的疾病诊断具有高度的模糊性，何为"正常衰老"、何为"大脑病变"在临床上仍然难以清晰划分。虽然多位机构的主管都谈到理想状况下应当设立专门的认知症病区，但事实上养老机构中的住民大部分都有些"状况"，如程度不同的脑萎缩、脑梗，认知和视听能力衰退，以及抑郁、狂躁等。有些住民像陈奶奶一样，已经得到精神科医生的确诊，有些住民从无就医经历，还有不少住民则是在入住机构之后才出现认知退化。每周在馨诚之家看诊的精神科医生告诉我："分区也不一定好，因为说不准哪些人是老年痴呆，年龄大的人可能多少都有。从医学角度来说，病理指标、生物指标属于'硬指标'，我们精神科诊断总的来说属于'软指标'，凭症状来诊断，也没有绝对的。"此外，由于老年人的身心状况处于持续的动态变化中，患有认知障碍的概率也会随着年龄的增长呈指数增加，"即便一开始能分清，后面还是会混在一起"。

可以发现，在养老机构当前的照护管理框架中，认知症作为一个类别范畴的操作性意义在很大程度上被拆解、消弭，但是作为符号互动过程中的"异常",它又常常显现于认知症长者与其他住民的社会交往中,经由文化性的身体来表现。人们口中的"老年痴呆"成为日常生活中一种模糊的标签,它的判断无关医学,往往因具体的情境而显现,同时也不断彰显着"正常"背后的意义秩序和制度规范。

比如,陈奶奶因为可以自己穿衣、吃饭、上厕所,所以被安排与其他生活尚能自理的老人住在同一个护理区域,但由于失去了方向感和边界感,她常常随意进出其他老人的房间,有时还会占用他人的物品,引起很多住民的不满乃至斥责。陈奶奶隔壁房间的夫妇就曾向我抱怨:"隔壁有个'弱智',一直来开我们的门,力气很大。午休的时候来敲敲门,自己就进来了,桌上的西瓜拿来就吃,还要上我们的厕所。所有的养老院都应该分类的,我们出钱总归要求一个安逸。"游荡的安全风险和来自其他老人的抱怨给机构照护者和管理者带来很大压力。因此,看护陈奶奶的陶阿姨每天尽可能地将她保持在视线范围内,当陶阿姨要去照顾其他老人时,只能从外锁上房门。陈奶奶失去了陪伴的安全感,常常会大力地推门、敲门,有一次甚至试图用房间里的拖把将门撞开。但这些激烈的行为继续被解释为"痴呆"的表现,反而进一步强化了陈奶奶的他者身份。

认知症长者与其他居民的相处常常伴随着类似的冲突和歧视,有些会在规定就寝的时间大声吵闹,在规定就餐的时间四处游荡,也有些长者因为逾越性别规范(如随意进出异性的房间)被打上道德品性可疑的标签。他们并未因为自身疾病被给予特别的包容或行为豁免,反而由于言行"失序"(disorder)遭遇排斥、蒙受污名,成为机构中不受欢迎的人。常民道德视角下的"老年痴呆"并不是指向大脑的病理变化,而被视为一种整体性的、本质性的人格异化,应当被惩罚甚至被驱逐出理性的世界。我在田野调查中发现,来自其他住民和家属要求"归类"的呼声越来越多,希望机构安排认知症长者集中居住到特定的生活区域,从而减少对其他"正常"老年人生活的干扰。虽然基于明显的社会排斥逻辑,这一诉求却与当前设置认知症专区的趋势不谋而合,也使得机构再次陷入分类的两难。

社会学家查特吉指出,不同养老机构、乃至机构内部不同的护理区域都各有其文化规范和社会期望,病房常规(ward routine)制造出一种标准化模式，界定了何为此处的"正常"和"异常"。①在本研究中，养老机构的分区困境进一步揭示了"正常"与"异常"之间的辩证关系，也再次说明了认知症作为一种知识和文化形态的弹性特征。它从来都不是一个理所当然的固定范畴，照护制度、生物医学和地方文化都只是人们认识、对待认知症的一种框架，在不同情境下形塑着界定正常和异常的社会过程，也生成（enact）特定的具身性主体。换言之，人们理解认知症的方式，正是赋予它物质性（materialization）和可理解性（intelligibility）的方式。②同时，本研究也发现，认知症在当前虽然已经具备了医学的语言和框架，但疾病的诠释和社会经验仍然深度嵌入地方性的道德世界，并反过来构筑患者周遭的社会关系和资源分配，引导着具体境遇下的道德行动。

五、维系日常：境遇中的照护伦理

上一节指出，在分级管理、井然有序的情况下维系老年人的日常生活是养老机构的主要目标，认知症长者的照护同样遵循这一纲领。这些日常基于人类存在最基本的身体性与物质性，饮食、睡眠、排泄这些最基础的生理活动成为每天需要专门投入时间与精力的事件。但这里的日常又绝不仅仅是按表操课、例行公事，而是随着时间不断变化，随时面临种种意外与风险。换言之，危机也成为一种日常状况。当认知症患者出现精神和行为问题，既有的生活秩序濒临失控，照护者需要处理的问题层出不穷且因人而异。在永安市的养老机构中，绝大多数护理员缺乏认知症照护的专门知识和实践技能，往往只能凭借即时的反应和以往的经验，努力维持充满变数与失序的日常生活。正如马丁利所说，日常的维系是脆弱的成就，是得

---

① Chatterji, R., "Normality and Difference: Institutional Classification and the Constitution of Subjectivity in a Dutch Nursing Home", in Leibing and Cohen（eds.）*Thinking about Dementia: Culture, Loss, and the Anthropology of Senility*, New Brunswick, N.J.: Rutgers University Press, 2006, pp.218-239.

② Cohen, L., *No Aging in India: Alzheimer's, the Bad Family and Other Modern Things*, Berkeley: University of California Press,1998.

来不易的平凡时刻。① 在这种境况下，它被赋予一种特殊的道德的重任。下文将把观察的重心转移到认知症长者的照护场景，它们处在认知症的病程发展与日常生活交织的流变之中，既难以预料又无法控制，照护者不得不在机构的制度规范之下展开自身的伦理判断和照护实践。

（一）回应的限度

住在康颐家园介护区六人间的邓奶奶已经无法自主行动，上下床需要护理员的协助。与陈奶奶不同，她的认知症状不是表现为语言和逻辑的丧失，而是频繁地要求解手。一天上午，邓奶奶又不断按铃要求起床小便，甚至语带哭腔地哀求，四五名护理员围在床边"教育"她："你小便不急就不要按，我们阿姨知道的，总归两个小时一次。""你是假小便。人家正常的是一天几次，你二十分钟一次。我们是够好心了，好婆，你也不能这样，你这种属于软折磨阿姨了。都像你一样，阿姨一天到晚兜圈圈就一直弄这几场小便了。"

护理员们告诉我邓奶奶几乎每隔二十分钟就会按一次床头的呼叫铃要求解手，有一天夜里甚至按了九十多次。这也引起同房间其他老人的不满，她们向我形容"晚上像发电报一样吧嗒吧嗒按"，"不是真的小便，是脑筋小便（暗示对方头脑不正常）"。邓奶奶虽然向护理员道了歉，但后来依然如故，护理员和同房间的老人渐渐都不愿再理睬她。护理员私下抱怨，邓奶奶的家人还嘱咐她"有事尽管按铃"，"我们是出了钱全护理的"，仿佛住进机构就要最大限度地差使他人。

由于短期记忆退化，不少认知症长者上完厕所即忘，经常反复要求解手。而对于护理员来说，抱老人上下床如厕是一项非常耗费时间和体力的工作。在机构现有的人力配置之下，一名护理员需要同时照顾五到六名失能老人，如果每次都顺应邓奶奶这样的要求，势必难以负荷。哀求的老人固然让旁观者怜悯，但为了避免沉重的负担和无效劳动，护理员们不得不发展出自己的一套情境界定，在他们认为正确的时间协助老人大小便，其他情况下则是老

---

① Mattingly, C., *Moral Laboratories: Family Peril and the Struggle for a Good Life*, Oakland：University of California Press, 2014.

人"乱讲话"或"假小便"。护理员张阿姨曾有一句比喻:"他们的神经像时针一样一直在转,有时候搭得准,有时候搭不准"。相应的,照护者便掌握了界定他们"神经是否正常"的裁量权,并决定是否需要认真对待他们的需求。

与邓奶奶类似,认知症长者常常提出诸多让护理员难以应对的要求,最常见的是要求回家,寻找家人,或控诉自己的私人物品被他人偷窃。我曾认识一位刚入住机构的张奶奶,每天起床后便将毛毯、被子、拖鞋、睡衣叠在一起捆成一个包袱,接着一扇一扇地打开柜门,寻找自己"被人偷光"的衣服和钱,一会儿又要去养老院的门口等丈夫来接她回家。家人常常哄她家里旧宅正在拆迁,再住一段时间就可以回家,护理员也配合着进行劝慰。但这样的行为每天重复,护理员渐渐地也就置若罔闻,不再予以回应。张奶奶则因为翻箱倒柜常常打扰其他老人的作息,从最初的六人间被转移到两人间,最终被安排到走廊尽头一间尚无人入住的空置房间。张奶奶的丈夫老刘说,正是因为她在家时天天往外走,有时半夜两三点就起床惊动家人和邻居,所以他才决定将张奶奶送进养老院。为了安抚张奶奶的猜忌和焦虑,老刘几乎每天都会前来探望,但有几次被反复追问消失的财物时,我看到老刘也失去了耐心,显露出无奈又烦躁的表情,别过头去不再回答张奶奶的问话。

邓奶奶的反复解手,张奶奶的游荡和妄想,乃至不少老人的激越症状和攻击行为,都是不断发生在认知症照护中的日常危机,一次次打破生活的平衡和规律。而在养老机构的环境中,这些不仅仅是认知症患者个体的行为问题,也与护理员们的照护工作乃至其他住民的日常生活深度交织。在现实条件的限制下,照护者们事实上无法固守"以人为中心的照护"作为工作原则,将注意力倾注于某几位认知症长者的意愿和需求,而需要在"给予和不给予,关心和不太过关心,限制工作中的情感但不'关闭'情感之间进行斗争",必要时采取冷淡(impersonal)和疏离(distanced)的照顾方式。[①][②]一方面,为了同时协调多位住民的照护任务,他们必须评估当下的情境,在多

---

① Russ, J., "Love's Labor Paid for: Gift and Commodity at the Threshold of Death", *Cultural Anthropology*, 2005, 20(1): 128-155.

② Jeong, J.M., "'Please Call My Daughter': Ethical Practice in Dementia Care as An Art of Dwelling", *Journal of Ethnographic Theory*, 2020, 10(2): 530–547.

重需求间进行权衡,选择忽视或延迟回应恰恰成为有效完成照护工作的必要策略。另一方面,养老机构的日常照护中充满了疲惫、无力、厌倦等负面情绪,尤其面对认知症长者的攻击性言行时,不予回应、不把对方的话当真反而是一种克制和忍耐。这种暂时的情绪抽离和回避沟通,即有些护理员所形容的"冷处理",事实上能够给予照护者一定的喘息空间,有助于缓解其身心压力,减轻他们的职业倦怠和挫败感,从而保证照护工作的可持续性。

但我们也必须认识到,无论是情感疏离还是拒绝回应,都有可能从一种暂时的照护策略演变为真正的道德冷漠,即对他人的痛苦(suffering)不再敏感和共情,放弃对于他人福祉所担负的道德责任。凯博文在《照护:哈佛医师和阿尔茨海默病妻子的十年》中多次呈现了认知症照护关系的这种脆弱性。当双方的道义互惠断裂,一方无尽地付出,另一方却无法给予爱和承认,甚至拒绝帮助、暴力相向时,即便是家人之间的情感纽带也会在瞬间崩断。而一旦认知症长者的话语和需求不再被旁人认真对待,一旦他们被取消了作为"真正的人"的身份,照护者的疲惫和挫折就极有可能转化为言语和精神上的虐待,甚至是身体的伤害。

(二)约束的道德

养老机构中最常引起外界道德争议的是约束手段的运用。2017年7月,我第一次参与夜班工作,五点半左右待大家都吃完晚饭,护理员们开始整理房间,接着有条不紊地协助住民们洗漱、脱衣、上床。七点左右,领班的护理员带着我去各个房间巡查,并帮几位"不乖的"认知症长者系上约束带。第一位是80多岁的朱爷爷,护理员说他平时"人很慈善,不发脾气",但也曾多次在半夜爬下床,还踢翻了房间里的椅子。这一晚,护理员先给他的双手套上约束手套,然后在手腕处系上软布绳,将软布绳另一头分别系在床两侧的护栏上。护理员的操作熟练,朱爷爷应该也习惯了,并未反抗。护理员孙阿姨向我解释:"怕他们爬出来,爬出来骨头就要跌断了。有几个尿不湿撕光一床屎尿。一般的家属都明理,(约束)手套都是家属买来的。我们晚上总共三个阿姨,总不能一个一个看着,一个房间里还有别人要睡觉,你进进出出开门开电灯,别人也要心烦。"

但并不是所有的老人都像朱爷爷一样顺从。同一楼层的殷奶奶也是认知症患者，并且由于重度失能长期卧床。护理员告诉我殷奶奶常常下意识地撕扯尿布和衣裤，因此只能给她戴上约束手套。但殷奶奶会在有些时段无休止地敲击床沿的护栏，以至于手套的表层都已经磨损。她不断要求护理员帮她把手腕上的约束带解开，护理员不在时就会喊我："妹妹，帮我把手解开，不要紧的！""妹妹，我要回去看两个小孩，两个孩子都睡着呢……"殷奶奶的哀求让我左右为难，站在她的立场，我能想象这种失能且被约束的状态有多么的痛苦和无助；但另一方面，我知道一名护理员要同时照料多名老人，只要有一位老人把大小便沾染在床上就要大费周章，需要几人合力才能完成清洗身体以及更换尿布、衣裤、床单、被套这一系列工作，而倘若坠床发生意外，则是更严重的安全事故，因此除了约束之外似乎没有更好的方法。同时，我也意识到自己还有一个更隐蔽的想法是：毕竟这些老人糊涂了，甚至失去清醒的意识，而护理员的感受是更"真实"的，我也因此更容易站在他们的立场看待问题、作出判断。

事实上，大多数照护者最初的感受与我相似，也对约束老人感到于心不忍。就像一位护理员告诉我："我也可惜他们，我也同情他们，想想绑住了多么苦恼，像吃官司一样，哪里痒都抓不到。"正如阿伦特所说，所有的正常人在看到他人的肉体折磨时都会产生"动物性的同情"，照护者既不可能格外具有虐待倾向也非异常冷酷，甚至在日复一日的照护中与被照护者形成了深度的情感联结，那么他们如何在面对他人遭受身体束缚时抑制自身本能的同情？如何对约束这一手段进行道德论证？就成为一个需要回答的问题。

正如前文所说，保障住民的躯体性日常生活，维持他们的生命存在是养老机构的第一要务。由于认知症长者都有一定程度的行为问题，当失去了对于周遭环境和自己身体状况的准确判断，他们往往比其他老人更为脆弱。有的老人曾半夜翻出护栏然后跌倒在地，有的老人即使白天坐在轮椅上也会不小心摔倒，有些老人会无意识地拔掉鼻饲管，也有的老人像张奶奶一样常常到处游荡，即便在看管严格的环境下仍然存在走失的可能。认知症长者因此成为养老机构中的高风险人群，而一旦他们出现安全意外，不仅护理员要承担安全责任，养老机构也会面临家属的追责和索赔，以及来自政府监管部门的处罚。为了规避这一系列风险，同时也为了保证护理员的工作效率，约束便成为当前养老机构中普遍采用的手段。大部分机构会在办理入院手续时就明确告知家属或要求签署《保护性约束知情同意书》。比如康颐家园的《入院协议书》中就明确写着这样一项条款："甲方要加强对患者的生活护理，对于意识模糊、老年痴呆等患者，甲方为防止发生意外而采取的必要束缚措施，乙方应给予理解，并不得干预，否则由此所造成的一切后果由乙方承担责任。"

护理员顾阿姨曾向我解释："这种手段看看可怜，但是以防万一呀，要为他们的安全考虑的，也是一种技巧。有的家属来看看，再怎么不怪你，自己心里也难过的。但是我一间六个（老人），肯定管不过来，这么绑住他也是为了他自己的安全考虑。"这段话清晰地呈现了照护者的道德论证（moral reasoning），即他们如何基于行动者的第一人称视角思考对与错，处理情与理之间的矛盾。在这里，"安全"作为一个理性的目标压倒了本能的同情，约束则以保护为前提成为一种中性的"照顾技术"，且被赋予道德上的正当性。同时，约束通过养老机构的制度文件和劳动纪律贯彻在日常的工作过程中，成为普遍的、例行化的手段，同样能够缓解它所带来的道德疑虑和紧张。这一方式事实上也得到了家属们的同意和配合。虽然内心不舍，但他们都告诉我，"子女也没办法，阿姨也没办法，我们只能谅解"。大部分家属都在家中历经多年照护的艰辛，因难以坚持才决定把老人送进养老机构，所以更能体谅护理人员的处理方式。但是，很多家属也会尽量改善约束的方式，比如亲手将布条制成更为柔软的约束带，有些家属则常常前来陪伴老人，从而减少约束的时间。

考虑到当前的机构环境和老年人的身心状况，倘若秉持个体主义的自主性原则，给予认知症长者完全的行动自由，并将后续的一系列风险视为自主选择、自主承担的后果，绝不能说是一种更理想的照顾。晚近不少人类学研究提出，好的照护与隐瞒、欺骗、忽视、强迫之间并不存在完全二分的道德想象，某些在局外人看来处于关怀对立面的举动，假如置于当时当地的情境下恰恰是关怀的体现。因此，行为的道德状态并不在于它是否符合某一普遍性的、至高的道德原则，而取决于情境和关系的偶然性（contingency）。但这并不意味着道德的相对主义，而是将道德的形成还原到具体的情境之中。

摩尔等学者基于医疗照护的研究也指出，在照护实践中，好与坏并不分明，甚至彼此交织，良好的意图可能包含着坏的后果，而良善的实践也可能有某些坏的成分在内，大量的照护实例都包含这样的内在张力。[1]

由于认知症长者的日常照护充满伦理复杂性，让我们无法依赖任何一种普遍的、绝对的道德原则作为行动的指引和价值判断的标准，而需要在安全、健康、自主等不同的价值观之间审慎权衡，尽量降低它们在具体情境下的冲突。当代医疗照护领域受到境遇伦理学（situational ethics）的广泛影响，或许可以提供一种规范性的基础。它强调基于具体的情境进行道德选择，将爱与关怀落实于"过程善"之中，包括在决策中细化和平衡不同的伦理原则，慎重考察目的、手段、动机、结果的全部作用。[2]这也与摩尔等学者的主张不谋而合，他们同样认为照顾的道德性存在于行动之中，照顾必须"就不同的善（goods）如何在特定的、具体的、地方性的实践中共存进行协商"，这种协商依赖的不是语言，而是实践修补（practical tinkering）和专注试验（attentive experimentation）。以上观点给予实践的启示是：照护中约束的使用必须综合考量认知症长者的整体福祉，遵循专业的评估程序和团队集体协商。在必要的约束实施过程中应遵循最小伤害原则，比如使用更为柔性的约束手段和约束工具，尽量减少约束时间，关注认知症长者身心状态的持续变化，并对约束中潜在的暴力保持高度的道德敏感。此外，照护团队还应该不断尝试和探索其他干预方式，如改善空间的安全性设计，使用音乐、影像、身体接触等安抚长者情绪，帮助其减少无聊感和焦虑情绪，形成规律的生活作息。

六、结论与讨论

本研究基于养老机构的田野调查，呈现了认知症长者的生活世界和多重境遇。文章首先从现象学社会学的视角出发，揭示了认知症病程发展中的"经

---

[1] Mol, Annemarie, Ingunn Moser and Jeannette Pols, "Care: Putting Practice into Theory", In Mol and Moser and Pols（eds.）*Care in Practice: On Tinkering in Clinics, Homes and Farms*, Bielefeld: Transcript Verlag, 2010.

[2] 邵永生：《境遇论在生命伦理学的应用研究》，中国社会科学出版社2018年版。

验断连"如何改变长者的存在性处境,它一方面表现为自我连续性的断裂,另一方面表现为主体间沟通和交流的障碍。在这一过程中,长者自我身份和生活秩序的维系极大程度上依赖家庭成员的付出,而从家庭进入机构则可能使其从原有的社会关系和意义世界中进一步脱嵌,成为格外脆弱的生命。在机构环境中,认知症经验受到不同知识和实践框架的形塑。在以"日常生活能力"为核心分类框架的照护管理体制下,认知症作为一个类别范畴的操作性意义在很大程度上被拆解,但作为一种污名标签的"老年痴呆"又时不时显现于集体生活的符号互动过程中,造成种种歧视和冲突。养老机构对于住民的分区困境揭示了"正常"与"异常"在界定和运作上的辩证关系,长者的人格身份和社会处境也会随之发生变化。最后,文章聚焦于认知症日常照护中的伦理两难和诸多权宜性实践,并指出境遇伦理学对于照护实践的启发。当然,本研究呈现的照护样貌有其特定的社会脉络和现实局限,值得期待的是未来更多类型的养老机构、照护专区以及居家照护的经验研究,从而以更丰富的观察呈现出不同照护空间、不同社会文化背景、不同阶层的群体面对疾病、衰老乃至死亡之际"同时之异世、并在之歧出"的道德形貌。①

在中国社会老龄化的过程中,认知症长者将越来越显见于我们的周围。然而,疾病伴随的"经验断连"造成人际沟通的深刻隔阂,也使得一般民众对于他们的理解和共情是有限度/边界(limit)的。认知症长者因而成为格外脆弱的生命,不仅常常遭受污名化和他者化,而且很容易受到忽视和虐待。这些限制和困境都促使我们进一步思考"关怀/照护"背后更深层的现象学基础和社会意义框架,进而探索拓展限度的潜在可能。正如基特伍德等学者指出的,这首先需要在认识论上更新对于"人格"的理解范式,拆解理性认知、记忆与主体构成之间的必然关联,重视认知症长者作为一个人的完整性及其特殊的具身经验。与此并行的是,与认知症长者的共处也让研究者们对"主体间性"的概念提出更多反思。传统的主体间性通常预设自我与他人拥有共同的存在基础和对称的沟通关系,那么我们如何去认识依赖和照护关系中的主体间性呢?受到哲学家列维纳斯的启发,查特吉指出这种新的主体间性需

---

① 方洪鑫:《现代死亡的道德形构:社会想象与日常实践》,《社会》2021年第4期。

要以承认脆弱性（vulnerability）和他异性（alterity）为前提，接纳认知症长者是一种独特的生命形式，在此基础上探索不同行动者"共存于世"的可能。这种接触和沟通不再依赖语言作为首要媒介，更重要的是面对面的共同在场，以及包括声音、表情、身体动作在内的多种表达方式。而认知症长者与照护者之间的依赖和共存伴生关系也构成新的本体意义上的存在，激发着研究和实践的潜能。①

通过考察认知症长者在基层养老机构中的现实境遇，本研究也揭示了当前的认知症照护如何受种种外在条件的限制，既包括养老机构的照护制度、人力配置这些结构性条件，也包括照护者的知识和技能。为了突破这些限制，改善长者们的生活处境，或许首先要从观念层面的变革入手，创造一个认知症友善的社区环境。这意味着要消除对于疾病的片面认知，重新建构认知症长者与其他住民、工作人员之间的关系，发挥互动在照护中的疗愈价值。国内已有一些成功的案例提供了可以借鉴的思路，比如以认知症长者的人生故事为载体，寻找某些建立在共同生活经验基础上的、能引起人们共情的话题，从而为社群成员提供对话的空间和场景，改变对于认知症的印象。②此外，笔者想特别指出的是：当认知症照护单元的建设愈益成为未来的发展趋势，尤其要避免它成为一个被隔离、被排斥的专区。它的根本目标应该是从长者的经验和需求出发，创造更适宜于他们的建筑空间、人文环境，赋予其生活世界以新的意义。

最后，正如民族志材料所呈现的，认知症长者的日常生活本身就遍布危机，随时可能超出预期和掌控。如果期待以一种全控机构式的照护方式建立井然有序、安全稳定的日常生活秩序，或将无可避免地造成认知症长者在机构中的进一步边缘化，更加依赖控制、约束和精神药物的使用。倘若要改变这种现状，我们就要超越既有的照护管理体制和生物医学框架，针对具体的情境和问题寻找适宜的实践方案。照护中的各方也都应该认识到这一过程的

---

① 朱剑锋：《医学人类学十二论》，上海教育出版社2021年版。
② 孙飞、张秋霞、李霞：《建设认知症友善机构：中美实践经验的启示》，《中国护理管理》2020年第9期。

复杂与变动，尊重疾病捉摸不定的特征，接受风险和意外的存在，在"力所不能及"之处寻求协作、积极应对。就像摩尔指出的，理想的照护应该是在一个充满矛盾和变化张力的世界中持续修补，而不是试图寻找一个直接的答案。它应该是一种互动、开放、包容的过程，需要护理人员、医疗团队、家庭成员和病患本人的共同参与，尊重彼此的贡献，关注每个人的长处和局限，一起试验、修补、改善照护的方式。总之，何为良善的照护并不是在行动之前就可以预见的目标，而是在实践过程中逐渐建立起来的，希望的锚点也正在于直面其中的脆弱性和有限性的持续坚韧的求索中。

作者：吴心越，东南大学人文学院博士后，老龄文明智库研究员。

主要参考文献

1.［法］迪杰·法桑.生命使用手册.边和译.上海：华东师范大学出版社，2022

2.［美］凯博文.照护：哈佛医师和阿尔茨海默病妻子的十年.姚灏译.北京：中信出版社，2020

3.［荷］安玛莉·摩尔.照护的逻辑：比赋予病患选择更重要的事.吴嘉苓等译.台湾：左岸文化，2018

4. Cohen, L. *No Aging in India: Alzheimer's, the Bad Family and Other Modern Things*. Berkeley：University of California Press,1998

5. Cohen, L. Introduction：Thinking about Dementia. in Leibing and Cohen（eds.）*Thinking about Dementia: Culture, Loss, and the Anthropology of Senility*（pp.1-19）. New Brunswick, N.J.：Rutgers University Press, 2006

6. Cook, Joanna and Catherine Trundle. Unsettled Care：Temporality, Subjectivity, and the Uneasy Ethics of Care. *Anthropology and Humanism,2020*, 45（2）：178-183

7. Chatterji, R. An Ethnography of Dementia. *Culture, Medicine and Psychia-*

try, 1998, 22（3）: 355–382

8. Chatterji, R. Normality and Difference: Institutional Classification and the Constitution of Subjectivity in a Dutch Nursing Home. in Leibing and Cohen（eds.）*Thinking about Dementia: Culture, Loss, and the Anthropology of Senility*（pp.218-239）.New Brunswick, N.J.: Rutgers University Press, 2006

9. Dyring, Rasmus and Lone Grøn. Ellen and the Little One: A Critical Phenomenology of Potentiality in Life with Dementia. *Anthropological Theory*, 2021, 22（1）: 3–25

10. Ikels, C. The Experience of Dementia in China.*Culture, Medicine and Psychiatry*, 1998, 22（3）: 257–283

11. Ikels, C. Constructing and Deconstructing the Self: Dementia in China. *Journal of Cross-Cultural Gerontology*, 2002, 17（3）: 233–251

12. Kaufman, S. Dementia-Near-Death and Life Itself. in Leibing and Cohen（eds.）*Thinking about Dementia: Culture, Loss, and the Anthropology of Senility*（pp.23-42）. New Brunswick, N.J.: Rutgers University Press,2006

13. Kitwood, T. Towards a Theory of Dementia Care: The Interpersonal Process. *Ageing and Society*, 1993, 13（1）: 51-67

14. Kitwood, T. *Dementia Reconsidered: the Person Comes First*. Buckingham and Philadelphia: Open University Press, 1997

15. Konots, P. Embodied Selfhood: An Ethnographic Exploration of Alzheimer's Disease. in Leibing and Cohen（eds.）*Thinking about Dementia: Culture, Loss, and the Anthropology of Senility*（pp.218-239）.New Brunswick, N.J.: Rutgers University Press, 2006

16. Lock, M. *The Alzheimer Conundrum: Entanglements of Dementia and Aging*. Princeton: Princeton University Press, 2013

17. Macdonald, G. Why "Person-Centred"Care is Not Enough: A Relational Approach to Dementia. in Macdonald and Mears（eds.）*Dementia as Social Experience: Valuing Life and Care*. New York: Taylor & Francis, 2018

18. McKearney, P. Challenging Care: Professionally Not Knowing What

Good Care Is. *Anthropology and Humanism*, 2020, 45（2）：223-232

19. McKearney, Patrick and Tyler Zoanni. Introduction：For an Anthropology of Cognitive Disability. *The Cambridge Journal of Anthropology*, 2018, 36（1）：1-22

20. Mclean, A. *The Person in Dementia：A Study of Nursing Home Care in the US*. Toronto：University of Toronto Press, 2016

21. Mol, A. Ingunn M., Jeannette P. Care：Putting Practice into Theory. in Mol and Moser and Pols（eds.）*Care in Practice：On Tinkering in Clinics, Homes and Farms*. Bielefeld：Transcript Verlag, 2010

22. Taylor, J. On Recognition, Caring, and Dementia. *Medical Anthropology Quarterly,* 2008, 22（4）：313–335

老龄生命质量、生活质量与现代老龄文明

周 琛

老龄化已经在全球迅速而深刻地到来，面对这场严峻的挑战，中国确立了积极应对人口老龄化的国家战略。作为应对老龄化的积极话语和积极战略，"老龄文明"可以回应老龄化的挑战，具有三大要义：一是以文明看待老龄化；二是以文明进行老龄化社会的战略谋划和现实建构；三是使老龄化不仅是而且成为人类文明进步的重要体现。基于老龄化是世界范围内社会发展的重要趋势，是中国式现代化面临的长远而深刻的课题，更是具有文明史意义的重大人类进程，应对老龄化的挑战，我们必须实现由问题意识向文明意识的革命性转换，进行老龄文明的积极建构。

老龄文明的建构需要具有伦理情怀和文明境界的制度安排。老龄文明以提高老年人的生活质量和生命质量为追求，不仅让老年人"活下去"，而且让他们"活得好"，由此提升社会的文明质量。老年人的生活质量需要由基本的社会福利、保障制度以及医疗健康照顾来保障，而生命质量需要在家庭、社会、国家的伦理实体中得到关怀。何谓老龄文明意识下的伦理关怀？就是在人的生命安全的基础上实现对老龄生命的价值尊重，给予老龄个体追求终极关怀的生命权利，找到其精神归宿。关怀老年人即意味着关怀未来，只有当个体与社会及国家之间达到终极的一体性，实现个体与实体的同一，

社会才能实现和谐和更高质量的发展。

一、老龄生命质量的理论与构成

老龄生命质量的概念应首先从生命质量的理论考察和阐释，其次需要在老龄视域中探讨其中重要的影响要素。

（一）生命质量（QOL）理论

生命质量概念起源于医学及生命伦理学中的 Quality of Life（QOL），中译名有生活质量（生活满意度）、人生质量（人生价值）等。关于 QOL 的内涵，美国 Ferrell 博士 1995 年提出一个四维构架，即身体健康状况、心理健康状况、社会健康状况、精神健康状况，将各维度的健康状况以"质量"来规定。同年，世界卫生组织对 QOL 做了如下定义：QOL 是指不同文化和价值体系中的个体对于他们的目标、期望、标准及所关心的事情的生存状况的体验。这一定义首次正式将文化要素作为一个整体纳入 QOL 的评估范围。笔者以为，在哲学意义上将 QOL 理解为生命质量更适宜，其包括生存质量、生活质量、人生质量三个方面的内涵，它始于生命伦理的理论化过程。

1981—1982 年，世界出现以知情权（患者的知情权和自我决定的权利）为核心的生命伦理的新概念。它发端于第二次世界大战后 1947 年生成的《纽伦堡纲领》，即纳粹的人体实验被揭露后，被实验者是否"自然"同意之事项的确立问题。1948 年，《日内瓦宣言》发表，其中宣告了医疗伦理的新内涵。1964 年，《赫尔辛基宣言》第一次明确提出被实验者的知情权。从此，QOL 理论在生命质量的视角迈出了第一步。之后，1967 年，英国内科医生西西里·桑德斯女士（1918 年 1 月—2005 年 7 月）提出，"我们必须关心生命的质量，一如我们关心生命的长度"。她率先在伦敦郊外成立第一家现代安宁院——圣克里斯多弗安宁院，开创了现代临终关怀体系——控制疼痛的新方法和多方位治疗相结合的全面护理体系，尤其是缓和疗法引起世界关注。人们开始思考如何善待生命垂危者，以及"余下的日子将如何生活"此类问题，即生活质量的相关课题。在医学快速发展的过程中，人们不断遭遇关于生命质量的各类课题，例如植物人的生命延续、试管婴儿、脑死亡状态下的脏器移植、尊严死亡、安乐死等诸多新问题。在此背景下，1972年，美国医院协会在《病人权利法案》中提出，将知情权的适用范围扩大至普通患者；1981年，《里斯本宣言》将其国际化；1982年，该概念通过美国总统委员会报告而得以正式确立。QOL理论在现代拥有三个要素——生存质量、生活质量及人生质量。随着医学进步及多方面治疗的可能性增加，医疗伦理的目标不仅在于拯救生命，更在于保障患者的生活质量。

可以说，老龄伦理的关怀对象就是老龄生命质量。由于老龄个体的生命终究有限，并面临临终关怀的问题，因此在诠释老龄生命质量时，生命质量不是其三要素之一的狭义内涵，而应是整体的、广义的内涵。

（二）老龄生命质量的构成

关于老龄生命质量，国外的研究主要是从医学的角度进行的应用性课题，如老年人的临终关怀、老年人的医疗伦理、看护的伦理问题等。根据前文所述，在最新定义中，文化要素作为一个整体，即精神方面的内涵已经被纳入生命质量。所以，提高现代老龄生命质量就是在生理性健康质量的基础上，追求物质及精神的生活质量，以实现人生的终极生命质量为目标。

1. 生存质量：健康与再激活

生存质量是现代医学各领域非常重视的问题。随着新药物和治疗方法不断出现，医生可以使各种疾病和病理状态得以改善。治疗和管理的最终目标是预防疾病和治愈疾病。利用药物和手术治疗可以改善病情，却可能导致患者的生活受限或为其带来不良影响。因此，应从包括患者的生活和人生充实感在内的各方面总体而客观地对患者的生存质量进行评价。这就是生存质量所代表的意义。

健康关乎生存质量，已成为现代医学判断的新指标，在疾病临床研究中得到越来越多的应用。它的正确使用与评价对于慢性疾病的临床医疗质量的提高颇为重要。随着疾病谱的变化，难以治愈的癌症和慢性非传染性疾病逐渐占主导地位，传统临床判断指标中的治愈率、生存率适用性降低，如一个患者能够生活自理地存活5年，而另一个只能卧床存活5年，预后肯定不同。

因老龄生命个体的生理性特征尤其普遍遭受慢性病的困扰,保障老年人健康的生存条件,就成为提高其生活质量乃至人生质量的前提和基础,这对老龄生命所处的社会环境和医疗资源提出重要挑战。

所谓再激活,就是指在老年人护理照顾中提高其自理能力。日本NHK纪录片在对百岁老人进行调查研究后明确了两点,一是康复治疗的重要性,二是大脑的复活,这将使老年人萌发希望,提高其人生质量。丹麦的相关政策也提及如何活用老年人的余力。变老是不可避免的生命过程,那么,我们就应当学习在有限的生命中更好地活用自己的能力去有质量地生活,这是一种姿态,它显示出康复治疗的重要性。在20世纪60年代,北欧提出一个新型社会理念"生存正常化",即应当将残疾人与健全者等同对待,使其可以维持正常的、共同的社会生活,这才是理想的社会状态。因此,康复治疗对于老年人而言意味着人生质量的提高,是应当追求的。日本关于寿命延长的事实调查提供了生命再激活的可行性研究,由此也说明,无论年岁,老年人的康复治疗是很重要的一方面。

2. 生活质量:物质的、精神的生活

生活质量是全面评价生活优劣的概念,是社会政策与计划发展的一种结果。生活水平回答的是为满足物质、文化生活需要而消费的产品和劳务的多与少的问题,生活质量回答的是生活得好不好的问题。生活质量应以生活水平为基础,但其内涵更复杂、更广泛,更侧重于对人的精神文化等高级需求的满足程度和对环境状况进行评价。"生活质量"概念最早出现在美国经济学家J. K.加耳布雷思所著的《丰裕社会》(1958)中。该书主要揭示美国居民较高的生活水平与无法满足社会的、精神的需求之间的矛盾现象。他在1960年发表的美国《总统委员会国民计划报告》和R.R.鲍尔主编的《社会指标》文集中正式提出"生活质量"这个专门术语。此后,生活质量逐渐成为专门的研究领域。20世纪六七十年代,美国学者对生活质量的测定方法及指标体系做了大量研究。20世纪70年代后,生活质量研究相继在加拿大以及西欧、东欧、亚洲、非洲的一些国家展开。20世纪80年代初,中国结合国情开始对生活质量的指标体系及有关问题进行研究。

生活质量中的物质要素包含衣、食、住、行。今天中国各城市为老年人提供免费交通，该项公共措施就是对老年期泛生活的帮助，将影响老年人口的人生质量。生活质量中的精神要素包含哲学、伦理、心理、艺术、文学、民族、宗教等人文内容，以及交流、爱好、娱乐、体育、学习等。此外，家庭中养育子女以及老龄抚养等也是精神要素。

老龄生活质量的基础是衣、食、住，以及出现身体障碍时所需要的护理与照顾。支撑老龄生活质量的是制度性保障。在接受养老金与护理照顾的生活基础上，确保医疗与护理的协同保障十分关键。

丹麦就是成功实践了老龄生活质量制度性保障的先进国家。研究结果表明：第一，凡在丹麦居住40年以上者均由国家保障100%提供养老金（基本额）。因为只有政府解决了基本保障，其他各项补充性养老金才能发挥作用，例如准退职养老金、早期退职补助、个人附加金、补助养老金、劳动市场养老金、民间养老金。第二，老年住宅并非养老设施而是普通住宅，即不把老年人放置在某个院所，而是融入一般社区，充分体现政府保障老年人生活质量及其人生质量的老龄观。第三，针对老年人中那些不能自立者，不仅在身体护理及家务援助上给予支持，更多地关注如何帮助其提高自理能力，并为其提供生命末期的临终关怀。社会保障应是国家政策的第一优先，这个正义性不可缺少。

3. 人生质量：精神质量、伦理归宿、人生观

人生质量是贯彻于人的一生的生命观及其价值观的关键所在，与人对于生活的希望和满足感有着密切关联。这种精神性内容具有多样化、民族性、地域性的文化形态与行为形态。个体自生命的孕育到诞生，从成长到成熟，直至衰退、老化、生理性死亡，这样一个生老病死的循环及生命轮回的过程，也意味着从母亲怀抱到实体性关怀，由物质性向精神性发展的人类生命历史演进的伦理过程。当个体生命转入老年期，一方面是自然地生理性老化从而引起社会性退化的形态，另一方面表现为老龄个体的回归，即重新寻找生命怀抱以及实体关怀的终极阶段，是一种终极意义的追求。这就是人的伦理回归，一种类生命寻求伦理归宿的必然路径。就是说，人在追求一个生存质量、生活质量和人生质量"三位一体"的生命质量体系，人需要一种兼具物质与精神、彼此互动和促进的理论图示。人终有一死。人类已经认清生老病死不

过是个体生命的轮回,生命只有通过追求超越其自身的物质局限性,才可能实现永恒,才可能成为融入宇宙间的永恒物质,那其实是一种精神性内涵的努力。这种精神追求成为一种人文力量,不仅可能化解老龄个体对死亡的恐惧,安宁地接受死亡的来临,而且能够使社会整体、国家实体学会接纳和包容老龄生命,帮助其实现生命价值,通过关怀特别是伦理的关怀,使老龄生命得到终极回归,从而进一步提升社会质量。

老年人的人生观是积极(活动)还是消极(脱离),与其社会化紧密相关。老年人即便老了仍然参加社会活动,或者是因为老而不可避免地与社会脱离,老年期也许就是一个逐步接受事实的过程?老年学研究者对于老年期的适应问题究竟归结于活动理论还是脱离理论,尚未得出结论,但是不能否认,无论是从社会还是从家庭立场来看,老年人从主导性角色中退场或脱离都是巨大的转机,引退对于老年个体的影响是很大的。研究表明,引退使得老年人向内发展,即内向性增强,特别是在被迫引退、脱离的情况下,将怀有强烈的失落感及空虚感,而那些继续参加社会活动的老年人幸福感较高,认知力、判断力也较好。但同时,也有部分老年人与此相反,随着年龄增加能力逐渐减退,却仍需继续加入社会,因而产生很重的负担感。他们更希望借引退的机会从繁重的责任中解脱出来,选择自己的第二次人生,从容地以个人感到愉悦的生活方式度过余生。由此可见,与社会的脱离行为对老龄个体的影响很大,但其究竟是积极的还是消极的影响,取决于老龄个体的适应方式。

丹麦社会在老年人生活方式的选择上十分慎重,认为给予其自我决定权与选择的权利是最重要的。基本而言,老年人只需要对自身环境具有影响的能力即可。不管怎样,正因为老年人有着对人生质量的追求,因此,丹麦政策中含有尊重并关怀老龄个体及其情绪的内容。在中国的传统文化中,上述与社会脱离的生活方式亦合乎道家的退隐之论。

近年来,科学研究还表明大脑是可以被激活的。日本NHK特别专访节目中记录了四位超高龄老年人的事例,可以启发对该问题的思考。事例表明,自主学习可保持记忆力,日常动脑可以缓解大脑老化,运动以及好奇心可使脑部活动保持活跃。科学研究的发展将可能使老龄个体更加积极地应对老龄化,不断推进人生质量的提高。

（三）老龄生命质量的三要素及其关系

1. 物质生活与精神生活的互动

马克思告诉我们，人的意识对物质有能动作用，上层建筑是建立在一定经济基础之上的各种制度、设施和意识形态的总和，制度和设施一经建立，反过来也会影响意识形态。

樊浩在其著作《伦理精神的价值生态》中也阐述了相同观点，即人的意识对物质有能动作用，并强调了作为人的物质基础的经济与精神要素的伦理之间具有有机的相互作用即互动，并称之为生态合理性。"生态价值观，就是在伦理与文化、经济、社会的有机生态中，即在有机的伦理－文化、伦理－经济、伦理－社会生态中理解、建构、确证，把握伦理精神的现实性和合理性的价值观。①作为具体历史的形态，伦理、伦理精神有其内在的文化结构生态和价值结构生态；②伦理、伦理价值存在于伦理与经济、社会、文化的具体现实的生态关系中。生态价值观在伦理与文化，经济，社会的互动关系中理解和确证伦理价值，认为伦理精神的价值合理性存在并根源于伦理与文化，经济，社会的辩证互动，及其所形成的社会文明的生态有机体的合理性之中"①。依照这种价值观,伦理的价值目的不仅是对现存社会的维护和对现存价值系统的支持，而且应当是对现存社会的道德批判和伦理改造。生态价值观就是在开放—冲突的文明体系中追求价值的合理性，同时追求着价值伦理的具体现实性。重要的是，我们应当认识到，伦理价值应当渗透并体现于文化—经济—社会体系中，应当成为一定文化—经济—社会生活中具有现实效力的价值力量。

因此，一般而言，人的精神被其生活方式等物质要素所规定，同时，也反作用于生活方式并使其得到发展。因而，生活质量的人文内容即哲学、伦理、心理、艺术、宗教、交流、爱好、娱乐、体育、学习等，与人生质量的生命价值观，共同构成了精神层面。它们被生活质量中的衣食住行部分与生命质量的身体及生理部分的物质基础所制约，同时，也对其产生反作用，彼此是一种互动的关系。

---

① 樊浩：《伦理精神的价值生态》，中国社会科学出版社2001年版，第453页。

2. 三要素的关系

老龄生命质量的构成不仅是三要素本身，它们之间的相互作用也不可忽视。老龄生命质量关怀视域的一个基础内容就是，给予逐渐衰老的生命维持其生活质量所需要的护理。同时，延迟老龄化对人生质量的影响，关怀与尊重老年人，显得更为重要。关切老年人的人生质量能够激起老年人的希望，是老年人能够在文化、道义上圆满地成为一个"人"的重要保证。

生活质量从它的内部结构看，有物质生活和精神生活两个部分。前者包含衣食住行等方面，后者包含人际交往、兴趣爱好、娱乐活动、学习等人文方面，精神内容将不可避免地受到物质内容的制约，但同时也会对它产生反作用。事实上，对于人不仅是需要物质的这个命题的理解，应该是：人生离不开物质，但并不仅仅如此，人也是需要精神的。物质是一个哲学范畴，它与意识、精神相对。辩证唯物主义认为，物质是不依赖于意识又能为意识所反映的客观实在。物质范畴是辩证唯物主义对无限丰富的实物、客体、系统及其属性和关系的概括，是哲学史和科学史长期发展的产物，指出世界是物质多样性的统一。精神同样是一个哲学范畴。它同物质相对，与意识相一致。辩证唯物主义把精神作为由社会存在决定的人的意识活动及其内容和成果的总称。精神有不同的表现形式。唯物主义者认为精神是由物质派生的，唯心主义者则以不同形式把精神看作世界的本原。辩证唯物主义认为精神是对客观存在的反映，同时精神又具有极大的能动性，通过社会实践，强有力地反作用于物质世界。

生存质量是以健康支持为主干，其基础是生活质量中的衣食住行等内容。健康得到保障后，才可能创造出更好状态的生活质量，即衣食住行。

人生质量以生活方式为主要考察内容，包含上述两个方面，既有生存质量上的保障，也有生活质量中的内容。同样，人生质量中的生活方式也会促进生存质量和生活质量，它们彼此也是辩证的关系。

比如，从日本百岁老人科学测试的结果可以看出，运动就是他们的生活价值、乐趣和目标，通过达成目标，他们实现了对自身锻炼的促进和对健康维护的自我要求；从结果看，它的作用就是延迟老化的到来，延长寿命，并最终提高生命质量。那些老人因为拥有合适的生活方式和生活目标而长寿，也说明：生活方式的价值和生活目标的拥有，不仅保障了老年人口的生存质量，并且由于坚持一定的生活方式对大脑产生再生作用，也最大限度地保障了与人的精神生活质量相吻合的人文力的进步和升华。

综上，老龄生命质量与生活质量是个体生命后半程最为重要的价值理念和价值认同，精神需求和伦理回归是其共通之处。而中国伦理型文化以及西方理性思想为现代老龄文明的应对提供了充实的文化资源和深远的道德影响力。

二、中国老龄伦理观念的历史变迁及其发展成果

孔子的儒学主体为三纲，即君为臣纲、父为子纲、夫为妻纲，其以家庭道德的仁爱和孝悌为基础，因此儒教成为支持中国传统社会老龄生命质量的核心道德。家庭道德与君臣的仁爱忠义融为一体并形成体系，表现为两个"统一"的特点。一是以修身齐家治国平天下达到家国统一，并以此形成维护国家秩序的手段，二是以由上而下的仁爱唤起自下而上的忠孝，其本质是德得的统一。这种孝之德行是为了适应当时以土地为主体的自给自足的自然经济状况的，养儿防老在敬老及老龄抚养上曾经发挥了重要作用。

比较儒学道德与近代的康德、黑格尔及丹麦事例，可以发现其中的显著差异和由此产生的本质特点。首先是道德的动机。康德不承认"德者得也"的不纯粹的道德动机，认为自律的人的自由就是不受"得"的支配。其次是身份差别及个人的权利观。黑格尔在关于家庭和国家伦理的论述中指出，不存在儒学中的身份等级，其理论基底是个人权利的观点。最后是社会伦理观的差异。黑格尔说，市民社会中以法作为社会伦理，它同样产生于市民社会的道德与权利义务的统一，即个人道德与社会伦理的统一。丹麦正是在老龄生命质量领域中把该理论现实化的具体事例。

儒学道德固然有其封建性，但也不能忽视它在2000多年间紧紧把握人心的一面，那就是仁爱的概念和一种存在于对养育自己的父母年老后的怜惜之"情"中的普遍性。汉武帝时期"罢黜百家，独尊儒术"，儒学成为维护国家秩序的工具，这意味着：一方面家国统一象征着天人合一的强大皇权，

另一方面儒学中的忠孝思想由君臣强制扩大到广大人民之中，成为皇权支配秩序的精神支柱。宋明时期，朱子理学进一步引入宇宙的观点，实现了家国天的统一，它把减少恶的人欲作为修行的内容。这时的道德只是出于父子、君臣立场的个人道德。值得关注的是，自汉至唐曾有部分社会伦理在皇权下得到了发挥，那就是免除需抚养老龄父母的男子的兵役，即所谓"待丁制"。本质上说，这也是出自德得统一的动机，虽然是君子的仁爱，但其行为是善的，显示出皇权之下伦理依然发挥着力量，那是一种人文的力量。到了清代，王夫之和戴震否定了朱子理学的"理一分殊"体系，提出理就是形而下的现实存在，打破了它的神秘性。戴震认为理就是物质世界生成的条理，它近乎近代的自然规律。他们还强调一种共通的情，以肯定人的情欲为前提，以合乎人性与道德的方式对待自己的情与别人的情。"以情系情"具有近代人文主义的倾向，是对传统伦理的突破，从这个意义上说个人道德的孝开始向社会伦理过渡。但在封建体制下，那依然是一种观念性存在，尚未明确意识到个人权利的概念。

康有为试图为中国引进近代西方政治思想，他提出"除苦求乐"的人道观，特别在大同观的"慈老"中主张超越家庭这个社会组织，为全体社会成员设置养老院、考终院。例如，60岁以上者皆入养老院赡养；护理老人者以一年为一个任期，如老人评价不佳则除名；每日两名医生问诊，衣食由医生监督，极尽养生之道。人不分老少贵贱逝世后均可入考终院，入院后由院方主持葬礼，尸体火葬，死者遗物一半据遗言赠予，其余收为公物。可以说，这是中国最早的老龄社会伦理或社会保障。自唐代免除兵役以来，老龄生命质量的社会伦理发展到这时达到了一个较高的境界。当然，康有为关于老龄生命质量的观点存在局限性，因为他并不是出自对个人权利的尊重，因此没有达到个人道德与社会伦理相统一的理论实现。

近代以来，孙中山提出三民主义，民生概念成为国家政策的理念，并与民权即民众的参加形成一个统一的概念。其后，伴随着中国持续的民族解放运动和新中国成立以后的土地制度改革，老龄生命质量发生了变化。改革开放后，老龄生命质量具有三大特点。一是随着生产责任制的推广，农民逐渐从农业转向工厂劳动，土地作为养老财产保留的意义已经消失，因此实际上养老就转变为单纯由子女的"情"所决定。二是从 1987 年全国老龄工作经验交流会上提出老人抚养协议书，到 1996 年通过《中华人民共和国老年人权益保障法》，基本都是以依靠家庭内部抚养及包户组辅助支持为主线。因此，采取的依然是家庭义务的原则而不是国家主导的方针。可以说，政府依然没有摆脱提倡孝道的老龄抚养观。三是老龄生活质量中社会伦理和社会保障已进入新的阶段，如养老金制度的"小账户、大统筹"和"大账户、小统筹"制度，医疗保险 1993 年开始试行社会统筹和个人账户并行制度，农村还继续实行五保户制度等。中国自 20 世纪 90 年代进入社会主义市场经济，老龄生命质量面临的问题是，如何实现从家庭抚养义务到国家政策主导的观念性转变。

随着人口老龄化的加剧，为了适应经济社会发展的需要，政府提出了养老金并轨的改革措施。2015 年发布了《国务院关于机关事业单位工作人员养老保险制度改革的决定》，主要目的在于减轻政府财政负担以及推动社会保障制度的深化改革。养老金并轨标志着存在了近 20 年的养老金"双轨制"终结，这有助于缩小制度性差距，促进各群体间的权利公平，促进社会和谐发展。

对于走在中国式现代化道路上的社会主义中国来说，伴随着中度老龄化的到来，将人民对美好生活的向往作为现代化建设的出发点和落脚点，积极老龄化国家战略中老龄文明能够响应为探索人类现代化道路作出新贡献的要求。

三、老龄生命质量的未来选择与现代老龄文明

马克思主义认为，人最终将成为社会化的独立自己的主人，因而同时是自然的主人，也是自己的主人。就是说，个人的自由不是浅薄抽象的，而是社会的、自然的，以人与人之间的关系为依据而达成。马克思主义的目标是实现人类的自由和解放，这也是一种终极伦理。但是，达到自由和成为人类自己的社会化的主人，这意味着经济发展中生产资料的社会化，是马克思主义的核心所在。它之所以科学，是因为经济与物质是自由的前提，自由不能离开经济与物质独立存在。马克思主义还阐述，资本主义的基本矛盾是生产

社会化与私人占有之间的矛盾,解决它的办法是由劳动者阶级掌握公共权利,使生产资料社会化,将财富进行社会性分配。这里已经将财富的社会性分配作为实现社会伦理的方法,而无论是在当今资本主义国家还是在中国等社会主义国家,社会保障都是进行财富的社会性分配的一个途径。要将它作为所有社会的全部课题,因为人类历史只有成熟地发展到下一个阶段才能实现生产资料社会化。那么,如何保障和改善中国在社会主义现代化中的老龄生命质量?首先,在全面根本地解决社会保障之前,它是必须考虑的重要课题,社会伦理应与经济伦理和政治伦理相结合,以积极的姿态寻求该问题的解决。经济伦理促进财富分配理论的施行,政治伦理要求官员清廉等也是毋庸置疑的。

前文已述,中国的老龄生命质量包含三个要素,其中养老金和医疗保障作为社会伦理发挥作用,政府已采取政策性支持,但在老龄抚养及护理方面依然处于深度依赖家庭道德的状态之中,可见传统的孝道观念仍然影响极其深远。然而,这个观念在市场经济改革40多年后的现代中国社会已经达到极限,何况遭遇老龄化进程加剧的冲击。目前,老龄生命质量的课题是将老龄抚养及护理从家庭道德中解脱出来,向社会伦理转换,这需要确立更加完善的养老金、医疗保障、老龄抚养及护理的体系。要实现这一点,在伦理依据方面,应深刻理解和贯彻经济是为了保障人民生活的经济伦理观,它可以成为一种促进财富分配、充实社会保障的人文力。同时,老龄生命质量的课题应由政府和人民共同解决,这一路径是由现代中国该问题的重大性和深远性所决定的。1987年全国老龄工作经验交流会曾经探讨国家、社会、家庭三结合的养老方法,期待今后在国家和各地区设立专门的市民委员会,在真正意义上实现三结合。其中,在个人道德方面关键是要有参与意识,人民有必要通过自身权利要求在社会伦理中反映个体的养老意愿和意见。伴随着中国社会现代化进程,老年人最基本的物质需求基本得到满足,健康需求成为首要需求,精神需求中的感情需求最为强烈。这是社会现代化的反射,即老年人的需求扩大也是一种规律性现象,它沿着由内隐到外显,自低级向高级,从物质到精神,自家庭到社会的路线去实现。在今天的中国,人们越来越推崇高品质的生活质量,老龄精神需求即生命质量的需求也越来越重要。

如果能够实现，中国就可能在历史上第一次完成个人道德与社会伦理的统一，这个统一在性质上完全不同于封建时代的家国统一。实现社会主义中国的老龄生命质量的意义何在？资本主义国家丹麦达成了老龄生命质量的世界最好标准，但是有其局限性，就在于丹麦并不拥有走向社会主义未来的发展进路，该国的资本主义市场经济还将持续下去。而中国则是走在现代化道路上的社会主义国家，走的是不同于西方社会发展的道路，并以此作为迈向未来的重要基石。老龄生命质量的追求和选择是现代化中国社会高质量发展的内在要求，是现代老龄文明的重要实现路径。

作者：周琛，东南大学外国语学院教授，博士生导师，东南大学国际老龄化研究中心副主任，江苏道德发展智库研究员。

主要参考文献

1. ［日］井神隆宪编.社会康复治疗的课题——以 QOL 为目标.中央法规出版社，2000

2. 樊浩.中国伦理精神的历史建构.江苏人民出版社，1992

3. 蔡元培.中国伦理学史.上海古籍出版社，2005

4. 钟清汉.从孔子到孙文 50 个人物读"中国思想".PHP 研究所，2005

5. ［日］坂出祥伸.大同书（第三版）.明德出版社，1996

6. 丹麦社会事业省编.丹麦的社会政策.非营利协同综合研究所，2004

7. ［日］冈本右三.向丹麦学习——充裕晚年.朝日新闻社，1990

第三部分

老龄文明国际研究

老龄化与老龄文明

——来自德国的经验报告

［德］玛丽-露易丝·穆勒（Marie-Luise Müller）

在老龄社会中，经验、认知、教育、忍耐力、资源和生产力方面埋藏着巨大潜力。从人口学出发，从根本上研究文明和社会共存的所有问题大为必要。专家学者致力于为悬而未决的问题找到突破性的解决方案。塑造民主的能力在于，所有世代、阶层和出身的人们都享有足够的合法权利，积极融入、共同打造宜居富强的未来生活。

一、前言

德国是世界上最"老"的社会之一。孔子说，"人无远虑，必有近忧"，这句话听起来如此简单和合乎逻辑，但真的那么容易吗？在本文中，笔者将尝试阐明家庭、文明和世代、社会、医学、护理和健康、文化、伦理、传统以及由此产生的公民自主的政治框架之间的联系。

我选择中华先贤孔子的智慧作为撰稿动机绝非偶然。当然，如果要使未来更具可预见性，这既简单又很困难。然而，在当下，我们别无选择，只能应对人口挑战。我们需要新型的、现代化的家庭，和在文化和伦理上可接受的答案。这些答案需要转化为持久有效和可接受的老龄化概念。

如果仅仅通过概率计算、预测和期望来解决未来的问题，会引发怀疑和恐惧，但同时也会让人好奇、产生灵感。为什么不在现在营造一种展望未来50年生活的感觉呢？这样可能会让我们更自由地审视当下社会生活中的重要部分。这样一来，专家学者就可以与经验丰富的老年人共同开启一扇大门，重新思考代际共存的机遇和价值。

本文将以德国的视角回顾过去60年（1963—2023年），展望未来，为实现共同的老龄化未来文明而学习。

二、人口数量、数据和事实

德国统计局给我们提供了有关人口发展的数据和事实。这些数据清楚地表明，到2035年左右，德国可能会成为世界上人口老龄化程度最深的国家。在现有的8400万德国人口中，有14.6%来自其他国家，这表明德国只能通过外国移民实现人口增长。迁入德国的人比迁出的人更多，其中多出的迁入人员主要是中年人和年轻人。

如今，平均每名妇女只生育1.46个孩子。在德国，每两个人中就有一个人年龄超过45岁，每五个人中就有一个人年龄超过66岁。

自2010年以来，移民人数一直居高不下。原因是多方面的。不过，可以指出的是，随着移民比例的增加，人口年龄结构出现了轻微的年轻化。

德国的出生率经历了巨大的变化。1964年，有136万新生儿出生。这种异常的增长是战后婴儿潮导致的。新生儿数量在66.3万（2011年最低水平）和77.3万之间波动。自2011年以来，德国出生人口增长了约11%，这显然与移民有关。然而，总体上仍然可以看到出生人口明显减少，这使得人口结构的变化有限。新生儿不仅对家庭重要，而且对国家的规划和发展也至关重要。可以说，儿童照护、学校、培训机会、大学录取名额、就业机会，甚至养老保障都与此密切相关。因此，出生数据是观察德国人口结构变化的重要因素。

发展数据表明，1950年，老年人与劳动年龄人口的比例约为1∶6.25，每100名劳动年龄人口对应16名老年人；到了1970年，每100名劳动年龄人口对应的老年人上升到了 27 名。这种发展变化受各种历史环境的影响，如第二次世界大战、人口结构发展、寿命延长、医疗条件改善、经济繁荣发展等。直到 1991 年，由于战后出生人口（婴儿潮一代）进入了劳动年龄段，老年人与劳动年龄人口的比例下降。但自 1991 年以来，老年人与劳动年龄人口的比例几乎一直在上升。直到 2020 年，这一比例上升到了每 100 名劳动年龄人口对应 35.2 名老年人。

1950 年，人们的平均退休年龄是 65 岁。30 年后，退休年龄下降到了 62.2 岁。自 2000 年以来，退休年龄持续上升，截至 2023 年，退休年龄为 63.8 岁，法定的退休年龄为 65 岁。在德国，人们在不同层面上就将退休年龄提高到 67 岁进行了讨论。

如今，随着平均寿命增长至 85 岁，百岁及以上的高龄人口也在增加，2012 年达到了 23000 人。随着这种年龄结构的发展，（因年老而）需要护理的人口和受疾病困扰的弱势群体的比例也在增加。

社会政策方面，德国曾尝试通过 1995 年引入社会护理保险并在 2017 年进行修订来影响老龄化进程。到 2022 年，已有 417 万人有护理需求，预计到 2030 年，有护理需求的人数将超过 550 万。其中 80% 的人在家中接受护理。这种护理方式是德国人民最希望的，他们希望在自己熟悉的环境中自主地度过生命的最后阶段。这项财政和社会成就（部分保险）最初很大程度上减轻了服务提供者（养老院、社区服务、社会福利局）的压力。2015 年，在经过多次公开讨论、意见批评和法律争议后，护理等级模式（1—3 级）被系统化的精细护理等级模式（1—5 级）取代。总体而言，这意味着慢性和罕见的神经功能受限临床表现、各种形式的痴呆症、更好的沟通以及儿童和青少年的护理需求可以得到更多的考虑。

截至 2023 年，仍有约 500 万名照料和护理亲属的护理人员，他们或多或少地满足了人们"在照料和赡养亲属的过程中依旧享有家庭生活和隐私"的愿望。因此，这不仅仅是老龄化的问题，而且是几代人如何共同生活和工作的问题。

三、德国的家庭发展

直到20世纪末,传统的多代家庭(大家庭)在德国依然有着悠久的传统。这种家庭结构得益于奥托·冯·俾斯麦于1883年建立和推动的社会保险体系的支持。德国于1883年建立了医疗保险,1884年建立了工伤保险,19世纪末建立了养老保险。因此,工人及其家人在工人无法工作或因疾病而失去收入时,以及在发生事故后和退休后,都能免于生活困苦。与之相关的母性福利体系一直运作到20世纪中期。所有家庭成员,无论老幼,都能从整个生命周期的丰富经验中受益,因为他们通常都生活在一个屋檐下。年长家庭成员的经验传承,例如疾病预防、健康和社会教育、道德和伦理价值观以及自主的家庭生活,这些都是社会共存中留下的宝贵财富。家庭关系也保证其成员们免受老年贫困和老年孤独。随着工业化和科学技术的发展,传统的家庭结构逐渐发生了变化。自20世纪下半叶以来,长期存在的家庭结构(大家庭住在一起,有两到四个孩子)逐渐解体,转变为更加细分的家庭结构:单身家庭,非传统伴侣关系,最多两个孩子。1990年,两德的统一带来了更多的就业机会流动。随着教育和科学迅速发展,国际和全球劳动力市场出现了越来越多女性可用的工作机会。女性开始在职场上展现强大的职业自信,雇主、社会和政治界对此做出了相应反应。随着女性进入职场,传统的以女性为主的照顾子女和老龄家庭成员的结构也开始消失。

四、工业化、政治和社会组织

政治界对这些重大的社会变化做出了反应,提出了在工作领域男女待遇平等的法律要求,有享受看护儿童和休假照顾年长家庭成员的权利。1990年东西德的统一对地域流动性、工作灵活性产生了重大影响,也对家庭结构产生了深远影响。

这种明显的文明进步归功于科学技术的进步。不断增长和创造的财富显著地改善了人们的社会和物质生活条件。私人和社会住房的增加、交通基础设施的扩建、国家组织和雇主提供的更好的儿童看护服务、医疗保健服务的改善、社会养老金的提高等,这些都是家庭结构得以细分的重要条件。

在这种重大而深刻的社会变革过程中,国家面临着越来越多的挑战。特别是社区和地方政府承担着重大责任,他们与市民的生活息息相关,对成功创建的文明共存起着重要作用。对地方当局而言,这意味着以更加面向未来的方式,不断发展和塑造更好的社会生活理念,让老年人,尤其是老年残障人士或长期患病的老年人参与和融入社会。在德国,随着威廉-吕布克基金会(德国老龄问题理事会,Wilhelmine-Lübke-Stiftung e.V.,KDA)的成立,公共的、结构化的和民主的老年结构开始发展起来。这个自由的、公益性的、中立的基金会是由当时的联邦总统海因里希·吕布克和他的妻子于1962年创立的。他们发起这一倡议是因为他们感到老年人的护理不足,以及想改善家庭结构。KDA至今仍然是德国最大的独立、中立的人道主义组织,它致力于代际专业对话和基于共同利益的讨论。KDA积极参与并为政府、雇主、组织和委员会、研究人员和科学家、教育和职业资格培训、社区和代际共同生活提供思路。对于理解老龄化和老年生活,需要一个不断进行知识理解和学习沟通的过程。要理解年龄和年龄的增长,理解它属于生活的中心,需要一个持续学习和理解知识的过程。几十年来的调查证实,老年人最希望在自己的家中度过晚年生活。科学研究也表明,老年人在熟悉的环境中自主生活的时间越长,对他们的独立性、积极性和生活质量的积极影响就越明显。基于所有这些发现,政治界做出了回应,特别是基于宪法保障的合法权利:

《德意志联邦共和国基本法》①第2条规定了自主生活的权利:

> 每个人都有权利自由发展自己的个性,但不得侵犯他人的权利,也不得违反宪法秩序或道德法则。
>
> 每个人都享有生命权和人身安全权。人身自由不可侵犯。只有依据法律才能干涉这些权利……

---

① Grundgesetz für die Bundesrepublik Deutschland,1949-05-23,https://www.gesetze-im-internet.de/gg/BJNR000010949.html.

《老年、需帮助和需护理人群的权利宪章》①为卫生、康复和社会服务等部门的立法、教育和企业准则提供了方向和基准。以质量为导向的机构和组织利用这些准则来调整其目标、战略和工作流程。文章概览提供了对这一主题领域的洞察，为家属、照料者、护理人员以及相关的老年人和高龄人士提供了非常实用的日常帮助、法律和伦理方面的有益信息。

文章概览如下：

>自决和自助。
>身心健全、自由和安全。
>隐私。
>护理、照顾和治疗。
>赞赏、交流和社会参与。
>宗教、文化和世界观、姑息关怀、临终和死亡。

针对老龄化社会的政治战略定位，政府编制了有关年龄趋势的报告。这一出版物首次出现在1993年。组成这一专家委员会的成员包括研究人员、科学家、医学专家、从业人员、用户以及重点领域的其他专家，他们致力于探讨与文明进步和跨代共融环境相关的未来问题。最新报告每5年编写一次，并根据主题进行必要的调整。这些一般出版物和专业出版物广泛介绍了生活、社会家庭生活、经济潜力，特别是退休年龄、就业市场准入、老年人疾病预防和康复措施、新住房选择以及新的多代同堂生活。这些政治报告中的信息流入包括社会、高校、协会和社团在内的整个网络，从而使公民在相关立法计划中的民主参与权得到有效实现。

该报告自编写以来所涉及的主要专题概览如下：

---

① Charta der Rechte hilfe- und pflegebedürftiger Menschen, 2021-03-04, https://www.bmfsfj.de/bmfsfj/themen/aeltere-menschen/hilfe-und-pflege/charta-der-rechte-hilfe-und-pflegebeduerftiger-menschen-77426.

老年人的生活状况和老年住房（2000年）。

年龄与社会、风险、生活质量、疾病预防（2005年）。

痴呆症患者特殊情况下的老年生活（2009年）。

老年的潜力（2012年）。

社会中的老年形象、社区护理和共同责任（2015年）。

建设可持续的代际生活（2018年）。

年龄与数字化（2021年）。

五、老龄护理事业的发展

在德国，老龄护理事业有着悠久的传统。在中世纪之前，照顾和赡养主要是家庭和教会机构（如修道院）的责任。在基督教文化中，临终和死亡主要在家庭中进行。随着19世纪工业化和城市化的到来，这些宝贵的代际照顾和护理经验逐渐消失。许多年轻人从农村搬到城市，因此无法再在家庭中照顾老人。

德国老龄护理培训的历史悠久，内容丰富。它与德国卫生和社会福利体系的发展、德国联邦制度及其独立的政治主权任务，以及随之而来的社会变革密切相关。德国老龄护理培训的真正诞生可以追溯到1965年，当时出版了第一本国家认可的老龄护理师教科书。这标志着德国老龄护理培训向标准化和专业化迈出了重要一步。第二次世界大战后，特别是在20世纪50年代和60年代，老年人和需要护理者的人不断增加。在此期间，老龄护理专业培训课程开始发展起来。最初的课程往往很短，也没有系统性，但为这一职业的专业化奠定了初步基础。在随后的几年中，越来越多的老龄护理学校成立，并出现了各种培训模式。这些教育机构主要由福利协会、教会和慈善组织开办。培训的重点是传授实用知识、社会技能以及根深蒂固的文化和宗教价值体系。培训期从短期课程开始，然后是一至两年的理论教学和在护理机构的实践任务。因此，老年人护理作为一种职业活动，经过了几个世纪的发展，直到20世纪才作为一种公认的培训职业在卫生和社会系统中得到巩固。随着预期寿命的延长和老年人数量的增加，对专业护理的需求也日益增长。

2003年的《老龄护理法》是一个里程碑，它首次为老龄护理培训制定了全国统一的规定。法律规定，老龄护理的培训应该持续三年，并以通过国家考试结束。该法律还明确规定了培训内容：护理科学、医学、社会科学以及法律和伦理基础应该成为课程的一部分。这一教育方面的成就在德国引发了非常积极的变革。直到21世纪初，老龄护理教育仍然需要支付学费。这使得许多家庭和年轻人很难获得培训机会。不幸的是，这一准入障碍导致护理行业长期缺乏高素质的人才，因此护理的质量水平并不是特别高。立法者在进行各种改革的过程中对这些负面情况做出了反应。在全国范围内引入专业人员配额、外部机构审计程序、护理质量标准、居民咨询委员会和调查等措施，大大提高了护理行业的声誉和质量水平。

2017年，最新教育改革将以往所有的护理培训课程都改为通用基础培训课程[①]。进行为期两年的初始资格培训之后，再进行一年的专业培训(护理、老龄护理、儿科护理)，这不仅会使不同护理领域之间的渗透性更强，还会提高该职业的整体声誉，吸引更多年轻人从事这一重要的社会职业。

老龄护理培训的历史清楚地表明了社会需求和价值观是如何影响职业培训的。从最初的非结构化课程到如今的学术化和专业化培训，这一领域一直在不断发展——其目的始终是为老年人提供高质量的护理和照顾。

六、预防

健康长寿是老龄化社会的共同目标。30多年来，不仅医学的巨大进步对其大有贡献，老年人自身的生活方式也是原因之一。医疗保险公司推出了一些有趣的预防计划。这些计划涉及运动和康复健身、营养计划以及关于康复和保持健康的有益建议。有针对性的咨询服务，如戒烟计划、减肥计划、自助小组和戒毒计划，都是恢复和保持健康的有效方法。在第二和第三健康市场，各种社会背景的人都在广泛利用私人健身和俱乐部项目。负责任的雇

---

① Pflegeberufegesetz, 2017-07-17, https://www.bundesgesundheitsministerium.de/pflegeberufegesetz.html.

主和雇主责任保险协会宣传良好的预防计划,并参加全国性的竞赛,跻身最佳行列。国家支持为残疾人、病后严重残疾者提供工作机会或长期康复措施,这些都是文明社会的补充措施。

健康的老龄化是最重要的目标,尤其是在即将到来的婴儿潮一代(1952年以后出生)进入退休年龄的人口趋势下。自1995年引入社会长期护理保险以来,统计数据显示,随着女性(84岁)、男性(83岁)、高龄老人(95岁以上)和极高龄老人(100岁以上)平均年龄的增加,患慢性病的人口比例也在增加,老年疾病和多病症日益增多。老年疾病本身就是一门非常复杂的医学专科,即"老龄医学",该专科已有40多年的研究历史,在科学界引起了广泛关注。

从根本上说,"年老并不意味着生病!"随着慢性疾病患病人口的增加,德国的老龄医学在20世纪开设了老龄医学临床专科。

七、老龄医学的发展

由于各种原因,需要护理的人数在不断增加。高龄人口增加,痴呆症和慢性病患者增多,退休人员(婴儿潮一代)中患有先天性疾病的人数增多。单亲和单身人口的比例在增加,来自其他国家和文化背景的人口数量也在增加,特别是1960—1970年间第一代移民德国的人口数量是值得关注的。

近年来,随着人口老龄化和有复杂健康问题的老年人数量不断增加,老龄医学在德国变得越来越重要。老龄医学涉及老年人的医疗和护理,尤其侧重于多病症,即同时患有多种慢性疾病。除多病同治外,康复、姑息治疗和临终关怀也在老年病护理中发挥着重要作用。

多病缠身是老年人中的普遍现象,因为他们在一生中往往会患上各种疾病。这会增加治疗和护理的难度,因为各种疾病可能会相互影响,因此需要采取综合方法进行治疗。因此,老龄医学正在开发特殊的理念和治疗方法,以应对这些挑战。

德国有大量的老年疾病治疗机构,其中大部分设在医院内,是独立的专科医疗部门。就患者对象的跨学科性而言,这些机构专门为70岁及以上的老年人提供医疗服务。除老年病诊所外，诊断和治疗服务的范围还扩大到日间诊所、老年病康复设施和专科门诊服务。这些机构为患有多种疾病的老年人提供全面的医疗服务、护理服务以及物理治疗、职业治疗、逻辑治疗和心理治疗。

老年病护理的一个重要组成部分是医学、护理、物理治疗、职业治疗、语言治疗和社会工作等各专业学科之间的跨学科和跨专业合作。这种有益的合作使患有多种疾病的老年人的个人需求和问题得到全面的考虑和治疗。

老年病护理的另一个重要方面是关注老年人的心理健康。患有多种疾病的老年人往往有孤独、社会隔离或经济问题。因此，必须将社会服务和社会心理支持纳入老龄护理体系，以满足老年人的整体需求。

康复在老龄护理中也起着至关重要的作用。许多老年人在住院或罹患急性疾病后，需要进行有针对性的康复治疗，以恢复或保持其独立自主能力。老年康复（住院/门诊）包括多种治疗措施，如物理治疗、职业治疗和语言治疗，以及跨学科团队提供的个性化护理。

老年康复的目标是多样的，包括改善行动能力和独立自主能力、减轻疼痛、提高认知能力和强化社交网络。我们特别关注老年人的个人需求和资源，以使他们能够以最佳方式参与日常生活。

自20世纪70年代以来，专业老龄护理在老龄医学中的功能和作用一直是德国社区服务不可或缺的支柱。在德国全国范围内拥有约15000家门诊护理服务机构；在长期住院治疗方面，有超过15000家机构。在过去的30年里（1993—2023年），老龄医学专业护理变得越来越重要。2017年，以"老龄护理"为重点的全科教育改革意味着特殊技能发挥着重要作用。这正是专业化的关键所在，它要求在包括专业内部在内的全社会范围采用新的思维方式。在老龄护理中，技能和能力在护理患有多种疾病的老年人方面起着决定性作用。老龄护理能力是指护理专业人员在处理老年病人的特殊需求时所具备的知识、技能和行动。老龄护理专业知识涵盖多个领域，如评估老年患者健康状况及其个人资源和限制的护理诊断程序。护理诊断用于有条理、有系统地确定护理需求，并规划合适的护理措施。

老龄护理中的护理诊断过程首先是全面了解病史和记录病人的病历，包括记录其现有疾病、药物和过敏的信息。随后对病人的身体状况进行系统检查，包括测量生命体征，如血压、脉搏、体温、呼吸，以及评估皮肤状况和可能的行动限制。此外，还要对记忆力和定位能力等认知能力进行测试，并对情绪状态进行评估。这里使用的是标准化评估，如记录认知功能限制的简单精神状态测试或记录情绪状态的抑郁量表。然后根据这些信息进行实际的护理诊断：确定现有的资源和限制，并指出具体的护理问题（如因行动不便、大小便失禁而导致压疮的风险）。下一步是与患者或其亲属一起确定护理目标，这包括确定应该实现哪些改善目标（例如，进行运动训练以改善步态）。最后，规划具体的护理措施，包括确定应采取哪些护理干预措施（例如，定期进行体位调整以预防压疮）。

然而，老龄护理技能不仅包括护理诊断过程，还包括对特定年龄的临床症状（如痴呆症或骨质疏松症）以及与年龄有关的身体变化（如肌肉萎缩或新陈代谢的改变）的充分了解。

沟通技巧在老年病人的护理中也起着重要的作用，这包括对他们的需求做出敏感的反应，并让他们积极参与决策过程。

有关生前遗嘱或监护法等法律框架的知识、姑息治疗和临终关怀的知识也是护理老年人所必需的专业知识，其中，姑息治疗和临终关怀的目的是让垂死的病人有尊严地生活到最后，并为他们的亲属提供支持。

技术和数字化发展方面的知识同样发挥着越来越重要的作用，目的是合理使用数字化解决方案，利用新技术改善老龄护理流程。

总之，老龄护理专业知识是为老年患者提供高质量护理的决定性因素。完善的培训和持续的进修与继续教育，有助于护理人员确保他们提供的护理服务以需求为基础、高质量且人性化。

对于有专业护理人员的门诊部门来说，根据严重程度和医疗处方，将重点放在"家庭护理和看护"与为痴呆症老人提供日间住院护理场所之中，已被证明是非常成功的。这种由专业第三方提供的门诊护理也是成功构建代际文明的良好基石。21世纪以来的经验表明，传统的、以家庭为基础的百年护理理念（首先是家庭，然后是专业人员的支持，再到日间护理门诊设施）已经达到了极限。

在社会、政治、经济方面，我们正在讨论和制定前瞻性的解决方案，这些解决方案将在未来几十年中为代际和谐文明提供支持。这方面的一个主要挑战是护理行业和许多其他行业的熟练劳动力严重短缺。第二大挑战是家庭成员一年365天、一天24小时在家提供护理的压力极限。有工作的家庭成员，尤其是妇女，面临着育儿、工作和照顾年迈父母/祖父母等之间的重大冲突。从战略上讲，劳动力市场正在为新的工作模式做准备，包括时间、薪酬、支持计划、职业生涯、进入和退出计划、居家办公理念、儿童保育和老人护理、奖金等方面。老龄化社会对政治框架条件提出了相当大的社会挑战，如确保国内人民健康和安全的任务、社会长期护理保险的筹资、医疗费用的增加、熟练劳动力和移民的短缺、社会平等。

八、姑息治疗和临终关怀的目的

姑息治疗和临终关怀的目的是让病人有尊严地面对生命的终结。通过接受个人的文化和出身、满足精神上的关切和尊重不同的生活环境，除了私人家庭，姑息治疗（包括门诊和住院）可以通过当地的姑息关怀机构获得。在德国，有住院和门诊的临终关怀机构，专门针对患有多种疾病的老年人的特殊需求。除了专业的医疗护理外，主要是满足个人的愿望和需求。

无论是门诊还是住院机构，临终关怀机构都是独立的居住设施，在这些机构中，人们可以集中精力应对其生命垂危的状况。40年来，这项服务一直由自助团体、私人倡议、非营利组织、捐助和保险公司资助。

九、姑息治疗和临终关怀的历史

姑息治疗在德国经历了一个漫长而复杂的历史发展过程，它与社会变革、医学进步以及死亡观的改变密切相关。姑息治疗在德国的历史可以追溯到19世纪，当时教科书中首次提出了对重病者和垂死者进行整体关怀的理念。

在19世纪，对重病者和垂死者的关怀主要以家庭和社区为基础。当时还没有专门的姑息治疗设施和服务。临终关怀通常在家中进行，由家庭成员、宗教修女以及必要时的家庭医生提供支持。

随着20世纪现代医学的出现，临终关怀越来越多地转移到医院和护理机构。病人及其亲属对自主决定生命的关注给医疗和护理工作带来了新的挑战。人们希望对自己生命的终结和死亡方式拥有决定权，这引发了一场广泛的社会和政治讨论。为了保护每个人在老年、疾病以及对待死亡和临终方式方面的权利，在法律上产生了生前遗嘱。其所定义的条例相当复杂，影响到个人生活的许多方面。生前遗嘱一经作者签署并经合法会签，即具有法律效力。医生和其他从业人员必须按照所述内容行事。近几十年来的经验表明，医学的进步增强了人们对长寿的信心，即使是在老年。与此同时，对年长的重病患者来说，如果他们知道自己希望得到无痛护理的愿望能够实现，就会感到轻松一点；对于亲属来说，他们可以放心地做出一些决定，否则这些决定对每个人来说都是极具挑战性的，尤其是在生命面临极端危险的情况下。

临床医疗护理占据了中心位置，而重病者和垂死者的社会心理需求往往会被忽视。20世纪70年代，德国人开始意识到如何处理临终和死亡的问题。这也是对机械化医疗的批判以及医生、病人和其亲属之间日益疏远所做的反应。在这种情况下，出现了为重病者和垂死者提供整体护理的倡议。在德国，临终关怀运动在建立新的死亡和姑息治疗文化方面发挥了决定性的作用。1986年，第一家临终关怀医院在亚琛成立，其他城市也相继成立了临终关怀机构。这些临终关怀机构为临终者提供了一个受保护的空间，让他们有尊严地告别人世。

20世纪90年代，姑息治疗和临终关怀这一话题在社会和医疗保健领域变得越来越重要。德国临终关怀与姑息治疗协会（DHPV）于1992年成立，标志着德国姑息治疗和临终关怀发展的一个里程碑。该协会致力于为重病者和临终者提供全面的关怀，并推动姑息治疗的专业化。姑息治疗专家和疼痛管理护士的进修培训逐渐被引进，相关需求也越来越大。对老年人的姑息治疗需要特别关注他们的个人、文化、宗教和精神需求，以及处理死亡和临终时的伦理问题。这促使德国在2009年引入了姑息医学专家，这是德国加强姑息治疗的另一个重要步骤。这有助于姑息治疗不再被视为一个边缘性的健康问题，而被认为是医疗保健系统的重要组成部分。

与此同时，德国还建立了专门的门诊姑息关怀（SAPV）。已建立的流动中心是姑息治疗的重要组成部分。姑息治疗服务使在家中照顾和陪伴重病患者成为可能。这些服务是为走到生命尽头的病人提供分散式关怀的重要一步。为了能够提供这些服务，德国于2015年通过了《临终关怀与姑息治疗法》①。该法也是法定医疗保险所提供的标准福利的一部分。

流动姑息治疗包括各种服务，如疼痛治疗、症状控制、心理支持、为病人及其亲属提供咨询，以及协调与家庭医生、护理师和治疗师等其他医疗保健专业人员的合作。

流动姑息治疗服务的发展与许多重病患者希望在家这一熟悉的环境中度过生命最后阶段的愿望密切相关。流动姑息治疗服务通过将高质量的姑息治疗服务直接带入家庭环境，有助于实现这一愿望。

此外，流动姑息治疗服务通过为病人亲属提供关怀方面的支持和建议，为减轻他们的负担作出了重要贡献。通过这种方式，流动姑息治疗服务有助于确保病人的社会关系得到尽可能好的处理。

流动姑息治疗已成为支持重病患者的整体理念的重要组成部分。它有助于确保病人在生命的最后阶段尽可能长时间地独立生活，并尊重他们的个人需求。

总体而言，姑息治疗和临终关怀在德国的历史发展呈现出一个明显的上升趋势，即为重症病人和临终病人提供整体关怀，包括住院和门诊服务，尤其侧重于流动姑息治疗服务。

十、姑息治疗和临终关怀发展的数字、数据和事实

德国有关姑息治疗的统计数据显示，近年来，对重病者和临终者的护理变得越来越重要。根据德国临终关怀与姑息治疗协会的统计，2020年约有1500家住院临终关怀机构和2500家门诊临终关怀服务机构。这些机构为临

---

① Hospiz- und Palliativgesetz（HPG），https://www.bundesgesundheitsministerium.de/service/gesetze-und-verordnungen/detail/hospiz-und-palliativgesetz-hpg.html.

终的病人及其亲属提供全面的护理和支持。

医院中专门的姑息治疗病房数量也有所增加。根据DHPV的数据，2020年大约有360间姑息治疗病房，平均每间病房有15张床位。这些专科病房为晚期病人提供有针对性的姑息治疗，以改善他们的生活质量，减轻其痛苦症状。

近年来，流动姑息治疗服务也变得越来越重要。2020年，大约有1200项流动姑息治疗服务在开展，为在家的重病患者提供服务。

姑息关怀专家的数量也在增加，这表明姑息关怀的专业化程度在提高。2020年，约有1300名姑息关怀专家在德国工作，在为临终病人提供整体关怀方面发挥着重要作用。提供姑息关怀服务的团队最多配备3名姑息关怀专家。在临床领域，姑息关怀专家与患者的平均比例为1∶2。

此外，统计数据显示，社会对姑息关怀的认识正在不断提高。越来越多的人开始利用临终关怀服务和门诊姑息治疗服务，以便在生命的最后阶段获得有尊严的关怀。

总之，这些数据说明姑息关怀在德国的重要性与日俱增，也表明重病者和临终者得到的关怀正在不断扩大，他们的个性化需求得到了满足。

十一、展望

几十年来，德国在社会、政治、经济方面的老龄化经验为应对日益严峻的挑战奠定了宝贵基础。研究人员、科学家、跨学科专家、经验丰富的专家和从业人员的研究成果，为长期以来一直在进行的关于未来的有益对话提供了支持。可以肯定的是：一切都会改变！

但依然有许多问题需要解答。

我们还需要住院设施（疗养院）吗？仍然需要。不过，有很多证据表明，人们更倾向于选择其他的居住设施，如社区、合租公寓等，它们能提供很多服务内容。组织有尊严的临终、死亡和告别活动，让人们不再痛苦、孤独和无助。如何解决资源保障（如人员、资金等）方面的问题，这将对许多人构成挑战。

未来，我们的护理系统能否继续存在，是否需要开辟全新的领域？建设老龄化社会是一项艰巨的共同任务。跨越国界的建设、相互尊重的国际交流无疑有助于相互学习。

然而，这不仅仅是老龄化的未来，也是代际共存的未来。

本文已经给出了智慧的解答："人无远虑，必有近忧"。

作者：玛丽-露易丝·穆勒（Marie-Luise Müller），柏林德中护理协会主席，德国十字勋章获得者，德国护理及质量管理首席专家。

主要参考文献

1. Grundgesetz für die Bundesrepublik Deutschland.1949-05-23. https://www.gesetze-im-internet.de/gg/BJNR000010949.html

2. Charta der Rechte hilfe- und pflegebedürftiger Menschen.2021-03-04. https://www.bmfsfj.de/bmfsfj/themen/aeltere-menschen/hilfe-und-pflege/charta-der-rechte-hilfe-und-pflegebeduerftiger-menschen-77426

3. Pflegeberufegesetz.2017-07-17. https://www.bundesgesundheitsministerium.de/pflegeberufegesetz.html

4. Hospiz- und Palliativgesetz HPG. https://www.bundesgesundheitsministerium.de/service/gesetze-und-verordnungen/detail/hospiz-und-palliativgesetz-hpg.html

超老龄社会日本的社会政策与社会工作*

[日] 武川正吾

在日本，社会政策相当于广义的社会保障，包含了社会保险、社会救助和社会福利等内容。本文在梳理社会政策概念的基础上，从社会政策学视角探讨了社会工作者在应对新社会风险中应该发挥的作用。具体而言，在新的社会风险不断涌现的社会变革背景下，社会结构、社会意识与社会政策三者之间形成三个结构性的错位，而我们对社会工作者的期待正是跨越传统的微观–中观–宏观的划分，通过实践揭示社会结构与社会政策之间、社会意识与社会政策之间、社会结构与社会意识之间的错位，并运用最新理论对这些错位进行干预，以最谨慎的态度解决其中存在的问题。

---

* 本文最初是作者在社会工作研究所研讨会（2022年12月）的主题讲座"社会政策研究对社会工作的期望"的初稿。该讲座的记录已在《社会工作实践研究》第17期（2023年3月）上刊发。在这两稿的基础上进行修订后，作者在中国江苏宜兴召开的"老龄化与老龄文明"国际会议（2023年10月）上进行了主旨汇报，并刊登在《明治学院大学社会学社会福祉学研究》第163号（2023年11月）上。日本福祉大学名誉教授二木立对2022年的演讲稿提出了有益的意见，并纠正了作者的错误。在此致谢。

一、日本超老龄化社会的现状

日本是世界上老龄化比例最高的国家，中国是世界上老年人口最多的国家。本文认为中国是在进入21世纪以后才开始由未富先老论及老龄化的问题，而日本开始普遍使用"老龄化社会"一词是在20世纪70年代左右。这是因为，1970年的国势调查（全国人口普查）显示日本65岁以上人口占总人口的比例超过了7%（中国是在2000年）。

在中国，老龄者多指60岁以上的人，而在日本一般是指65岁以上的人。1970年以后，65岁以上的人为老龄者的定义逐渐扎根，但日本也曾经含糊地称60岁以上的人为老龄者。笔者在开始做研究的时候，曾被人问到"从多少岁开始算是老龄者？"，这也说明了"老龄者"的概念是很模糊的。并且，在当时"老人"一词更普遍，但由于会使人联想到年老驼背的姿态，象形文字"老"渐渐被"老龄者"这一中性词汇替代。当然，"老人"一词并没有完全消失，"老人福利法"的名称并没有改变。

老龄化有两个含义。一个是在微观层面，意味着平均寿命的延长（longevity）。日本也称之为长寿化，曾经老龄化社会也被称为长寿化社会。另一个是在宏观层面，意味着老龄者占总人口的比例不断增加。

首先，来看一下前者意义上的老龄化。根据厚生劳动省2023年7月发布的《2022年简易寿命表》，日本人的平均寿命为男性81.05岁，女性87.09岁。尽管由于受到新冠肺炎疫情的影响，这一数字相比上一年有所下降，但仍然保持了女性平均寿命世界第一、男性平均寿命世界第二的地位（附带说一句，男性平均寿命世界第一是瑞士）。无论男女，其平均寿命都远远超过了曾经所说的古稀之年（70岁）。

65岁时的无疾病预期寿命（Disease Free Life Expectancy）被称为健康寿命。截至2019年，日本人的健康寿命为男性72.68岁，女性75.38岁（根据《2022年老龄化社会白皮书》）。这不仅意味着寿命的延长，同时意味着健康的人生时间的延长。而且，健康寿命上的男女差要小于平均寿命的男女差。

长寿的另一个指标是百岁以上老人（centenarian）的数量。1963年，日本全国有153人，此后该人数不断增加，1998年突破了1万人，2023年达到92139人。

受长寿化的影响，2017年日本老年学会和日本老年医学会提出，老龄者的年龄标准应该定为75岁以上。两个学会认为，这是因为"与十到二十年前相比，现在的老龄者出现与年龄相关的身体机能变化的时间推迟了五到十年，有'返老还童'的现象"。根据这些事实，两个学会提议将65岁至74岁的人划分为准老龄者（pre-old），75岁至89岁的人划分为老龄者（old），90岁以上的人划分为超老龄者（oldest-old, super-old）。

那么，又该如何理解人口老龄化呢？

如上所述，我们习惯将65岁以上人口比例超过7%的社会称为"老龄化社会"，将比例超过14%的社会称为"老龄社会"，将超过20%或21%的社会称为"超老龄社会"。1970年，日本进入"老龄化社会"；1995年，进入"老龄社会"；2005年左右，进入"超老龄社会"。从日本进入"超高龄社会"已经过去近20年了。

老龄化比例从7%增加到14%的时期称为倍增期，日本的这一时期为24年。20世纪，有人认为，与已经进入老龄化社会的欧洲社会相比，日本的老龄化有两个特点。一是最终到达的老龄化比例会高于欧洲社会，事实上的确如此。另一个是倍增期比欧洲国家短。法国的倍增期是115年，瑞典是85年，德国是40年。因此，有人认为人口老龄化速度很快，必须尽早做好准备。日本的倍增期的确很短，但进入21世纪，倍增期短的不仅是日本，东亚其他国家也是如此，韩国是18年，新加坡是17年，中国是在2008年，这是东亚地区的一个特点。

仅凭老龄化比例并不能揭示人口结构的细节。那么，我们来看一下日本按性别和年龄划分的人口结构（俗称"人口金字塔"）。图3-2-1到图3-2-3分别显示的是1930年、2010年、2055年（预计）日本的人口金字塔。①1930年，日本的人口金字塔的的确确是一个金字塔，尽管赡养对于年轻人是一个问题，但老龄者的赡养和看护并没有成为严重的社会问题。2010年，日

---

① 数据来源：国立社会保障以及人口问题研究中心网站。

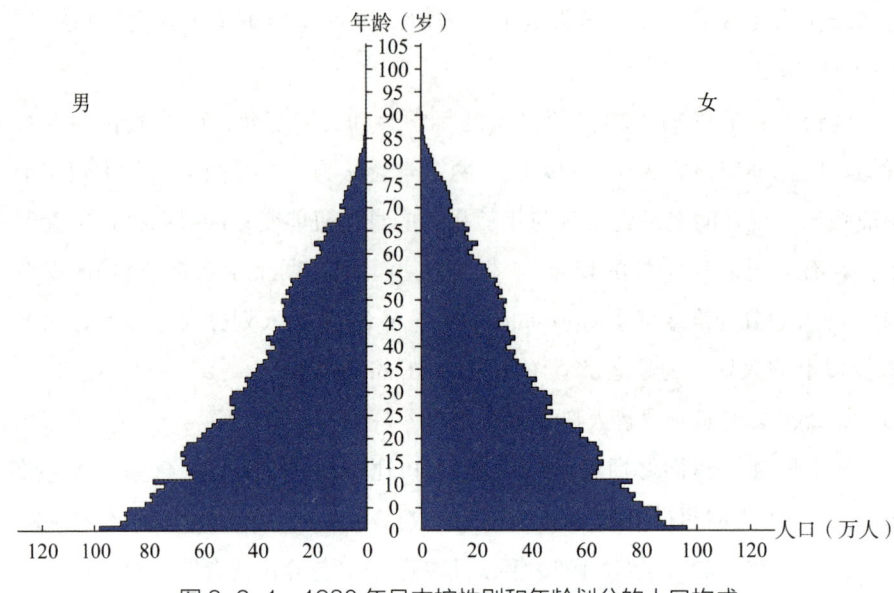

图 3-2-1　1930 年日本按性别和年龄划分的人口构成

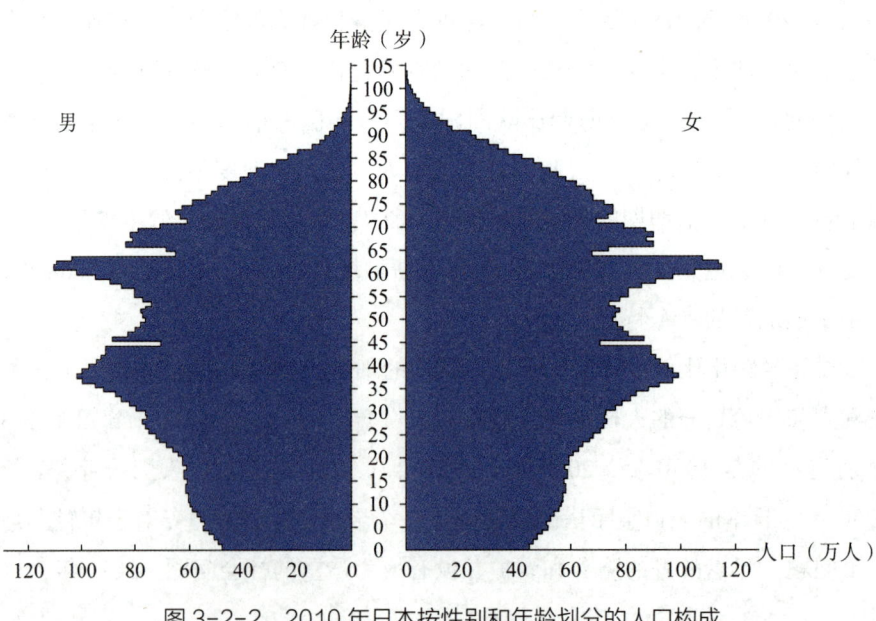

图 3-2-2　2010 年日本按性别和年龄划分的人口构成

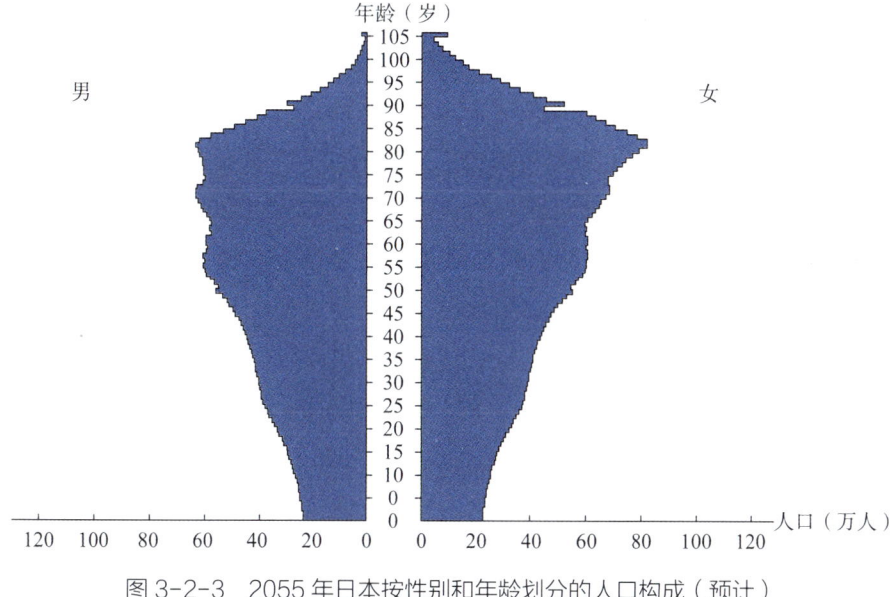

图 3-2-3　2055 年日本按性别和年龄划分的人口构成（预计）

本的人口金字塔变成了一个壶形，老龄者人口在增加，年轻人人口在减少，但由于中年人口仍然较多，整个社会的赡养问题还没有变得严重。再看到 2055 年，日本的人口结构将有可能成为"倒金字塔"形状。这是历史上前所未有的情况，如何应对是日本社会面临的长期挑战。

本文后面会进一步分析现代日本社会的社会政策和社会工作的关系，并从社会政策的角度思考社会工作者的作用。

二、何为社会政策

在日本，社会政策和社会工作是两个不同的专业领域，为了避免误解，本文有必要先澄清"社会政策"概念。

社会政策尚未成为耳熟能详的日语词汇。提到经济政策，很多人都能对其形成具体的印象。人们马上就会想到，目前在日本备受社会关注的货币宽松政策和所得税减免政策就是经济政策问题。然而，社会政策却未必如此。在日本，社会政策有时与福利政策交替使用，有时还会被等同于社会福利政策。例如，《德意志联邦共和国基本法》中规定的 Sozialstaat 相当于英语世界中的"福利国家"（welfare state），但日本的政治学家经常将其翻译为"社会福利国家"，而不是"福利国家"或"社会国家"。

目前这种语言状况主要是由历史原因造成的（尤其是在日本）。日语中的"社会政策"一词起源于明治时代（1868—1912年），是当时德国历史学派 Sozialpolitik 的音译。最初，社会政策指的是社会改良主义的意识形态，其目标是在日益壮大的劳工运动和社会主义运动的背景下，实现既非社会主义（曼彻斯特学派）也非自由放任的"第三条道路"。日本最初对社会政策的理解与德国历史学派相同，但由于日本的国家社会支出规模较小，社会政策逐渐被理解为（根据大河内理论的表述）创造、培养和控制劳动力的政策①。虽然有很多人批评大河内，但这些社会政策学者中的大多数也是在大河内的框架内思考问题的。因此，20 世纪的一些主流社会政策学者（现在可能是非主流学者）试图将社会政策等同于劳动政策，将社会政策学等同于劳动经济学。

如今，很少有人把社会政策说成只是劳动政策，但即便如此，人们对社会政策的理解方式也不尽相同。当今日本主要有三种使用社会政策的方式。

第一，社会政策（social policy）是与经济政策（economic policy）相对的概念。经济政策以国民经济的稳定和增长为直接目的，而社会政策以公民生活的稳定和改善为目的。在国际上，社会政策和经济政策通常被当作相对的概念使用；在日本，福利政策也作为与经济政策相对的概念。但应避免这一使用方式，因为当经济政策和社会政策被视为相对的概念时，它们之间的关联方式也各不相同。在某些情况下，经济政策和社会政策被视为相互矛盾或排斥的概念，而在另一些情况下，同一种公共政策被视为经济政策或社会政策。在某些情况下，社会政策被视为经济政策的一个分支，如大河内的理论，而在另一些情况下，经济政策又被视为社会政策的一个领域。

第二，社会政策是与社会行政相对的概念。政治学家和行政人员将政治、

---

① 武川正吾，1985,「労働経済から社会政策へ——社会政策論の再生のために」，社会保障研究所編『福祉政策の基本問題』東京大学出版会：3-32。

政策和行政区分开来。政治决定政策的制定（making），行政（administration）负责政策的实施（implementation）。在这种情况下，社会政策是通过社会行政来实施的。这一用法可以从1979年创刊的知名学术期刊 Social Policy and Administration 中得到印证。

第三，社会政策是与社会工作相对的概念。在这种情况下，如果说社会工作是社会工作者的微观实践，那么社会政策就是社会工作在中观-宏观背景下的公共政策。不过，现在也有人提出了宏观社会工作的主张，即社会工作理论也要考虑到中观和宏观层面。此外，最近全球对社会工作的定义都在强调宏观层面。这样一来，社会工作与社会政策之间的边界就变得模糊不清了。笔者希望强调社会工作与社会政策之间的对比，因此为了方便起见，本文认为社会工作主要是一种微观实践。

前面提到，福利政策有时与社会政策交替使用。这是为了摆脱日本人对社会政策的原始成见（即社会政策＝劳动政策的刻板印象）。然而，"福利服务"的概念在《社会福利法》中被确定为一个术语①。现在，社会工作者全国考试的课程也采用了"福利政策"的概念②。笔者认为，最好将福利政策视为与福利服务有关的公共政策，而不是社会政策本身（第一种含义）。因此，虽然就业、养老金和住房与福利服务有关，在这一方面与福利政策重叠，但将就业保险、医疗保险和住房相关税制称为社会政策比称为福利政策更合适（尽管其中一些与福利服务有关）③。

三、福利国家的形成与再建

为了理解社会政策与社会工作之间的关系，有必要先了解当代的社会政策趋势。

---

① 1987年的《健康与福利白皮书》中也使用了"福利服务"一词。
② 不过，新课程的科目名称是"社会福利的原则和政策"。
③ 社会政策（广义的福利政策）、福利政策和社会福利政策（狭义的福利政策）的概念，参见武川正吾，2009，「福祉政策の理論と実際」，社会福祉士養成講座編集委員会編『新社会福祉士養成講座4 現代社会と福祉——社会福祉原論』中央法規：43—65。

众所周知,社会政策的起源在于《济贫法》(社会支出)和《工厂法》(社会管理),而19世纪上半叶英国新的《济贫法》和《工厂法》是劳动力商品化的结果①。商品化为资本主义经济提供了坚实基础。从女性主义的角度看,与之相伴的是现代父权制,它强化了劳动力的商品化。这就是所谓的"维多利亚妥协"(Victorian compromise)的形成。此外,当资本主义经济从自由主义阶段进入帝国主义阶段时,德国从19世纪80年代开始实行社会保险。宇野弘藏的理论认为,这种社会政策是帝国主义阶段的特征之一②。国际劳工组织的成立也在这一时期。"福利国家"一词直到第二次世界大战后才开始流行,但有一种观点认为,福利国家是在战争间歇期根据这些变化建立起来的③。此外,第二次世界大战后,福利国家作为"嵌入式自由主义"(embedded liberalism)而建立,目的是奖励为全面战争而动员起来的工人阶级,为美苏冷战中的西欧国家提供财政援助,并将社会保护与自由贸易结合起来④。20世纪50—70年代,发达国家进入了资本主义的黄金时代,这是"富裕社会"(affluent society)的实现,也是福利国家的黄金时代。

但到20世纪70年代末,开始刮起反对福利国家的逆风。欧洲经济的复苏使得主导货币美元从美国大量外溢,这导致了1971年美国政府宣布停止美元兑换黄金(尼克松冲击),以及支持欧洲福利国家的布雷顿森林体系的崩溃。各国开始采用浮动汇率制度,自由主义从过去的"嵌入式自由主义"中脱嵌。新自由主义(neoliberalism,而非new liberalism)的兴起推动了这一进程,世界经济的全球化也重新开始。这些趋势推动了工业化国家的去工业化。在这些变化中,出现了"福利国家危机"的论调。OECD的同名报告⑤被翻译成日文后,引起了巨大反响。在欧洲国家,"福利国家危机"被视

---

① "商品化"比"商业化(commoditization)"更能说明其中的问题本质。商品不仅仅是可以买卖的物品,还意味着没有品牌价值的过时商品。
② 宇野弘藏,1971,『経済政策論改訂版』弘文堂。
③ 林健久,1992,『福祉国家の財政学』有斐閣。
④ John Gerard, R., "International Regimes, Transactions, and Change: Embedded Liberalism in the Postwar Economic Order", *International Organization*,1982, 36(2): 379-415.
⑤ OECD, 1983,『福祉国家の危機』ぎょうせい(原著1981年)。

为福利国家发展的限制,而此时在日本,福利国家仍处于创建过程中。事实上,各国的福利国家即使不是不可逆转,也没有解体。东欧剧变和苏联解体强化了这些趋势。最终,"福利国家危机"论调日渐式微,取而代之的是"后福利国家"论调。这就是当今福利国家的现状。

四、新的社会危机

根据《贝弗里奇报告》,二战后福利国家的社会政策必须应对五种社会风险,即贫困(want)、疾病(disease)、无知(ignorance)、肮脏(squalor)和懒惰(idleness)。针对这五种社会风险的社会政策分别是:充分就业和失业保障、劳动标准和其他劳动法规及就业政策、教育政策,医疗保健政策,城市规划和住房政策等环境政策,以及公共援助、社会福利和社会保险等保障收入的社会保障政策。

这五种社会风险是20世纪50—70年代的典型风险,这些风险并没有随着福利国家的出现而全部消除。20世纪60年代,贫困再次出现[1]。自20世纪80年代以来,阶层间的健康不平等也频频出现[2]。此外,自20世纪90年代以来,在上述社会变革的背景下,欧盟开始关注"新社会风险"(New Social Risks,NSRs)[3]。

NSRs理论的先驱之一博诺利指出,由于非工业化和服务化、女性劳动力参与率的提高、家庭结构的变化以及非典型就业的增加,现代社会的风险结构已与福利国家建立之初大不相同[4]。他特别强调了以下五点:

(1)工作与家庭生活的冲突(由于越来越多的妇女加入劳动队伍);

---

[1] Abel-Smith, B., Townsend, P., *The Poor and the Poorest*: *A New Analysis of the Ministry of Labour's Family Expenditure Surveys of 1953–54 and 1960*, G. Bell, 1965.

[2] 武川正吾,1983,「健康の不平等——『ブラック報告』について」〔海外文献紹介〕『海外社会保障情報』社会保障研究所,No.62(June 1983):40-49。

[3] Armingeon, K., Bonoli, G., ed., *The Politics of Post-industrial Welfare States*, Routledge, 2006;Taylor-Gooby, P., ed., *New Risks, New Welfare,* Oxford University Press, 2004.

[4] Armingeon, K., Bonoli, G., ed., *The Politics of Post-industrial Welfare States*, Routledge, 2006.

（2）单亲家庭；

（3）有需要照护或照料的家人；

（4）低技能或技能过时（在去工业化之前，即使在制造业部门也可以按标准工资就业，但由于去工业化，这已不再可能）；

（5）社会保障覆盖面不足。

与其说这些新社会风险集中在传统的工人阶级身上，不如说集中在某些群体（category）身上，如年轻人、有孩子的家庭和职业女性，无论他们是否是工人阶级。他们是现代社会中最脆弱的群体，无法享受福利国家的福利。

泰勒-古比（Taylor-Gooby）是"新社会风险"联合研究课题负责人，他认为"新社会风险"是在去工业化过程中出现的[①]。他认为以下四个过程非常重要：

第一，在欧盟，女性劳动力参与率上升，而男性劳动力参与率下降。这是为增加家庭收入所形成的双职工家庭的增加，以及在教育和就业方面性别平等诉求更加强烈的结果。这使低技能女性面临新的社会风险。

在日本，妇女的劳动参与率低于西方国家。1975年，20多岁女性的劳动参与率为42.6%[②]，2020年则提高到85.9%。然而，尽管日本的中老年男性的劳动参与率有所增减，但男性劳动力整体的参与率并没有出现与女性相同的显著变化。重要的是，在日本"贫困女性"（贫困的女性化）已成为一个社会问题。

第二，人口老龄化。这是日本和欧洲的普遍现象。老年人口的增加和老龄化率的提高，除了影响养老金和医疗保健这些福利国家的传统支出项目，还导致用于照料老人和育儿（social care）的社会支出增加，从而加重了国民负担。

妇女用于照顾家中老人和儿童的时间是男性的两倍多。男性养家糊口模式的崩溃和女性劳动力参与率的提高，扩大了对男性、私营部门以及国家加大育儿和老年照护力度的需求。在日本社会保障的支出中，养老金和医疗保健曾经是主要组成部分，但20世纪90年代以来，包括福利服务在内的"福

---

① Taylor-Gooby, P., ed., *New Risks, New Welfare*, Oxford University Press, 2004.

② 内阁府男女共同参加局，2013，『男女共同参画白書 平成25年版』。

利和其他"所占比例不断增加。《贝弗里奇报告》中的"五大恶"并不包括体弱多病，因此出现了一个新的"恶"。

第三，劳动力市场发生了变化。一方面，信息技术和人工智能等技术创新减少了对简单劳动的需求。另一方面，全球化导致国际竞争加剧，发达国家对非熟练劳动力的需求减少。发展中国家的工人也可以通过移动工作获得相对于发达国家工人的竞争优势。这就加强了教育与就业之间的联系。因此，受教育程度较低者被社会排斥的现象加剧，尤其是在发达国家。受教育程度较低的人更容易陷入贫困和失业，这是因为技能通常会随着持续工作而提高，但一开始的低技能意味着就业不稳定，如果低技能状态持续存在，失去工作的可能性就会持续增加。

在日本，2015 年非大学毕业生的贫困率高于大学毕业生，中老年群体的差距更为明显。例如，就于 60 多岁的男性而言，大学毕业生群体的贫困率为 8.9%，而非大学毕业生群体的贫困率为 25.0%[①]。

第四，社会服务领域的私营部门已然扩大。为了应对旧的社会风险，政府支出不断攀升，削减政府开支的压力越来越大，急需引入私营部门加入社会服务领域。私营化本身并不一定是一种风险，但如果服务的消费者/使用者被迫做出不需要的选择，或者私营服务的质量因放松管理而下降，那么私营化就可能成为一种新的风险。在日本，有时会有关于私营机构丑闻的报道（如捆绑老人的照护）。

从 20 世纪 90 年代到 21 世纪初，在原有的社会风险之外又出现了新的社会风险。博诺利和泰勒-古比的研究指出以下新风险：

（1）工作与生活失衡（work-life imbalance）；

（2）单亲家庭；

（3）低技术工人；

（4）处于体弱状态（需要社会照顾）。

这些风险还包括遇到这些风险的人受到福利国家制度的保护越来越少，这意味着他们更容易受到伤害。

---

① 橋本健二，2018，『新・日本の階級社会』講談社：15。

博诺利和泰勒-古比所指出的时期已经过去了很长时间,现在我们有可能在此基础上增加新的社会风险弱势群体的名单。例如,宫本太郎指出,低收入的不稳定就业者、单亲家庭者、闭门不出者和轻度认知障碍者是"新的困难群体"[①]。大众传媒指出,如今还存在年轻照护者、"认认照护"(认知症患者照护认知症患者)、"8050"问题、双重照护等各类需帮扶的群体和待解决的问题。

五、社会工作者介入的可能性

在新的社会风险不断涌现的社会变革背景下,社会工作者如何对个体社会状况进行干预?我们想讨论的不是如何实际实施这些干预措施,而是可以从理论得到怎样的启示。从社会学和社会政策研究的角度来看(我们先脱离社会工作学术史的脉络),社会结构、社会意识和社会政策之间的三个错位应是社会工作者可以介入的领域。

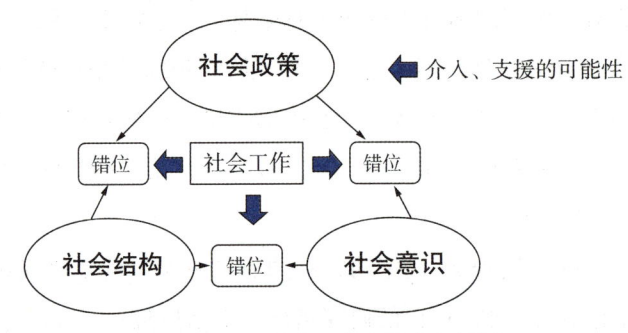

图 3-2-4 社会工作者的介入领域

首先是社会意识与社会结构之间的错位[②]。

社会意识和社会结构相互影响,社会结构会随着社会意识的变化而变化,而社会意识也会随着社会结构的变化而变化。然而,由于存在时间差,两者之间会不断产生错位。

---

① 宫本太郎,2021,『貧困・介護・育児の政治』朝日新聞出版:51。
② 曼海姆认为这是存在与意识之间的差异。

所以，尽管社会结构发生了变化，社会意识却可能保持不变。过去半个世纪以来，日本亲密关系的性质发生了很大变化——直系亲属的数量减少了，而非家庭成员（如单身家庭）的数量增加了。这导致人们对年迈父母和配偶赡养问题的看法发生了变化。然而，传统观念并没有完全消除，男性养家和孝道思想依然存在。

当意识和结构上存在这种差异时，社会工作者可能不得不（自觉或不自觉地）决定在提供干预或支持时采取何种立场。优先考虑有关各方的认识并提供支持是一种立场。在这种情况下，社会工作者会尝试根据认识调整结构。例如，社工 A 可能会尊重家庭暴力受害者 B 的意愿，计划将 B 与家庭分开，并将 B 的生活基地搬到家庭之外。在这种情况下，现有的家庭结构将被改变。

社工也可能会鼓励双方改变态度，假设现有结构是不言而喻的。例如，社工 C 可能会要求远房亲戚提供经济援助，以支持贫困独居者 D 的生活。在日本的最低生活保障制度中，曾经出现过不受欢迎的"抚养照会"（确定亲属内没有人肯/能帮助抚养）措施，但这可能是当事人对现有制度的一种适应。强迫因养育子女而精疲力尽的母亲继续承担传统的母亲角色，也是同样的道理。

需要注意的是，社工 A 和 C 的干预是否恰当，最终取决于价值判断。

其次是社会政策与社会结构之间的错位。

社会变迁，即社会结构的变化，通常没有科学技术的变化那么迅速。然而，不同于不断复制相同的社会结构的传统社会，在现代社会和工业社会中，即使是缓慢的变化，社会结构也会发生中长期的变化。同时，至少在理论上，只要议会（或行政部门、司法部门）做出决定，社会政策就会发生改变。但在实践中，由于既得利益和惰性的存在，社会政策的改变往往并不容易。此外，社会结构的变化可能非常缓慢，以至于人们不会注意到这些变化。正因为如此，社会政策可能会惯性地延续下去，即使这些政策最初所依据的社会结构已经发生了变化。

例如，在战后重新启动雇员养老金制度时，是以男性养家的核心家庭为前提的[①]。虽然农业工人中的女性劳动力参与率很高，但单亲家庭在城市就业

[①] 著名的《贝弗里奇报告》也单独考虑了有收入的就业妇女。

者中更为普遍。在工业化和城市化的过程中，由一名工薪族和一名家庭主妇组成的家庭是当时民众的愿望。因此，福利养老金计划的主要投保人是男性雇员，他们的配偶可以在老年时得到丈夫的养老金，或在丈夫去世后得到遗属养老金。到20世纪70年代中期，妇女的劳动力参与率和就业率逐渐提高，没有工作的家庭主妇开始被称为全职家庭主妇，而在此之前，她们只是被称为家庭主妇。针对这种情况，在20世纪80年代中期，不仅国家养老金而且厚生养老金也以个人为单位发放，以解决因离婚而没有养老金的女性养老金问题。然而，这也留下了"第三号被保险人问题"。双职工家庭的数量从此超过了单职工家庭。不仅如此，核心家庭的数量在减少，单亲家庭和未组成家庭的单人家庭的数量在增加，然而厚生养老金的基本结构并没有改变。

以上是一个养老金制度的例子，可能不会被视为与社会工作直接相关的例证。然而，社会变革往往会导致社会政策与社会结构错位。在这种情况下，不加批判的社会工作者可能会提供适应社会政策的"支持"，而不考虑社会变革。这就是法律主义。然而，许多社会工作者可能会试图使制度更灵活地适应社会结构的现实。

这与权利和自由裁量权所讨论的问题重叠①。岩田正美也将这一点作为"现场自由裁量权"问题进行了讨论。岩田的论点之所以透彻，在于她将论点从社工的自由裁量权扩展到了弱势群体的抵制。一方面，她指出，无视专业精神、从事"非法"照护服务对象和无视专业精神、从事"非法"照护的非专业志愿者可以被动员起来，流离失所可以成为一个政治问题，从而导致法律改革。另一方面，她指出"残疾人也有一种'近乎非法'的'抵抗'，他们无视医疗和照护专业知识，可以说是个人突破→模仿→默许的连续体"，从而避免了政治争论②。

上一节所述的新社会风险可归因于社会结构与社会政策之间的脱节。社会工作者可以介入的领域非常广泛。也许很难从根本上改变社会政策体系，但社会工作者可以通过灵活运用这一体系来提供有效的支持。这可能会被认

---

① 秋元美世，1991，「『福祉行政』における権利と裁量」，大山博、武川正吾編『社会政策と社会行政』法律文化社。
② 岩田正美，2016，『社会福祉のトポス』有斐閣。

为是将调整社会结构与社会政策之间的错位的工作"丢"给了社工。然而，这也意味着微观实践的积累可以促成宏观结构之间矛盾的缓解。

最后是社会政策与社会意识之间的错位。

例如，尽管家庭主义意识已经式微，关爱的社会化却停滞不前。如前所述，战前的家庭制度已被废除，曾经的家庭主义社会意识正在减弱。如今，由家庭负责照顾年迈父母的观念不再占据主流地位。长期护理保险制度的建立向长期护理的社会化迈出了一步。然而，该制度还没有达到客户可以获得所需的所有服务的程度。这意味着社会工作者必须灵活运用社会政策体系，以满足服务对象的需求。

此外，尽管家庭主义意识正在减弱，但并没有完全消失。在农村地区，如果不是在大城市，可能还有一些社区仍然存在强烈的家庭观念。由于长期护理保险是一个全国性制度，它也适用于这些社区，因此，以家庭为导向的地区有可能采取去家庭化的社会政策。在这种情况下，社会工作者可以选择尊重当事人的意愿，不建议使用长期护理服务，但也要考虑当事人的意愿可能是一种虚假意识。

六、现代社会中社会工作者需要发挥的作用

以上，我们从社会现象社会学的角度，探讨了当社会结构、社会意识和社会政策出现不一致时，社会工作者在理论上可以介入的领域。接下来，笔者想考察一下当代日本的情况。

社会工作定义的发展脉络按时间顺序可以总结为表 3-2-1。

表 3-2-1 社会工作定义的变化	
2014 年 7 月	国际定义
2015 年 10 月	在亚洲太平洋地区开展
2016 年 6 月	"日本一亿总活跃计划"，强化地域能力委员会"最终总结"
2017 年	在日本开展
2019 年 12 月	地域共生社会推进研讨会"最终总结"

在这一趋势下，日本政府正在强调社会工作在以下方面的功能：综合支持体系（综合咨询支持服务、权利保护服务、综合持续的护理管理支持服务、预防护理的护理管理）和多层次支持系统（咨询支持、参与支持、社区建设支持）。

2016年6月内阁颁布的"日本一亿总活跃计划"提出要"实现地域共生社会"，强化地域能力委员会①负责撰写的"最终总结"中将社会工作的功能概括为以下五项：

（1）跨制度的知识；

（2）评估技能；

（3）支持计划的制定和评估；

（4）利益相关方的合作与协调；

（5）资源开发；

二木立指出，厚生劳动省的文件中"第一次如此全面地讨论社会工作者的功能"，他甚至写道，"社会工作者培训组织和专业协会需要积极推动改革，在未来要培养、发展具备这五种职能和能力的社会工作者，否则社会工作者在未来将难以'生存下去'"②，并将这一表述评价为社工角色的事实标准（de facto standard）。然而，虽然取得了这一进展，"但在促进地域共生研究小组的'最终总结'（2019年12月）中却没有对社会工作者的描述"③，因此他担心会出现政府取消社会工作的情况。

在此必须确认，上述社会工作的五大功能作为实施社会政策的事实标准（de facto standard），并不排斥以往社会工作理论和实践的成就。

近年来，出现了一种旨在突破传统社会工作的批判性社会工作的趋势，这种趋势起源于玛丽·里满蒙奇（Mary Richmond）的工作，她铺平了从慈善事业到社会工作的道路④，其基本观点是：

---

① 强化面向居民的问题解决能力和咨询支持系统的研究小组。
② 二木立，2019，『地域包括ケアと医療・ソーシャルワーク』勁草書房：54-55。
③ 二木立，2022，『2020年代初頭の医療・社会保障』勁草書房：161f.
④ 北川清一ほか，2007，『クリティカル・ソーシャルワークの学び』中央法規；北川清一、久保美紀編，2017，『ソーシャルワークへの招待』ミネルヴァ書房。

（1）社会结构和体制；

（2）价值观；

（3）权力；

（4）压迫；

（5）合作；

（6）叙事；

（7）希望；

（8）力量；

（9）资源。

这与政府的"五大功能"并不矛盾，但需要注意的是，其中确实包括了一些功能之外的内容。

此外，最近在批判性社会工作潮流中出现了反压迫实践（Anti-Oppressive Practice，AOP），并受到了广泛关注。其内容包括：

（1）压制；

（2）社会运动；

（3）转型（transformation）；

（4）社会建设（social construction）；

（5）交叉性（intersectionality）；

（6）反射性（reflexivity）。

除此之外，还有其他新的概念和观点[①]。社会工作者的角色也可以从这些理论和实践中学习，这样做反过来又会促进社会政策的改革。

从社会政策社会学的角度来看，我们对社会工作者的期望是通过实践来支撑社会建构。换句话说就是，揭示社会结构与社会政策之间的错位，揭示社会意识与社会政策之间的错位，揭示社会结构与社会意识之间的错位，并运用最新理论，对这些错位进行干预，并以最谨慎的态度解决其中存在的

---

① Baines, D. ed., 2022, *Doing anti-oppressive practice*, 4th ed., Fernwood；
坂本いずみ他，2021，『脱「いい子」のソーシャルワーク』現代書館；﨑理，2022，「社会的に排除されがちな人びとへの支援」，横山登志子編『社会福祉実践とは何か』放送大学教育振興会。

问题。这是对跨越现有的微观、中观和宏观划分的社会结构的干预。

作者：武川正吾，日本明治大学社会学部教授，东京大学名誉教授。

主要参考文献

1. 宇野弘蔵．経済政策論改訂版．弘文堂,1971
2. 林健久．福祉国家の財政学．有斐閣,1992
3. John Gerard, R., International Regimes, Transactions, and Change：Embedded Liberalism in the Postwar Economic Order. *International Organization.* 1982(2)：379-415
4. OECD，福祉国家の危機．ぎょうせい1983年版（原著1981年）
5. Abel-Smith, B., Townsend, P. *The Poor and the Poorest*：*A New Analysis of the Ministry of Labour's Family Expenditure Surveys of 1953-54 and 1960.* G. Bell,1965
6. 武川正吾．健康の不平等——『ブラック報告』について〔海外文献紹介〕．海外社会保障情報，1983年第62期
7. Armingeon, K., Bonoli, G. ed. *The Politics of Post-industrial Welfare States.* Routledge,2006
8. Taylor Gooby, P. ed. *New Risks, New Welfare.* Oxford University Press,2004
9. 内閣府男女共同参加局．男女共同参画白書（平成25年版），2015
10. 橋本健二．新・日本の階級社会．講談社，2018
11. 宮本太郎．貧困・介護・育児の政治．朝日新聞出版，2021
12. 秋元美世．『福祉行政』における権利と裁量．大山博，武川正吾編『社会政策と社会行政』．法律文化社，1991
13. 岩田正美．社会福祉のトポス．有斐閣，2016
14. 二木立．地域包括ケアと医療・ソーシャルワーク．勁草書房，2019

15. 二木立.2020年代初頭の医療・社会保障.勁草書房，2022

16. 北川清一ほか.クリティカル・ソーシャルワークの学び.中央法規，2007

17. Baines, D.,ed. *Doing Anti-oppressive Practice*, 4th ed. Fernwood, 2022

18. 坂本いずみ他.脱「いい子」のソーシャルワーク.現代書館，2021

19. 宮﨑理.社会的に排除されがちな人びとへの支援.横山登志子編『社会福祉実践とは何か』.放送大学教育振興会，2022

从关怀社区的起源看老龄文明的挑战和希望

陈宏图

如何给予、传递、保障人与人之间的关怀是老龄文明的一个核心主题。在我们试图理解和设计如何在一个老龄文明的社会里体现和落实关怀的内容与过程时,探讨关怀在人类生活中的起源和历史演变不仅有助于我们理解过去,也有助于我们认识老龄文明通向未来的发展走向和策略。

关怀作为亲子之爱,特别是母亲与幼子之间的互动,可见于包括人类在内的很多高级动物。相比之下,超出亲子纽带并涉及更多其他人的广义的关怀在动物世界则相对稀少,而在人类社会中则十分发达且复杂。追溯人类进化的历史,最早出现这种广义关怀的一个例子可见于古人类学家提出的所谓"祖母假设"。通过对各种头骨化石样本的研究,古人类学工作者发现在大约三万年以前,凡老年人较多的群落不仅有更多幼儿,其总人口数量也比没有老年人的群落更高。学者们认为,老年人很可能为幼儿提供关怀和照顾,使得幼童的存活率提高,从而提高了群体人口的总数。可见,这种超出直接亲子纽带的、来自祖母的关怀,有助于人群的生存和发展[1]。

---

[1] Caspari, R., Lee, S.H., "Older Age Becomes Common Late in Human Evolution", *Proceedings of the National Academy of Sciences of the United States of America*, 2004.

另一个来自古气候学与考古学的证据似乎也与这种广义关怀有关。在现今的土耳其中部发现了一个遗址，叫"哥贝克力石阵"。考古学家证实该石阵建造于一万两千年之前，是迄今依然可见的人类最早的建筑物。从石阵的建筑特征和雕刻图案，以及建筑物四周没有居住点常见的篝火煮食痕迹来看，学者们普遍认为这个建筑物是一个宗教活动或用于群体祭拜的场所①。当时正值末次冰期的新仙女木（Younger Dryas）全球性气候变化，古气候学者认为当时的气候长期干冷，海冰覆盖增加，植被减少，生存条件极度恶化。这两件事的发生可能不是偶然。当人们面对长期恶化的气候和生存条件，在饥饿、死亡和疾病的重重打击下，发现只有在一起抱团取暖，做一些能带来情感安慰的仪式，才能减少焦虑和沮丧之情，重获生存的勇气。这种给亲子关系之外的人带去情绪安慰的做法或许就是关怀社区最早的一个功能。

当广义关怀变成日常实践，便形成了所谓的关怀社区。在漫长的农耕社会时代里，关怀社区普遍存在。其主要特点包括：（1）由亲朋邻里构成的熟人社区里，人们能分工协作、互通有无，互相提供支持和关怀。（2）农业劳动与家庭手工业（如纺织和食品加工等）的场所也与居住点距离不远，基本都在同一个或相近的生活空间里。至少根据欧洲的资料，在那些工业化之前的社区里，老年人大多同儿女住在一起，继续在社区里工作，其工作内容主要是为孙辈、病人或社区里其他人的孩子等提供照料服务。除去自己的积蓄之外，他们在经济上也会依靠来自家庭和教会或社区的一些福利支持②。在这种互利互助的关怀社区里度过晚年是农耕社会里的一个普遍形式。

随着工业化进程的加快，家庭和社区的构建模式均发生了较大的变化。城市化所带来的职业机会增加使大部分农村的青壮年搬迁到原生社区之外的地方居住，这不仅标志着原有的农村几代人共存的熟人社区的解体，也意味着城市家庭的小型化。高度组织的工业化又进一步挤压了家庭的时间，并从生活的各个方面让人对机构和体制产生依赖。这种过度的机构化和制度化给

---

① Schmidt, K., "Göbekli Tepe, Southeastern Turkey: A Preliminary Report on the 1995–1999 Excavations", *Paléorient,* Paris, 2000.

② Thane, P., *Old Age in English History: Past Experiences, Present Issues*, Oxford, UK: Oxford University Press, 2000.

退休的老年人带来一系列负面影响，使得退休的老年人在退休后必须适应没有日常工作责任、没有团队活动目标的生活状态。很多老年人在没有来自机构的外界指令的情况下不知如何安排自己的生活，建立社交关系，重建自己在社会和家庭中的角色，从而陷入心理日渐抑郁和身体每况愈下的恶性循环之中。

在宏观社会层面，当我们脱离了传统农业社会里以亲朋邻里互助为基本形态的社区养老模式之后，工业化社会只能依靠核心家庭的有限资源来安排居家养老或者寻求专业养老机构提供的服务来安排老人的晚年生活。而这些现代养老模式正面临着各种众所周知的挑战，诸如：普遍缺乏从事养老工作的护工和技师，普遍存在的老年人的孤独感，以及老年人在退离工作岗位后因无所事事所带来的健康问题和无意义感。这些老龄社会的典型问题在老年人口众多的工业发达国家积病已久，近来开始向发展中的银发国家蔓延。换言之，在传统的农业社会所建立的持续数千年的小型关怀社区被工业化进程破坏之后，现代社会还没有找到一个能让无数老年人感到安全、友善、满意和向往的替代方式。

在工业化和城市化不断拓展、深化的今天，回到农耕文化里的"伊甸园"关怀社区已变得不可思议或不切实际。正当各国的老龄社会一筹莫展之时，迅速崛起的数字科技似乎为走出某些关键的养老困境带来一线希望。例如，面对养老专业护理人员短缺的状况，智慧护理的数字科技在探讨如何通过电子平台把一个街区里护工的有限时间和特长同本地各位老年人的需求状况匹配起来，以达到对有限护理资源的最有效利用，也易于量化护工的某种能力缺口，从而为教育培训和人力资源行业提供指导。面对退休老年人的孤独问题，网络社交平台在探讨如何为特殊需求群体建立专门渠道，让老年人同住在远方的儿女、老友等能带来情感支持和安慰的人们联系起来。针对老年人在退离工作岗位后出现无意义感的问题，很多大学生和志愿者团体在摸索如何教老年人使用手机和互联网，让老年人也能踏上飞快奔驰的时代列车，感受数字时代所带来的各种新鲜资讯以及娱乐互动机会，甚至帮他们找到分享其人生经验的平台并在网络经济中发挥余热。

总之，数字科技和互联网很可能是一个重建现代新型关怀社区的契机，让老年人能在工业化和后工业化的世界里感到友好、安全、幸福。

作者：陈宏图，哈佛大学全球适老社会科技研究中心联合主任，哈佛大学亚洲中心国际老年护理研究中心主任，专业杂志《国际老年》责任主编。

主要参考文献

1. Caspari, R., Lee., S. H. Older Age Becomes Common Late in Human Evolution. *Proceedings of the National Academy of Sciences of the United States of America*, 2004

2. Schmidt, K. Göbekli Tepe, Southeastern Turkey: A Preliminary Report on the 1995–1999 Excavations. *Paléorient.* Paris, 2000

3. Thane, P. *Old Age in English History：Past Experiences, Present Issues.* Oxford, UK：Oxford University Press, 2000

韩国老年人长期护理保险的局限及改善方案

［韩］崔惠枝

韩国自 2000 年进入老龄化社会后，时隔 24 年，也就是在 2024 年将进入超高龄社会。随着人口老龄化现象进一步加剧，照顾老年人的问题日渐突出，养老社会化不再是纸上谈兵的口号，韩国政府于 2008 年引进了老年人长期护理保险制度。引进该制度以来，虽然老年人长期护理保险制度挑起了照顾老年人政策的大梁，但由于护理服务是围绕市场提供的，因此各种问题也随之显现。中国的人口老龄化问题非常严重，要想解决这一问题，需要社会各方面加大对照顾老年人的投入力度。对此，本文以老年人长期护理保险制度为中心，分享韩国在老年人照顾政策方面的相关经验，从而为中国制订有效的老年人照顾政策提供参考。

一、韩国老年人照顾政策的结构

老年人长期护理保险和老年人对口照顾服务是韩国具有代表性的老年人照顾制度。通常为生活自理能力相对良好的老年人提供的是老年人对口照顾服务，而生活自理障碍等级相对较高的老年人则属于老年人长期护理保险的主要对象。[1]

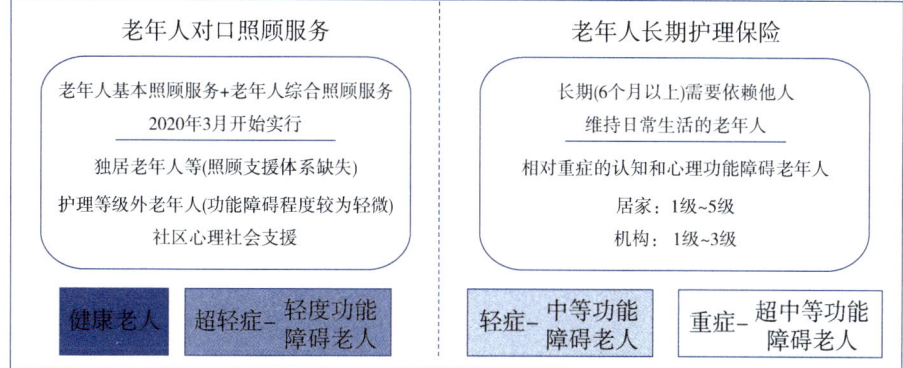

图 3-4-1 韩国老年人照顾政策的结构

（一）老年人对口照顾服务

老年人对口照顾服务的对象包括空巢独居老人和因轻度生活自理功能障碍而需要他人帮助的老年人[2]。服务内容因人而异，一般取决于老年人的自理状态和需求。提供服务的主要人员是接受一定时间培训的生活照护师，社会福利师则负责管理和监督生活照护师。通过对于生活能够自理的健康空巢独居老人，通常会通过打电话或入户探访来确认他们的安全及健康状况；对于需要日常照顾的轻度生活自理功能障碍的老年人，会为他们提供家务劳动等日常生活照料服务；而对于生活孤独或具有抑郁症状的老年人，还会开展心理疏导计划。老年人对口照顾服务的财政支出主要依靠税收统筹规划。

（二）老年人长期护理保险制度

老年人长期护理保险制度主要针对需长期（6个月以上）照顾方可维持生活的 65 岁及以上的老年人或 64 岁以下患有老年性疾病的老年人。在老年

---

[1] 崔惠枝、李美珍（音译）、全勇虎（音译）、李恩珠（音译）：《老年人福祉论》，首尔：社会评论研究院，2020年。
[2] 最轻度生活自理功能障碍老年人主要指已申请加入老年人长期护理保险，但未通过等级评定的老年人。

人长期护理保险等级评定中达到 5 级的老年人，可享受老年人长期护理服务。各等级自理能力如表 3-4-1 所示。

表 3-4-1　老年人长期护理保险各等级自理能力

等级	日常生活自理状态	长期护理认证分数
1 级	完全需要他人帮助完成日常活动	96 分及以上
2 级	大部分需要他人帮助完成日常活动	76—95 分
3 级	部分需要他人帮助完成日常活动	61—75 分
4 级	因日常生活自理功能障碍小部分需他人帮助完成日常活动	51—60 分
5 级	老年痴呆（仅限老年性疾病）患者	45—50 分

服务内容分为老年人居家享受长期护理服务的居家护理服务和入住服务机构后享受的机构设施护理服务。居家护理服务包括上门护理、上门沐浴、上门看护、昼夜看护、短期看护、福利器具租赁等服务。其中，上门护理提供日常生活援助、身体活动、家务劳动、情感陪伴等服务；上门沐浴是沐浴车辆到老年人家里为其提供沐浴的服务；上门看护包括护士（护理师）为老年人提供伤口消毒等简单的护理处置服务；昼夜看护是由看护中心提供日间或夜间照顾老年人的服务；福利器具租赁是指租借或提供购买轮椅、助行器等老年人所需用具的服务。直接提供上门护理和上门沐浴等护理服务的人员是照护师，护士（护理师）主要负责上门看护，社会福利师则主要负责相关业务的管理。

老年人长期护理保险采用社会保险方式运作，财政来源由保险费、受益人本人自行承担的费用和国家扶持的资金组成。机构护理服务是指老年人入住老年人护理机构或 9 人以下的老年人共同生活家庭，从而获得生活所需的一切服务和住房便利。机构护理服务仅限于通过护理等级评定为 1 级和 2 级的老年人，而护理等级为 3 级的老年人需满足一定条件方可使用。

第三部分　老龄文明国际研究

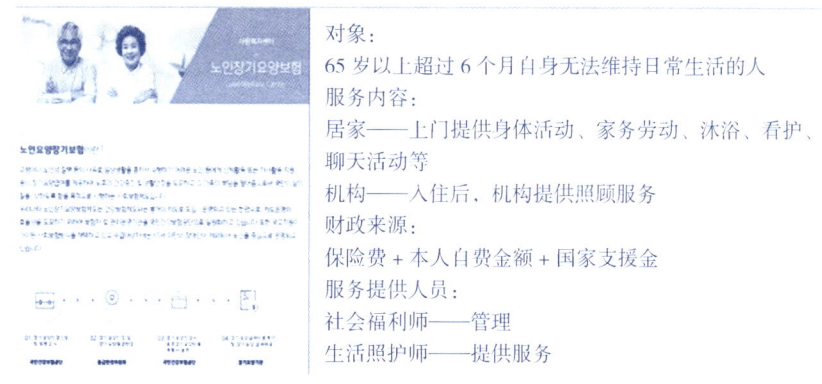

图 3-4-2　老年人长期护理保险的内容

二、韩国老年人长期护理保险供需结构问题

（一）供需结构的特征

自 2008 年出台老年人长期护理保险制度以来，随着人口老龄化日益加快，使用长期护理服务的韩国老年人呈递增趋势。数据显示，2010 年使用长期护理服务的老年人为 314687 人，而 2021 年上升到 1051781 人，增长了约 2 倍，65 岁以上老年人中有 11% 的老年人正在使用长期护理服务。

图 3-4-3　老年人长期护理保险等级认证人数统计

数据来源：KOrean Statistical Information Service（KOSIS），2023 年 10 月，https:// kosis.kr/index/index.do。

韩国在出台老年人长期护理保险制度之前，主要由政府或受政府委托的民间非营利机构提供公共服务。然而，在出台老年人长期护理保险制度之际，由于缺乏提供照护服务的公共及非营利机构，韩国政府面临着需迅速扩充照护服务供应基础设施的难题。作为解决方案，老年人长期护理保险制度规定，允许以营利为目的的个体机构从事照护行业。此后，随着民营机构开始进军照护市场，老年人长期护理服务的供给迅速实现市场化。

截至2020年，韩国老年人长期照护机构数量达到27216家。其中，由地方政府经营的公共机构仅253家，占0.93%；民营法人经营的机构占14.56%；个人经营的照护服务机构占84.51%。而21111家居家照护机构中公共机构占0.63%，民营法人机构占12.33%，由个体从业人员经营的居家照护机构占87.04%。因此，韩国老年人长期护理服务主要依靠民间力量开展，高度依赖民营机构导致照护服务的公共性被大幅削减。

区分	合计(A+D)	机构照护机构数量			居家服务机构数量(D)	各类居家照护机构数量						
		合计(A=B+C)	老人照顾机构(B)	共同生活家庭(C)		合计(E=F+K)	上门照顾(F)	上门沐浴(G)	上门看护(H)	昼夜保护(I)	短期保护(J)	福利工具(K)
合计	27216	6105	4310	1795	21111	36304	16679	11686	825	5009	132	1973
地方政府	253	119	113	6	134	168	21	16	4	124	3	0
法人	3962	1359	1222	137	2603	4472	1787	1206	123	1069	32	255
个人	23001	4627	2975	1652	18374	31664	14871	10464	698	3816	97	1718

图 3-4-4　各经营主体老年人长期照护机构数据

（二）服务质量降低

照护是以照顾者和被照顾者之间的关系为媒介展开的，因此通常所讲的"照顾"即照护服务，其通过照护师等从业者以行为、语言、感情等形式传递给老年人。[1]照护服务的质量往往取决于从业者尤其是照护师所具备的专业性，而照护师的专业性则受其工作条件的影响。因此，照护师的工作条件被视为体现照护服务质量的间接指标。[2]

---

[1] Daly, M., Lewis, J., "The Concept of Social Care and the Analysis of Contemporary Welfare State", *British Journal of Sociology*, 2000, 51（2）：281-298.

[2] 姜银熙（音译）、崔惠枝、申锡镇（音译）：《通过加强长期照护机构公共性改善照护师待遇方案》，首尔：民主工会总联盟服务联盟，2022年。

随着照护服务供给的市场化，照护师的工作条件每况愈下。需指出的是，工作时长是判断照护师能否不间断稳定工作的核心指标。但实际上，部分照护师每周工作时间不足 15 小时，属于超短时劳动者，达不到维持生计所需最低工作时间。从照护师从属机构的各经营主体来分析超短时间劳动者的构成可以发现，国立、公办机构中无超短时间工作的照护师，非营利法人机构中占比 12.2%，营利法人机构中占比 19.8%，而个人运营机构中有 29.2% 的照护师为每周工作时间不足 15 个小时的超短时劳动者。由此可见，以照护师工作时长作为工作条件的评判指标时，个人经营机构和营利法人机构的工作条件明显不如国家和非营利法人机构[①]。

正式员工为 4 人以下的机构被排除在劳动法规定的适用某些津贴及休假等的范畴之外，因此，是否属于正式员工为 4 人以下的机构可作为判断照护师工作条件的另一个主要指标。国立、公办机构中没有正式员工为 4 人以下的情况，非营利法人机构中正式员工为 4 人以下的机构占 10.8%，营利法人机构中占 13.1%，个人运营的机构中占 15.3%。越是在个人和营利法人机构中，照护师在部分津贴和休假等法律权益上越是难以得到保护，且这种情况多发生在正式员工为 4 人以下的机构。

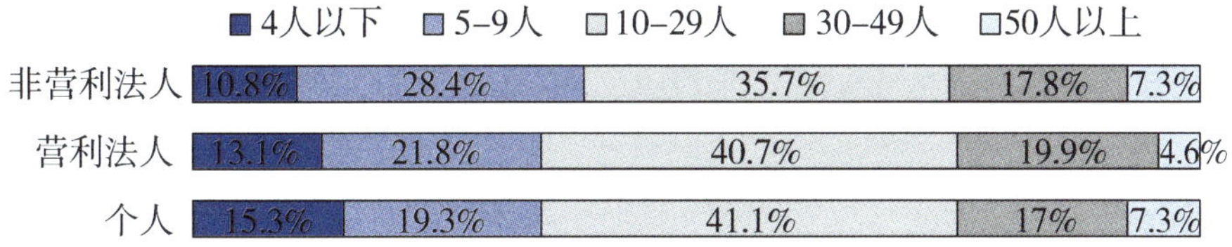

图 3-4-5　照护机构各经营主体正式员工数情况

韩国是通过参保雇佣保险发放失业补贴、产假工资的，因此未参保人员则无法享受此类社会保障福利。而照护师的雇佣保险总参保率为 84.2%，参保率目前相对较高。但不同经营主体下的照护师参保率有所不同。其中，国立、公办照护机构的照护师雇佣保险参保率为 100%，非营利法人机构参保率为 93%，营利法人机构参保率为 89.1%，个人运营的机构参保率仅为 82.5%，

---

① 崔惠枝、李美珍（音译）、全勇虎（音译）、李恩珠（音译）：《老年人福祉论》，首尔：社会评论研究院，2020 年。

营利法人和个人运营的机构的照护师雇佣保险参保率相对较低。①

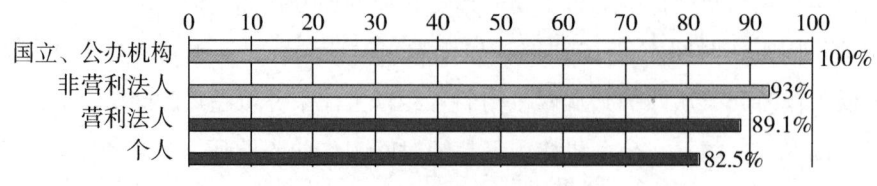

图3-4-6 照护机构各经营主体雇佣保险参保率

通过超短时劳动者占比、正式员工4人以下机构占比、雇佣保险参保率等方面的分析，可以看出，国立、公办机构照护师的工作条件最佳，接下来依次为非营利法人、营利法人、个人运营机构。这意味着国家和地方政府经营的公办照护机构的工作条件要比民营照护机构的工作条件更为优渥。②

公办机构和民营机构工作条件的差异主要体现在月薪与休息时间上。在月薪方面，在公办照护机构工作的照护师月平均工资为226万韩元，而在民营照护机构工作的照护师月平均工资为208万韩元，公办机构照护师的工资水平较高。在休息时间方面，公办机构日均为3.39小时，民营机构日均为2.82小时，公办机构照护师的休息时间较多。综上所述，隶属公办机构的照护师的工作条件相对较好。③

在体现照护师专业能力的工作年限和资历方面，公办机构的照护师与民营机构的照护师之间存在明显差异。在工作年限方面，公办机构照护师当前平均工作年限为5.7年，高于民营机构照护师当前4.0年的平均工作年限；在资历方面，公办机构照护师的平均资历为7.4年，同样高于民营机构照护师6.4年的平均资历。综上所述，隶属于营利法人和个人运营机构的照护师在工作条件和专业经验方面，略逊色于公办机构和非营利机构的照护师。这

---

① 崔惠枝：《新型冠状病毒肺炎疫情期间老年人照护政策分析及对策探索》，载《为加强老年人照护服务公共性讨论会资料集》，首尔：国会议员南仁顺（音译）议员办公室，2020年。
② 崔惠枝：《新型冠状病毒肺炎疫情期间老年人照护政策分析及对策探索》，载《为加强老年人照护服务公共性讨论会资料集》，首尔：国会议员南仁顺（音译）议员办公室，2020年。
③ 姜银熙（音译）、崔惠枝、申锡镇（音译）：《通过加强长期照护机构公共性改善照护师待遇方案》，首尔：民主工会总联盟服务联盟，2022年。

表明公办机构和非营利法人机构等具有较高公共性的机构提供的照护服务质量优于营利法人和个人运营机构的照护服务质量。①

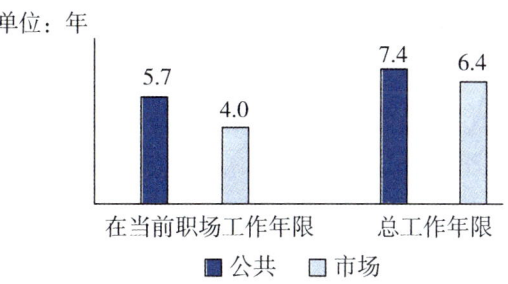

图 3-4-7　公共、市场劳动者工作年限

（三）照护服务供给的区域差距

随着老年人长期护理服务供给市场化，出现的一个问题便是不同区域照护服务的供给逐渐出现差距。在追求经济效益的市场机制中，营利法人和个人运营机构会集中在照护服务受众较多且照护师劳动力资源充裕的地区。相对来说，像农渔村地区，虽然有庞大的照护服务受众群体，但很难招揽到年轻的照护师群体，况且来往于老年人住户之间的交通时间较长，导致经济效益低下。因此，照护师数量和照护服务的受众数量存在地区差异性，照护服务供给同样将出现区域性差距。

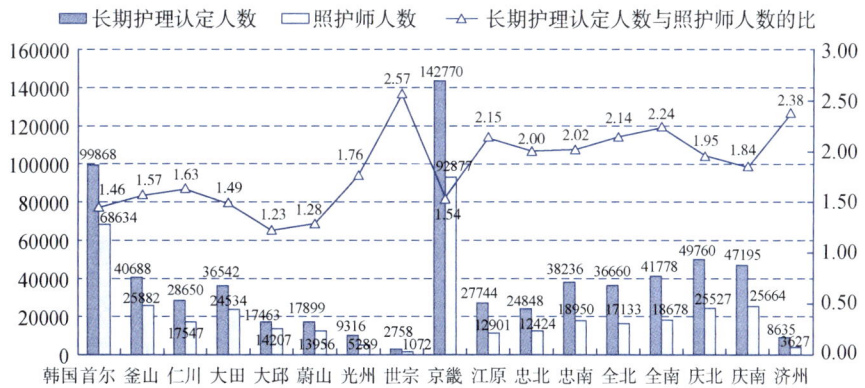

图 3-4-8　各广域地方政府老年人长期护理等级认证人数与照护师人数

---

① 姜银熙（音译）、崔惠枝、申锡镇（音译）：《通过加强长期照护机构公共性改善照护师待遇方案》，首尔：民主工会总联盟服务联盟，2022 年。

三、解决方案

(一)公共照护基本供给率制

公共照护基本供给率制旨在提高隶属于中央政府、地方政府等公共主体的照护机构的数量和占比,提高照护服务供给的公共性。该制度规定在机构照护和居家照护供给率中,公共主体隶属机构提供的照护服务量必须满足最低占比,并强制要求地方政府将公共照护供给率维持在最低占比之上。

公共照护基本供给率制由第一次基本线和第二次基本线组成。第一次基本线要求老年人长期护理服务总供给率保持在120%以上。第一次基本线旨在避免各地方政府因照护服务供给量不足导致无法满足老年人照护服务需求的情况发生,并引导照护机构之间形成良性竞争关系。第二次基本线要求在各地方政府居家照护服务和机构照护服务的总供给率中,公共主体机构照护供给率保持在30%以上。计算公共照护服务基本供给率的第一次基本线和第二次基本线,满足各基本线的行政适用单位,以广域地方政府为宜。①

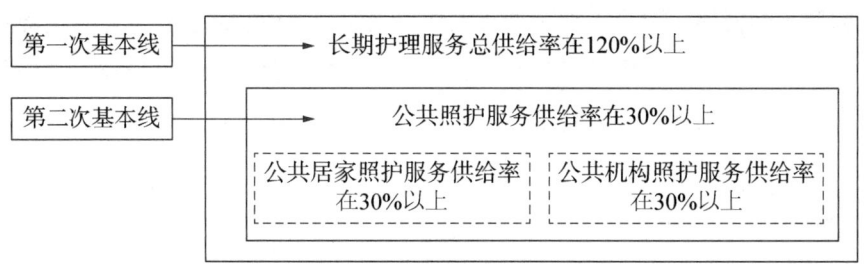

图3-4-9 公共照护基本供给率制结构

根据照护机构2021年第一次基本线满足状况来看,广域地方政府中老年人长期护理服务总供给率达标的仅有5个,分别是仁川、京畿道、忠清北道、全罗南道、济州。12个广域地方政府未能达到第二次基本线要求,尤其是除忠清北道和全罗南道之外,其余15个广域地方政府中,相较于2020年,2021年的照护机构数量反而有所减少。

---

① 姜银熙(音译)、崔惠枝、申锡镇(音译):《通过加强长期照护机构公共性改善照护师待遇方案》,首尔:民主工会总联盟服务联盟,2022年。

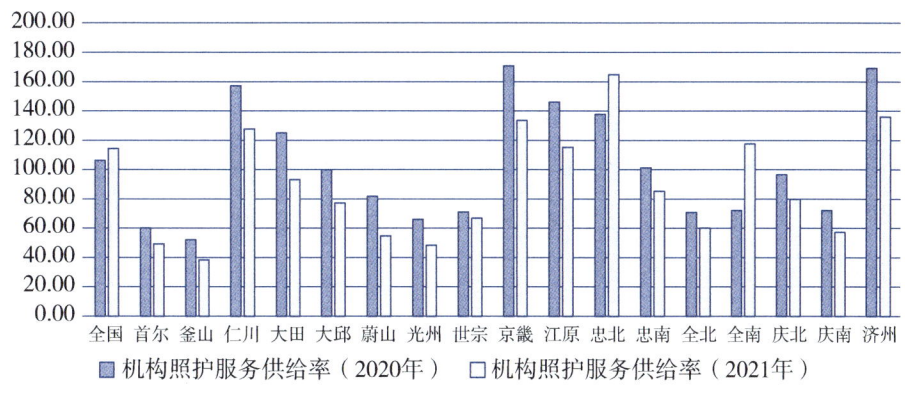

图 3-4-10　2020—2021年各广域地方政府机构照护服务供给率

以2021年为准，没有任何一个地方政府满足第二次基本线。而在各地方政府中，全罗南道的公共照护机构提供的照护服务在整体照护服务供给率中的占比最高，但也仅为1.85%。大田和大邱未设立公共照护机构，其公共照护供给率为0。除全罗南道、忠清北道、庆尚南道、济州以外的所有广域地方政府中，2021年机构照护的公共照护供给率相较于2020年呈递减趋势，由此可见其公共性正被削减。

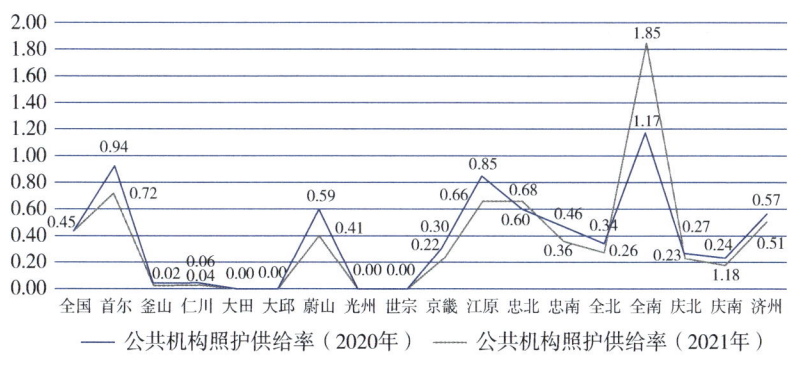

图 3-4-11　2020—2021年各广域地方政府公共照护服务供给率

（二）照护师的标准工资制

待遇是影响照护师照护服务质量的核心因素。为改善照护师待遇不公的问题，有必要用法律规范照护师的工资标准。标准工资制是指将老年人长期护理保险收费中的照护师的劳务费定为照护师的标准工资，并规定各机构支付给照护师的工资不得低于此标准工资。2021年反映在老年人长期护理保险收费中的照护师月均劳务费为2398000韩元，但实际上照护师的月均工资约为1822480韩元，仅为韩国最低工资水平。

照护师的劳务费是法定最低工资的130%，因此，部分地方政府在条例中规定，将照护师的标准工资定为法定最低工资的130%，并要求各机构支付给照护师的工资至少超过标准工资。①

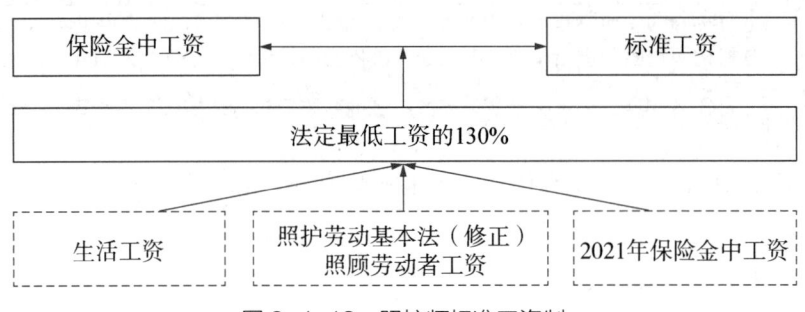

图3-4-12　照护师标准工资制

（三）推广优质照护认证制

优质照护认证制是指通过地方政府制定的优质照护评价工具来评价照护机构，获得标准分数以上的机构被认证为优质照护机构的制度。取得优质照护认证的机构将获得一定金额的奖励，机构可将其用于设施维修、发放职工奖金等，而优质照护认证也可以提高服务受众对机构的信赖度。优质照护认证可从多维度进行评价，包括评价机构物理环境的优质机构认证、评价职工工作条件的优质岗位认证、评价服务质量的优质服务认证等。

优质岗位认证制旨在通过扩大对工作条件的公共管制与指导监督，提高政府对照护机构职工待遇的政治影响力，有望有效改善照护师的待遇。首尔市、釜山市等部分广域地方政府已实行优质岗位认证，力求提高照护服务的质量。该项制度有必要在全韩国范围进行推广。

---

① 姜银熙（音译）、崔惠枝、申锡镇（音译）：《通过加强长期照护机构公共性改善照护师待遇方案》，首尔：民主工会总联盟服务联盟，2022年。

作者：崔惠枝，韩国首尔女子大学教授，韩国社会福利学会编辑委员会委员长，韩国老年福利学会前会长。

主要参考文献

1.［韩］姜银熙（音译），［韩］崔惠枝，［韩］申锡镇（音译）.通过加强长期照护机构公共性改善照护师待遇方案.民主工会总联盟服务联盟，2022

2.［韩］崔惠枝，［韩］李美珍（音译），［韩］全勇虎（音译），［韩］李恩珠（音译）.老年人福祉论.社会评论研究院，2020

3.［韩］崔惠枝.新型冠状病毒肺炎疫情期间老年人照护政策分析及对策探索.为加强老年人照护服务公共性讨论会资料集.国会议员南仁顺（音译）议员办公室，2020

4. Daly, M., Lewis, J. The Concept of Social Care and the Analysis of Contemporary Welfare State. *British Journal of Sociology*, 2000，51（2）

关怀老龄家庭照护者的文明社会：欧洲比利时的现状

余玉善　许豪勤　张维宏

一、引言

比利时是西欧发达国家之一，已于 1977 年迈入高龄社会。预计 65 岁以上老年人占总人口比重将从 2022 年的 19.5%（欧盟 27 国：21.1%）增长到 2050 年的 26.4%（欧盟 27 国：29.6%），老年抚养比将从 2022 年的 30.6%（欧盟 27 国：33.0%）增长到 2025 年的 49.2%（欧盟 27 国：56.9%），这意味着 2050 年每 2 个工作年龄人口需要负担 1 个老年人的赡养义务[①]。严峻的老龄化形势给长期照护服务体系带来了一系列挑战。比利时的长期照护主要包括正式照护和非正式照护两种形式，其中正式照护主要指具有资质的专业人员提供的付费服务，非正式照护指家庭成员、亲戚或者朋友提供的无偿服务。

欧洲社会福利政策研究中心对非正式照护给出了具体定义：非正式照护是指由亲属或者朋友等为老年人提供的照护服务，通常没有合同协议，也无须支付费用。这些非正式照护服务的提供者通常被称为非正式照护者，也称

---

① Yu, Y., Petrovic, M., Zhang, W. H. Older European Adults and Access to Health-care during the COVID-19 Pandemic. *China CDC Weekly*, 2022, 4（39）：879-884.

为家庭照护者①（下文均称为家庭照护者）。数据显示，欧洲地区80%的长期照护由家庭照护者提供。尽管家庭照护者为社会作出了巨大贡献，却往往未能得到社会和政策制定者的充分认可和支持。此外，家庭照护者面临如何权衡照护老年人和工作的问题，容易陷入经济困境。由于长期高强度地照顾失能老年人，社会交往受限，家庭照护者会遭遇一系列心理健康问题。

老年友善型社会是指在老龄化、空巢、长寿、独居以及失能等复杂情况下，通过提供支持和服务，帮助老年人适应这些变化，以保证他们的福祉和生活品质。这种社会模式包括提供适应性的居住环境、健康照顾、社交活动等方面的支持，旨在确保老年人融入社会并享有尊严②。家庭照护者在老年友善型社会中发挥着关键作用，他们为老年人提供照料和支持。同时，老年友善型社会支持和认可家庭照护者，帮助他们更好地履行照顾责任。因此，本研究将从家庭照护者的法律认可、资格认定、家庭照护者的支持、社会包容和权益等方面对比利时的情况进行个案分析。

二、研究方法

本研究采用文献回顾研究法，具体做法如下：在PubMed、Embase等数据库以"比利时""非正式照护者""家庭照护者""居家护理""照护者假期"等为关键词进行文献检索，为了保证检索的全面性，也在比利时政府、比利时公共卫生科学研究机构、欧盟出版办公室、欧盟统计局网站进行检索。

三、研究发现

（一）比利时老龄家庭照护者的文明社会框架

在文献回顾、分析和归纳的基础上，本研究从三个维度考察比利时家庭照

---

① The European Centre for Social Welfare Policy and Research, Informal Care, 2023-07-13[2023-10-15], https://www.euro.centre.org/domains/informal-care.

② 穆光宗：《构建老年友好型社会：涵义、本质与进路》，《人民论坛·学术前沿》2023年第2期。

护者的文明社会框架：（1）社会和法律层面：认可家庭照护者的贡献，出台家庭照护者相关法案。（2）给家庭照护者的支持：信息获取和建议，喘息服务，教育和培训。（3）社会包容和权益：经济补偿以及家庭照护者假期。

（二）家庭照护者的数量

2015年，比利时50岁以上人口中有较高比例（20.1%）的人自称是家庭照护者，其中每日服务者占9.2%，每周服务者占10.9%，高于经济合作与发展组织（简称"经合组织"）成员国的平均水平（每日服务者占6.9%，每周服务者占6.4%）。此外，家庭照护者承担的照护工作量相当于15万个专职照护人员的工作量。①

表3-5-1 经合组织部分国家50岁以上人口中家庭照护者比例

国家	每周服务（%）	每日服务（%）	合计（%）
捷克	10.2	11.0	21.1
比利时	10.9	9.2	20.1
澳大利亚	NA	NA	19.2
英国	NA	NA	17.1
荷兰	11.6	5.2	16.8
奥地利	8.0	7.6	15.6
德国	8.1	7.4	15.5
丹麦	9.6	5.0	14.7
法国	7.3	7.3	14.6
斯洛文尼亚	4.7	9.3	14.0
卢森堡	6.3	5.9	12.1
瑞士	7.4	4.0	11.4

---

① Belgian Federal Government, *Care for the Elderly,* 2023-09-15[2023-10-15], https://www.healthybelgium.be/en/health-system-performance-assessment/spe-cific-domains/care-for-the-elderly.

（续表）

国家	每周服务（%）	每日服务（%）	合计（%）
希腊	3.9	7.4	11.3
意大利	4.2	6.8	11.0
爱沙尼亚	4.7	6.1	10.8
以色列	5.1	5.5	10.6
瑞典	6.7	3.7	10.4
西班牙	2.7	7.5	10.2
美国	NA	NA	10.1
葡萄牙	1.2	8.2	9.4
波兰	2.4	6.4	8.8
经合组织成员国	6.4	6.9	13.3

数据来源：欧洲健康、老龄和退休调查2015年数据。（NA代表无数据）

（三）家庭照护者法案和认定

2014年，比利时政府通过一项新法案《关于承认协助急需照护人员的家庭照护者的法案》。新法案指出了家庭照护者的关键认定要素：家庭照护者必须为法定成年人；在比利时拥有合法居住权；为失能老年人提供日常的非专业照护服务，并至少和一名专业照护人员配合提供照护服务；需要考虑老年人的日常生活项目[①]。

从2020年9月1日起，申请人可以向健康保险基金申请家庭照护者证书，证书包括两种：①一般认可证书——对家庭照护者的普遍认可，长期有效；②社会权益认可证书——主要用于申请家庭照护者假期，认可有效期为1年。申请要求以及终止条件详见表3-5-2。

---

① Federale overheidsdienst sociale zekerheid, Wet betreffende de erkenning van de mantelzorger die een persoon met een grote zorgbehoefte bijstaat, 2023-07-14 [2023-10-14], https://etaamb.openjustice.be/nl/wet-van-12-mei-2014_n2014203605.html；Federale overheidsdienst sociale zekerheid, Wet tot erkenning van de man- telzorgers, 2023-07-14 [2023-10-14], https://etaamb.openjustice.be/nl/wet-van-12-mei-2014_n2014203605.html.

表 3-5-2　一般认可证书、社会权益认可证书的申请要求及终止条件[1]

一般认可证书	社会权益认可证书
申请要求	
①受助者因年事已高、健康状况不佳或残疾而需要照护和支持，并且居住在比利时； ②家庭照护者定期提供非专业的帮助和支持； ③家庭照护者会考虑受助者的需求和愿望； ④家庭照护者与他/她所照护的人有信任关系，并且不作为职业或志愿者提供这种照护； ⑤家庭照护者合法居住在比利时； ⑥至少有一名专业照护人员协助家庭照护者进行照护。	①申请社会权益认可证书需要满足一般认可证书的所有条件； ②家庭照护者为受助者提供持续或定期的照护和支持，每月至少提供 50 个小时或每年至少提供 600 个小时的照护和帮助。
终止条件	
出现以下情况之一，两种证书即被终止： ①家庭照护者或受助者要求终止； ②其中一方死亡； ③受助者不再需要照护服务； ④受助者永久入住养老机构超过 90 天； ⑤家庭照护者不再符合认可标准； ⑥家庭照护者被判犯有暴力、虐待、欺诈或疏忽罪。	

（四）家庭照护者的支持

1. 家庭照护信息获取和建议

政府部门、健康保险公司以及非营利组织倾向于利用在线平台向家庭照护者提供各种信息服务，包含认识家庭照护者角色、了解社会权益、平衡照护和日常工作等。如联邦公共服务网站为家庭照护者提供休假等信息（网站支持荷兰语、法语以及德语）。布鲁塞尔照护者协会搭建了解决办法、帮助和更好生活（SAM）在线平台，旨在满足家庭照护者检索照护相关问题、进行交流和寻求支持的需求（网站支持法语和荷兰语）。

---

[1] Vlaams expertisepunt mantelzorg, Mantelzorgstatuut：In dit artikel lichten we de wet betreffende de erkenning van de mantelzorger toe, 2023-07-15 [2023-10-15], https://www.mantelzorgers.be/pages/mantelzorgstatuut.aspx.

2. 喘息服务

喘息服务指为使家庭照护者从照护工作中获得短暂休息，由专业照护人员来暂时替代家庭照护者承担照护的责任。喘息服务的目的不仅在于让他们更好更持续地为家庭成员提供长期照护服务，同时在于减轻家庭照护者的照护压力，提高他们的生命质量[1]。喘息服务可以根据服务地点分为两种：

①居家喘息服务。

②机构喘息服务：日间照料中心（2013年数据：2498个床位）和养老机构短期停留床位（2013年数据：2166个床位）[2]。

3. 培训和教育

行业协会在家庭照护者的培训和教育中发挥了十分重要的作用。比利时弗兰德斯地区有6个公认的非正式照护者协会。该协会给家庭照护者提供以下支持：

①组织信息发布会和培训活动，主题包括但不限于：如何获得照护津贴，如何维护权益，如何寻找专业家庭护理服务，如何平衡工作和照护责任等。

②倾听和解答照护相关问题。

③出版相关主题杂志或印刷宣传册。

医学技能培训也是家庭照护者教育的重要组成部分。家庭照护者在完成相关医学培训后，可以获得非正式护理证书，这个证书与之前的一般认可证书和社会权益认可证书不同。比利时的护理技术分为B1、B2以及C三类。根据1990年6月18日的皇家法令规定，护士可以自主进行B1级护理技术操作，根据医嘱可以执行B2级护理技术操作，受医生委托可以开展C级护理技术操作。护士培训家庭照护者如何进行B级护理技术（如：注射、管饲、伤口护理、造口护理），并检查其是否掌握了该类医疗技术。家庭照护者通过培训后将获得职业证书，可以为受助者提供B级护理技术，但不允许其提供收费服务[3]。

---

[1] Anthierens S., Willemse E., Remmen R. et al., Support for informal caregivers – an exploratory analysis, Brussels：Belgian health care knowledge centre（KCE），2014.

[2] Anthierens S., Willemse E., Remmen R, et al., Support for informal caregivers – an exploratory analysis, Brussels：Belgian health care knowledge centre（KCE），2014.

[3] Coponcho, Wat is het mantelzorgstatuut?, 2023-07-15 [2023-10-15], https://www.coponcho.be/veel-gestelde-vragen/het-mantelzorgstatuut/.

(五)社会包容和权益

1. 经济补偿

经济补偿包括两种,分别为非正式和家庭照护津贴以及自愿照护保险费。对于有严重照护需求的老年人,其家庭照护者有对应的津贴。国家支付非正式和家庭照护津贴对家庭照护者予以补偿,补偿标准为每月130欧元①。此外,每个市政府都可以自由引入自愿照护保险费并确定自己的保险规则,通过转移自愿护理保险费对家庭照护者进行补偿。

2. 家庭照护者假期

家庭照护者可以凭社会权益认可证书提前7天向雇主申请照护者假期,雇主不能拒绝。不论是全职工作者还是兼职工作者,均可以休3个月的家庭照护者假期。如果家庭照护者从事全职工作,可以申请减少1/2或者1/5的工作时间,持续6个月。一名家庭照护者如果照料多个老年人,在整个职业生涯中最多可以休6个月的家庭照护者假期;如果从事全职工作,可以申请减少1/2或者1/5的工作时间,持续12个月②。

四、讨论及展望

家庭照护者在老年友善型社会中扮演着至关重要的角色。比利时的做法是一个良好的范例,证明全面建设老龄家庭照护者的文明社会是可行的。比利时通过从法律层面承认家庭照护者、提供信息和建议、教育培训、喘息服务、经济补偿和照护者假期等支持措施,来改善家庭照护者的社会地位和保障其权益,并提供他们所需的支持,这将有助于减轻家庭照护者的负担,提高非正式照护质量,并促进社会的健康和包容性发展。

---

① Vlaams expertisepunt mantelzorg, Zorgbudget voor zwaar zorgbehoeven-den: Dit is de nieuwe naam voor de vlaamse zorgverzekering, 2023-07-15 [2023-10-15], https://www.mantelzorgers.be/pages/zorgbudget%20voor%20zwaar%20zorgbehoevenden.aspx.

② Vlaams expertisepunt mantelzorg, Mantelzorgstatuut: In dit artikel lichten we de wet betreffende de erkenning van de mantelzorger toe, 2023-07-15 [2023-10-15], https://www.mantelzorgers.be/pages/mantelzorgstatuut.aspx.

家庭照护者的社会地位提升和法律认可具有至关重要的意义。在社会层面，需承认家庭照护者在长期照护系统中所作的重要贡献；而在法律层面，应该对家庭照护者进行明确认可。家庭照护者在社会中获得正式的法律地位，并享有相应的法律保障，从而更有信心履行其照护责任。此外，提供信息咨询和专业培训不仅有助于提升家庭照护者的专业水平，也使他们能更好地应对照护中的挑战，提高非正式照护质量。家庭照护者通过相关医学培训后，持有非正式护理证书，能够为需要特殊医疗护理的老年人提供更专业的照护服务，在一定程度上缓解社会上照护人员短缺的问题。喘息服务、照护者假期以及经济补偿措施有效地减轻了家庭照护者的负担，使他们更好地平衡工作和生活，同时预防了照护过程中可能出现的疲劳和心理压力。除政策层面的支持外，也需要通过媒体、教育和社区活动等途径，逐渐改变人们对老年人和家庭照护者的看法。

随着人口老龄化的加剧，家庭照护者将成为一个全球性的关注焦点。其他国家可以借鉴比利时的养老经验，根据本国实际情况制定相应的政策，提升家庭照护者在社会中的地位，促进老年友善型社会的发展。各国加强合作，分享彼此的经验和实践，共同应对家庭照护者所面临的全球性挑战。跨国合作有助于形成更为包容和可持续的全球照护体系，提升全球老年人的生命质量。此外，各国可以共同努力推动技术创新，充分利用科技和社会资源，以更全面、更创新的方式满足老年人和家庭照护者的需求。通过全球性的协作共进，更好地应对老龄化社会的复杂性，为未来建设更为健康、包容和可持续的老年友善型社会奠定基础。

作者：余玉善，比利时根特大学博士研究生；许豪勤，江苏省卫生健康委员会原二级巡视员，研究员；张维宏，比利时根特大学公共卫生学教授，欧盟框架首席科学家，博士生导师。

主要参考文献

1. 穆光宗.构建老年友好型社会：涵义、本质与进路.《人民论坛·学术前沿》2023年第2期

2. 余玉善，张军，许佳琳，张维宏.比利时养老模式对我国养老体系建设的启示.《中国劳动关系学院学报》2021年第4期

3. Yu, Y., Petrovic, M., Zhang, W. H. Older European Adults and Access to Healthcare during the COVID 19 Pandemic. *China CDC Weekly*, 2022, 4（39）：879-884

4. Eurostat. Population and Demography . 2023-07-15. https://ec.europa.eu/eurostat/web/population-demography/demography-population-stock-balance/database

5. Yu, Y., Zhang, J., Chen, C., et al. Longitudinal Association Between Perceived Availability of Home-and Community-Based Services and All-Cause Mortality Among Chinese Older Adults：A National Cohort Study. *Journal of Aging & Social Policy*, 2023：1-36

6. The European Centre for Social Welfare Policy and Research. *Informal Care.* 2023-07-13 [2023-10-15]. https://www.euro.centre.org/domains/informal-care

7. Commission e, directorate-general for employment s a, inclusion, zigante v. *Informal Care in Europe：Exploring Formalisation, Availability and Quality*. Publications Office, 2018

8. Verbakel E.Informal Caregiving and Well-being in Europe：What can Ease the Negative Consequences for Caregivers?. *Journal of European Social Policy*, 2014, 24（5）：424-441

9. Belgian Federal Government. *Care for the Elderly*. 2023-09-15 [2023-10-15]. https://www.healthybelgium.be/en/health-system-performance-assessment/specific-domains/care-for-the-elderly

10. Boyle, R. Informal Care Represents more than 150,000 Jobs in Belgium.

2023-07-14 [2023-10-14]. https://www.thebulletin.be/informal-care-represents-more-150000-jobs-belgium

11. Federale overheidsdienst sociale zekerheid. Wet betreffende de erkenning van de mantelzorger die een persoon met een grote zorgbehoefte bijstaat. 2023-07-14 [2023-10-14]. https://etaamb.openjustice.be/nl/wet-van-12-mei-2014_n2014203605.html

12. Federale Overheidsdienst Sociale Zekerheid. Wet tot erkenning van de mantelzorgers. 2023-07-14 [2023-10-14]. https://etaamb.openjustice.be/nl/wet-van-12-mei-2014_n2014203605.html.

13. Vlaams expertisepunt mantelzorg. Mantelzorgstatuut: In dit artikel lichten we de wet betreffende de erkenning van de mantelzorger toe. 2023-07-15 [2023-10-15]. https://www.mantelzorgers.be/pages/mantelzorgstatuut.aspx

14. Federale overheidsdienst werkgelegenheid a e s o. Verlof voor bijstand of verzorging van een zwaar ziek gezins- of familielid. 2023-07-15 [2023-10-15]. https://werk.belgie.be/nl/themas/feestdagen-en-verloven/verlof-voor-bijstand-verzorging-van-een-zwaar-ziek-gezins-familielid

15. Sam het netwerk van zorgverleners asbl. Maak je je zorgen over ouder worden, ziekte en invaliditeit? Voel je je verloren?. 2023-10-15 [2023-10-15]. https://www.reseau-sam.be/nl

16. Anthierens S., Willemse E., Remmen R., et al. Support for informal caregivers–an exploratory analysis. Brussels: Belgian health care knowledge centre (KCE), 2014

17. Vlaams expertisepunt mantelzorg. Mantelzorgverenigingen. 2023-07-15 [2023-10-15]. https://www.mantelzorgers.be/pages/mantelzorgverenigingen.aspx

18. Coponcho. Wat is het mantelzorgstatuut?. 2023-07-15 [2023-10-15]. https://www.coponcho.be/veel-gestelde-vragen/het-mantelzorgstatuut/

19. Health belgium. Lijst van de technische verpleegkundige verstrekkingen die door beoefenaars van de verpleegkunde mogen worden verricht. 2023-07-15 [2023-10-15].https://www.health.belgium.be/sites/default/files/uploads/fields/fp-

shealth_theme_file/annexes_de_lar_du_18_juin_1990.pdf

20. Vlaams expertisepunt mantelzorg. Zorgbudget voor zwaar zorgbehoevenden：Dit is de nieuwe naam voor de vlaamse zorgverzekering. 2023-07-15 [2023-10-15]. https://www.mantelzorgers.be/pages/zorgbudget%20voor%20zwaar%20zorgbehoevenden.aspx

第四部分

附录

老龄文明智库 2023 年集锦

老龄文明智库自 2022 年 6 月 18 日成立以来，逐渐形成了学界、业界、行政管理部门"三位一体"的运行模式和"八个一"（发布智库专报，举办每月一期专题研讨会，开展百岁人生·老友圆桌会，出版发行《老龄文明蓝皮书》，每年举办一次学术会议，运维公众号，发展和指导老龄文明实践基地，成立老龄文明学习联盟）的工作格局。2023 年，各项工作有序推进，亮点纷呈。

专题学术研讨会

专题学术研讨会与会专家讨论现场

专题学术研讨会与会专家讨论现场

老龄文明智库每月举办一期专题学术研讨会。从2023年4月起，全年共举办了7场，分别是：

4月24日，研讨主题为"中国人口老龄化及其应对"。主讲嘉宾为南京大学社会工作与社会政策系主任、教授、博士生导师，江苏省老龄事业发展研究会副会长，老龄文明智库副理事长、学术委员会副主任委员、专委会首席陈友华。分享观点的嘉宾有：江苏省民政厅一级巡视员、江苏省老龄事业发展研究会副会长、老龄文明智库专委会首席沙维伟；南京邮电大学社会与人口学院院长、人口研究院院长、教授、博士生导师，老龄文明智库副理事长、专委会首席沙勇；南京大学政府管理学院教授、博士生导师、长江产业经济研究院研究员，老龄文明智库学术委员会委员高传胜；南京大学新闻传播学院教授、博士生导师，江苏紫金传媒智库高级研究员，老龄文明智库专委会特约研究员申琦；江苏省发改委二级巡视员、社会处处长，江苏省老龄事业发展研究会理事郝琳；河海大学社会保障系讲师、博士，老龄文明智库专委会特约研究员王锴。

6月9日，研讨主题为"老龄化与老龄文明"。主讲嘉宾为教育部"长江学者"特聘教授、东南大学人文社科资深教授、江苏省老龄事业发展研究会副会长、老龄文明智库学术委员会主任委员樊和平。分享观点的嘉宾有：东南大学外国语学院日语系教授、东南大学国际老龄化研究中心副主任、老龄文明智库专委会特约研究员周琛；南京邮电大学人口研究院副院长，智慧养老研究所首席专家、教授周建芳；南京理工大学社会学系负责人，循证社会科学与健康研究中心主任，教授，老龄文明智库学术委员会委员拜争刚；东南大学人文学院社会学系副教授、系主任，中国社会学会社会建设研究专委会副秘书长，老龄文明智库学术委员会委员张晶晶；南京大学新闻传播学院副教授、院长助理袁光锋；东南大学人文学院哲学与科学系讲师武小西。

7月14日，讨研主题为"中国老年教育发展的回顾与展望"。主讲嘉宾为金陵老年大学副校长、教授，老龄文明智库老龄学习与精神生活研究专业委员会首席专家叶南客。分享观点的嘉宾有：江苏省社会科学院社会学所所长、研究员张卫；河海大学公共管理学院教授、博士生导师，江苏省老年学学会专家委员会主任黄健元；金陵老年大学理论处处长、研究员吴澄清；南京市社科院社会发展研究所副研究员董淑芬；南京市社科院卫生政策与管理研究中心主任、副研究员苏健。

7月27日，研讨主题为"'苏适养老'：推动基本养老服务体系建设的扬州、宿迁经验"。主讲嘉宾为老龄文明智库首席专家，教育部"长江学者"特聘教授，南京大学社会保障研究中心主任、教授林闽钢。来自扬州、宿迁的老龄文明实践基地相关代表进行了经验分享。省民政厅一级巡视员、养老模式与养老服务体系研究专业委员会首席专家沙维伟分享了观点。

8月16日，研讨主题为"'苏适养老'：推动基本养老服务体系建设的南京、无锡和南通经验"。主讲嘉宾为老龄文明智库首席专家，教育部"长江学者"特聘教授，南京大学社会保障研究中心主任、教授林闽钢。来自南京、无锡、南通的老龄文明实践基地代表进行了经验分享。分享观点的嘉宾有：省民政厅一级巡视员、老龄文明智库养老模式与养老服务体系研究专业委员会首席专家沙维伟；老龄文明智库养老模式与养老服务体系研究专业委员会特约研究员、九如城养老产业投资有限公司董事长谈义良；金陵老年大学副校长、教授王玉珍；金陵老年大学文史语言系主任高发生。

11月21日，研讨主题为"适老化设计让城市更怡老宜居"。本场研讨会由江苏省城镇化和城乡规划研究中心主任丁志刚主持。分享观点的嘉宾有：AIA美国建筑师协会会员、美国NCARB注册建筑师、U+DESIGNPARTNERS建筑师事务所合伙人肖鲁江；国际绿色建筑联盟执行主席、江苏建筑与历史文化研究会会长、江苏省人民政府参事室特约研究员、老龄文明智库适老化与老龄友好型社会研究专委会首席专家刘大威；老龄文明智库适老化与老龄友好型社会研究专委会首席专家、东南大学建筑学院周颖；江苏省设计大师、南京大学建筑与城市规划学院张京祥；江苏省设计大师、南京长江都市建筑设计股份有限公司王畅；南京财经大学公共管理学院、社会保障研究院常务副院长梁誉；昆山市住房和城乡建设局党委委员席瑜浩。

12月22日，研讨主题为"破解五个'未备'：推动'老龄'到'乐龄'"。主讲嘉宾为南京邮电大学社会与人口学院院长、人口研究院院长、教授、博士生导师，老龄文明智库副理事长、专委会首席沙勇。分享观点的嘉宾有：江苏省发改委二级巡视员郝琳；南京大学人口与发展研究所所长，江苏省老龄事业发展研究会副会长，老龄文明智库副理事长、专委会首席陈友华；江苏省社会科学院社会学所所长张卫；南京信息工程大学法政学院院长曹信邦；南京邮电大学期刊社主任、人口研究院副院长周建芳。

专题学术研讨会采取直播形式，围绕涉老化的热点问题进行探讨，专家和网友线上线下互动。

老龄文明国际会议

首届老龄文明国际会议上，来自海内外的300余位专家学者济济一堂

2023年10月14—15日，首届老龄文明国际会议在宜兴窑湖小镇开幕，会议主题为"老龄化与老龄文明"。会议由江苏省老龄文明智库、江苏省道德发展智库共同发起并主办。来自海内外的300余位专家学者济济一堂，在2场主论坛和6场平行论坛上，共同探讨积极应对人口老龄化的理念、理论、战略及公共政策。在充分研讨论证的基础上，会议发布了《老龄文明窑湖共识》。

14日上午举行开幕式暨主论坛前，播放了老龄文明智库专题片。

开幕式暨主论坛由教育部"长江学者"特聘教授，东南大学人文社科资深教授，省老龄事业发展研究会副会长，老龄文明智库学术委员会主任，道德发展研究院院长、首席专家樊和平主持。

省人大常委会副主任张宝娟在致辞中说，举行老龄文明国际会议，是江苏省老龄文明智库为提升老龄文明认知、推动老龄文明建设进行的一次有益探索。会议基于国际视野，贴近时代主题，邀请了国内外人口和社会学领域的学术权威、知名学者和相关政府机构的负责同志，汇集了人口和社会学领域的"最强大脑"。大家将聚焦应对人口老龄化的问题和挑战、构建老龄文明的探索和实践，发表真知灼见，进行思想碰撞，分析未来发展趋势和方向，探讨前沿理念和动态，是一场名副其实的老龄文明思想盛宴。通过大家的共同努力，老龄文明理念将进一步深入人心，构建老龄文明的社会基础将进一步厚实宽广。

省民政厅党组书记、厅长谢晓军在开幕式上发表致辞。他说，近年来，全省各级民政部门认真贯彻省委、省政府决策部署，持续探索养老服务的江苏方案、江苏路径，积极打造供给高质量、普惠高水平、享老高品质的"苏适养老"服务品牌，使广大老年人的幸福感、满意度得到显著提升。期盼全社会共同关心关注人口老龄化问题，将积极老龄化理念融入经济

樊和平

张宝娟

谢晓军

李培林

陈宏图

玛丽－露易丝·穆勒

武川正吾

李翰林

社会发展各方面，让老龄文明的阳光普照每一位长者、幸福每一个家庭。

在开幕式后的首场主论坛上，中国社会科学院原副院长、学部委员、政法学部主任李培林，哈佛全球适老社会科技研究中心联合主任、哈佛大学亚洲中心国际老年护理研究中心主任、《国际老年》杂志责任主编陈宏图，德中护理协会主席玛丽－露易丝·穆勒，日本明治学院大学社会学部教授武川正吾，香港中文大学教授、东南大学医学人文系特聘教授李翰林等5位嘉宾，分别围绕"我国老龄化的影响与积极应对""关怀文化的兴衰""长寿社会与老龄文明""超老龄社会日本的社会政策与社会工作""退休制度与老龄化"等议题，发表了各自的真知灼见，进行了精彩的主题演讲。

14日下午，6场平行论坛同时进行，主题分别为"老龄化与社会文明""老龄福祉与国家战略""生命质量与老龄康养""适老化与社会文明""老龄产业与智慧养老""老龄学习与老龄社会参与"，共有31位专家学者在各分论坛上做主题演讲。大家还进行了广泛深入的交流，对《老龄文明窑湖共识》进行了充分的讨论。江苏省政协副主席、中国城市规划学会副理事长周岚参加了"老龄福祉与国家战略"分论坛的研讨，分享了自己的观点。

童红梅

大塚美樹

王珏

吉文桥　　　　　　　　　　　周　琛

在"老龄化与社会文明"平行论坛上，加拿大麦科文大学健康和社区学院社会工作学系副教授童红梅，日本岛根县立大学养护学科教授大垿美樹，东南大学人文学院院长、教授王珏，江苏护理职业学院研究员吉文桥，东南大学外国语学院教授周琛，分别做了"加拿大亚裔老年移民公民参与的文化分析""日本人的自我负担研究""老龄化与道德发展""从医养结合看护理人才队伍的战略性开发""老龄文明的国际经验与文化对话——以居家养老为核心"主题报告。

在"老龄福祉与国家战略"平行论坛上，上海财经大学公共经济与管理学院社会保障研究中心主任、教授杨翠迎，韩国首尔女子大学教授、韩国老年福利学会前会长、韩国社会福利学会编辑委员会委员长崔惠枝，盘古智库老龄社会研究院副院长、高级研究员、老龄社会30人论坛适老化专委会副主任李佳，九如城养老产业投资有限公司董事长、老龄文明智库养老模

杨翠迎　　　　　　　　崔惠枝

沙维伟　　　　　　　　李　佳

式与养老服务体系研究专业委员会特约研究员谈义良，新加坡南洋理工大学社会科学院社会学系主任、长聘副教授、亚洲环境学院兼职教授占少华，日本东京大学助理教授税所真也，分别做了"构建积极健康的养医护服务体系——中国探索与实践""韩国老人长期护理保险的局限与发展方案""适老化：从年轻社会到老龄社会""银龄成长与社会进步""重建'在地养老'：动迁居民养老服务探析""意定监护制度对家庭关系的重构：以日本生协案例为例"主题报告。江苏省老龄事业发展研究会副会长沙维伟介绍了江苏在长期护理保险、养老护理专业职称体系等方面的探索。

孙光荣

王新陆

张维宏

在"生命质量与老龄康养"平行论坛上，国医大师、中央保健专家组成员、中国中医科学院学部委员孙光荣，国医大师、山东省政协原副主席、农工党山东省委主委、中华中医药学会副会长王新陆，比利时根特大学公共卫生学教授、欧盟框架首席科学家张维宏，分别做了"高站位擘画 高水平构建 高质量发展——让中医药为老龄文明与健康服务绽放新时代光辉""中华优秀传统文化""关怀老龄家庭照护者的文明社会：欧洲比利时现状"主题报告。

石井敏

董　华

Sean Xiao

于一凡

江 曼

申 琦

在"适老化与社会文明"平行论坛上,日本东北工业大学副校长、建筑学部学部长、教授石井敏,伦敦布鲁奈尔大学设计学院院长、教授董华,美国 NCARB 注册建筑师、U+DESIGNPARTNERS 建筑师事务所合伙人 Sean Xiao,同济大学建筑与城市规划学院教授于一凡,愿景集团副总裁、总设计师江曼,南京大学新闻传播学院教授申琦,分别做了"日本老年护理设施的建筑计划和支持认知症的环境""健康老龄化与包容性设计:从宏观到微观""健康理念下适老化设计实践的新兴策略""健康老龄化视野下的老年宜居环境""愿景美好社区的适老化探索与实践""公共传播如何构建积极应对人口老龄化国家战略社会共识"主题报告。江苏省政协副主席、中国城市规划学会副理事长周岚在交流研讨中说,老年友好城市,是城市高质量发展的一个重要内涵。老龄化社会要求适应老龄文明,这可以成为城市转型发展的动力,而不是

尼姆罗德·奥特曼

凌嘉勤

李增勇

安德烈·雅阁

被动解决问题。

在"老龄产业与智慧养老"平行论坛上,以色列 Natali Healthcare 总经理尼姆罗德·奥特曼,香港理工大学、赛马会社会创新设计院总监凌嘉勤,国家康复辅具研究中心康复训练部主任李增勇,江苏耘林养老发展集团养老产业事业部总顾问、耘林乐老研究院副院长安德烈·雅阁,分别做了"纳塔利医疗解决方案""以双智慧应对双老化""智慧康养技术的应用探索与实践""荷兰养老模式落地中国"主题报告。

布莱恩·奥登伯格

马宪国

郑镕教

沙 勇

崔新有

林闽钢

在"老龄学习与老龄社会参与"平行论坛上,澳大利亚国家 NHMRC 数字技术转化慢性病卓越研究中心教授、主任布莱恩·奥登伯格,上海理工大学教授、国际老年大学协会第一副主席、中国老年大学协会远程教育工作委员会主任马宪国,韩国岭南大学社会学系教授郑镕,南京邮电大学社会与人口学院院长、人口研究院院长、老龄文明智库副理事长沙勇，江苏开放大学原校长、教授崔新有，分别做了"老年人群非传染性疾病管理和数字技术""提高数字素养，跨越数字鸿沟——老年大学新的使命""人工智能时代乡村社区建设的意义与实践——以清道郡金川西埔里村为例""老有所为　利国利民""'艺术养心　精神养老'——江苏开放大学服务老年学习的探索与实践"主题报告。

15日上午举行了主论坛暨闭幕式，由教育部"长江学者"特聘教授，南京大学社会保障研究中心主任、教授，江苏省老龄事业发展研究会副会长，老龄文明智库首席专家林闽钢主持。

杜　鹏

董维真

本村昌文

王红漫

吴玉韶

中国人民大学副校长杜鹏、加拿大滑铁卢大学教授董维真、日本冈山大学人文社科院教授本村昌文、北京大学医学人文学院健康与社会发展研究中心主任王红漫、复旦大学老龄研究院副院长吴玉韶等5位海内外专家，分别围绕"积极应对人口老龄化与文明进步""老年健康、医疗与尊严：中加研究发现的思考""当代日本人在衰老、临终关怀和死亡中成为他人负担的研究""老龄化与社会文明：把有温度的医养康养带给老年人及全社会""从老龄问题到国家战略——中国老龄事业发展40年回顾与启示"等5大议题，

央视新闻、人民日报相关报道

进行了主题演讲。

6位分论坛代表也上台做了综述发言。教育部"长江学者"特聘教授、东南大学人文社科资深教授，省老龄事业发展研究会副会长，老龄文明智库学术委员会主任，道德发展研究院院长、首席专家樊和平代表与会全体嘉宾，现场宣读了《老龄文明窑湖共识》。

本次会议在省委宣传部的大力支持下，宣传力度大、范围广、效果好。《人民日报》、中央电视台及省内主要媒体《新华日报》、省广电等，都对会议进行了充分报道。《新华日报》及交汇点除了对会议及《老龄文明窑湖共识》进行了报道外，还在《思想周刊》上用一个整版刊发了与会主要专家的观点。省广电《江苏新时空》《正午江苏》《零距离》《Hello Jiangsu》《江苏新闻联播》等广播电视新闻节目，荔枝新闻、我苏客户端等新媒体，第一时

第四部分 附录

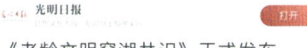

光明日报、中江网英文版相关报道

新华日报相关报道发布活动相关信息

间以 Vlog 短视频、海报、图文报道等多种形式对大会展开全方位、多维度、深层次的报道，推出"大咖话老龄文明"新媒体系列主题采访报道，采访数十位海内外参会嘉宾，以观点海报和竖版短视频的综合样态全方位宣推，形式丰富多样，内容扎实走心。省民政厅、卫健委、文明办等部门公文对会议报道进行了转载，扩大了会议的影响。

百岁人生·老友圆桌会

"百岁人生·老友圆桌会"录制现场

2023年，共录播了4期14集"百岁人生·老友圆桌会"，分别是：

2月7日，主题为"老年友好环境，走出住区享受惬意生活"。主讲嘉宾为：江苏省老龄事业发展研究会副理事长、适老化与老龄友好型社会研究专业委员会首席专家、江苏省住房和城乡建设厅原副厅长刘大威，适老化与老龄友好型社会研究专业委员会首席专家、东南大学建筑学院教授周颖，江苏省城镇化和城乡规划研究中心主任丁志刚。

2月24日，主题为"如何积极应对人口老龄化？"。主讲嘉宾为：教育部"长江学者"特聘教授、南京大学社会保障研究中心主任、江苏省老龄事业发展研究会副会长、老龄文明智库首席专家林闽钢，复旦大学老龄研究院副院长、教授、中国老龄协会副会长吴玉韶，盘古智库老龄社会研究院副院长、老龄社会30人论坛成员李佳，浙江大学公共管理学院教授、人口大数据与政策仿真研究基地主任米红。

4月28日，主题为"探讨中医药与老年健康"。主讲嘉宾为：江苏省卫健委副主任、省中医药管理局局长朱岷，江苏省中医药发展研究中心主任黄亚博，南京中医药大学发展规划处处长、江苏省老年康养与中医药研究专委会委员郑晓红。

7月8日，主题为"点燃老龄学习激情，让长者拥抱学习"。主讲嘉宾为：江苏省教育厅副厅长、老龄文明智库老龄学习与精神生活研究专业委员会首席专家曹玉梅，南京师范大学教授、博士生导师、老龄文明智库老龄学习与精神生活研究专业委员会首席专家赵媛，金陵老年大学副校长、老龄文明智库老龄学习与精神生活研究专业委员会首席专家叶南客。

"百岁人生·老友圆桌会"视频节目，每期录制30分钟左右，分成三至四集在网上播出，每一期的点击量都超过百万。

老龄文明实践基地

2023年10月15日，首届老龄文明国际会议闭幕式上，省人大社会建设委员会主任周铁根宣读了第二批省老龄文明实践基地授牌名单。

周铁根

首届老龄文明国际会议第二批省老龄文明实践基地授牌仪式现场

省老龄事业发展研究会会长、老龄文明智库理事长王燕文等,为8家全省第二批老龄文明实践基地授牌。

教育部"长江学者"特聘教授、南京大学社会保障研究中心主任、江苏省老龄事业发展研究会副会长、老龄文明智库首席专家林闽钢带队到老龄文明实践基地调研指导。

林闽钢(右二)带队前往老龄文明实践基地调研

继首批5家老龄文明实践基地后,2023年,江苏省人大社会委、江苏省老龄事业发展研究会、老龄文明智库又对徐州市沛县老年大学、常州市钱璟康复股份有限公司、苏州市健康养老产业发展集团有限公司、连云港市连云区墟沟老年大学、淮安市金陵天泉湖养生养老社区、盐城市社会福利院、镇江新区丁岗镇瑞和养老助残综合体、泰州市泰兴市五福棠·真爱康养基地8家单位进行了授牌。目前,全省共有13家单位成为老龄文明实践基地,全省13个设区市全覆盖。

老龄文明实践基地涵盖居家养老、医养结合、长期护理保障、农村养老服务、老年服务人才培养、老龄教育、老龄产业产品培育和智慧养老等热点领域和重点方面。老龄文明实践基地以鲜活的实践推动理论的创新,理论和研究同时指导和引领实践,推动老龄文明事业高质量发展。

老龄文明学习联盟

2024年1月30日,江苏老龄文明学习联盟成立暨老年学习平台启动仪式在江苏有线举行。

为贯彻落实国家积极应对人口老龄化战略,推动省人大常委会出台的《关于促进老年学习的决定》落地见效,满足江苏广大老年人日益增长的多样化学习需求,化解老年大学"一座难求"、优质学习资源严重不足的难题,由省老龄事业发展研究会牵头规划并统筹协调,省教育厅、省文明办、省委老干部局、省文联、省科协、江苏开放大学及江苏有线等单位共同发起成立了"江苏老龄文明学习联盟",旨在整合老年学习资源,扩大优质老年学习资源供给,满足江苏广大老年人日益增长的多样化的学习需求,建立时时可学、处处能学、人人皆学的高质量老年学习服务体系。

江苏老龄文明学习联盟名誉理事长由教育部原副部长、江苏省政府原副省长王湛同志担任。江苏老龄文明学习联盟理事长由省老龄事业发展研究会

江苏老龄文明学习联盟成立暨老年学习平台启动仪式现场

会长、老龄文明智库理事长王燕文同志担任。联盟秘书长由省老龄事业发展研究会副会长杨勇兼任。

老年学习平台是老年教育服务模式的创新与实践，旨在为江苏老年人打造一个充满活力和创意的学习家园。目前，老年学习平

王湛（左）　　王燕文（右）

台已在江苏有线电视大屏端正式上线，打开江苏有线机顶盒，进入"老年学习"专栏，海量视频课程随点随播。专栏设有"精神文化""健康生活""社会参与""地方特色""风采展示"五大版块。既有哲学、史学、文学、美学、艺术等基础教育课程，也有家政、计算机、手机直播等知识技能提升课程，以及江苏地方特色课程，并为学员提供了汇报演出、联展活动等线上展示平台。专栏特色有：名额充足随心学，报名从此不用抢；线上线下全覆盖，学习时间我做主；优中选优学经典，精品特色皆可学；本土课程更贴心，本地服务有特色；学籍学分全打通，互联互通可互认；学习社交两不误，展示交流强互动。平台致力于让老年群体融入新时代、成为新老年、奋发新作为。

在启动仪式上，教育部原副部长、江苏省政府原副省长王湛，省老龄事业发展研究会会长、老龄文明智库理事长王燕文，教育部"长江学者"特聘教授、东南大学人文社科资深教授、省老龄事业发展研究会副会长、老龄文明智库学术委员会主任樊和平，省人大社会委副主任委员卜宇，省教育厅副厅长曹玉梅，省文明办副主任尤健，江苏开放大学党委副书记、校长丁荣余，江苏有线党委书记、董事长庄传伟，省委老干部局一级巡视员陈明，省文联党组成员、书记处书记何超，省科学技术协会二级巡视员杨文新，共同见证了联盟的成立及平台上线。

省老龄事业发展研究会副会长杨勇代表联盟发起单位对江苏老龄文明学

第四部分 附录

江苏老龄文明学习联盟正式成立、老年学习平台正式启动现场

习联盟组建工作进行了报告。省教育厅副厅长曹玉梅,省文明办副主任尤健,江苏开放大学党委副书记、校长丁荣余,江苏有线党委书记、董事长庄传伟,分别致辞。

教育部"长江学者"特聘教授、东南大学人文社科资深教授、省老龄事业发展研究会副会长、老龄文明智库学术委员会主任樊和平围绕"老龄学习与老龄文明——由'教育'到'学习'的'文明'转身"发表了讲话,谈了五点思考:

樊和平

第一,我们的话语为什么是"老龄学习"?根本原因只有一个,让"老龄"成为"文明"。老龄教育和老龄文明体现了两种不同的社会潜意识和文化暗示。老龄教育的现实形态可能是政府安排和社会参与,而老龄学习是老年人的一种自我选择。

第二,老龄学习为什么?老龄学习很容易被当作是为了今天,为了今天的生活更加富有光彩;但老龄学习同样或者更加是为了明天。只要学习,就意味着老年人相信自己还有明天;只要学习,我们就会拥抱明天,就会追求明天。于是，生命不老，青春常在。老龄学习也可能是为了昨天，为了弥补昨天的忙碌，甚至为了弥补昨天因贫困而留下的种种遗憾。

第三，老龄学习学什么？老龄学习在"反身而诚，乐莫大焉"中为人生作总结，为人生做最后完美的那一场修炼。老年人学习是生活、生命、人生的全程学习、终极学习。

第四，老年人如何学习？老年人学习是彻底摆脱了"及格""优秀"的那一种"格"而又"出格"的学习，是真正的彻底的自由的学习，是天性的释放，是天真的回归。

第五，老龄文明学习联盟宣示了什么？联盟的成立，宣示江苏老年人和老龄事业发展的一种集体智慧和集体觉悟。老龄学习从今天、在这儿，走向老龄文明。

王 湛

教育部原副部长、江苏省政府原副省长王湛在致辞中说，江苏老龄文明学习联盟的成立，为江苏广大老年人的学习构建了高质量服务体系，搭建了老年人线上线下学习的新平台。他强调：

第一，充分认识成立联盟的战略意义。联盟的成立是贯彻习近平总书记关于推进教育强国建设重要指示的切实举措，是落实《关于促进老年学习决定》的有力举措，是建设学习型社会的创新举措。

第二，充分发挥联盟平台的服务作用。要扩大知晓度，提高参与率；要关注课程的适切度；要注重两个平台有机运转。联盟的成立有两个平台，一个是提供资源的平台，各有关单位提供资源，通过有线电视的现代网络平台，可以覆盖到全省，这个平台跟过去一般的电视收视还是不一样的，怎样运转得有效，要关注并及时调适。新时代文明实践中心是第二个平台，是线下平台。全省有2万多个新时代文明实践中心，覆盖到基层的所有村、社区；同时还有一批志愿者队伍，我们可以组织广大老年人在中心现场收视，接收、参与线下学习,互相交流。现在老年教育很重要的功能就是让老年人有社会参与,享受公众生活,这也是老年学习很重要的形式。

第三,努力推进联盟的高质量发展。要丰富课程资源,提高课程质量;要转变和创新育人模式;要关注农村和学习条件不利的老年人群。